Lebensstil und Gesundheit

Entwicklung und Bewertung eines Kommunikations-Modells
für gesunde Lebensführung

von

Bettina Hermey

Tectum Verlag
Marburg 2004

Lebensstil und Gesundheit – Entwicklung und Bewertung eines Kommunikations-Modells zur Handlungsorientierung für gesunde Lebensführung.
Dissertation, Universität Bielefeld – Fakultät Gesundheitswissenschaften, 2004

Hermey, Bettina:
Lebensstil und Gesundheit.
Entwicklung und Bewertung eines Kommunikations-Modells
für gesunde Lebensführung.
/ von Bettina Hermey
- Marburg : Tectum Verlag, 2004
Zugl.: Bielefeld, Univ. Diss. 2004
ISBN 978-3-8288-8721-3

© Tectum Verlag

Tectum Verlag
Marburg 2004

Gesundheit

bleibt nur dann bezahlbar, wenn jeder Einzelne bereit ist, mehr Verantwortung für sich selbst zu übernehmen im Sinne einer gesunden Lebensführung.

INHALTSVERZEICHNIS

1. **Einleitung und Übersicht** 1

1.1. Problemstellung 3
1.2. Zielsetzung 4
1.3. Aufbau der Arbeit 4
1.4. Vorbemerkungen 5

2. **Lebensstil als Ursache von Krankheit und Gesundheit** 7

2.1. Theoretische Fundierung und Begriffsbestimmung 7
2.1.1. Begriffsverständnis Gesundheitsverhalten 7
2.1.2. Begriffsverständnis Lebensstil 8
2.2. Zusammenhang zwischen den Lebensstilfaktoren Ernährung, Bewegung, Stressmanagement und Krankheitsrisiken - Relevanz für die Gesundheitswissenschaften 9
2.2.1. Mortalitäts- und morbiditätsbezogenes Krankheitsspektrum in Deutschland 10
2.2.2. Bedeutung von Krankheiten des Herz-Kreislaufsystems 12
2.3. Lebensstil als Schutzfaktor 16
2.3.1. Vom Konzept der Risikofaktoren zum Konzept der Schutzfaktoren 16
2.3.2. Ernährung, Bewegung, Stressmanagement – die prioritären Handlungsfelder 18
2.4. Wissenschaftlicher Kenntnisstand: Einflussfaktor Ernährung 19
2.4.1. Ernährung als Einflussfaktor auf Krankheitsrisiko und Gesundheit 19
2.4.2. Daten zum Ernährungsverhalten und -zustand in Deutschland 24
2.4.3. Ernährungsempfehlungen 26
2.5. Wissenschaftlicher Kenntnisstand: Einflussfaktor Bewegung 27
2.5.1. Bewegung als Einflussfaktor auf Krankheitsrisiko und Gesundheit 28
2.5.2. Daten zum Bewegungsverhalten in Deutschland 32
2.5.3. Empfehlungen für gesundheitsbewusstes Bewegungsverhalten 34
2.6. Wissenschaftlicher Kenntnisstand: Einflussfaktor Stress 38
2.6.1. Stress als Einflussfaktor auf Krankheitsrisiko und Gesundheit 38
2.6.2. Daten zu Einstellungen und Stressverhalten 43
2.6.3. Empfehlungen zu gesundheitsbewusstem Stressverhalten 44

3. **Anleitung zu gesunder Lebensführung – Problem und Herausforderung für die Gesundheitswissenschaften** 46

3.1. Erklärungsmodelle und Strategien der Gesundheitsbildung 46
3.1.1. Theoretische Konzepte gesundheitsbezogener Verhaltensweisen 47
3.1.2. Strategien und Rolle der Gesundheitsbildung 51
3.2. Die Ernährungspyramide als Modell zur Handlungsorientierung 57
3.2.1. Entwicklung des Pyramiden-Modells in den USA 57
3.2.2. Erfahrungen in der Ernährungsaufklärung 59
3.3. Notwendigkeit zur Entwicklung eines Kommunikations-Modells für eine gesunde Lebensführung 61

4. Entwicklung eines Kommunikations-Modells für gesunde Lebensführung ... 63

4.1. Zielsetzung der Entwicklung ... 63
4.1.1. Modell-theoretische Annahmen ... 63
4.1.2. Zielbeschreibung ... 66
4.2. Mediendidaktische Aspekte zur Gestaltung gesundheitsrelevanter Informationen ... 68
4.2.1. Bedeutung von bildlichen Darstellungen ... 70
4.2.2. Überlegungen zur Mediendidaktik in der Gesundheitsbildung ... 72
4.3. Anforderungskriterien für die Entwicklung und Gestaltung ... 73
4.3.1. Methodisch-didaktische Anforderungskriterien ... 73
4.3.2. Inhaltliche Anforderungskriterien ... 74
4.3.3. Formale Anforderungskriterien ... 74
4.4. Theoretische Grundlagen für das Modul „Stressmanagement" ... 75
4.4.1. Diskussion der wissenschaftlichen Literatur zu Konzepten der Stressregulierung und Schlussfolgerung für das Modell ... 75
4.4.2. Ableitung von handlungsrelevanten Orientierungshilfen zur visuellen Umsetzung ... 86
4.5. Theoretische Grundlagen für das Modul „Bewegung" ... 92
4.5.1. Diskussion der wissenschaftlichen Literatur zu Konzepten von gesundheitsorientiertem Bewegungsverhalten und Schlussfolgerung für das Modell ... 92
4.5.2. Ableitung von handlungsrelevanten Orientierungshilfen zur visuellen Umsetzung ... 105
4.6. Pflichtenheft für die grafische Umsetzung des Modells ... 108
4.7. Die Gesundheitspyramide als Kommunikations-Modell für eine gesunde Lebensführung ... 109

5. Konzeptionelle Bewertung des Modells aus Expertensicht ... 113

5.1. Beschreibung der qualitativen Untersuchung ... 113
5.1.1. Ziel und Vorgehen ... 113
5.1.2. Beschreibung der Stichprobe ... 114
5.1.3. Auswertung und Analyse der Daten ... 115
5.2. Ergebnisse der Expertengespräche ... 116
5.2.1. Berufsbezogene Merkmale der Stichprobe ... 116
5.2.2. Verwendung Ernährungskreis und Ernährungspyramide ... 118
5.2.3. Verständnis, Akzeptanz und Relevanz/Nutzen ... 121
5.3. Schlussfolgerungen für das entwickelte Modell ... 131
5.4. Optimierung und Modifikation des Modells ... 133

6. Einsatzbezogene Bewertung der Gesundheitspyramide in der medizinischen Rehabilitation ... 139

6.1. Konzeptualisierung des Untersuchungsvorhaben ... 139
6.1.1. Ausgangslage, Gegenstand und Untersuchungsansatz ... 140
6.1.2. Zielexplikation und Leitfragestellungen ... 145
6.1.3. Wirkmodell und Operationalisierung ... 149

VII

6.1.4.	Beschreibung der Stichprobe, Untersuchungs- und Ablaufplan	156
6.1.5.	Auswertung und Analyse der Daten	159
6.2.	Ergebnisse der Pre-Test-Befragung.	160
6.2.1.	Ausgangssituation	160
6.2.2.	Beratungspraxis	164
6.2.3.	Erwartungen an den Medieneinsatz	168
6.2.4.	Ergebnisse der Post-Test-Befragung	178
6.2.5.	Medieneinsatz	178
6.2.6.	Wahrgenommene Wirkung auf Patienten	180
6.2.7.	Mediendidaktische Bewertung	191
6.2.8.	Interdisziplinärer Austausch und abschließende Bewertung	199
6.4.	Zusammenfassung und Bewertung der Ergebnisse	203
7.	**Perspektiven eines Kommunikations-Modells in der Gesundheitsbildung**	**213**
7.1.	Gesunde Lebensführung - Bedeutung von Ernährung, Bewegung und Stressmanagement für die Gesundheitsbildung	213
7.2.	Möglichkeiten und Grenzen für den Einsatz eines Kommunikations-Modells in der Gesundheitsbildung	216
7.3.	Perspektiven für die Gesundheitspyramide	225
7.4.	Ausblick auf weiterführende Fragestellungen	228

Literaturverzeichnis ... **231**

Abbildungsverzeichnis ... **249**

Tabellenverzeichnis ... **250**

Abkürzungsverzeichnis ... **252**

Anhang ... **253**

1. Einleitung und Übersicht

Auf der Insel Okinawa im Chinesischen Meer zwischen Japan und China bleiben die Menschen gesünder und werden älter als irgendwo sonst auf der Welt. Rund 400 Hundertjährige leben unter den 1,3 Millionen Einwohnern. Das Geheimnis der Langlebigkeit sei der Lebensstil, so befanden die Forscher, die 25 Jahre Gesundheit und Lebensstil der Bewohner untersuchten. Auf Okinawa trinkt man wenig Alkohol, raucht kaum, meditiert viel, arbeitet im Garten, praktiziert Tai-Chi, isst selten Fleisch, dafür aber Fisch, Gemüse, Früchte und vor allem Soja. *[BJ Willcox, DC Willcox & Suzuki, 2001]*

Auch in Deutschland werden Menschen immer älter. Die Sterblichkeit hat in den letzten 30 Jahren kontinuierlich ab- und die Lebenserwartung kontinuierlich zugenommen. *[Gesundheitsberichterstattung des Bundes, 1998]* Ob aber die steigende Lebenserwartung einher geht mit einem Mehr an gesunden Jahren oder durch längere Krankheit erkauft werden muss – das ist aus gesundheitswissenschaftlicher Sicht ebenso wichtig wie aus der Sicht jedes Einzelnen.

Die mortalitäts- und morbiditätsbezogenen Größen, welche die gesundheitliche Lage in Deutschland beschreiben, zeigen eine Änderung des Krankheitspanoramas. In den letzten Jahrzehnten hat sich das Krankheitsspektrum von früher bedeutsamen Volkskrankheiten wie Tuberkulose, Masern und anderen Infektionskrankheiten hin zu chronisch degenerativen Erkrankungen gewandelt. Die traditionellen Gesundheitsstatistiken zeigen jedoch nicht, dass bei einer alternden Bevölkerung immer mehr Menschen immer länger von chronischen Erkrankungen betroffen sind und das Gesundheitssystem finanziell erheblich belasten. Das Problem der Multimorbidität spielt dabei eine wichtige Rolle. Krankheiten des Kreislaufsystems und Neubildungen verursachen bei Männern wie bei Frauen mit Abstand die meisten Sterbefälle. *[Gesundheitsberichterstattung des Bundes, 1998]* Herz-Kreislauferkrankungen und bösartige Neubildungen gehören neben Diabetes, Krankheiten des Skeletts, Erkrankungen des Nervensystems und psychischen/psychosomatischen Krankheiten zu den Krankheitsbildern von besonderer epidemiologischer Bedeutung. Sie beschreiben gleichzeitig die daraus resultierenden prioritären Handlungsfelder für Maßnahmen zur Primärprävention, die sich die gesetzliche Krankenversicherung (GKV) durch gemeinsame Richtlinien im Rahmen des GKV-Gesundheitsreformgesetzes 2000 auferlegt hat. Nicht isoliert einzelne Krankheiten oder Risikofaktoren, sondern die Verbesserung des allgemeinen Gesundheitszustandes, stehen im Zentrum der Bemühungen: die thematischen Handlungsfelder zielen deshalb auf die Lebensstilfaktoren Bewegung, Ernährung, Stressmanagement und Genuss- sowie Suchtmittelkonsum ab. *[Arbeitsgemeinschaft der Spitzenverbände der gesetzlichen Krankenkassen, 2001]* Das Bemühen um ein ganzheitliches Verständnis von Gesundheit trägt zwischenzeitlich auf breiter Ebene Früchte. Über alle Parteigrenzen hinweg wird der hohe Stellenwert der Prävention erkannt, da es um Zukunftsperspektiven für die sozialen Sicherungssysteme in Deutschland geht. Gesundheit bleibt nur bezahlbar, wenn jeder Einzelne bereit ist, mehr Verantwortung im Sinne einer gesunden Lebensführung für sich selbst zu übernehmen. Dieses Bekenntnis findet vielerorts seinen Niederschlag. So etwa haben sich 2003 Bund und Länder, Patienten, Selbsthilfegruppen, Leistungserbringer und Kostenträger auf bundesweite Präventions- und Versorgungsziele verständigt, auf deren Basis Bewegung, Ernährung und Stressmanagement als hauptsächliche Themen hervorgehoben werden, zu denen Aktionen vor allem im Kindergarten, in der Schule, in Familie und Freizeit erfolgen sollen. *[Bundesministerium für Gesundheit und Soziales, 2003]* Auch die Arbeit des „Deutsche Forum Prävention und Gesundheitsförderung" und die von Deutschlands größter Krankenkasse in 2003 gestartete Initiative „Prävention aktiv – aktive Lebensart in 2003" bringen das Bemühen um ein ganzheitliches Verständnis zum Ausdruck. *[Barmer Ersatzkasse, 2003a]*

Schließlich wird Gesundheit nicht nur als Abwesenheit von Krankheit verstanden, sondern nach der Definition der Weltgesundheitsorganisation (WHO) als das Vorliegen völligen körperlichen, seelischen und sozialen Wohlbefindens. Selbst wenn diese Definition als utopisch und realitätsfremd abgetan wird, so wird in modernen Gesundheitssystemen akzeptiert, dass gesundheitliche Interventionen die Lebensqualität steigern sollen. Das dem Rechnung getragen wird, zeigt die zunehmende Bedeutung der Erfassung von subjektivem Wohlbefinden und Lebensqualität in der Gesundheitsstatistik.

Gesundheit nimmt im Leben fast aller Menschen einen hohen Stellenwert ein. Mehr als 84 % (West) bzw. 87 % (Ost) der Bundesbürger erachten sie als „sehr wichtig" für das eigene Wohlbefinden. *[Statistisches Bundesamt, 1999]* Eine repräsentative Forsa-Umfrage im Auftrag der Barmer ergab, dass für 96 Prozent der Bevölkerung ein vorbeugendes Gesundheitsverhalten wichtig ist. *[Barmer Ersatzkasse, 2003]* Auch in der Einstellung vieler Menschen vollzieht sich nach Einschätzung von Zukunftsforscher Matthias Horx ein Paradigmenwechsel in der Definition von Gesundheit. Der Begriff Gesundheit entkoppelt sich vom Begriff Krankheit und beschreibt Gesundheit als Bewältigung von inneren und äußeren Anforderungen. Ein neues Selbstverständnis von Lebensqualität als Balance von Körper, Geist und Seele drückt sich darin aus. *[Horx, 1999]* Aus diesem Selbstverständnis ist der Wellness Boom entstanden, der zunehmend mehr Menschen dazu motiviert, sich fit und gesund zu halten. Rund 121 Mrd. DM gaben die Deutschen 1999 für Wellness aus. Das Gesundheitsmotiv wird dabei als kaufentscheidend angesehen. *[U. Wagner, 2001]*

Der hohe Stellenwert von Gesundheit zeigt sich auch in der explosionsartigen Zunahme des Interesses an Online-Informationen zu gesundheitlichen Themen. Nach einer Erhebung des Online Dienstes DeutschlandMed sucht jeder zweite Internet Nutzer auch nach Gesundheitsinformationen. *[Mayer, 2000]* Die Fülle der Angebote ist immens und täglich kommen neue dazu. Unter 30 – 40 Gesundheitsdiensten kann der Nutzer wählen und kaum eine Tageszeitung sowie Publikumszeitschrift kommt ohne Gesundheitsressort aus. Der Anteil der Menschen, der sich als interessiert an gesundheitlichen Themen bezeichnet, liegt bei mehr als 80 % - mit immer noch steigender Tendenz. *[Nestlé Deutschland AG, 1999]* Der Zugang zu Informationen bedeutet auch Empowerment. Diese Entwicklung stärkt die wachsende Mündigkeit des Patienten und eine demokratischer werdende Medizin.

Einleitung und Übersicht   3

1.1. Problemstellung

Im Rahmen des Gesundheitsreformgesetzes vom 01. Januar 2000 wird der § 20 Abs. 1 bis 3 SGB V neu gefasst und damit der Prävention und Gesundheitsförderung stärker als bisher Aufmerksamkeit gewidmet, anstatt teuer in die kurative Versorgung zu investieren. *[Arbeitsgemeinschaft der Spitzenverbände der gesetzlichen Krankenkassen, 2001]* Ernährung, Bewegung und Stressmanagement charakterisieren zentrale Lebensstilfaktoren, die als veränderbare Risikofaktoren eine hohe Bedeutung hinsichtlich der Ätiologie sowie in der Prävention von Herz-Kreislauferkrankungen haben. Diese Lebensstilfaktoren haben zudem großen Einfluss auf die subjektive Lebensqualität. Eine ganzheitliche Sichtweise - ganz im Sinne der multiperspektivischen Anliegen von Public Health - wird angemahnt, um den allgemeinen Gesundheitszustand zu verbessern.

Das sich wandelnde Selbstverständnis von Gesundheit in der Bevölkerung und das große Interesse an gesundheitlichen Informationen spricht für eine hohe Aufnahmebereitschaft von Maßnahmen für Prävention und Gesundheitsförderung. Wenngleich die Mehrheit der Bevölkerung einer durchweg positiven Einstellung zur Gesundheit keine entsprechenden Taten folgen lässt. Etwa 40 % Befragter gaben zu Beginn der 90er Jahre an, stark oder sehr stark auf die eigene Gesundheit zu achten. Der Anteil blieb von 1984 – 1991 unverändert. Dazu gehörten Personen mit gefährdeter Gesundheit ebenso wie solche mit guter. Als Hauptgründe nicht gesundheitsbewusst zu handeln werden Alltagsstress, Zeitnot und Umwelteinflüsse angegeben. Außerdem fühlen sich die Menschen häufig von der Vielzahl gesundheitsbezogener Informationen überfordert. *[Gesundheitsberichterstattung des Bundes, 1998]*

Eine ganzheitliche Sichtweise zu vermitteln, stellt daher für die Akteure im Gesundheitswesen eine enorme Herausforderung an die Vermittlung von gesundheitlichen Informationen dar – egal ob durch Massenmedien oder eingebunden in Maßnahmen der Prävention und Gesundheitsförderung, vor allem in der Gesundheitsbildung, für die dies ein zentrales Anliegen ist. Kommt es doch schließlich darauf an Menschen für eine gesundheitsbewusste Lebensführung zu sensibilisieren und zu motivieren. Es bedarf also wissenschaftlich fundierter Orientierungshilfen, die niedrigschwellig, alltagstauglich und handlungsrelevant gestaltet sind, ohne zu überfordern. Vor dem Hintergrund zunehmender Informationsüberlastung haben visuelle Darstellungsformen größere Chancen wahrgenommen zu werden.

Häufig genutzte Print- und Online Medien bieten stark fragmentierte und häufig widersprüchliche Informationen, die sehr allgemeinen Informationsnutzen aufweisen, kaum Handlungsorientierung bieten und in der Regel nicht wissenschaftsfundiert sind. Es finden sich im deutschsprachigen Raum bislang keine Modelle, didaktische Medien oder visuell vereinfachte Darstellungsformen, die den genannten Anforderungen für die Handlungsfelder Ernährung, Bewegung und Stressmanagement gerecht werden. Auch bei der Suche im internationalen Bereich haben sich keine Hinweise darauf ergeben. Für den Bereich Ernährung entstand in den 70er Jahren die Ernährungspyramide als vereinfachte visuelle Darstellungsform für eine ausgewogene Ernährung, die in weiten Kreisen der Bevölkerung als Orientierungshilfe zuspruch findet. Gegenstand dieser Arbeit ist es daher, ein Kommunikations-Modell als handlungsrelevante Orientierungshilfe für Ernährung, Bewegung und Stressmanagement zu entwickeln.

1.2. Zielsetzung

Ziel dieser Arbeit ist die Entwicklung eines visualisierten Kommunikations-Modells, das auf der Grundlage von evidenzbasierten Inhalten und auf wenige Botschaften reduziert, zwei Funktionen erfüllen soll: das Modell soll ein methodisch-didaktisches Instrument für Beratende sein und gleichzeitig als Leitfaden für den Adressaten zur Handlungsorientierung für eine gesundheitsbewusste Lebensführung dienen. Die Entwicklung des Modells stellt sich damit dem zentralen Anliegen der Gesundheitsbildung und dem Problem fehlender Medien, die dazu geeignet sind dies zu vermitteln. Als übergeordnetes Ziel soll dessen Einsatz und Anwendung in der Gesundheitsbildung zum Aufbau und Festigung erwünschter gesundheitlicher Einstellungen und angestrebter Verhaltensänderungen für die Lebensstilfaktoren Ernährung, Bewegung und Stressmanagement beitragen.

Im theoretisch-analytischen Teil gilt es die Herleitung der dargestellten Orientierungshilfen aufgrund der Bewertung und Analyse der wissenschaftlichen Erkenntnislage zu zeigen. Aus dem Ergebnis dieses Teils der Arbeit resultieren die Vorgaben und das Briefing für die grafischen Gestaltungsarbeiten. Der sich daran anschließende explorative Teil soll auf der konzeptionellen Ebene Verständnis, Akzeptanz und Relevanz der gesundheitsbezogenen Inhalte des Modells in einer Untersuchung mit Experten im Bereich der Ernährungsberatung auf den Prüfstand stellen. Die auf dieser Grundlage gewonnenen Erkenntnisse gilt es in einer Optimierungsphase für eine Weiterentwicklung des Modells zu nutzen. Daran knüpft sich die Prüfung der Praxistauglichkeit des Modells. Im Rahmen einer Bewertung des praktischen Medieneinsatzes wird in einer neu zu untersuchenden Stichprobe der Frage nachgegangen, inwieweit das Medium Akzeptanz findet und eine lernwirksame methodisch-didaktische Hilfe bei der Vermittlung einer gesunden Lebensführung leistet. Als Bezugpunkt dafür ist die Beratungspraxis der Gesundheitsbildung im Rahmen der medizinischen Rehabilitation ausgewählt.

1.3. Aufbau der Arbeit

Das Kapitel zwei beleuchtet den Zusammenhang zwischen den Lebensstilfaktoren Ernährung, Bewegung, Stressmanagement als Einflussfaktoren auf Krankheitsrisiko und Gesundheit und geht der Frage nach der Relevanz für die Gesundheitswissenschaften nach. Die Komplexität der Anleitung zu gesunder Lebensführung als Problem und Herausforderung für die Gesundheitswissenschaft ist Gegenstand von Kapitel drei. Darin wird die Notwendigkeit zur Entwicklung eines Kommunikations-Modells für eine gesunde Lebensführung vor dem Hintergrund von Erklärungsmodellen und Strategien in der Gesundheitsbildung behandelt und das Modell der Ernährungspyramide und dessen Erfahrungen beim Einsatz in der Ernährungsaufklärung untersucht.

Kapitel vier ist dem theoretisch-analytischen Teil dieser Arbeit gewidmet und damit der Entwicklung des Modells als handlungsrelevante Orientierungshilfe für die lebensstilbezogenen Determinanten Ernährung, Bewegung und Stressmanagement. In diesem Kapitel geht es um die Herleitung von Orientierungshilfen zur Umsetzung auf Basis einer umfassenden Bewertung der Diskussion und Erkenntnislage von evidenzbasierten Konzepten zu geeignetem Stress- und Bewegungsverhalten. Der Teil Ernährung wird als wissenschaftlich hinreichend belegtes Konzept übernommen und daher auf die Herleitung bewusst verzichtet. In Kapitel fünf sind die Ergebnisse der konzeptionellen Bewertung dargestellt, die auf der Basis einer qualitativen Untersuchung mit 14 Multiplikatoren aus der Ernährungsberatung, Erkenntnisse hinsichtlich Verständnis, Akzeptanz und Relevanz des entwickelten Modells repräsentieren. Neben der Auswertung werden Schlussfolgerungen und Optimierungsfragen für das entwickelte Modell diskutiert.

In Kapitel sechs sind die Ergebnisse der einsatzbezogenen Bewertung des Modells dargelegt. Auf der qualitativen Grundlage eines evaluativen Untersuchungsansatzes in einer neu untersuchten Stichprobe von 30 in Rehabilitationseinrichtungen tätigen Ernährungsfachkräften geben die Ergebnisse Aufschluss darüber, ob sich das entwickelte Modell in der Beratungspraxis der Gesundheitsbildung als lernwirksame methodisch-didaktische Hilfe zur Anleitung und bei der Vermittlung einer gesunden Lebensführung bewährt. Mit einem Ausblick auf die Perspektiven eines Kommunikations-Modells in der Gesundheitsbildung schließt Kapitel sieben diese Arbeit. Das Kapitel beinhaltet eine Zusammenfassung, es werden Möglichkeiten und Grenzen wie auch Perspektiven für den Einsatz behandelt und es wird ein Ausblick auf weiterführende Fragestellungen und Untersuchungen gegeben.

Grundlage dieser Arbeit sind Studienveröffentlichungen aus Fachzeitschriften, Fachbüchern, Publikationen von Institutionen und Fachorganisationen und dem Internet.

1.4. Vorbemerkungen

Der Begriff Kommunikations-Modell ist als Medium in einer visualisierten Darstellungsform zu verstehen – mit dem Anspruch Empfehlungen auf wenige Botschaften reduziert abzubilden. Für das entwickelte Modell wird in dieser Arbeit der Begriff „Die Gesundheitspyramide" verwendet.

Der sprachlich unsorgfältige Umgang mit dem Wort Stress hat dem Begriff eine eher negativ besetzte Bedeutung verliehen. An und für sich ist Stress im Verständnis von positiv erlebtem Stress (Eustress) wie auch negativ erlebtem Stress (Disstress) zu betrachten. Entsprechend unterschiedlich können die Auswirkungen auf den Organismus sein. Der in dieser Arbeit zu Grunde liegende Gebrauch des Begriffes stützt sich auf die Definition von Lazarus, wonach Stress sich aus einer

Störung des Gleichgewichts zwischen den Anforderungen und subjektiven Möglichkeiten einer Person ergibt, mit diesen Anforderungen umzugehen. Stressmanagement bezieht sich auf das Stressverhalten und den jeweiligen Bewältigungsformen.

Die Nennung der männlichen Form impliziert jeweils auch die weibliche Form.

Der Bezugspunkt für die Zielstellung in dieser Arbeit bildet meine Berufstätigkeit in der Lebensmittelindustrie bei der Kellogg Deutschland GmbH. Seit vielen Jahren engagiert sich Kellogg´s in besonderer Weise für die Aufklärung von Verbrauchern und fühlt sich der Förderung einer gesunden, vielseitigen und ausgewogenen Ernährungs- und aktiven Lebensweise verschrieben. Die von Kellogg´s adaptierte „Food Pyramid" des US-Department of Health and Human Services in der Form eines dreidimensionalen Aufstellers hat sich mit Einführungsbeginn in 1995 zu einem Erfolgsmodell entwickelt. Das als Kellogg´s Ernährungspyramide bekanntes Modell hat in der Fachwelt hohe Anerkennung erlangt und ist in Verbraucherkreisen sehr beliebt. Daran anknüpfend ist die Idee zu dieser Arbeit entstanden. Insofern war es leicht, das Unternehmen für dieses Projekt zu begeistern. Das Unternehmen hat die Entwicklungs- und Druckkosten der Gesundheitspyramide übernommen und sich dafür die Verwertungsrechte gesichert. Das Unternehmen wollte sich damit der Aufgabe stellen, der bisherigen Pyramide eine neue konzeptionelle und wissenschaftlich substantielle Ausrichtung zu geben, die Ernährung und Gesundheit in aktueller zeitgemäßer Form transportiert und gleichzeitig innovatives und richtungsweisendes für die Fachwelt in der Gesundheitsbildung leistet. Aus legitimen Gründen sind daher Werbeanteil und Absender in dem Medium deutlich erkennbar. Davon unbenommen besteht das Copyright für Idee und Inhalt des Modells, dass durch Quellenangabe entsprechend dokumentiert ist.

2. Lebensstil als Ursache von Krankheit und Gesundheit

Gesundheitsbezogenes Handeln kann Ausdruck einer Lebensführung sein, die Gesundheit belastet, gefährdet oder auch fördert. Dieses Kapitel durchleuchtet die theoretische Fundierung des für diese Arbeit zu Grunde liegenden zentralen Begriffs „Lebensstil" bzw. „Lebensführung" und untersucht den Zusammenhang der Lebensstilfaktoren Ernährung, Bewegung und Stressmanagement als Ursache von Krankheit und Gesundheit.

2.1. Theoretische Fundierung und Begriffsbestimmung

Die Berücksichtigung des Lebensstils und Gesundheitsverhalten als Variablen, die das Krankheitsrisiko beeinflussen, ist wahrscheinlich die bedeutsamste Entwicklung der letzten 50 Jahre. Das Konzept des gesunden Lebensstils geht insbesondere auf die Alameda County Study zurück. *[Steptoe & Wardle, 1998]* In dieser bedeutenden Langzeitstudie, genannt Health and Ways of Living, wurde der Zusammenhang zwischen Gesundheit und Lebensweisen einschließlich Gesundheitsverhalten sowie familiäre, kulturelle, ökonomische, soziale und umweltbezogene Faktoren über den Zeitraum von 1965 – 1982 untersucht. Danach wurden ausgewählte Verhaltensweisen als Gesundheit beeinflussende Lebensstilfaktoren berücksichtigt: Schlafdauer, regelmäßiges Frühstück, Snackgewohnheiten, körperliche Aktivität, Alkoholkonsum, Rauchen, Körpermaße. Fünf der sieben gebildeten Indikatoren waren als unabhängige Variablen zur Sterblichkeit assoziiert, die damit erste Hinweise lieferten für die Hypothese, dass Gesundheitsverhalten den Gesundheitszustand beeinflussen kann. Die Autoren schlussfolgerten, dass eine ausgewogene Lebensweise einem guten Gesundheitszustand förderlich ist, aber aufgrund der Komplexität der Wechselbeziehungen nicht alles erklärend ist. *[Schoenborn, 1993]* Von ebenfalls herausragender Bedeutung ist in diesem Zusammenhang die Ornish-Studie. Umfassende Lebensstiländerungen wirkten sich günstig auf den Krankheitsverlauf selbst bei schweren koronaren Herzerkrankungen aus. *[Ornish, Brown, Scherwitz, Billings, Armstrong, Ports, McLanahan, Kirkeeide, Brand & Gould, 1990]*

2.1.1. Begriffsverständnis Gesundheitsverhalten

Als Gesundheitsverhalten (Health behaviour) bezeichnet Troschke Verhaltensweisen, die vor dem Hintergrund medizinischer Erkenntnisse, als für die Gesundheit förderlich, riskant oder schädlich bewertet werden. *[Troschke, 1998]* Die Autoren Steptoe und Wardle unterscheiden gesundheitsbezogene Verhaltensweisen in Risikoverhaltensweisen und positives Gesundheitsverhalten. Aktivitäten von Menschen, die aufgrund ihrer Häufigkeit oder Intensität das Risiko für eine Krankheit erhöhen, bezeichnen sie demnach als Risikoverhaltensweisen, unabhängig davon ob der Zusammenhang bewusst ist. Positives Gesundheitsverhalten umfasst das Element Bewusstheit und bezeichnet Aktivitäten, welche die Prävention von Krankheiten unterstützt, zur Entdeckung von Krankheiten im Frühstadium beiträgt, die Gesundheit fördert und verbessert, sowie vor dem Risiko einer Infektion oder Verletzung schützt.

[Steptoe & Wardle, 1998] Den diesbezüglichen Verhaltensweisen und Lebensstilen von Bevölkerungsgruppen wird eine entscheidende Bedeutung für die Volksgesundheit beigemessen, weshalb die Rolle der Prävention und Gesundheitsförderung zur direkten und indirekten Beeinflussung des Gesundheitsverhaltens so wichtig ist. *[Troschke, 1998]*

2.1.2. Begriffsverständnis Lebensstil

Für die theoretische Fundierung des Begriffs Lebensstil verweist Troschke auf die Ursprünge in der Soziologie und Marktforschung. In diesem Zusammenhang wird Max Weber angeführt, der davon ausging, dass sich im Kontext der sozialen Lage einer Gruppe spezifische Verhaltensmuster als Lebensstile herausbilden. Aus der Perspektive der Marktforschung wurde das Ende der 60er Jahre in den USA entstandene Konzept des life style als Vergesellschaftung von Konsumweisen, Überzeugungen und Verhaltensweisen angesehen. *[Troschke, 1998]*

Nach Lyons & Langille basiert Lebensstil konzeptionell auf der Idee, dass Menschen allgemein erkennbare Verhaltensmuster an den Tag legen, wie etwa im Zusammenhang mit dem Arbeits-, Freizeit- und sozialen Leben. Der Begriff gesunder Lebensstil entstand vor dem Hintergrund, dass die täglichen Verhaltensmuster und Aktivitäten als gesund oder ungesund beurteilt werden können. Ein gesunder Lebensstil charakterisieren die Autoren demnach als „ausgeglichene Lebensweise", bei der Menschen für ihre Gesundheit günstige Entscheidungen treffen. Aus alltäglicher Sicht, so ergänzen sie, stellt Lebensstil eine Kombination von Entscheidungen, Chancen und Ressourcen dar. *[Lyons & Langille, 2000]* Darüber hinaus nimmt Rütten eine Differenzierung des Begriffs vor und entwickelt eine Modellvorstellung der lifestyle structure: er unterscheidet die Lebensweise (pattern of behaviors) vom Lebensstil (collective patterns of life conduct) und die Lebensbedingungen (individual's pattern of personal resources) von der Lebenssituation (collective pattern of life conditions). Nach dieser Modellvorstellung wird Lebensstil als Wechselwirkungsbeziehung zwischen verhaltens- und umweltbezogenen Faktoren betrachtet. *[Rütten, 1995] [Rütten, 1998a]*

Der Vielzahl von lebensstilbezogenen Konzepten gemeinsam ist die Kritik an der einseitigen Betrachtungsweise isolierter Risikofaktoren, die zu einem breiteren Verständnis auf der Grundlage der WHO-Definition führte. Die WHO-Definition kennzeichnet Lebensstil als Lebensweise auf der Basis identifizierter Verhaltensmuster, die determiniert sind aufgrund des Zusammenspiels von individuellen persönlichen Charakteristiken, sozialen Interaktionen und sozioökonomischen sowie umweltbezogenen Lebensbedingungen. *[World Health Organization, 1998] [Bunde-Birouste, 2000]* Der so verstandene Lebensweisenansatz findet auch Ausdruck in den für das Jahr 2000 formulierten Gesundheitszielen „Targets for health for all" des WHO Regional Committee for Europe. Danach soll eine gesunde Lebensweise gefördert und unterstützt werden durch ausgewogene Ernährung, angemessene körperliche Aktivität, gesunde Sexualität, Stressmanagement und andere Aspekte eines positiven Gesundheitsverhaltens. *[World Health Organization, 1991]* Die für Deutschland formulierten nationalen Gesundheitsziele „gesund aufwachsen: Ernährung, Bewegung, Stressbewältigung" sind in der Akzentsetzung auf eine bevölkerungs- und altersgruppenbezogene Zieldefinition ausgerichtet, die eine präventive Ausrichtung besonders deutlich machen. *[Forum Gesundheitsziele, 2003]*

Der Health & Lifestyle Survey stellte sich gar der Frage, was größeren Einfluss auf die Gesundheit hat: Sind es die verhaltens- oder die umweltbezogenen Faktoren und wodurch sind die Wechselwirkungen bedingt? Auf der Basis einer nationalen Studie wurden 1984/85 in England 9000 Personen über 18 Jahren auf ihre Fitness hin untersucht und nach ihrem psychischen und physischen Gesundheitszustand, ihren Lebensbedingungen, gesundheitsbezogenen Verhaltensweisen, Einstellungen und Überzeugungen befragt. Rauchen, Alkohol, Sport und Ernährung wurden als die bedeutsamsten gesundheitsbezogenen Verhaltensweisen zu Grunde gelegt. Die Ergebnisse lieferten eine differenzierte Betrachtung mit der Schlussfolgerung, dass vulnerable Lebensbedingungen – wie etwa Armut und mangelnde soziale Unterstützung – einen größeren Einfluss auf Gesundheit haben als die verhaltensbezogenen Faktoren. Dagegen zeigten sich bei Personen mit günstigen Lebensbedingungen größere Einflüsse aufgrund ihres gesundheitsbezogenen Verhaltens. Ganz ohne Zweifel erwiesen sich die vier untersuchten Verhaltensweisen für die Gesundheit als bedeutsam: um so mehr bei günstigen Lebensbedingungen und um so weniger bei entsprechender vulnerablen Ausgangslage. *[Blaxter, 1992]* Dies unterstreicht die Bedeutung der Konzeptualisierung von Lebensstil vor dem Hintergrund der verhaltens- und umweltbezogenen Determinanten, die gleichermaßen wichtig sind und sich gegenseitig bedingen.

In Anlehnung an die zuvor skizzierten Autoren wird das Begriffsverständnis von gesunder Lebensstil in dieser Arbeit aufgefasst als „ausgewogene Lebensweise", bei der Menschen für ihre Gesundheit günstige Entscheidungen treffen unter Beachtung der Wechselwirkungen zwischen dem Individuum und seiner Umwelt. Gesundheitsbezogenes Handeln als Ausdruck einer Lebensführung, die Gesundheit belastet, gefährdet oder auch fördert, sollte daher die individuelle Handlungsebene (Mikroebene) vor dem Hintergrund des jeweiligen umweltbezogenen Bezugssystems (Makroebene) betrachten. Diese konzeptionelle Verortung von Lebensstil wurde gewählt, weil sie geeignet erscheint die Entwicklung des Modells verstehbar zu machen. Die Aufgabenstellung dieser Arbeit macht allerdings eine gewisse Einengung erforderlich und konzentriert sich daher auf die individuelle Handlungsebene mit ihren zentralen lebensstilbezogenen Verhaltensdeterminanten Ernährung, Bewegung und Stressmanagement. Lebensstil, Lebensführung und Lebensweise ist hier synonym gebraucht.

2.2. Zusammenhang zwischen den Lebensstilfaktoren Ernährung, Bewegung, Stressmanagement und Krankheitsrisiken – Relevanz für die Gesundheitswissenschaften

Chronische Erkrankungen nehmen in den entwickelten Ländern eine dominierende Stellung ein. Diese stehen neben individueller Disposition in engem Zusammenhang mit den Lebensbedingungen und dem Lebensstil der Menschen. Die folgenden Ausführungen befassen sich mit den Lebensstilfaktoren Ernährung, Bewegung und Stressmanagement als wichtige Einflussfaktoren bei der Entstehung von Erkrankungen und deren Relevanz für die Gesundheitswissenschaften.

2.2.1. Mortalitäts- und morbiditätsbezogenes Krankheitsspektrum in Deutschland

Das Krankheitsspektrum in Deutschland hat sich in den vergangenen Jahrzehnten stark verändert. Kennziffern der Mortalität auf der Basis der Todesursachenstatistik sowie Kennziffern der Morbidität auf Basis der Krankheitsartenstatistik zeigen dies deutlich. Leben und Gesundheit der Bevölkerung werden heute vor allem durch chronische Krankheiten bedroht.

So machten Krankheiten des Kreislaufsystems und Neubildungen 1995 zusammen rund ¾ aller Todesfälle aus. Fast die Hälfte aller Sterbefälle entfiel dabei auf Herz- Kreislauferkrankungen. *[Gesundheitsberichterstattung des Bundes, 1998]* Dies zeigen auch die Daten nach den neusten Auswertungen zur Todesursachenstatistik für die Jahre 1999 bis 2001. Danach starben 2001 391 727 an Erkrankungen des Kreislaufsystems. *[destatis, 2003]* Fortschritte in der Kardiologie und Notfallmedizin, sowie ein gestiegenes Gesundheitsbewusstsein haben zu einer Abnahme der Sterblichkeit an Erkrankungen des Kreislaufsystems geführt. Sie nimmt jedoch im Alter überproportional zu. Das Fortschreiten der Alterung unserer Gesellschaft wird diesen Einfluss weiter verstärken. *[Gesundheitsberichterstattung des Bundes, 1998]*

Lebensstil als Ursache von Krankheit und Gesundheit 11

Tab. 1   Kennziffern zur todesursachenspezifischen Sterblichkeit 1995

Tab. 3.3.1: Kennziffern zur todesursachenspezifischen Sterblichkeit 1995

Todesursache Kapitel der ICD 9		Sterbefälle	In % aller Sterbefälle der	Standardisierte				Ost-West-Relation	
				Sterbeziffer		Sterbealter			
				Männer	Frauen	Männer	Frauen	Männer	Frauen
		Anzahl	Männer	Frauen	je 100 000 Einwohner		in Jahren		Westen=1	
Insgesamt		884 588	100,0	100,0	1204,6	718,6	72,4	74,9	1,20	1,15
I	Infektiöse und parasitäre Krankheiten	8129	1,1	0,7	12,2	5,9	60,9	67,1	0,37	0,36
II	Neubildungen	218 597	27,0	22,8	313,7	183,4	71,6	69,9	1,05	0,98
III	Endokrinopathien, Ernährungs- und Stoffwechselkrankheiten sowie Störungen im Immunsystem	26 323	2,2	3,6	27,2	25,9	73,6	76,8	1,17	1,33
IV	Krankheiten des Blutes und der blutbildenden Organe	1 612	0,2	0,2	2,0	1,5	73,4	72,9	1,02	1,19
V	Psychiatrische Krankheiten	11 383	1,7	0,9	17,7	7,0	58,4	68,1	1,16	0,77
VI	Krankheiten des Nervensystems und der Sinnesorgane	14 675	1,6	1,7	20,3	12,9	71,1	70,9	0,73	0,56
VII	Krankheiten des Kreislaufsystems	429 407	43,5	52,9	547,0	351,8	76,9	80,2	1,33	1,33
VIII	Krankheiten der Atmungsorgane	53 898	7,1	5,2	90,8	35,8	77,6	78,2	1,02	0,84
IX	Krankheiten der Verdauungsorgane	41 821	5,3	4,2	57,9	32,6	67,1	71,3	1,61	1,21
X	Krankheiten der Harn- und Geschlechtsorgane	9 876	1,0	1,2	13,3	8,4	78,1	77,4	0,98	0,86
XI	Komplikationen der Schwangerschaft, bei Entbindung und im Wochenbett	41	x	0,0	x	0,1	x	28,8	x	1,54
XII	Krankheiten der Haut und des Unterhautzellgewebes	717	0,0	0,1	0,5	0,8	76,1	75,8	0,49	0,52
XIII	Krankheiten des Skeletts, der Muskeln und des Bindegewebes	2 260	0,2	0,3	1,8	2,5	74,7	75,7	1,06	0,88
XIV	Kongenitale Anomalien	1 990	0,3	0,2	3,1	2,9	9,3	10,7	1,12	1,07
XV	Bestimmte Affektionen, die ihren Ursprung in der Perinatalzeit haben	1 736	0,2	0,2	3,3	2,6	0,4	0,4	0,98	1,13
XVI	Symptome und schlecht bezeichnete Affektionen	22 756	2,6	2,6	29,5	18,1	64,3	70,0	0,61	0,49
XVII	Verletzungen und Vergiftungen	39 367	6,0	3,1	64,3	26,4	51,3	58,7	1,61	1,38

Quelle: Destatis, Todesursachenstatistik.
Die Sterbeziffern und das Sterbealter sind auf die neue Europastandardbevölkerung standardisiert. Die Ost-West-Relation bezieht die standardisierte Sterbeziffer im Osten auf die im Westen.

Quelle: Gesundheitsbericht für Deutschland, 1998

Koronare Herzkrankheiten gehören zu der bedeutsamsten Gruppe der vermeidbaren Todesursachen, die in der Literatur als sogenannte „vermeidbare" Mortalität beschrieben wird. Der Sachverständigenrat greift in seinem 96er Sondergutachten die These von Häussler und Reschke auf, dass eine „weitere wesentliche Reduktion der Mortalität nicht so sehr von den Fortschritten der kurativen Medizin abhängt, sondern vielmehr von der Realisierung definierbarer präventiver Maßnahmen – im Sinne einer Verhaltens- und Verhältnisprävention". *[Sachverständigenrat für die konzertierte Aktion im Gesundheitswesen, 1996]*

Aussagen zur Morbidität und damit über die Verteilung von Krankheiten in der Bevölkerung müssen oft von der Betreuungs- und Leistungserbringung ausgehen - es mangelt vielfach noch an leistungsunabhängigen, für die Bevölkerung repräsentativen, hochrechenbaren Daten. *[Gesundheitsberichterstattung des Bundes, 1998]* Auswertungen zahlreicher Berichte und Statistiken zufolge sind folgende Krankheitsbilder epidemiologisch bedeutsam: Herz- Kreislauferkrankungen, bösartige Neubildungen, Diabetes mellitus (Typ II), Krankheiten des Skeletts, der Muskeln und des Bindegewebes, Krankheiten des Nervensystems und der Sinnesorgane sowie psychische/psychosomatische Krankheiten. Herz- und Kreislauferkrankungen sowie bösartige Neubildungen kennzeichnen vor allem Krankheiten, auf die wesentliche Anteile der Sterblichkeit entfallen. Während Krankheiten des Skeletts, der Muskeln und des Bindegewebes sowie psychische/psychosomatische Krankheiten und Krankheiten des Nervensystems einen erheblichen Betreuungsbedarf verursachen. *[Gesundheitsberichterstattung des Bundes, 1998] [Arbeitsgemeinschaft der Spitzenverbände der gesetzlichen Krankenkassen, 2001]*

2.2.2. Bedeutung von Krankheiten des Herz- Kreislaufsystems

Das hohe Ausmaß der Mortalität und Morbidität durch Herz- Kreislauferkrankungen ist sehr bedeutsam für die Gesundheitswissenschaften. Dominierend sind die ischämischen Herzkrankheiten, allen voran der akute Myokardinfarkt und Krankheiten des zerebrovaskulären Systems, insbesondere der Schlaganfall. Als Sammelbegriff wird vorwiegend koronare Herzkrankheiten (KHK) benutzt.

1995 starben 87 739 Menschen am akuten Myokardinfarkt, an ischämischen Herzkrankheiten insgesamt waren es 183 736 Personen. Der akute Myokardinfarkt war damit die häufigste Einzeltodesursache überhaupt. Die Sterblichkeit ist stark alters- und bis 69 Jahren geschlechtsabhängig wie die Abbildung 1 zeigt. *[Gesundheitsberichterstattung des Bundes, 1998]* Für das Jahr 2001 ergeben die vorläufigen Ergebnisse der Todesursachenstatistik, dass jeder Zweite durch eine Erkrankung des Kreislaufsystems starb. *[destatis, 2003a]*

Lebensstil als Ursache von Krankheit und Gesundheit 13

Abb. 1   Alterspezifische Sterblichkeit an ischämischen Herzkrankheiten und akutem Myokardinfarkt

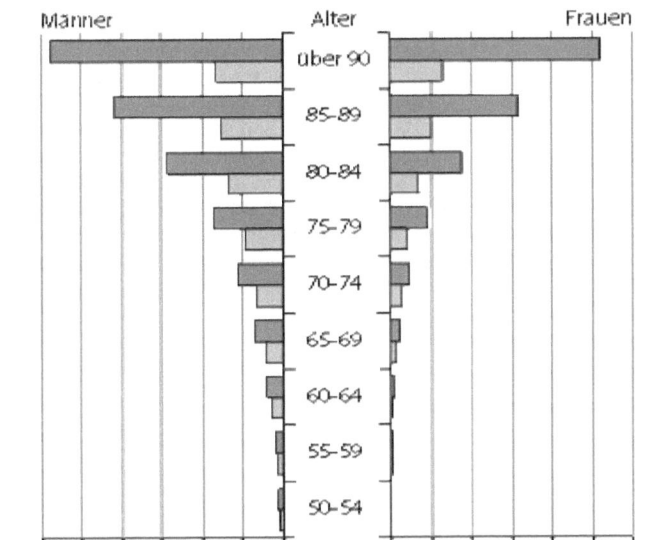

Quelle: Gesundheitsbericht für Deutschland, 1998

Vorausberechnungen des Herzinfarktgeschehens bis zum Jahre 2050 verdeutlichen, welche Brisanz in der demographischen Bevölkerungsentwicklung liegt. Unter der Annahme eines gleichbleibenden Erkrankungsrisikos im Projektionszeitraum on 1998 bis 2050 wird ungeachtet medizinischer und sozialer Einflussfaktoren mit einem deutlichen Anstieg inzidenter (Neuerkrankung) und prävalenter (Zustand nach Herzinfarkt) Fälle gerechnet – bedingt durch den relativen und absoluten Zuwachs der älteren Bevölkerung trotz prognostiziertem anhaltenden Bevölkerungsrückgang nach 2017/18. *[Wiesner, Grimm & Bittner, 2002]*

Zudem geht die große Krankheitslast der koronaren Herzkrankheiten einher mit einem hohen Kostendruck im Gesundheitssystem. Nach Angaben des Gesundheitsberichts Deutschland verursachte die Behandlung des akuten Myokardinfarktes 1994 direkte Kosten in Höhe von 5,74 Mrd. DM. *[Gesundheitsberichterstattung des Bundes, 1998]* Die Gesamtaufwendungen für alle prävalenten und inzidenten KHK-Fälle eines Anfangsjahres über die verbleibende Lebenszeit bis zum Tode betragen einer 1999 veröffentlichten Analyse zufolge 129,07 Mrd. DM. *[Wiesner, Grimm & Bittner, 2002]*

Die Forschung nach den Ursachen wurde wesentlich geprägt von der in den 40er Jahren begonnenen Framingham-Studie, die einen Zusammenhang zwischen individuellen **Risikofaktoren** und dem Auftreten koronarer Herzkrankheiten zeigte. In vielen Ländern der Welt haben seither unzählige Studien zu der Identifizierung von zahlreichen Risikofaktoren geführt. Einer Übersichtsarbeit zufolge sind 20 gut dokumentierte Risikofaktoren identifiziert worden, die in ihrer Bedeutsamkeit in der Literatur teilweise widersprüchlich bewertet werden oder gar umstritten sind. Die Rolle von Stress wird in diesem Zusammenhang kontrovers betrachtet. Zu den zweifelsfrei anerkannten und bedeutendsten Risikofaktoren zählen neben Rauchen eine unangemessene Ernährung (erhöhte Cholesterinwerte, Übergewicht, Bluthochdruck) und Bewegungsmangel. *[Lindsay & Gaw, 1997] [Beaglehole & Magnus, 2002]* In der Literatur finden sich Unterscheidungen nach lebensstilbezogenen und biochemischen bzw. physiologischen Faktoren einerseits sowie persönlichen Faktoren andererseits oder es wird nach modifizierbaren bzw. nicht modifizierbaren Faktoren unterschieden. *[Lindsay & Gaw, 1997]* Die Abbildung 2 zeigt eine Einteilung der Arbeitsgruppe europäischer Fachorganisationen nach modifizierbaren und nicht modifizierbaren Risikofaktoren. *[Wood, De Backer, Faergeman, Graham, Mancia & Pyörälä, 1998]*

Abb. 2   Modifizierbare und nicht modifizierbare Risikofaktoren

Lifestyles	Biochemical or physiological characteristics (modifiable)	Personal characteristics (non-modifiable)
Diet high in saturated fat, cholesterol and calories	Elevated blood pressure	Age
Tobacco smoking	Elevated plasma total cholesterol (LDL-cholesterol)	Sex
Excess alcohol consumption	Low plasma HDL-cholesterol	Family history of CHD or
Physical inactivity	Elevated plasma triglycerides	other atherosclerotic vascular disease at early age (in men <55 years, in women <65 years)
	Hyperglycaemia/Diabetes	Personal history of CHD or other atherosclerotic vascular disease
	Obesity	
	Thrombogenic factors	

Quelle: Wood et al, 1998

Nach der Darstellung von McPherson, Britton & Causer steht das Risiko der koronaren Herzkrankheit im direkten Verhältnis zur Häufung und entsprechenden Gewichtung der Risikofaktoren Rauchen, Bluthochdruck, erhöhte Cholesterinwerte, Übergewicht und Bewegungsmangel. Die Abbildung 3 zeigt, wie stark jeder der dargestellten Risikofaktoren zu den Todesfällen durch koronare Herzkrankheiten beiträgt. *[McPherson, Britton & Causer, 2002]*

Lebensstil als Ursache von Krankheit und Gesundheit 15

Abb. 3   Hierarchie der Risikofaktoren

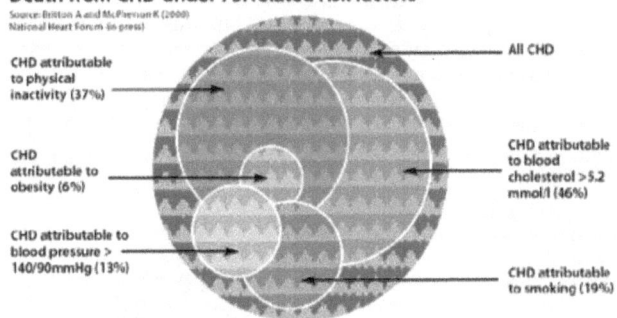

Quelle: McPherson, Britton & Causer, 2002

In der klinischen Praxis gilt insbesondere dem Rauchen, Bluthochdruck, Übergewicht und erhöhte Cholesterinwerte besondere Aufmerksamkeit. Die Prävalenz dieser bedeutsamen, unabhängigen und modifizierbaren Risikofaktoren ist seit Jahren unverändert hoch. Bei den Frauen ist ein Anstieg der Risikofaktorenbelastung zu beobachten. *[Gesundheitsberichterstattung des Bundes, 1998] [Thefeld, 2000]*

Zweifellos gilt heute die Ätiologie koronarer Herzkrankheiten multifaktoriell. Nicht der einzelne Risikofaktor, sondern vor allem eine Häufung und die verstärkende Wechselwirkung mehrerer Faktoren, eher in multiplikativer als in additiver Form, sind so bedeutsam. Eine moderate Verringerung mehrerer Risikofaktoren wirkt sich daher wahrscheinlich positiver auf die Risikominimierung aus, als die extreme Veränderung eines einzelnen Risikofaktors. *[Lindsay & Gaw, 1997]* Die Orientierung an der multiplen Risikofaktorenbelastung spiegelt sich in den Empfehlungen zur Prävention dementsprechend wider – wenn auch die Ergebnisse von Studien auf der Basis multifaktorieller Interventionen unter den Erwartungen blieben. So hat die Arbeitsgruppe europäischer Fachorganisationen eine **Leitlinie zur Prävention von Herz-Kreislauferkrankungen** in der klinischen Praxis entwickelt, die als recommendations of the second joint task force of european and other societies on coronary prevention 1998 veröffentlicht wurde. Darin werden für KHK-Patienten und Risikopersonen folgende Ziele angestrebt: Rauchen einstellen, ausgewogene Ernährung, mehr körperliche Bewegung, Body-Mass-Index <25 kg/m², Blutdruck < 140/90, Gesamtcholesterin < 5,0 mmol/L und LDL-Konzentration < 3,0 mmol/l sowie Anwendung geeigneter vorbeugender Medikamente. *[Wood, De Backer, Faergeman, Graham, Mancia & Pyörälä, 1998]* Die deutsche Herzstiftung betont die Eigenverantwortung bei der allgemeinen Vorbeugung des Herzinfarktes. Nichtrauchen, ausgewogene Ernährung, regelmäßige Kontrolle und eventuelle Behandlung des Blutdrucks, Normalisierung des Körpergewichts, ausreichende Bewegung und den Umgang mit Stress lernen sowie die Pflege von Freundschaften könnten das Herzinfarktrisiko drastisch senken. *[Nationale Herz-Kreislauf-Konferenz, 1998-2002]*

Es besteht weitgehende Einigkeit, dass in der kardiologischen Rehabilitation ein umfassendes Programm erforderlich ist, das neben der medizinischen Diagnostik und Behandlung vor allem eine der Erkrankung angepasste Bewegungstherapie sowie Patientenschulung und Verhaltensmodifikation beinhaltet. *[Mittag & Brusis & Held, 2001]* Eine umfassende Veränderung der Lebens- und Ernährungsweise kann den Verlauf der Arterioskleroseentwicklung - die Basis des Krankheitsprozesses von Herz-Kreislauferkrankungen - selbst bei bereits erfolgter Verengung der Herzkranzgefäße aufhalten und vielleicht sogar teilweise rückgängig machen. *[Lindsay & Gaw, 1997] [Sachverständigenrat für die konzertierte Aktion im Gesundheitswesen, 1996]*

2.3. Lebensstil als Schutzfaktor

In der Praxis der Gesundheitsbildung, hier bezeichnet als Oberbegriff für Gesundheitsaufklärung, -beratung und -training bzw. -schulung, vollzieht sich seit wenigen Jahren ein Wandel in der Konzeption. *[Schäfer & Döll, 2000]* Es wird weithin anerkannt, dass der Erhalt oder die Wiedererlangung von Gesundheit nicht alleine von der Vermeidung bekannter Risikofaktoren abhängt. Neben der Thematisierung der Risikoverhaltensweisen rückt die Diskussion über gesundheitsfördernde Faktoren in den Mittelpunkt.

2.3.1. Vom Konzept der Risikofaktoren zum Konzept der Schutzfaktoren

Das Risikofaktorenkonzept hat viele Leben retten und verlängern können und die epidemiologische Forschung eine Vielzahl krankheitsbegünstigender Einflüsse aufdecken können. Das Modell entstand in den fünfziger Jahren bei der Erforschung der koronaren Herzerkrankung auf der Grundlage von Ergebnissen epidemiologischer Studien und Statistiken von Lebensversicherungsgesellschaften. Es zeigten sich Zusammenhänge zwischen Risikofaktoren, wie z.B. hohe Blutfettwerte, Rauchen, Bluthochdruck, Übergewicht, psychische Stressoren und dem Auftreten von koronaren Herzkrankheiten. Die Schlussfolgerung daraus war, dass je mehr Risikofaktoren bei einer Person auftreten, um so größer ist die Wahrscheinlichkeit im Sinne von Risiko, an einer koronaren Herzkrankheit zu erkranken. *[Bengel, Strittmatter & Willmann, 2001]* Aufgrund dieses Ansatzes wird versucht, die entscheidenden Risikofaktoren für eine Krankheit zu identifizieren, sie auszuschalten oder zu minimieren. Die **somatischen Risikofaktoren** stehen dabei im Vordergrund und die Forschung konzentriert sich auf die physiologischen Prozesse und ihre Risikokonstellationen. *[Hurrelmann & Laaser, 1998] [Faltermaier, 1994]* Dieses Modell hat, häufig als pathogenetische Betrachtungsweise bezeichnet, das Handeln und Denken unseres Gesundheitssystem geprägt. Im Mittelpunkt stehen die Beschwerden und Symptome des Patienten als Träger eines Bündels von Risikomerkmalen und alle Anstrengungen des medizinischen Systems richten sich auf die Diagnose und die möglichst schnelle Beseitigung der Symptome. *[Bengel, Strittmatter & Willmann, 2001]* Dementsprechend konzentrieren sich präventiv gedachte Interventionen auf die frühzeitige Erfassung von Personen mit Risikomerkmalen. *[Faltermaier, 1994]* Trotz beeindruckender Erfolge der kurativen Medizin und nicht zuletzt aufgrund knapper werdender Ressourcen stößt dieses Konzept mit der Zunahme der multifaktoriell bedingten chronischen Erkrankungen an seine Grenzen. Schließlich vermag es einen großen Prozentsatz der auftretenden Erkrankungen nicht zu erklären. So wird in der Literatur häufig darauf verwiesen, dass es in epidemiologischen Studien unter Zugrundelegung der für Herz- Kreislauferkrankungen bekannten Risikofaktoren nicht gelingt, mehr als 50% der auftretenden Erkrankungen zu erklären. *[Mittag, 1996]* In neueren Publikationen gilt dies unter Epidemiologen längst als Mythos, der sich jedoch hartnäckig fortsetze. Es besteht vielmehr die Auffassung, dass die bedeutendsten Risikofaktoren etwa 75% inzidenter KHK-Fälle erklären. Unabhängig davon bleibt ein großer Prozentsatz der auftretenden Erkrankungen nicht erklärbar. *[Beaglehole & Magnus, 2002]* Die abnehmende Herzinfarktsterblichkeit wird aus Sicht verschiedener Wissenschaftler nicht vorrangig als Folge einer verbesserten medizinischen Versorgung betrachtet, sondern im wesentlichen auf Änderungen des Lebensstils zurückgeführt. *[Schäfer, Döll, Höffler & Mittag, 2000]*

Der Hauptkritikpunkt richtet sich darauf, das einzelne Risikofaktoren als isolierte Variablen angesehen werden ohne Berücksichtigung des jeweiligen Lebenszusammenhangs einer Person. Beklagt wird die Vernachlässigung der Ganzheitlichkeit. Die Erforschung der Gesundheitsdynamik im Gegensatz und auch in Bezug zur Krankheitsdynamik bleibt unberücksichtigt. Dies macht eine Akzentverlagerung respektive Erweiterung des Modells erforderlich, die neben Risikofaktoren auch Schutzfaktoren einbezieht, die Krankheiten verhindern und Gesundheit fördern können. *[Hurrelmann & Laaser, 1998]* In diesem Zusammenhang erlebt nun das Konzept der gesunden Lebensführung im Sinne der Tradition Hippokrates eine Renaissance, nach der die Regelung der Lebensweise die wichtigste Maßnahme darstellte. *[Mittag, 1996]*

Das Konzept der **gesunderhaltenden Schutzfaktoren** führt weg von der traditionell pathogenetischen Denkweise. Ausgehend von Antonovsky's Modell der Salutogenese sind hier die gesundheitsförderlichen Faktoren hervorgehoben. Schutzfaktoren stellen wichtige Ressourcen dar, auf die Menschen zur erfolgreichen Bewältigung aktueller Belastungen zurückgreifen. Die salutogenetische Perspektive fragt primär nach den Bedingungen von Gesundheit und nach Faktoren, welche die Gesundheit schützen. Die Salutogenese betrachtet alle Menschen als mehr oder weniger gesund und gleichzeitig als mehr oder weniger krank. Gesundheit und Krankheit sind in diesem Kontext keine einander ausschließende Zustände, sondern die Extrempole auf einem Kontinuum – auch als Gesundheits-Krankheits-Kontinuum bezeichnet. Dazwischen befinden sich Zustände von relativer Gesundheit und relativer Krankheit – überwiegen die salutogenetischen Faktoren, bleibt man eher gesund, überwiegen die pathogenetischen, so wird man eher krank. Gesundheit ist also kein stabiler Gleichgewichtszustand. Sondern er muss in der Auseinandersetzung mit krankmachenden Einflüssen ständig neu aufgebaut bzw. hergestellt werden. *[Bengel, Strittmatter & Willmann, 2001]*

Pathogenese und Salutogenese sind von Antonovsky als Komplementärbegriffe definiert und ergänzen sich in ihren Fragestellungen. Sie erweisen sich - in Ihrem relevanten Begründungszusammenhang als diametral voneinander abgegrenzte, aber komplementäre Sachverhalte - als zwei Seiten derselben Medaille. *[Novak, 1998] [Zerssen, Türk & Hecht, 1998]* Der Perspektivwechsel verträgt sich gut mit einem modernen Gesundheitsbegriff, der die psychische und soziale Dimension gleichrangig neben die körperliche Dimension stellt und den Forderungen der Gesundheitsförderung. Gesundheitsförderung als sozial-ökologisches Gesundheits- und Präventionsmodell betrachtet Gesundheit nicht als Ziel, sondern als Mittel, um Individuen zur selbstverantwortlichen Herstellung gesundheitsförderlicher Bedingungen zu befähigen.

2.3.2. Ernährung, Bewegung, Stressmanagement - die prioritären Handlungsfelder

Herz- Kreislauferkrankungen und bösartige Neubildungen (big killers) gehören neben Diabetes, Krankheiten des Skeletts, Erkrankungen des Nervensystems und psychischen/psychosomatischen Krankheiten (big cripplers) zu den größten Gesundheitsproblemen in Deutschland. Sie beschreiben gleichzeitig die daraus resultierenden prioritären Handlungsfelder für Maßnahmen zur Primärprävention, die sich die gesetzliche Krankenversicherung (GKV) durch gemeinsame Richtlinien im Rahmen des GKV-Gesundheitsreformgesetzes 2000 auferlegt hat. Nicht isoliert einzelne Krankheiten oder Risikofaktoren, sondern die Verbesserung des allgemeinen Gesundheitszustandes stehen im Zentrum der Bemühungen: die thematischen Handlungsfelder zielen deshalb auf die Lebensstilfaktoren Bewegung, Ernährung, Stressmanagement und Genuss- sowie Suchtmittelkonsum ab.

Abb. 4 Die prioritären Handlungsfelder in der GKV

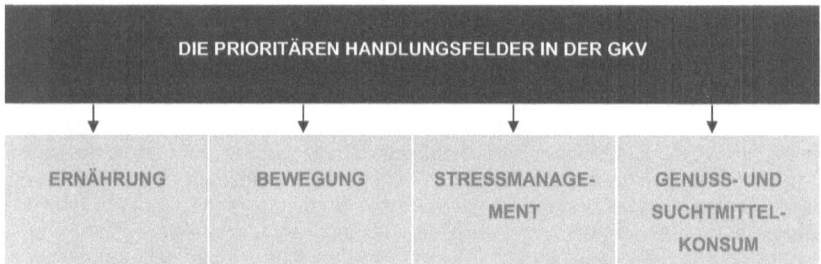

Diese basieren auf der Grundlage einer entsprechenden Bedarfsermittlung und den Empfehlungen für präventive Interventionen bei den Krankheitsbildern Herz-Kreislauferkrankungen, Krankheiten der Muskeln, des Skeletts und des Bindegewebes, sowie bösartige Neubildungen, Asthma und allergische Erkrankungen. *[Arbeitsgemeinschaft der Spitzenverbände der gesetzlichen Krankenkassen, 2001]* Darauf basiert auch das Gesundheitsbildungsprogramm „Aktiv Gesundheit fördern" der Rentenversicherung für die medizinische Rehabilitation. *[Verband Deutscher Rentenversicherungsträger, 2000]* In dieser Arbeit werden die für alle Menschen relevanten Handlungsfelder Ernährung, Bewegung und Stressmanagement aufgegriffen, ohne dabei die gesundheitliche Bedeutung des Genuss- und Suchtmittelkonsums im allgemeinen und bei betreffenden Personengruppen zu mindern.

2.4. Wissenschaftlicher Kenntnisstand: Einflussfaktor Ernährung

Eine ausgewogene Ernährung ist eine der wichtigsten Voraussetzungen für Gesundheit und Lebensqualität. Der Ernährung kommt eine zentrale Rolle sowohl bei der Entstehung bestimmter Erkrankungen als auch bei der Vorbeugung zu. Direkte und indirekte Kosten durch ernährungsabhängige Erkrankungen wurden 1990 mit 83,5 Mrd. DM beziffert. Damit verursachen ernährungsmitbedingte und –abhängige Erkrankungen nahezu ein Drittel aller Kosten im Gesundheitswesen. Verantwortlich sind vor allem chronische Erkrankungen, die in Zusammenhang mit ungünstigen Ernährungsgewohnheiten und einer unkritischen Auswahl von Lebensmitteln stehen. Dieses Kapitel soll den Zusammenhang zwischen Ernährung als Einflussfaktor auf Krankheitsrisiko und Gesundheit belegen, Daten zur Ernährungssituation reflektieren sowie die derzeitigen Empfehlungen darlegen.

2.4.1. Ernährung als Einflussfaktor auf Krankheitsrisiko und Gesundheit

Die Beziehung zwischen bestimmten Ernährungsfaktoren und dem Auftreten von Herz-Kreislaufkrankheiten, einigen häufigen Krebsarten, Diabetes, chronischen Krankheiten der Leber und anderer Verdauungsorgane ist weltweit immer wieder in epidemiologischen Studien belegt worden. *[Deutsche Gesellschaft für Ernährung, 2000]*

Nach Kohlmeier erfolgt die Zuordnung der Ernährungsabhängigkeit von Krankheiten wie folgt: *[Kohlmeier, 1993]*

I. (Mit-)Verursachung einer Erkrankung durch Ernährungsgewohnheiten, einschließlich der Prävention der Erkrankung durch Vermeidung von Fehlernährung z. B. Übergewicht, Herz-Kreislauferkrankungen, bösartige Tumoren
II. Beeinflussung des Verlaufs einer bereits bestehenden Erkrankung durch Einhaltung einer Diät z.B. Niereninsuffizienz
III. Behandlung einer Erkrankung durch Ernährungsmaßnahmen z.B. Phenylketonurie
IV. Deckung des physiologischen Bedarfs durch vollwertige Ernährung, Vermeidung von Mangelerkrankungen z.B. Struma
V. Verursachung von Erkrankungen durch Nahrungszusatzstoffe oder –kontaminanten z.B. Lebensmittelinfektionen.

Danach sind 31 Gruppen von Erkrankungen, die 84 Einzelkrankheiten beinhalten, als ernährungsabhängige Krankheit klassifiziert, mit Ausnahme von unter Punkt II genanntem therapeutischen Einsatz von Diäten, wie nachfolgende Tabelle zeigt.

Tab. 2 Ernährungsabhängige Krankheiten

Krankheitsgruppe	ICD 9
Hypertonie und Hochdruckkrankheiten	401-405
Ischämische Herzkrankheiten	410-414
Sonstige Herzkrankheiten	428,429
Erkrankungen der Hirngefäße	430-438
Erkrankungen anderer Gefäße	440,441,444
Bösartige Neubildungen der Brustdrüse	174
Bösartige Neubildungen der Lunge	162
Bösartige Neubildungen der Prostata	185
Bösartige Neubildungen des Darms	153,154
Bösartige Neubildungen des Magens	151
Bösartige Neubildungen der Gebärmutter	182
Bösartige Neubildungen der Speiseröhre	150
Bösartige Neubildungen der Bauchspeicheldrüse	157
Bösartige Neubildungen der Mundhöhle und des Rachens	140-149
Bösartige Neubildungen des Kehlkopfes	161
Bösartige Neubildungen der Leber	155
Diabetes mellitus	250
Gicht	274
Fettstoffwechselstörungen	272
Aminosäure- und Kohlenhydratstoffwechselstörungen	270,271
Übergewicht	278
Struma	240-242
Anämien	280,281
Alkoholismus	291,303
Karies	521
Gallenerkrankungen	574,576
Darmdivertikel	562
Chronische Lebererkrankungen	571
Bauchspeicheldrüsenerkrankungen	577
Osteoporose	733
Lebensmittelinfektionen	001-009 120-129

Quelle: Kohlmeier, 1993

Da eine umfassende Darstellung aller Beziehungen zwischen Ernährung und Krankheiten aufgrund des Umfangs nicht möglich ist, konzentrieren sich die Ausführungen in diesem Abschnitt auf die **Rolle der Ernährung in der Ätiologie der Herz-Kreislauferkrankungen** – also der Gruppe von Erkrankungen mit höchster gesundheitspolitischer Bedeutung. Auf diese Gruppe entfallen mit rund 33 Milliarden DM die höchsten Gesamtkosten unter den ernährungsabhängigen Krankheiten. *[Kohlmeier, 1993]*

Lebensstil als Ursache von Krankheit und Gesundheit 21

Die Ätiologie von Herz-Kreislauferkrankungen ist komplex wie bereits an vorheriger Stelle in diesem Kapitel gezeigt wurde. Die durch die Ernährung beeinflussten zentralen Risikofaktoren Hypertonie, erhöhter Blutfettspiegel, Übergewicht und Diabetes sind wissenschaftlich hinreichend beurteilt worden. Zahlreiche epidemiologische Studien haben gezeigt, dass mit ansteigendem **Übergewicht**, klassifiziert als Body Mass Index (BMI = Gewicht kg/ Körpergröße m^2) > 25, die Gesamtmortalität zunimmt und zwar aufgrund des Anstiegs der Mortalität von koronaren Herzkrankheiten. Übergewicht hat einen ungünstigen Einfluss auf eine Reihe anderer Risikofaktoren einschließlich Bluthochdruck, erhöhte HDL/LDL- und Triglyceridwerte, sowie Glucosetoleranz, womit der Großteil des Effektes auf das KHK-Risiko erklärt wird. *[Wood, De Backer, Faergeman, Graham, Mancia & Pyörälä, 1998]* So etwa geht Übergewicht mit einem dreimal so hohen Risiko für Diabetes einher. *[Deutsche Gesellschaft für Ernährung, 2000]* Es gibt aber auch Belege dafür, dass Übergewicht ein unabhängiger Risikofaktor ist. *[Jousilathi, Tuomilehto, Vartiainen, Pekkanen & Puska, 1996]* Übergewicht ist die Folge einer gestörten Energiebilanz, die in der Regel mit einer erhöhten Fettaufnahme einhergeht. Aber auch genetische Faktoren spielen eine Rolle. Durch eine Verminderung der Fettzufuhr und Verminderung der Energiedichte kann das Körpergewicht besonders wirksam gesenkt werden. Neben einer Energierestriktion kann auch eine Steigerung der körperlichen Aktivität die gestörte Energiebilanz ausgleichen. *[Deutsche Gesellschaft für Ernährung, 2000]*

Besonders eindrucksvoll ist die Bedeutung von **erhöhtem Blutdruck** als Risikofaktor bei koronaren Herzkrankheiten belegt. Bluthochdruck tritt ebenfalls gehäuft mit anderen Risikofaktoren auf. *[Wood, De Backer, Faergeman, Graham, Mancia & Pyörälä, 1998] [Kannel, 1996]* Erhöhter Blutdruck bei Übergewicht lässt sich durch Gewichtsabnahme überzeugend senken. Die wohl bekannteste, wenngleich umstrittenste Ernährungsintervention bei Bluthochdruck ist die Kochsalzrestriktion. Bei der Mehrzahl der Interventionsstudien führte eine Kochsalzbeschränkung bei Hypertonikern zum Absenken des Blutdrucks. Diese Ergebnisse konnten jedoch nicht bei allen signifikant belegt werden. Man nimmt an, dass eine Kochsalzbeschränkung erhöhten Blutdruck wahrscheinlich senkt. Des Weiteren lassen sich aufgrund von Interventionsstudien für die folgenden Ernährungsfaktoren positive Einflüsse auf das Bluthochdruckrisiko geltend machen: viel Calcium, viel Kalium, viel Fischöl (n-3-Fettsäuren), wenig Alkohol, sowie fettarme und gemüse- und obstreiche Ernährung. *[Deutsche Gesellschaft für Ernährung, 2000]* Ebenso eindrucksvoll belegt ist die Bedeutung **pathologisch veränderter Blutlipide** als Risikofaktor bei koronaren Herzkrankheiten. Dabei spielen das LDL Cholesterin (low density lipoprotein), das HDL Cholesterin (high density lipoprotein) und die Triglyceride eine wichtige Rolle. In zahlreichen Studien konnte gezeigt werden, dass erhöhte LDL- und erniedrigte HDL Werte mit einem höheren KHK-Risiko verbunden sind. Demgegenüber zeigte sich bei erhöhten Triglyceriden im Blutplasma ein vergleichsweise schwächerer Zusammenhang als nicht unabhängiger Risikofaktor bei koronaren Herzkrankheiten. *[Austin, 1989] [Wood, De Backer, Faergeman, Graham, Mancia & Pyörälä, 1998] [Pocock, Shaper & Phillips, 1989]* Durch die Ernährung können Blutlipide maßgeblich beeinflusst werden. Die Reaktion auf Ernährungsinterventionen kann jedoch individuell variieren. Bei Übergewicht ist eine Gewichtsreduktion sehr wirksam, die ein Absenken des LDL und ein Anheben des HDL bewirkt. Meta-analytisch wurde ermittelt, dass die verminderte Zufuhr von Gesamt-Fett, gesättigten Fettsäuren, und Cholesterin die Plasmakonzentrationen von Gesamt-Cholesterin, LDL-Cholesterin, Triglyceriden und das Verhältnis Gesamt-Cholesterin/HDL-Cholesterin signifikant senkt. Die Ergebnisse zahlreicher Studien lassen sich so zusammenfassen, dass die Aufnahme von gesättigten Fettsäuren die Cholesterinkonzentration im Plasma überzeugend erhöht, währenddessen einfach und mehrfach gesättigte Fettsäuren die Konzentration überzeugend senken. Zudem lassen sich für weitere Ernährungsfaktoren positive Einflüsse auf das Risiko einer Fettstoffwechselstörung mit unterschiedlicher Beweiskraft belegen: wenig Trans-Fettsäuren, viel Fischöl (n-3-Fettsäuren), viel Sojaprotein, viel Ballaststoffe (lösliche), moderate Alkoholmenge, viel Phytosterol. *[Deutsche Gesellschaft für Ernährung, 2000]*

Neben den durch die Ernährung beeinflussten zentralen Risikofaktoren Hypertonie, erhöhter Blutfettspiegel und Übergewicht gilt auch für **Diabetes mellitus** (Typ I + II) ein erhöhtes KHK-Risiko als gesichert. Eine schlechte Blutzuckerkontrolle und die direkten Wirkungen von Hyperglykämie stehen in Zusammenhang mit abnormalen Blutlipiden und erhöhtem Blutdruck, die für Diabetes Typ I-Patienten ab dem 30. Lebensjahr ein stark erhöhtes Risiko bedeuten. Der Diabetes Typ II tritt gehäuft mit anderen Risikofaktoren auf wie erhöhte Triglyceride im Plasma, geringer HDL-Spiegel, erhöhter Blutdruck, Übergewicht und Hyperinsulinämie als Folge der Insulinresistenz. *[Wood, De Backer, Faergeman, Graham, Mancia & Pyörälä, 1998]* Der Diabetes mellitus wird auf dem Boden einer genetischen Disposition durch die Ernährung beeinflusst. Eine Normalisierung des Körpergewichts verbunden mit einer Restriktion der Fettzufuhr gilt als wirksam, um die Stoffwechsellage zu verbessern und damit das Risiko zu vermindern. Darüber hinaus verweist die Übersichtsliteratur auf überzeugende Hinweise, nach denen eine ballaststoffreiche Ernährung nicht nur die Stoffwechseleinstellung von Diabetikern stabilisiert, sondern auch das Risiko der Ausbildung eines Diabetes Typ II senkt. *[Deutsche Gesellschaft für Ernährung, 2000]*

Nachfolgende Zusammenstellung enthält gemäß Kohlmeier die mit der Ernährung in Zusammenhang stehenden Faktoren, die risikoerhöhend bzw. risikosenkend wirken: *[Kohlmeier, 1993]*

Lebensstil als Ursache von Krankheit und Gesundheit 23

Risikoerhöhend wirken:

Gesättigte Fettsäuren

Hoher Konsum gesättigter Fettsäuren führt zu erhöhtem Serum-Cholesterinspiegel und LDL-Cholesterinspiegel im Blut und erhöht damit das Risiko für koronare Herzkrankheiten.

Trans-Fettsäuren

Trans-Fettsäuren können in ihrer Wirkung wie gesättigte Fettsäuren eingeschätzt werden.

Gesamtfettaufnahme

Die Gesamtfettaufnahme ist nicht unmittelbar mit dem Risiko der koronaren Herzkrankheit verbunden, kann aber zu Übergewicht führen und somit das Risiko erhöhen. Die gefundenen Zusammenhänge beruhen auf dem Anteil gesättigter Fettsäuren.

Cholesterinkonsum

Hohe Cholesterinaufnahme kann den Serum-Cholesterinspiegel erhöhen.

Übergewicht und Fettsucht

Adipositas erhöht das Risiko einer koronaren Herzerkrankung.

LDL-Cholesterinspiegel

Hoher LDL-Cholesterinspiegel im Serum erhöht das Erkrankungs- und Sterberisiko einer Herz-Kreislauferkrankung.

Natrium

Hoher Kochsalzkonsum (NaCl) ist mit der Ausbildung von Hypertonie verbunden, falls die Personen zum „salz-sensitiven" Typ gehören.

Risikosenkend wirken:

Mehrfach ungesättigte Fettsäuren

Hoher Konsum N-6 mehrfach ungesättigter Fettsäuren senkt den Serumcholesterinwert.

Mehrfach ungesättigte Fettsäuren

Hoher Konsum N-3 mehrfach ungesättigter Fettsäuren senkt den Serumtriglyceridspiegel sowie die Thromboseneigung und senkt somit das Risiko der koronaren Herzkrankheit.

Einfach ungesättigte Fettsäuren

Hoher Konsum einfach ungesättigter Fettsäuren senkt den Serumcholesterinwert.

HDL-Cholesterinspiegel

Ein hoher HDL-Cholesterinspiegel im Serum schützt vor Arteriosklerose und ischämischen Herzkrankheiten

Alkoholkonsum

Alkoholkonsum reduziert das Risiko einer koronaren Herzkrankheit gegenüber Abstinenzlern.

Vegetarische Ernährungsweise

Vegetarische Ernährungsweise senkt das Risiko für koronare Herzkrankheiten u.a. durch Absenken der Cholesterinwerte im Serum und des Blutdrucks.

Kalium

Kalium kann der Ausprägung von Hypertonie entgegenwirken

Diese Darstellung stimmt gut überein mit den Bewertungen zahlreicher wichtiger epidemiologischer Studien nach 1975, die im Ernährungsbericht 2000 zusammenfassend dargestellt sind, wie oben bereits ausgeführt wurde.

Die Ernährung kann ein wichtiger exogener Risikofaktor sein, aber sie kann gleichzeitig auch ein wichtiger Schutzfaktor sein und aufgrund **protektiver Nahrungsfaktoren** vor einer arteriosklerotischen Krankheitsentwicklung und damit einhergehenden Herz- Kreislauferkrankungen schützen. Hinreichende und vertrauenswürdige Daten zu den protektiven Wirkungen von Nahrungskomponenten sind jedoch schwierig zu erfassen und deshalb nur für wenige Nährstoffe verfügbar. Aus epidemiologischen Studien sind zwar Zusammenhänge zwischen der Zufuhr von Lebensmitteln und einem bestimmten Krankheitsrisiko ableitbar, aber nur in seltenen Fällen lässt sich zuverlässig sagen, welche Nahrungskomponenten für die Wirkung verantwortlich sind. Als kardioprotektiv sind gut belegt eine Ernährungsweise mit hohem Ballaststoffgehalt, hohem n-3-Fettsäuregehalt und moderatem Alkoholkonsum. Eine besondere Bedeutung wird auch der antioxidativen Kapazität des menschlichen Organismus beigemessen, die sich aus der Summe endogener und exogener Schutzmechanismen ergibt, die für ein Wirkungsgleichgewicht von Prooxidantien und Antioxidantien sorgen. Die Notwendigkeit eines antioxidativen Schutzes ist sicher belegt, wenngleich die Wirksamkeit von Antioxidantien (Vitamin C, Vitamin E, ß-Carotin) in Form isolierter Substanzen oder bestimmter Kombinationen noch in weiteren Interventionsstudien bewiesen werden muss. Es wird davon ausgegangen, dass die gefundene Wirkung von Antioxidantien entweder nur in der natürlichen Lebensmittelmatrix oder im Verbund mit anderen wirksamen Nahrungskomponenten, wie etwa sekundären Pflanzenstoffen, vorhanden ist. Die Beteiligung sekundärer Pflanzenstoffe an der gesundheitsförderlichen Wirkung einer hohen Gemüse- und Obstzufuhr gilt trotz bestehender Erkenntnislücken als unbestritten. Aufgrund der Vielzahl sekundärer Pflanzenstoffe sollte die ganze Breite des Angebots an Gemüse und Obst genutzt werden. Der überwiegende Verzehr von Lebensmitteln pflanzlicher Herkunft wird den Vorgaben einer gesundheitsfördernden Ernährung in besonderem Maße gerecht. Über die Beziehungen einzelner Nährstoffe und Nahrungsinhaltsstoffe zu Gesundheit und Krankheit liegen unzählige Informationen vor, die es unmöglich machen in diesem Kapitel umfassend zu behandeln und sich daher auf ausgewählte Aspekte in Zusammenhang mit koronaren Herzkrankheiten beschränken. *[Deutsche Gesellschaft für Ernährung, 2000] [DGE, ÖGE, SGE, SVE, 2000]*

2.4.2. Daten zum Ernährungsverhalten und -zustand in Deutschland

Die Deutschen essen anders, als sie sich ernähren sollten. Seit 1968 wird alle vier Jahre im Auftrag der Bundesregierung ein Ernährungsbericht erstellt, der die Ernährungssituation in Deutschland dokumentiert. Als Datenbasis dient die Einkommens- und Verbrauchsstichprobe (EVS) 1993. In Deutschland ist sie bislang die einzige Quelle, die regelmäßig repräsentative Daten liefert, aus denen auf den Lebensmittelverzehr der Bevölkerung geschlossen werden kann. Um zu Zahlen auf der Ebene der täglichen Nährstoffzufuhr zu gelangen, müssen die Daten transformiert werden. Dadurch sind jedoch die Ergebnisse mit anderen Untersuchungen wie dem Gesundheitssurvey nur bedingt vergleichbar. Zur Beurteilung der Nährstoffzufuhr sind die aktuellen Referenzwerte der Deutschen Gesellschaft für Ernährung in der Ausgabe 2000 zu Grunde gelegt. Zusammenfassend lässt sich die **Ernährungssituation** nach dem Ernährungsbericht 2000 folgendermaßen charakterisieren: *[Deutsche Gesellschaft für Ernährung, 2000]*

❖ Energiezufuhr bei Erwachsenen unter 51 Jahren im Bereich der Richtwerte, bei über 51-Jährigen deutlich über den entsprechenden Richtwerten

Lebensstil als Ursache von Krankheit und Gesundheit 25

❖ Mittlere Proteinzufuhr in allen Altersgruppen bei weitem ausreichend, Fettzufuhr (vor allem gesättigte Fettsäuren) zu hoch und Kohlenhydratzufuhr (vor allem Polysaccharide) zu niedrig. Ballaststoffzufuhr deutlich zu gering
❖ Alkoholzufuhr vor allem bei Männern zu hoch
❖ Vitaminversorgung bei den meisten Vitaminen in der Bevölkerung im Durchschnitt ausreichend (Vitamin A, die Mehrzahl der B-Vitamine, Vitamin C). Folatversorgung kritisch, nur 50 % des empfohlenen Richtwertes werden erreicht. Vitamin E und ß-Carotin-Zufuhr unzureichend
❖ Mineralstoff- und Spurenelementversorgung mit Magnesium, Zink, Kupfer, Selen weitgehend gesichert. Richtwerte für Calcium im Mittel von keiner Altersgruppe erreicht, besonders ungünstig die Calciumversorgung von Kindern und Jugendlichen. Eisenversorgung für Frauen unverändert kritisch. Aktueller Jodversorgungszustand der Bevölkerung bei weitem nicht ausreichend.

Umfassende Daten über das Ernährungsverhalten und die Ernährungssituation in der Gesamtbevölkerung sind letztmalig Mitte der 80er Jahre gesammelt worden. Deshalb wurde im Rahmen des Gesundheitssurveys 1998 als Teilstichprobe von 4030 Personen im Alter von 18 bis 79 Jahren ein Modul, der Ernährungssurvey, aufgenommen. Diese Ernährungsdaten sind gegenwärtig die aktuellste Informationsquelle, auch wenn sie im Ernährungsbericht 2000 keinen Eingang gefunden haben. *[Mensink, 2002]* Zusammenfassend ergibt sich ein gut übereinstimmendes Gesamtbild mit den Daten aus dem Ernährungsbericht. Die Ernährung in Deutschland ist immer noch durch eine Überversorgung an Fett, Protein und Alkohol (bei Männern) gekennzeichnet. Allerdings zeichnet sich eine Besserung hinsichtlich des Fettanteils in der Nahrung ab. Eine ausreichende Versorgung mit den meisten Vitaminen, Mineralstoffen und Spurenelementen ist in Deutschland gegeben. Es gibt für einen Teil der Bevölkerung Probleme bei der Ballaststoff-, Vitamin D-, E- und Folatzufuhr und bei Frauen zusätzlich bei der Vitamin B1-, B2-, B6-, Calcium- und Eisenzufuhr. Die mittlere tägliche Aufnahme liegt unter dem optimalen Niveau, wie Abbildung 5 zeigt. Das dürfte auch für die Jodaufnahme zutreffen, die jedoch nicht genau erfasst werden konnte. *[Mensink, Burger & Beitz, 2002] [Mensink, Thamm & Haas, 1999]*

Abb. 5 Nährstoffaufnahme unter der Referenz

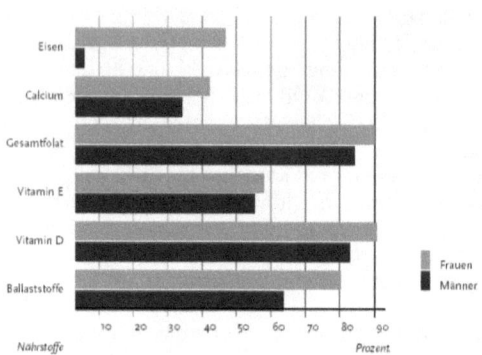

Quelle: Mensink, Burger & Beitz, 2002

Auswertungen der Food Frequency-Fragebogen des Bundesgesundheitssurveys von 1998 weisen im Zeitverlauf der 90er Jahre im **Ernährungsverhalten** einige interessante Veränderungen auf. Der Vergleich der Daten der auf ähnliche Weise 1990/92 durchgeführten Surveys zeigt: *[Mensink, 2001] [Mensink, 2002a]*
- Kaum veränderter Brotkonsum
- Verzehr von Wurstwaren leicht rückläufig
- geringfügige Zunahme der Verzehrshäufigkeit von Fleisch und Geflügel
- Anstieg in der Konsumhäufigkeit für Quark und Joghurt sowie für Haferflocken und Müsli, häufiger von Frauen als von Männern gegessen
- geringerer Kartoffelverzehr, gestiegener Nudelkonsum, erheblicher Anstieg der Konsumhäufigkeit von Pommes frites
- kaum veränderter Frischobstkonsum, deutlicher Anstieg der Konsumhäufigkeit an Salaten und Rohkost bei gleichzeitig geringer Verwendung von Konservenkost
- Rückläufiger Verzehr von Eiern und Speisefetten, Zunahme der Verzehrshäufigkeit von Milch und Käse
- Anstieg im Konsum von nicht-alkoholischen Getränken, leicht rückläufiger Konsum von alkoholischen Getränken.

Viele der beobachteten Trends weisen insgesamt in eine wünschenswerte Richtung und lassen eine weitere Verbesserung der Ernährungssituation in Deutschland erwarten. *[Deutsche Gesellschaft für Ernährung, 2000]*

2.4.3. Ernährungsempfehlungen

Die Grundlagen einer gesunden Ernährung gelten heute als weitgehend erforscht. Die Deutsche Gesellschaft für Ernährung veröffentlicht in regelmäßig überarbeiteten Auflagen die Empfehlungen für die tägliche Nährstoffzufuhr zur Gesunder-

Lebensstil als Ursache von Krankheit und Gesundheit 27

haltung der Menschen. *[DGE, ÖGE, SGE, SVE, 2000]* Diese stimmen gut überein mit den Empfehlungen der Ernährungsgesellschaften anderer Nationen und den Empfehlungen gemäß des aktuellen WHO-Reports. *[World Health Organization, 2003]* Die empfohlenen Werte orientieren sich in Europa und den USA an den ernährungsbeeinflussten Risikofaktoren, um damit vor allem chronische Erkrankungen zu verhüten.

Prävention durch Ernährung erfolgt nach den neuesten Erkenntnissen der Wissenschaft mit einer vollwertigen Ernährung, wie sie die Deutsche Gesellschaft für Ernährung empfiehlt: *[Deutsche Gesellschaft für Ernährung, 2000]*
- Vielseitig, aber nicht zu viel, um Übergewicht zu vermeiden
- Fettverzehr auf 30 % der Gesamtenergie absenken und dabei günstige Pflanzenöle bevorzugen. Gesättigte zu ungesättigte Fettsäuren im Verhältnis 1:2 aufnehmen
- Steigerung des Verzehrs von pflanzlichen Lebensmitteln, insbesondere Vollkornprodukte mit komplexen Kohlenhydraten und Ballaststoffen
- 5mal am Tag Gemüse und Obst sowie mehr fettarme Milch und Milchprodukte verzehren
- Alkohol nur in geringen Mengen genießen
- Zufuhr von Kochsalz und geräucherten Lebensmitteln senken.

Wenn die Empfehlung zur Nährstoffrelation (30 % Fett, 55 % Kohlenhydrate, 15 % Eiweiß) eingehalten wird, erfolgt mit großer Sicherheit eine bedarfsgerechte Ernährung. Dieses einfache Prinzip „Steigerung der Kohlenhydrate, Reduktion der Fettaufnahme" kommt daher einer Verbesserung der Gesamternährung unter allen Nährstoffaspekten nahe. *[Pudel & Müller, 2000]*

In den zentralen Aussagen haben sich die nährstoffbezogenen Ernährungslehren weltweit deutlich einander angenähert. Die methodisch-didaktische Umsetzung von Ernährungsempfehlungen auf Lebensmittelebene bedient sich daher auch den weltweit verbreiteten Modellen „Der Ernährungskreis" und „Die Ernährungspyramide", wie in den folgenden Kapiteln weiter vertieft wird. *[Heindl, 1999]*

2.5. Wissenschaftlicher Kenntnisstand: Einflussfaktor Bewegung

Bei Fragen der Gesundheit spielen Aspekte von Bewegung und körperlicher Aktivität eine zunehmende Rolle. Immer mehr Menschen verbringen immer weniger Zeit mit Bewegung und körperlicher Aktivität– in der Arbeit wie auch in der Freizeit. Eine Vielzahl an chronisch degenerativen Erkrankungen ist eng verbunden mit der Risikodisposition Bewegungsmangel. Zwischen Bewegung, hier verstanden als umfassender nicht auf sportliche Aktivitäten reduzierter Begriff, und Gesundheit bestehen zahlreiche Zusammenhänge. Dieses Kapitel soll den Zusammenhang zwischen Bewegung als Einflussfaktor auf Krankheitsrisiko und Gesundheit belegen, Daten zum Bewegungsverhalten reflektieren sowie die derzeitigen Empfehlungen darlegen.

2.5.1. Bewegung als Einflussfaktor auf Krankheitsrisiko und Gesundheit

Im allgemeinen werden positive Wechselwirkungen körperlicher Betätigung auf Gesundheit und Wohlbefinden beschrieben. Dies gilt jedoch nicht nur für die physische Gesundheit, sondern es konnten auch positive Effekte auf der psychischen und sozialen Ebene belegt werden. Am besten belegt sind die Auswirkungen von Bewegungsaktivitäten auf Herz-Kreislauferkrankungen. Prospektive epidemiologische Studien haben gezeigt, dass ein inaktiver Lebensstil assoziiert ist mit einer hohen Inzidenz von koronaren Herzerkrankungen. *[Wood, De Backer, Faergeman, Graham, Mancia & Pyörälä, 1998] [Blair & Hardman, 1995]* Gemäß eines Positionspapiers der WHO und International Society and Federation of Cardiology wird im Einklang mit internationalen Konsenspositionen von einem **zweifach erhöhten Risiko für koronare Herzerkrankungen** bei inaktiven im Vergleich zu aktiven Personen ausgegangen. Man schlussfolgerte, dass die Assoziation fünf wesentliche Charakteristika aufweist: (1) sie ist konsistent beobachtet worden in verschiedenen Settings, (2) sie ist stark und vergleichbar mit der Stärke anderer starker Risikofaktoren wie z.B. Bluthochdruck, (3) sie besteht in angemessener Reihenfolge, (4) sie verläuft graduell, d.h. das Risiko steigt mit abnehmender körperlicher Aktivität, (5) sie ist plausibel und kohärent. Die Substantiierung dazu lieferten Powell, Thompson, Caspersen und Kendrick, die eine viel beachtete Überprüfung des Zusammenhangs von körperlicher Aktivität und koronarer Herzerkrankung vornahmen. Auch spätere Studien von hoher Beweiskraft zeigten eine inverse Beziehung zwischen Aktivität oder Fitness und Erkrankungsrisiko. *[Bijnen, Caspersen & Mosterd, 1994] [Blair, 1994a]* Doch der Nachweis von Ursache-Wirkungs-Mechanismen ist problematisch, da eine Veränderung des Bewegungsverhaltens weitere Lebensstilfaktoren wie z.B. Ernährung beeinflusst, die ihrerseits wieder Auswirkungen auf die Gesundheit haben. *[Knoll, 1995]* Die meisten nach Confounder-Effekten adjustierten Studien auf der Basis traditioneller Risikofaktoren weisen daraufhin, dass körperliche Aktivität ein unabhängiger Risikofaktor für koronare Herzerkrankungen ist. Auf alle Fälle ist der ungünstige Einfluss von Inaktivität auf andere Risikofaktoren wie etwa Bluthochdruck, Übergewicht, erhöhte Blutfettwerte zu konstatieren. Doch als unbestritten gilt die Befundlage von körperlicher Aktivität als unabhängiger Risikofaktor nicht. *[Bijnen, Caspersen & Mosterd, 1994]* Zur genaueren Bestimmung der unabhängigen Einflüsse von Aktivität und Fitness propagiert Blair weitere prospektive Langzeitstudien. *[Blair, 1994a]*

Eine der wichtigsten Berichte zu epidemiologischen Untersuchungen über körperliche Aktivität ist die 1993 veröffentlichte Studie von Paffenbarger, der bei 10269 ehemaligen Studenten der Harvard-Universität den Zusammenhang von körperlicher Aktivitätsänderung sowie anderen Lebensstilfaktoren zu Mortalität untersuchte. Danach hatten Männer, die zu Untersuchungsbeginn inaktiv waren und mit moderater sportlicher Aktivität begannen, ein um 23 % geringeres Sterberisiko gegenüber den unverändert inaktiven Männern. Die Ergebnisse hinsichtlich des Sterberisikos durch koronare Herzerkrankungen waren spiegelbildlich. Körperlich Aktive hatten einen Überlebensvorteil gegenüber Inaktiven, der dem eines Nichtrauchers gegenüber einem Raucher von täglich 20 Zigaretten entsprach. *[Paffenbarger, Hyde, Wing, Lee, Jung & Kampert, 1993]* Diesen inzwischen gut gesicherten Beobachtungen zufolge, sind bereits geringe Verbesserungen der körperlichen Fitness mit einem signifikant niedrigeren Sterberisiko verbunden. Ergebnisse früherer Arbeiten sind damit konsistent, wonach ehemalige College Sportler, die ihren Sport aufgaben höhere Todesraten aufwiesen als ihre Kollegen, die ihre moderaten sportlichen Aktivitäten weiter fortsetzten. Demgegenüber hatten College Studenten, die während des College Sport mieden, aber danach in ihrer Lebensweise aktiver waren, das selbe geringe Sterberisiko, wie Absolventen, die über die ganze Zeit aktiv waren. *[Paffenbarger, Kampert, Lee, Hyde, Leung & Wing, 1994] [G.Erikssen, Liestøl, Børnholt, Thaulow, Sandvik & J. Erikssen, 1998]* Chandrashekhar und Anand merken an, dass Übereinstimmung herrscht im Hinblick auf eine verringerte Sterblichkeit, aber eine Lebensverlängerung durch körperliche Aktivität fraglich ist. *[Chandrashekhar & Anand, 1991]* Es gilt heute als gut begründbar, dass nach allen vorliegenden Befunden regelmäßige körperliche Bewegung eine wirksame Maßnahme zur Primärprävention kardiovaskulärer Erkrankungen darstellt. Auch im Rahmen von Sekundär- und Tertiärprävention von Herz-Kreislauferkrankungen konnte die Effektivität von Bewegungsaktivität, und bei PostInfarktpatienten gar eine Verringerung des Risikos vorzeitiger Sterblichkeit durch mehrere Meta-Analysen gezeigt werden. Nach Ergebnissen aus 10 Studien einer Meta-Analyse wird berichtet, dass nach einer mittleren Beobachtungsdauer von 42 Monaten die Patienten mit einer Rehabilitation eine Verminderung der Mortalität um 24 % aufwiesen und die kardiovaskulären Todesfälle um 25 % zurück gingen. Heute ist regelmäßige körperliche Aktivität ein unverzichtbarer Teil der Sekundärprävention nach einem Myokardinfarkt und anderen akuten koronaren Syndromen. Die Wirksamkeit zeigt sich auch bei älteren Patienten. Sie profitieren daher besonders, da so ihre Selbstständigkeit besser und länger erhalten bleibt. *[Rittner & Breuer, 1999] [Löllgen, Dickhuth & Dirschedl, 1998] [Winkler, Klaes, Florijn-Zens & Wild-Mittmann, 1998a]*

Es gibt zunehmend Beweise für die **protektive Rolle von Bewegung** zum Schutz vor koronaren Herzerkrankungen, befindet die international scientific consensus conference und die second joint task force of european and other societies on coronary prevention. *[NN, 1995] [Wood, De Backer, Faergeman, Graham, Mancia & Pyörälä, 1998]* Nach Rittner und Breuer zeigt sich die Schutzwirkung körperlicher Aktivität im Hinblick auf die koronare Herzkrankheit als weitgehend unabhängig gegenüber anderen Faktoren: „körperlich Aktive erleiden nicht nur deshalb weniger Herzinfarkte, weil sie weniger rauchen, sondern insbesondere weil sie sich mehr bewegen". 54 Studien mit hinreichender statistischer Qualität unterstreichen dies. *[Rittner & Breuer, 1999]* Laut WIAD Studie des wissenschaftlichen Instituts der Ärzte Deutschlands erreichen Sporttreibende in allen Altersgruppen geringere Risikowerte an Herz und Kreislauf zu erkranken als sportlich Inaktive. *[Schäfer, Döll & Müller, 2000]* Zurückzuführen ist dieser Effekt auf eine verbesserte Funktionsökonomie der Herzarbeit und die damit korrespondierende Beeinflussung der primären Herz-Kreislauf-Risikofaktoren wie Fettstoffwechselstörungen, Diabetes, Bluthochdruck, Übergewicht und Herzrhythmusstörungen. *[Rittner & Breuer, 1999]*

Abb. 6 Auswirkungen eines regelmäßigen körperlichen Trainings

Die Auswirkungen von körperlicher Aktivität auf den Menschen werden aufgrund von tierexperimentellen und humanphysiologischen Studien damit erklärt, dass Training zu sympathisch-parasympathischen, metabolischen, periphermuskulären, pulmonalen und kardiovaskulären Anpassungserscheinungen führt. Die primären Anpassungserscheinungen treten in der arbeitenden Muskulatur auf, während strukturelle und metabolische Veränderungen auf der zellulären Ebene ablaufen. Die Muskelfaserzusammensetzung ändert sich, was zu einem verbesserten Muskelstoffwechsel führt und länger dauernde Leistungen ermöglicht. Diese peripher-muskulären Veränderungen stimulieren auch die Abnahme der sympathischen und die Zunahme der parasympathischen Aktivitäten im Sinne einer verbesserten autonomen Funktion. Die Abbildung 6 zeigt eine Übersicht der gesundheitlichen Auswirkung eines regelmäßigen körperlichen Trainings. *[Löllgen, Dickhuth & Dirschedl, 1998]*

Das Wirkungsgefüge von Bewegung und Gesundheit beschreibt Knoll nach dem: (1) Haupteffekt, d.h. Bewegung besitzt einen direkten Einfluss auf den Gesundheitszustand durch eine Verbesserung kardiovaskulärer Wirkungen, (2) Puffereffekt, d.h. indirekt wird der Zusammenhang zwischen Anforderungen und aktuellem Gesundheitszustand beeinflusst durch beispielsweise effizientere Stressbewältigung, (3) Mediatoreffekt, d.h. indirekt wird der Zusammenhang zwischen der Balance von Schutz- und Risikofaktoren und aktuellem Gesundheitszustand beeinflusst, durch beispielsweise soziale Unterstützung durch sportliche Aktivität. *[Knoll, 1995]*

Auswirkungen eines regelmäßigen körperlichen Trainings
1. Verbesserung der autonomen kardialen Funktion: verminderte Sympathikusaktivität, gesteigerte parasympathische Aktivität (unter anderem Herzfrequenzvariabilität, Baroreflexantwort, Senkung der Ruheherzfrequenz)
2. Muskelstoffwechsel: Glykogenspeicher ↑ Abbau energiereicher Phosphate* ↓ Gehalt an Succinat-Dehydrogenase ↑ Gehalt an NAD ↑ Zahl und Funktion der Mitochondrien ↑
3. Metabolische Veränderungen: Insulinsekretion ↑ Glukosetoleranz ↑ Insulinsensitivität ↑ Plasmaglukose ↓
4. Hämostasesystem: Thrombozytenzahl – Thrombozytenaggregation ↓ Fibrinogen ↓ Fibrinolyseaktivität ↓
5. Hämodynamik: VO₂max ↑ Herzminutenvolumen* – Herzfrequenz ↓ Schlagvolumen ↑ Blutdruck ↓ Laktatspiegel ↓
6. Ventilation: Atemäquivalent ↓ Totraumventilation ↓ Anaerob-aerobe Schwelle ↑ Kraft der Atemmuskulatur ↑
7. Lipidstoffwechsel: Cholesterin ↓ Triglyceride ↓ HDL ↑ LDL ↓
* auf gleicher Belastungsstufe

Quelle: Löllgen, Dickhuth & Dirschedl, 1998

Bewegung gilt aber nicht nur als Schutzfaktor vor Herz-Kreislauferkrankungen. Sporttreibende sind von nahezu allen Krankheiten weniger betroffen als nicht Sporttreibende. Ab 56 in der Altersgruppe mit der stärksten Krankheitsbelastung wird dies am deutlichsten. *[Winkler, Klaes, Florijn-Zens, & Wild-Mittmann, 1998]* In der folgenden Übersicht sind die wissenschaftlich am stärksten belegten Zusammenhänge von regelmäßiger körperlicher Bewegung und Erkrankungsrisiko aufgezeigt. Die Zusammenstellung ist eine eigene Darstellung auf Basis ausgewerteter Reviews und dem internationalen Consensus Symposium Physical Activity, Fitness, and Health 1992. *[Rittner & Breuer, 1999] [Schäfer, Döll & Müller, 2000] [Blair, 1994] [Bouchard, Stephard & Stephens, 1994] [Vuori, 1998] [NN, 1992]*

Tab. 3   Zusammenhang regelmäßige Bewegung und Erkrankungsrisiko

Herz-Kreislauferkrankung	Senkt Risiko von Herz-Kreislauferkrankungen durch verbesserte Ökonomie der Herzarbeit und positiven Beeinflussung der primären Risikofaktoren
Krebs	Sichere Beweise für reduzierte Erkrankungsraten bei Dickdarmkrebs, Stärkung Immunsystem bei Krebspatienten
Osteoporose	Senkt Risiko von Osteoporose durch Verminderung des Abbaus von Knochenmasse
Wirbelsäulenerkrankungen	Beugt Wirbelsäulenerkrankungen vor durch verbesserte Funktionen des aktiven und passiven Bewegungs- und Stützapparates
HIV/Aids	Verbesserte physiologische Leistungsfähigkeit, immunologische Funktionsgrößen, psychische Stabilisierung durch positive psychoneuroimmunologische Veränderungen
Übergewicht	Beugt Übergewicht vor durch verbesserte Energiebilanz und Anregung des Fettstoffwechsels
Psychische Beeinträchtigungen	beugt Stressbelastungen vor, mindert Ängste und Depressionen aufgrund positiver Beeinflussung spezifischer Gesundheitsvariablen (z.B. Stimmung)

Hieran anknüpfend und aufbauend auf die zuvor beschriebenen Befunde lassen sich die protektiven Wirkungen regelmäßiger sportlicher Aktivität auf die Gesundheit wie folgt beschreiben: *[Winkler, Klaes, Florijn-Zens, & Wild-Mittmann, 1998]*

Herz-Kreislauf
- Infarktvorbeugung
- Ökonomisierung aller Herzfunktionen (Blutdruck, Puls, Koronardurchblutung usw.)
- Vorbeugende Wirkung gegenüber Arteriosklerose
- Blutdrucksenkung

Stoffwechsel
- Ökonomisierung des Stoffwechsels
- Senkung des Harnsäurespiegels
- Verbesserung des Cholesterinshaushalts
- Blutzuckerstabilisierung
- Verringerung der passiven Körpersubstanz

Bewegungs-apparat	- Verbesserung der Appetitregulation - bessere Stützfunktion durch Muskelkorsett - Auffangen von Haltungsschwächen, Überlastungsschäden - Erhöhung der Beweglichkeit
Psychosoziale Komponente	- Steigerung des Selbstwertgefühls - Erhöhung der physischen und psychischen Stresstoleranz - günstige Beeinflussung des Vegetativums, Spannungslösung - positive Grundstimmung (Wohlbefinden, Kontakte) - erholsamer Schlaf - gesteigertes Aktivitätsniveau („Lebenskraft")
Atmungsorgane	- Verbesserung der Elastizität und Koordination der Atemhilfsorgane - verbesserte Sauerstoffversorgung bei verminderter Atmungsarbeit - Schutz gegen Erkältungskrankheiten.

Die Diskussion um den gesundheitlichen Wert von körperlicher Aktivität auf die Frage der Verhinderung eines Herzinfarkts bzw. der Lebensverlängerung einzuengen, wäre zu kurz gegriffen. Es geht vor allem auch um die Frage, wie viel Gewinn an Lebensqualität durch einen bewegten Lebensstil erreicht werden kann. *[Winkler, Klaes, Florijn-Zens, & Wild-Mittmann, 1998]*

Die zuvor erörterten Zusammenhänge haben die Bedeutung regelmäßiger körperlicher Aktivität im Hinblick auf die Prävention von Krankheit und auf einen gesunden Lebensstil deutlich gemacht. Die Erkenntnisfülle zu dem Zusammenhang von Bewegung als Einflussfaktor auf Krankheitsrisiko und Gesundheit ist überwältigend. Sie kann an dieser Stelle nicht erschöpfend behandelt werden und muss zwangsläufig auf ausgewählte Aspekte beschränkt bleiben.

Neben den positiven Effekten, die mit moderater sportlicher Aktivität verbunden sind, muss auch relativiert werden, dass Sport nicht generell d.h. unabhängig von Sportart und Trainingsdosierung gesund ist. Überbeanspruchungen bergen Risiken für Schäden an Knochen, Muskeln und Bändern. Die Ausübung einer sportlichen Aktivität ist je nach Sportart mit einer höheren Verletzungsgefahr verbunden. *[Schäfer, Döll & Müller, 2000]* Auch sind spezifische Risiken bei Herzpatienten zu beachten, wobei das Risiko des überwachten körperlichen Trainings bei Herzkrankheiten vertretbar klein ist. Der Nutzen überwiegt in jedem Fall das Risiko. *[Löllgen, Dickhuth & Dirschedl, 1998]*

2.5.2. Daten zum Bewegungsverhalten in Deutschland

In verschiedenen Ländern der industrialisierten Welt zeigen nationale Untersuchungen, dass nur etwa 10 % bis 15 % der Erwachsenen in dem Maße körperlich aktiv sind, dass mit einer Zunahme der erstrebenswerten maximalen aeroben Kapazität gerechnet werden kann. Fast 50 % kann als mäßig oder gelegentlich aktiv eingeordnet werden. *[Bouchard, 1994]* Diese Tendenz zeigt auch das Bewegungsverhalten in Deutschland. Nach den Ergebnissen des Bundes-Gesundheitssurveys 1998 treiben 43,8 % der Männer und 49,5 % der Frauen überhaupt keinen Sport in ihrer Freizeit. Lediglich 10,5 % der Männer und 5,1 % der Frauen sind wöchentlich mehr als 4 Stunden sportlich aktiv. Wenigstens 2 bis 4 Stunden pro Woche sind immerhin noch 13,0 % der Männer und 10,3 % der Frauen sportlich aktiv. Gegenüber der Untersuchung 1991 ist der Anteil der Aktiven, definiert als diejenigen mit mehr als 2 Stunden sportlicher Aktivität, generell gestiegen, aber auch der Anteil der Inaktiven ohne jegliche sportliche Betätigung in den jüngeren Jahrgängen. In den älteren Jahrgängen hat sich offenbar das Bewusstsein entwickelt, körperlich aktiv zu werden. Durch eine Abnahme der Inaktiven und einen **Zuwachs der Aktiven** zeichnete sich hier eine besonders deutliche Veränderung ab. *[Mensink, 1999]* Nach Rittner & Breuer zeigt die Entwicklung in den oberen Altersgruppen insgesamt einen deutlichen Fortschritt gegenüber einer traditionellen Sport- und Bewegungsabstinenz früherer Generationen. Keine großen Veränderungen ergeben sich im Bereich sozialer Schichtung. Sportaktivitäten im Erwachsenenalter sind primär eine Angelegenheit der Mittelschicht. Und Männer weisen nach wie vor eine stärkere Sportbindung auf. *[Rittner & Breuer, 1999]* Bei Kindern und Jugendlichen zeichnen sich alarmierende Entwicklungen ab. Nach einer Gemeinschaftsstudie des WIAD, DSB und der AOK, an der sich bis Ende 2002 20 000 Schüler zwischen 6 und 18 Jahren beteiligten, ist seit 1995 bei 10-14-Jährigen ein Rückgang körperlicher Fitness um mehr als 20 % festzustellen. Vom 15. Lebensjahr an gibt es einen Einbruch der sportlichen Aktivitäten. Mehr als die Hälfte dieser Altersgruppe treibt höchstens einmal wöchentlich oder überhaupt keinen Sport mehr. *[Klaes, Cosler & Zens, 2002]*

In einer repräsentativen Befragung von Rittner waren 61,3 % der Befragten der Meinung, dass sie genug Bewegung hätten, 36,6 % verneinten dies und 2,1 % waren sich unschlüssig. Es gab altersspezifische, jedoch keine geschlechtsspezifischen Unterschiede. 61,1 % der über 65-Jährigen und 68,1 % in der Gruppe der 51- bis 65-Jährigen meinten sich ausreichend zu bewegen. Dieser Befund steht im klaren Widerspruch zu dem tatsächlichen niedrigen Aktivitätsniveau älterer Menschen. Über den tatsächlichen Grad an sportlicher Aktivität und Anteil sportlich Aktiver in der Bevölkerung gibt es sehr stark variierende Angaben. Je nach Operationalisierung der sportlichen Aktivität wird der Anteil sportlich Aktiver in der Literatur zwischen 10 % und 75 % angegeben. Die Angaben beruhen in der Regel auf Selbstauskünften der Befragten. Von deutlichem **Overreporting** ist auszugehen aufgrund der sozialen Erwünschtheit von Sportaktivitäten. Hinzu kommt ein Verwischen der Grenzen von Alltagsmotorik und Sportaktivität, wonach Fahrrad fahren zur Fortbewegung eher als Sportaktivität betrachtet wird. *[Rittner & Breuer, 1999]*

Nach der WIAD Studie, bei der es sich um eine Analyse der Daten der Deutschen Herz-Kreislauf-Präventionsstudie mit einer Stichprobe von ca. 44 000 Versuchspersonen handelt, treiben ca. 34 % der Bevölkerung regelmäßig, d.h. mindestens eine Stunde pro Woche, Sport. Dabei sind nach einer detaillierten Liste die körperlichen und sportlichen Tätigkeiten entsprechend ihrer Ausdauerbelastung zugeordnet. Wie aus der Tabelle 4 ersichtlich ist, fällt der Anteil der Sporttreibenden in den neuen mit ca. 24 % wesentlich geringer aus als in den alten Bundesländern mit etwa

39 %. Frauen treiben generell weniger Sport als Männer, Unter- und Mittelschichtangehörige weniger als Angehörige der Oberschicht.

Tab. 4   Sportliche Betätigung 1991 in der Bundesrepublik Deutschland nach Bundesländern (neue/alte) und Geschlecht (in %)

Stunden pro Woche	Neue Bundesländer			Alte Bundesländer		
	Gesamt	Männer	Frauen	Gesamt	Männer	Frauen
Über 2	8,5	12,1	5,3	16,0	20,6	11,6
1-2	15,3	15,1	15,4	22,6	21,6	24,1
Unter 1	23,5	24,1	22,9	17,9	19,6	16,2
Kein Sport	52,8	48,7	56,5	43,5	38,6	48,2
n =	2209			5245		

Quelle: Winkler, Klaes, Florijn-Zens, & Wild-Mittmann, 1998

Die WIAD Studie hat außerdem gezeigt, dass Sporttreibende in allen Altersklassen eine höhere Zufriedenheit aufweisen als Inaktive. Das trifft im Besonderen zu auf Sporttreibende höheren Alters. Eng verbunden mit einem hohen Grad der Zufriedenheit ist eine starke Beachtung der Gesundheit, vor allem bei Sporttreibenden, die eine große Einflussmöglichkeit auf ihren eigenen Gesundheitszustand sehen. Gleichzeitig besitzen sie ein geringeres Risiko, Herz-Kreislauferkrankungen zu erleiden. *[Winkler, Klaes, Florijn-Zens, & Wild-Mittmann, 1998] [Winkler, Klaes, Florijn-Zens, & Wild-Mittmann, 1998a]*

Wer Sport treibt, ist von dessen positiver Gesundheitswirkung überzeugt. So sagten 73 % der Freizeitsportler einer Untersuchung des deutschen Sportbundes zufolge: „Mit Sport kann ich etwas für meine Gesundheit tun". Die Motivation reflektiert den Katalog des körperlichen, seelischen und sozialen Wohlbefindens: Spaß, Ausgleich, abschalten, belastbarer werden, Gemeinsamkeit, eine gute Figur haben. Drei Motivkomplexe stehen im Vordergrund: das Gesundheitsmotiv, das Fitnessmotiv und das Spaßmotiv. Gesundheit hat sich zu einem Leitwert eines modernen Bewegungs- und Sportverständnis entwickelt. Das zeigt sich daran, dass Sport und regelmäßige Bewegung in der sozialen Wahrnehmung in den Rang der wichtigsten gesundheitsschützenden Aktivitäten gestiegen ist. *[Rittner & Breuer, 1999] [Gesundheitsberichterstattung des Bundes, 1998]*

2.5.3. Empfehlungen für gesundheitsbewusstes Bewegungsverhalten

Die deutsche Gesellschaft für Sportmedizin und Prävention hat als zuständige wissenschaftliche Fachgesellschaft 1998 die 10 goldenen Regeln für gesundes Sporttreiben erarbeitet, die 2002 ergänzt wurden um die Leitlinie „11:0 für die Gesundheit" und die derzeit als Empfehlung für gesundheitsbewusstes Bewegungsverhalten in Deutschland anzusehen ist. Die in der **Leitlinie** dargelegten Empfehlungen

Lebensstil als Ursache von Krankheit und Gesundheit 35

sind auf die Beeinflussung von Risikofaktoren und Förderung von Schutzfaktoren durch körperliche Aktivität und Sport ausgerichtet und korrespondieren mit den Präventionsempfehlungen hinsichtlich Herz-Kreislauferkrankungen der second joint task force of european and other societies on coronary prevention. Aus den nachfolgenden Übersichten sind die Einzelheiten zu entnehmen.

Tab. 5   Die 10 Goldenen Regeln für gesundes Sporttreiben

1. Vor dem Sport Gesundheitsprüfung
2. Sportbeginn mit Augenmaß
3. Überlastung beim Sport vermeiden
4. Nach Belastung ausreichende Erholung
5. Sportpause bei Erkältung und Krankheit
6. Verletzungen vorbeugen und ausheilen
7. Sport an Klima und Umgebung anpassen
8. Auf richtige Ernährung und Flüssigkeitszufuhr achten
9. Sport an Alter und Medikamente anpassen
10. Sport soll Spaß machen

Quelle: Löllgen, 1998

Tab. 6   11 : 0 für die Gesundheit

Beeinflussung von Risikofaktoren – Förderung von Schutzfaktoren durch körperliche Aktivität und Sport	Konsequente Ausnutzung von Bewegungsmöglichkeiten im Alltag und gezielter Sport verbessern nicht nur die Leistungsfähigkeit, sondern senken auch die Häufigkeit und Mortalität der koronaren Herzerkrankung sowie anderer Erkrankungen. Jeder Patient hat die Möglichkeit, sein Risiko aktiv zu beeinflussen und zu reduzieren. Die Sektion Breiten-, Freizeit u. Alterssport der Deutschen Gesellschaft für Sportmedizin u. Prävention empfiehlt, jeden Patienten möglichst umfassend über die Möglichkeiten von Bewegung und Sport zu informieren und mit ihm seinen individuellen Bewegungsspielraum auszuloten
Ziele der Risikointervention	**Informationen / Empfehlungen**
Bewegungsverhalten Ziele: • Nutzung aller Bewegungsmöglichkeiten im Alltag • 3 – 4mal 30 – 40 min/Woche Sport	Jede Bewegung ist wichtig! Um auf einen aus epidemiologischer Sicht günstigen Kalorien-Umsatz von 1500 – 2000 kcal/Woche zusätzlich zum Grundumsatz zu kommen, sollte Sport getrieben werden, aber auch jede Bewegungsmöglichkeit im Alltag genutzt werden (Treppensteigen statt Aufzug, kürzere Strecken zu Fuß statt mit dem Auto etc.). Auch viele kleine Bewegungseinheiten sind kumulativ wirksam. Gezielte sportliche Aktivität mit Ausdauercharakter (Gehen, Wandern, Joggen, Rad fahren, Schwimmen etc.) 3 – 4mal die Woche sind ein effektiver präventiver Beitrag. Bei mittlerer aerober Intensität sind 3mal 30 – 40 min (längere Dauer) günstiger als 6mal 15 – 20 min (kürzere Dauer), aber auch besser als 1 x 120 min.
Fettstoffwechsel Ziele: • Gesamtchol. < 200 mg/dl • LDL-Chol. < 100 mg/dl • HDL-Chol. m. > 40 mg/dl w. > 50 mg/dl	Der Fettstoffwechsel lässt sich durch ausdauerorientierte körperliche Aktivität günstig beeinflussen. Das Ausmaß der Veränderungen im Lipid- und auch Lipoproteinstoffwechsel hängt entscheidend von dem Verbrennungsanteil der freien Fettsäuren im Energiestoffwechsel ab. Fettverbrennung erfolgt vorrangig im aeroben Bereich, d.h. bei relativ niedriger Intensität. Wegen der langsamen Kinetik der Fettverbrennung aus den peripheren

• *Triglyceride < 150 mg/dl*	Fettgeweben sind merkliche Anteile am Gesamtkalorienverbrauch erst bei längerer Belastung ab ca. 30 min aufwärts zu verzeichnen. Durch Ausdauertraining sinkt der Triglyceridspiegel schnell und deutlich. Der Gesamtcholesterinspiegel reagiert träge und sinkt erst bei längerem und umfangreichem Training über mind. 6 – 8 Wochen. Eher zu beobachten sind Verbesserungen der Unterfraktionen (Erhöhung des HDL-Spiegels / Senkung des LDL-Spiegels) und des prognostisch wichtigen HDL/LDL-Quotienten (Vor allem bei zusätzlicher Ernährungsumstellung).
Blutdruck *Ziel:* • *< 135/85 mmHg*	Bluthochdruck ist ein entscheidender Risikofaktor für arteriosklerotische Herz-Kreislauferkrankungen. Eine Senkung des Blutdrucks beim Sport ist kurzfristig über die Weitstellung der Gefäße und den Flüssigkeits- und Salzverlust, längerfristig und dauerhaft über Gewichtsreduktion, Dämpfung des sympathischen Antriebes und Senkung des Insulinspiegels zu erreichen. Dynamische Ausdauerbelastungen großer Muskelgruppen mit niedriger bis mittlerer Intensität sind dazu am besten geeignet. Kurzfristige schnellkräftige Belastungen sowie Maximalkraftbelastungen sind ungünstig und bergen ein nicht unerhebliches Risiko.
Zuckerstoffwechsel *Ziele:* • *Normalisierung des Blutzuckernüchternwertes* • *Senkung des Insulinspiegels*	Diabetes mellitus ist ein offensichtlicher Risikofaktor und mit vielfältigen Herz-Kreislauferkrankungen assoziiert. Körperliche Aktivität kann den peripheren Glukosetransport in die Zellen erhöhen und damit präventiv wie therapeutisch der Insulinresistenz entgegenwirken. Der Insulinspiegel kann gesenkt werden, was zu einer Abnahme des Wachstumsreizes auf die Gefäßmedia und den Herzmuskel führt. Der Effekt bedarf der regelmäßigen und dauerhaften körperlichen Aktivität und ist über Ausdauerbelastungen eher zu erreichen als über gemischte oder gar kraftbetonte Belastungsformen.
Rauchen *Ziele:* • *vollständige Aufgabe des Rauchens*	Rauchen ist ein entscheidender Risikofaktor für arteriosklerotische Herz-Kreislauferkrankungen. Durch starkes Rauchen können bis zu 10 % des Hämoglobins durch Kohlenmonoxid (CO) besetzt werden und stehen damit für einige Zeit nicht zum Sauerstofftransport zur Verfügung. Sport hat keinen direkten Einfluss auf das Rauchverhalten, ist aber hilfreich für die Aufgabe des Rauchens. In Sportlerkreisen wird wenig geraucht. Negative körpereigene Rückmeldungen bezüglich der Atmung und Leistungsfähigkeit halten vom Rauchen ab. Sport bietet positive Körperstimuli, die vom Rauchen ablenken.
Ernährung *Ziele:* • *kohlenhydratreiche* • *fettarme* • *anti-atherogene Kost*	Körperliche Aktivität erhöht den Nahrungsbedarf, wobei für eine gewisse Zeit während und unmittelbar nach sportlichen Belastungen der Appetit reduziert ist. Nach dem Sport sollte der Flüssigkeitsbedarf gestillt werden: alle 15 – 20 min 150 – 300 ml (zu beachten: maximale Flüssigkeitsresorptionsrate 20 – 30 ml/min). Die Kost: kalorienangepasst, kohlenhydratreich, fettarm, ballaststoffreich, reich an ungesättigten Fettsäuren, reich an Antioxidantien und Phytosterolen (=mediterrane Kost).
Körpergewicht *Ziele:* • *Normalisierung des Gewichts* • *Elimination der abdominellen Adipositas*	Die Bilanz zwischen Kalorienaufnahme und -verbrauch bestimmt über Gewichtszunahme bzw. –abnahme. Jede Form von körperlicher Aktivität größerer Muskelgruppen mit mittlerer Intensität führt zu einem Kalorienverbrauch von ca. 7 – 10 kcal/min. Die Intensität bestimmt über die Art der verbrannten Kalorien. Hohe Intensität verursacht überwiegend Kohlenhydratabbau, moderate Intensität betont den Fettabbau, zudem bestimmt die Belastungszeit das Ausmaß der Fettverbrennung. Aus dem peripheren Fettgewebe stammen bei 10minütiger Belastung nur wenige Prozent des Energieverbrauchs bei länger als 30minütiger Belastung kann der Fettanteil auf über 50 % steigen.

Lebensstil als Ursache von Krankheit und Gesundheit 37

Blutgerinnung *Ziele:* • *Reduzierung der Gerinnungsneigung* • *Verbesserung der Fließeigenschaften*	Ausdauertraining verbessert die Endothelfunktion und scheint geeignet, längerfristig die Aggregation und Adhäsion der Thrombozyten herabzusetzen und die fibrinolytische Kapazität zu erhöhen. Ein positiver Einfluss auf die Fließeigenschaften ist durch die Erhöhung des Blutvolumens zu erzielen, wobei das Plasmavolumen stärker zunimmt als das zelluläre Kompartiment. Nennenswerte rheologische Veränderungen sind erst bei längerfristigem umfangreichem Ausdauertraining zu erwarten.
Immunsystem *Ziele:* • *Steigerung der Infektabwehr* • *Verminderung des Krebsrisikos*	Regelmäßiges moderates Ausdauertraining vermag die Infektrate der oberen Luftwege (nachgewiesen), vermutlich auch die allgemeine Infektrate zu senken. Intensive längere Akutbelastungen und hochintensive Trainingsphasen bei Leistungssportlern führen zu passagerer Beeinträchtigung des Immunsystems mit erhöhter Infektanfälligkeit. Epidemiologische Studien zeigen protektive Effekte vermehrter körperlicher Aktivität gegenüber Krebserkrankungen; dies betrifft in erster Linie das Gesamt- und Darmkrebsrisiko (möglicherweise auch das Brustkrebsrisiko). Verbesserungen der Befindlichkeit und Krankheitsbewältigung durch Sport bei Krebspatienten sind vielfach belegt.
Psyche *Ziele:* • *Steigerung der Stimmungslage*	Bei körperlicher Aktivität können stimmungsaufhellende Neurotransmitter freigesetzt werden. Bei depressiv verstimmten Personen ist eine Verbesserung der Stimmungslage durch körperliche Aktivität belegt. Bei psychotischen Depressionen ist ein positiver Effekt nicht gesichert. Jede Art von körperlicher Aktivität kann psychische Veränderungen bewirken, gelegentlich in negativer, zumeist jedoch in positiver Richtung.
Stütz- u. Bewegungsapparat *Ziele:* • *Erhöhung der Knochenmasse* • *Verminderung des Frakturrisikos* • *Vermeidung muskulärer Dysbalancen*	Osteoporose ist bei Personen des höheren Lebensalters (insbesondere Frauen) eine häufige Erkrankung, die durch Schmerzen und durch Frakturen (Impressionsfrakturen der Wirbelsäule, pathologische Frakturen der Extremitäten) die Lebensqualität drastisch beeinträchtigen kann. Präventiv kommt einem optimalen Aufbau der Knochenmineralisation ab dem Kindesalter bis ca. dem 35. Lebensjahr u. a. durch körperliche Aktivität besondere Bedeutung zu. Aber auch danach vermag vermehrte körperliche Aktivität sowohl direkt (über Knochenmassezunahme oder zumindest über Verzögerung des Knochenmasseverlustes) als auch indirekt (über Verbesserung der muskulären Voraussetzungen, der Eigenwahrnehmung, des Gleichgewichtes und damit der Bewegungssicherheit bei Reduzierung des Sturzrisikos) Fehlbelastungen zu reduzieren und das Frakturrisiko zu senken. Geeignete Bewegungsformen sollten Kräftigungs-, Beweglichkeits- und Koordinationsübungen beinhalten.

Quelle: Deutsche Gesellschaft für Sportmedizin und Prävention - Sektion Breiten- Freizeit- und Alterssport, 2002

2.6. Wissenschaftlicher Kenntnisstand: Einflussfaktor Stress

Stress ist eine Herausforderung an den Organismus, mit der Menschen über Jahrtausende biologisch erfolgreich umgehen konnten. Heute scheint das immer weniger zu gelingen. Die moderne Lebensweise geprägt u.a. durch Überflutung mit ständig neuen Herausforderungen und Eindrücken, wachsendem Zeit- und Veränderungsdruck und nicht abgebautem Stress verlangen nach kräftezehrender Anpassungsleistung. Daraus entstehen für viele Menschen dauerhafte Belastungssituationen, die Einfluss nehmen auf die Entstehung und den Verlauf chronischer Krankheitsprozesse.

2.6.1. Stress als Einflussfaktor auf Krankheitsrisiko und Gesundheit

Kaum ein Fachausdruck, der ursprünglich bezeichnet als Spannung erzeugende Kraft aus der Materialforschung stammt, ist je so in die Umgangssprache eingegangen wie das Wort Stress. Evolutionsgeschichtlich lässt sich die Stressreaktion als wertvolle Fähigkeit des Organismus charakterisieren in Herausforderungssituationen alle Kräfte auf die Bewältigung der Aufgabe zu konzentrieren. Von zentraler Bedeutung sind die Regulationssysteme, die an der biologischen Antwort des Organismus auf die Umwelt beteiligt sind. Sie machen durch ihr komplexes Zusammenspiel die Anpassungsfähigkeit, Resistenz, Adaptionsfähigkeit und Plastizität des Organismus aus. Zentrale Systeme zur Aufrechterhaltung der Homöostase als Ausdruck eines selbstregulatorischen dynamischen Gleichgewichtszustands sind das Nerven-, Hormon- und Immunsystem. Für unsere Vorfahren haben sich in brenzligen Situationen zwei Überlebensstrategien bewährt: Angriff oder Flucht. Der gesamte Organismus wird in kürzester Zeit in erhöhte Aktionsbereitschaft versetzt. In der heutigen Zeit verliert diese Fähigkeit jedoch ihre Bedeutung. Die in einer Stresssituation frei werdenden Energien richten sich dann, wenn sie nicht genutzt werden, gegen den eigenen Körper. Die Auswirkungen der Mobilmachung fängt der Körper bei schnell vorübergehenden Stresssituationen auf, bei Dauerstress allerdings ist der Körper in ständiger Alarmbereitschaft, was sich langfristig negativ auf Gesundheit und Wohlbefinden auswirkt. *[Stock & Sachser, 1998] [Possemeyer, 2002]*

„Stress ergibt sich aus einer Störung des Gleichgewichts zwischen den Anforderungen an die Person und den subjektiven Möglichkeiten der Person, mit diesen Anforderungen umzugehen". So lautet die aktuelle Definition von Stress abgeleitet aus dem transaktionalen Stressmodell von R. S. Lazarus. Danach werden zwei wechselseitig beeinflussende Grundprozesse für die Auseinandersetzung postuliert, wonach Stress entsteht, wenn: *[Krone, 1996] [Vogel, Worringen, Wagner & Schäfer, 2000]*

❖ die Anforderungen an die Person als bedrohlich bzw. aversiv bewertet werden und diese Person
❖ die zur Verfügung stehenden Bewältigungsmöglichkeiten als zu gering erachtet, um diese Anforderungen zu erfüllen oder bewältigen zu können.

Erst wenn eine Anforderung als aversiv und als unkontrollierbar bewertet wird, entsteht daraus ein stressauslösender Faktor. Stressauslöser oder **Stressoren** sind demnach alle jene Kräfte, die für das Entstehen der Stresssymptome verantwortlich gemacht werden. *[Kaluza, 1996]* Stressoren werden über die Sinnessysteme wahrgenommen. Im Falle eines Stressereignisses sind verschiedene Ebenen des Gehirns an der Verarbeitung des Reizes beteiligt, wodurch der Stressor eine durch Persönlichkeitsfaktoren und Gedächtnisinhalte des Individuums beeinflusste Bewertung erfährt. Die physiologische Reaktion ist dabei nach heutiger Erkenntnis spezifisch von der Art des Stressors bzw. den durch ihn ausgelösten Emotionen abhängig. Hierbei sind vor allem die Reaktionen des Symphatikus-Nebennierenmark- und des Hypophysen-Nebennierenrindensystems von Bedeutung. *[Stock & Sachser, 1998]*

Stressoren lassen sich für alle Lebensbereiche finden und Menschen reagieren mit großen inter- und intraindividuellen Unterschieden. *[Kaluza, 1996]* Folgende Stressoren werden unterschieden, die mit relativ hoher Wahrscheinlichkeit von vielen Menschen als Stressor erlebt werden: *[Vogel, Worringen, Wagner & Schäfer, 2000]*
- äußere Stressoren (Überflutung durch Reize wie Lärm, Licht, Vibration oder deren Entzug, Schmerzreize, Gefahrensituationen)
- Entzug von Reizen, die zur Befriedigung primärer Bedürfnisse relevant sind (Nahrung, Wasser, Schlaf, Bewegung)
- Leistungsstressoren (z.B. Überforderung, Zeitdruck, aber auch Unterforderung)
- Soziale Stressoren (z.B. Isolation)
- Psychische Stressoren (z.B. Unkontrollierbarkeit, Ungewissheit).

Gut untersucht ist Stress am Arbeitsplatz, die Bedeutung kritischer Lebensereignisse wie etwa Tod und Krankheit in der Familie und die alltäglichen Belastungen. Anzahl und Intensität alltäglicher Stressoren stellen für die meisten Menschen ein relevanter Einflussfaktor auf Wohlbefinden, Krankheitsanfälligkeit und Belastbarkeit dar. *[Vogel, Worringen, Wagner & Schäfer, 2000]*

Einem gewissen Maß an Stress kommt eine förderliche Wirkung für die Gesundheit im Sinne von besserer Belastbarkeit zu, während ein Zuviel gesundheitlich problematisch ist. Wie Stressoren wirken, zeigt zusammenfassend die Abbildung 7.

Abb. 7 Stressreaktionen

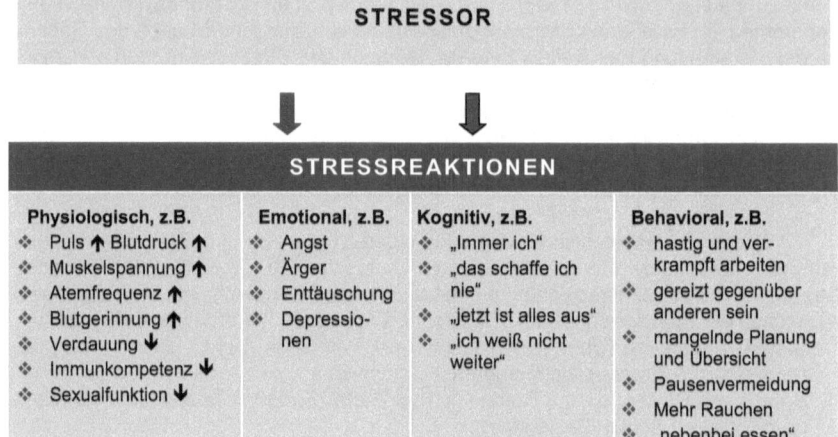

Quelle: Vogel, Worringen, Wagner & Schäfer, 2000

Zu häufige und zu lang andauernde **Stressreaktionen** stellen eine dauernde Überaktivierung des Organismus dar, überfordern die Abwehrkräfte und erhöhen das Krankheitsrisiko. Dies lässt sich aufgrund zwei voneinander unabhängiger Stress-Achsen erklären. Die Aktivierung der physiologischen Regulationssysteme ist gut beschrieben, entsprechende Schlüsse zur Bedeutung von Stresswirkungen im Zusammenhang mit Pathomechanismen daraus abgeleitet. Auf akut bedrohliche Situationen antwortet der Organismus mit der Aktivierung des Sympathikus-Nebennierenmark- und des Hypophysen-Nebennierenrinden-Systems, während er auf chronische Stressoren vornehmlich mit der langfristigen Aktivierung des einen oder anderen Systems reagieren kann. Versucht ein Individuum durch unentwegt aktives Handeln eine chronisch belastende Situation unter Kontrolle zu bringen, so ist damit eine langfristige Aktivierung des Sympathikus-Nebennierenmark-Systems verbunden. Dieser sogenannte aktive Stress dürfte mit Gefühlen wie Angst, Ärger oder Wut verbunden sein und steht unter Verdacht langfristig die Entstehung von Arteriosklerose und Schäden des Herz-Kreislaufsystems zu begünstigen. Ein Verhaltensmuster hingegen, das als Verlust der Kontrolle über Personen und Situationen bezeichnet werden kann und durch Unsicherheit bis hin zu Hilflosigkeit und Depression gekennzeichnet ist, aktiviert das Hypophysen-Nebennierenrinden-System. Dieser passive Stress führt aufgrund der immunsuppressiven Wirkung des Cortisols offensichtlich zu einer Schwächung des Immunsystems und fördert so die Entstehung von Infektionskrankheiten und Tumore. *[Stock & Sachser, 1998] [Stock & Badura, 1995] [Holst, 1993] [Vögele, 1993]*

Die **pathophysiologischen Wirkungen** sind für die koronare Herzkrankheit in verschiedener Weise bedeutsam: wirken die Stressfaktoren dauerhaft auf den Menschen ein, so führt dies zu funktionellen Entgleisungen, sprich zu strukturellen Gefäßveränderungen – die Voraussetzung für chronischen Bluthochdruck, gestörter Sauerstoffversorgung des Herzens, das eine Schädigung der Gefäßinnenwände nach sich ziehen und somit Arteriosklerose begünstigen kann. *[NN, 1999] [Stock & Sachser, 1998]*

Abb. 8   Mechanismen und Faktoren bei der Entstehung von KHK

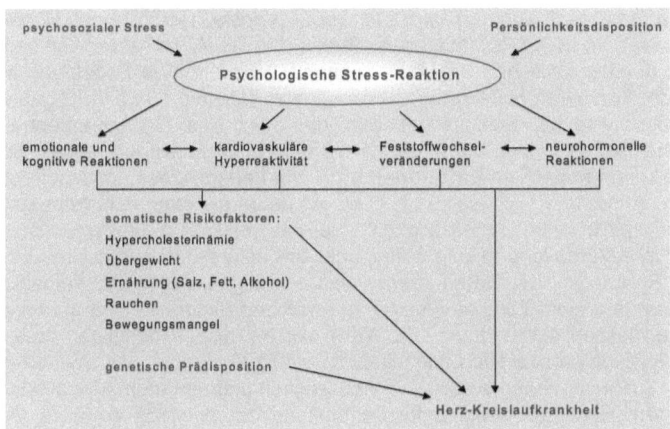

Quelle: Vögele, 1993

Die Abbildung 8 fasst modellhaft das Zusammenwirken verschiedener Mechanismen und Faktoren bei der Entstehung von Herz-Kreislauferkrankungen zusammen, die darüber hinaus in Wechselwirkung stehen. Psychosoziale Stress-Faktoren scheinen sich vor allem in Verbindung mit somatischen Risikofaktoren auszuwirken. Das Modell beschreibt dabei nur einen Ausschnitt des pathophysiologischen Geschehens. Die Überaktivierung im Herz-Kreislaufsystem bei psychosozialen Belastungen ist nur einer der krankheitsrelevanten Mechanismen. *[Vögele, 1993]* Für das Hypophysen-Nebennierensystem konnte zudem zwischen erhöhten morgendlichen Plasmacortisol-Werten und einer mäßigen bis schweren Koronarsklerose ein Zusammenhang nachgewiesen werden. *[Bergmann, 1995]* Und unabhängig von den endokrinologischen und physiologischen Aspekten der Stressreaktion, erhöht sich indirekt das Risiko über die Wirkung von ungeeignetem Bewältigungsverhalten (Psychopharmaka-Einnahme, Bewegungsmangel, sozialer Rückzug, Nikotinmissbrauch etc.). *[Briese-Neumann, 1997] [Vogel, Worringen, Wagner & Schäfer, 2000] [Vögele, 1993]*

Welches Ausmaß an Stress für den einzelnen verkraftbar ist bzw. wann es zu einer Belastung für die Gesundheit kommt, ist kaum allgemeingültig zu beantworten.

Persönlichkeitsvariablen, Verhaltensweisen und Bewältigungsmuster werden als Variablen angesehen, wodurch die pathophysiologischen Prozesse in Gang gesetzt werden können. *[Bergmann, 1995]* Indes werden bestimmte „Stresspersönlichkeiten" gemäß dem sogenannten **Typ-A-Konzept** beschrieben, die in besonderer Weise gefährdet sein sollen, eine koronare Herzerkrankung zu erleiden. Deren Verhaltensmuster wird durch starkes Streben nach Anerkennung, ständige Wettbewerbshaltung, latente Feindseligkeit, Hetze und Ungeduld sowie die Missachtung von Entspannungsbedürfnissen charakterisiert. Der Zusammenhang von Typ-A-Verhalten und Erkrankungen des Herz-Kreislaufsystems wurde als Ergebnis mehrerer epidemiologischer Studien beschrieben. Er ließ sich allerdings in darauf folgenden Untersuchungen nicht mehr nachweisen. *[Stansfeld, 2002] [Vögele, 1993] [Vogel, Worringen, Wagner & Schäfer, 2000]* Psychosozialer Stress und Typ-A-Verhalten – so heißt es bereits 1985 in einer kritischen Bestandsaufnahme – sind in ihrer Bedeutung als Risikofaktoren der koronaren Herzkrankheit überschätzt. *[Myrtek, 1985]* Im Ergebnis einer Meta-Analyse wird der Schluss gezogen, dass sich das Typ-A-Konzept als Prädiktor bewährt hat, es jedoch um andere Merkmale ergänzt werden müsse. Betont wird die Rolle von **negativen Emotionen im Krankheitsprozess**, insbesondere von Depression, Angst und Feindseligkeit. Dies gilt heute als eine weit verbreitete Meinung, wobei mittlerweile „Feindseligkeit" als das eigentlich krankmachende Merkmal des Typ-A-Verhaltens in den Mittelpunkt des Interesses gerückt ist. Eine entsprechende Re-Analyse der Daten konnte dies bestätigen. Ärger und Feinseligkeit stehen zudem in engem Zusammenhang zu erhöhtem Blutdruck. Und bei feindseligen Personen lassen sich höhere LDL-Werte als bei nicht-feindseligen finden. *[Schwarzer, 1996]* Eine prospektive Langzeitstudie mit 2125 Männer zwischen 42-60 Jahren, die den Zusammenhang zwischen Feindseligkeit und erhöhtem Mortalitätsrisiko und erhöhtem Herzinfarktrisiko untersuchte, fand ein zweifach erhöhtes Gesamtsterblichkeits- und Herzinfarktrisiko für Männer mit höchster Feindseligkeit gegenüber denen, die am wenigsten feindselig waren. Feindseligkeit per se scheint danach nicht als pathogener Faktor zu wirken, er zeigt sich vielmehr als Marker für Verhaltensmuster, die risikoerhöhend wirken oder aber die Entwicklung und Ausprägung von ungünstigen Verhaltensweisen, wie etwa hoher Alkoholkonsum, Rauchen u.ä. begünstigen. *[Everson, Kauhanen, Kaplan, Goldberg, Julkunen, Tuomilehto & Salonen, 1997]* Die Befundlage zur Frage des Einflusses von Stress auf das Risiko von Herz-Kreislauferkrankungen stellt sich unübersichtlich und widersprüchlich dar. Wie sich auch in jüngeren Publikationen von verschiedenen Expertengruppen zeigt, erscheint die Beweislage nach wie vor weit weg von einem gesicherten Evidenzgrad. *[Macleod & Smith, 2002] [Bunker, Colquhoun & Esler et al, 2003] [Saner, Hoffmann & Oelz, 1997] [Stansfeld, 2002]*

    Stress und seine Anpassungsleistungen können durch **protektive Faktoren** beeinflusst werden, die den Stress abpuffern oder den Bewältigungsprozess erleichtern und beschleunigen können und so einer möglichen Pathogenese entgegenwirken. Vermehrten Hinweisen zufolge, können Interventionen, die zu einer verbesserten Grundgestimmtheit beitragen, wie etwa Entspannung, körperliche Aktivität oder soziale Unterstützung, eine Art Pufferwirkung haben, die schädigende Stresseffekte verringern. In mehreren Arbeiten wurde gezeigt, dass durch verschiedene Interventionsmaßnahmen physiologische Stresseffekte auf der Ebene des Herz-

Kreislaufsystems vermindert werden können. *[Schwarzer, 1996]] [Stock & Sachser, 1998] [Stock & Badura, 1995]* Vor dem Hintergrund der vielfältigen körperlichen Auswirkungen wird es von führenden Fachgesellschaften daher als konsequent erachtet, dass Stressmanagement ein fester Bestandteil in der Prävention von Herz-Kreislauferkrankungen ist. *[Wood, De Backer, Faergeman, Graham, Mancia & Pyörälä, 1998] [Nationale Herz-Kreislauf-Konferenz, 1998-2002] [Saner, Hoffmann & Oelz, 1997]*

Doch nicht nur somatische Schäden wie die am Herz-Kreislauf- oder Immunsystem, sondern auch psychische Störungen wie pathologische Angst oder Depression und Psychosen stehen in Zusammenhang mit der Stress-Reaktion. Wenn es auch schwierig ist, die Stressabhängigkeit bestimmter Krankheiten wie auch im Hinblick auf die Genese und die Progredienz der koronaren Herzerkrankung hinreichend zu belegen, so wird anerkannt, dass Stress oft in Kombination und Wechselwirkung mit den oben genannten Risikofaktoren bedeutsam für die Entstehung und den Verlauf chronischer Krankheitsprozesse ist.

2.6.2. Daten zu Einstellungen und Stressverhalten

Im aktuellen Gesundheitsbericht wird berichtet, dass nach Ergebnissen einer bayrischen Erhebung 40 % der Frauen und 45 % der Männer in Beruf und Haushalt häufiger stark belastenden Situationen ausgesetzt sind. 19 % aller Befragten fühlen sich häufig überanstrengt und 36 % sind der Meinung, bei voller Leistung könne man die eigene Gesundheit nicht immer an die erste Stelle setzen. Was die Deutschen am meisten stresst, hat das Forsa Institut im Auftrag der Deutschen Angestellten Krankenkasse DAK und der Zeitschrift VITAL untersucht. Danach ist für 45 % der 1005 Befragten Stress eine beherrschende Last des Alltags. Als Stressauslöser werden vor allem genannt: *[Schütte, 2001] [DAK, 2001]*

- 45 % Zeit- und Termindruck
- 35 % zu viel Arbeit
- 28 % Doppelbelastung Haushalt und Beruf
- 19 % schwierige Aufgaben
- 23 % private/familiäre Probleme
- 17 % Angst vor Arbeitslosigkeit, Probleme mit Vorgesetzten und Kollegen.

Eher seltener wirken neue Arbeitsmethoden und –techniken (14%), Probleme mit Freunden oder Bekannten (14 %), Schichtarbeit (12 %), Unterforderung am Arbeitsplatz (12 %), Überforderung an Schule/Universität, sexuelle Probleme (5%) und Pensionierung (4 %) als stressauslösende Faktoren. Insbesondere für die Frauen kann die Doppelbelastung durch Haushalt und Beruf (28 %) ein Anlass oder Auslöser für Stress sein.

Bei der Frage nach den Methoden des persönlichen **Stressmanagements** gaben 56 % an, dass sie versuchen, die Stressbedingungen zu beeinflussen. Die drei am meisten genannten Anti-Stress-Methoden: Entspannung mit einem gemütlichen Essen, Sport und schlafen. 54 % - vor allem die unter 30-Jährigen – treiben Sport und 50 % essen gemütlich. 35 % schlafen viel und 29 % entgegnen dem Stress mit Entspannungsübungen. Viel Schlafen und Entspannungsübungen sind Bewältigungsstrategien, die bevorzugt Frauen und ältere Menschen wählen. Dies gilt allerdings auch für Beruhigungsmittel, die durchschnittlich 5 % der Bevölkerung in Stresssituationen nach eigenen Angaben zu sich nehmen. 17 % hingegen, vorzugsweise Männer, trinken abends Bier oder Wein, um zur Ruhe zu kommen. Insgesamt jeder Vierte (25 %) unternimmt dagegen nichts, um Stress abzubauen. *[Schütte, 2001] [DAK, 2001]*

2.6.3. Empfehlungen zu gesundheitsbewusstem Stressverhalten

Das Ziel von Stressbewältigung im Sinne von gesundheitsbewusstem Stressverhalten ist die Fähigkeit, ein Gleichgewicht von Anspannung und Entspannung herzustellen bzw. von Hektik und Ruhe (negativem Stress) und Genuss. Erfolgreiche Stressbewältigung - als Schlüssel zur Gesundheit - sollte einen verbesserten Umgang mit Herausforderungen im Alltag bewirken.

Eine generell erfolgreiche Standardstrategie der Stressbewältigung lässt sich nicht definieren, zu unterschiedlich sind die Anforderungsbedingungen, die Personen, die Möglichkeiten der Bewältigung. Die Wirksamkeit einzelner Bewältigungsformen scheint vielmehr von vielen Faktoren abhängig zu sein: von Art und Intensität der jeweiligen Belastung, dem Zeitpunkt, zu dem die jeweilige Verhaltensweise eingesetzt wird, und insbesondere auch von den Werten, Zielen und Motivation der betroffenen Person. Dennoch hat die Forschung wichtige Hinweise für eine **gezielte Stressprävention** hervorgebracht. Erfolgreiche Stressbewältigung lässt sich wohl am besten durch ein großes Maß an Flexibilität kennzeichnen. *[Kaluza, Basler & Henrichs 1988]* Bei den Bewältigungsstrategien wird nach der kognitiv-transaktionalen Stresstheorie im wesentlichen unterschieden zwischen problemzentrierten (Veränderung des Stressors) und emotionszentrierten (Veränderung des Selbst) als Coping bezeichneten Verhaltensweisen. Beim problemzentrierten Coping verhält sich die Person in einer Weise, die direkt zu einer Beseitigung oder Minderung des Problems führen kann, in dem eine instrumentelle Tätigkeit ausgeführt wird (z.B. sich auf eine Prüfung vorbereiten), was aber nicht bedeutet, dass sie zum Erfolg führt. Emotionales Coping hingegen bezeichnet die Versuche, die Emotionen zu regulieren. Das kann durch Selbstgespräche oder Uminterpretationen etwa erfolgen, ohne das damit unterstellt wird, dass diese Versuche eine gute Stressanpassung bewirken. *[Schwarzer, 1993]*

Voraussetzungen für ein erfolgreiches Bewältigungsverhalten sind: *[Kaluza, 1996] [Briese-Neumann, 1997]*
- ❖ Problembewusstsein (Betroffener erkennt Problem zwischen ihm und der Umwelt)
- ❖ Eigenverantwortlichkeit (Betroffener erkennt eigenverantwortliches Handeln als Schlüssel zur Veränderung)

❖ Informiertheit/Einsicht (Betroffener informiert sich über die am Problem beteiligten Faktoren).

Allgemein gültige Empfehlungen analog Kapitel 2.3. und 2.4. werden in der Literatur nicht beschrieben.

3. Anleitung zu gesunder Lebensführung – Problem und Herausforderung für die Gesundheitswissenschaften

Die Lebensstilfaktoren Ernährung, Bewegung und Stressmanagement sind als wichtige Einflussfaktoren bei der Entstehung von chronischen Krankheiten identifiziert und beschreiben gleichzeitig die prioritären Handlungsfelder für Maßnahmen zur Primärprävention im Gesundheitswesen. Eine ganzheitliche Sichtweise – ganz im Sinne der multiperspektivischen Anliegen von Public Health - wird dabei nachdrücklich angemahnt. Die Hinführung der Menschen zu einer gesundheitsorientierten Lebensführung ist für die Gesundheitswissenschaften ein zentrales Problem und gleichermaßen eine große Herausforderung.

Das sich wandelnde Selbstverständnis von Gesundheit in der Bevölkerung und das große Interesse an gesundheitlichen Informationen spricht für eine hohe Aufnahmebereitschaft, zeitgleich fühlen sich die Menschen häufig von der Vielzahl gesundheitsbezogener Informationen überfordert. *[Gesundheitsberichterstattung des Bundes, 1998]* Eine ganzheitliche Sichtweise zu vermitteln, stellt enorme Herausforderungen an die Vermittlung von gesundheitlichen Informationen – egal ob durch Massenmedien oder eingebunden in Maßnahmen der Prävention und Gesundheitsförderung. Kommt es doch schließlich darauf an, Menschen für eine gesundheitsorientierte Lebensführung zu interessieren und zu motivieren. Es bedarf also wissenschaftlich fundierter Orientierungshilfen, die niedrigschwellig, alltagstauglich und handlungsrelevant gestaltet sind, ohne zu überfordern. Vor dem Hintergrund zunehmender Informationsüberlastung haben visuelle Darstellungsformen größere Chancen wahrgenommen zu werden. Bislang gibt es keine didaktischen Medien oder visualisierte Modelle, die diese Anforderungen für die Handlungsfelder Ernährung, Bewegung und Stressmanagement erfüllen.

In diesem Kapitel geht es um die Erörterung der Problemstellung und der damit verknüpften Aufgabenstellung. Es werden bisherige Erklärungsmodelle und Strategien der Gesundheitsbildung, sowie die Ernährungspyramide als Modell zur Handlungsorientierung untersucht.

3.1. Erklärungsmodelle und Strategien der Gesundheitsbildung

Menschen an eine gesundheitsorientierte Lebensführung heranzuführen, verlangt nach geeigneten Modellen und Strategien in der Gesundheitsbildung. Gesundheitsbildung, hier bezeichnet als Oberbegriff für Gesundheitsaufklärung, -beratung, und -training bzw. -schulung ist eine Strategie, die in erster Linie auf das Individuum und dessen Verhalten und weniger auf die Verhältnisse ausgerichtet ist. Im weiten Sinne meint Gesundheitsbildung sämtliche organisierten Lehr- und Lernsituationen zum Thema Gesundheit. *[Papenkort, 1999]*

Die folgenden Ausführungen befassen sich mit theoretischen Konzepten zur Erklärung gesundheitsbezogener Verhaltensweisen. Auf diesem Verständnis aufbauend werden Strategien und Rolle der Gesundheitsbildung erörtert.

3.1.1. Theoretische Konzepte gesundheitsbezogener Verhaltensweisen

Um zu verstehen, wie Gesundheitsverhalten beeinflusst werden kann, ist es wichtig sich zu vergegenwärtigen, wie Gesundheitsverhalten erklärt wird. Gesundheitsverhalten erklärt Schwarzer als der „sichtbare Ausdruck von Einstellungen oder Kognitionen. Es ist das offenkundige Ergebnis von Modifikationsprozessen, die nicht ohne kognitive Veränderungen ablaufen, wozu die Wahrnehmung von Risiken, die Erwartung von positiven Konsequenzen und eigener Handlungskompetenz sowie die Bildung von Intentionen gehören". *[Schwarzer, 1996]*

Grundsätzlich lassen sich drei Erklärungsansätze voneinander unterscheiden: *[Troschke, 1998]*
❖ Psychologische Erklärungsansätze
❖ Soziologische Erklärungsansätze
❖ Anthropologische Erklärungsansätze

Beim psychologischen Ansatz wird versucht Verhalten in Abhängigkeit von Einstellungen und Kenntnissen zu verstehen. Gesundheitsverhalten aus Sicht der Soziologie erklärt sich in Abhängigkeit von sozialen Lebensbedingungen, sozialen Normen bzw. kollektiven Verhaltenserwartungen. Die Anthropologie wiederum versucht das Gesundheitsverhalten als Folge des jeweils geltenden kulturell vermittelten Wertesystems zu begreifen. Die psychologischen Erklärungsansätze und der daraus abgeleiteten Strategien waren lange Zeit bestimmend für die Gesundheitserziehung und -aufklärung. Der zugrunde liegenden Hypothese nach bewirkt richtiges Wissen und die richtige Einstellung ein dementsprechend richtiges Verhalten. In der Praxis wurde die unzureichende Aussagekraft dieser Modellvorstellung nur allzu deutlich: Menschen verhalten sich trotz ʼrichtigenʼ Wissens nicht so, wie wie es für ʼrichtigʼ halten, sie zeigen trotz ʼrichtigerʼ Einstellung ein ʼfalschesʼ Verhalten und viele praktizieren trotz antrainierter Verhaltenskompetenz nicht das erwünschte Verhalten. *[Troschke, 1998]*

Die gegenwärtig am häufigsten diskutierten Theorieansätze sind **sozialkognitive Modelle**, die in der Tradition der entscheidungstheoretischen Erwartungs-Wert-Theorien stehen, deren zentrales Moment der „expectancy-Begriff" und die Bilanzierung des zu erwartenden Nutzens eines Verhaltens ist. *[Frank & Bengel, 1998] [Bengel, 1993]* Zu nennen sind hier vor allem das **„health-belief"-Modell**, die Theorie der Handlungsveranlassung (Theory of reasoned action), die Theorie der Selbstwirksamkeitserwartung und die Theorie der Schutzmotivation, denen die Annahme zu Grunde liegt, dass präventives Verhalten einer Person von gesundheitsbezogenen Einstellungen und Überzeugungen bestimmt wird. Einen Überblick über die Vielzahl von Modellen und Theorien zur Beschreibung und Erklärung von Gesundheitsverhalten und deren Einflussgrößen geben Schwarzer und Bengel. *[Schwarzer, 1996] [Schwarzer, 1997] [Bengel, 1993]* Verschiedene Autoren heben Shelley Taylor hervor, eine der führenden Gesundheitspsychologen. Sie fasst die aus ihrer Sicht vier wichtigsten Determinanten aus den oben aufgeführten Modellen und Theorien so zusammen: *[Schwarzer, 1996] [Frank & Bengel, 1998] [Liebing & Vogel, 1995]*
„Menschen verhalten sich dann gesundheitsbewusst, wenn

- eine Gesundheitsbedrohung schwerwiegend erscheint,
- die subjektive Verletzbarkeit oder die Auftretenswahrscheinlichkeit für eine Krankheit hoch ist,
- jemand glaubt, persönlich eine protektive Handlung zur Verfügung zu haben und
- diese Handlung als eine wirksame Maßnahme zur Abwehr der Gefahr eingeschätzt wird".

Während die ersten beiden Komponenten dem „health-belief"-Modell entnommen sind, beziehen sich die beiden anderen auf das Konzept der Selbstwirksamkeit. Das Konzept der **Selbstwirksamkeit** unterscheidet die beiden Formen Selbstwirksamkeits- oder Kompetenzerwartung (self-efficacy expectation) und Ergebnis- oder Konsequenzerwartung (response outcome expectations). *[Schwarzer, 1996] [Hornung, 1997]* Das bereits in den 50er Jahren entwickelte Modell gesundheitlicher Überzeugungen, bekannt als „health-belief"-Model, hat eine besondere Bedeutung als Referenzmodell erhalten. Im „health-belief"-Modell wird die Verbindung einer subjektiv wahrgenommenen Anfälligkeit für eine Erkrankung mit der wahrgenommenen Gefährlichkeit dieser Krankheit als Ausgangspunkt für Gesundheitsverhalten unterstellt. Weitere wichtige Annahmen betreffen den wahrgenommenen Nutzen des präventiven Verhaltens, sowie die wahrgenommenen Barrieren, die dem präventiven Verhalten entgegenstehen. *[Schwarzer, 1996] [Troschke, 1998] [Baric´, 1994] [Lapinski & Witte, 1998]*

Das Konzept der **Konsequenzerwartung** wird auch als Erwartung der Verhaltenswirksamkeit bezeichnet und bezieht sich auf Kognitionen über die wahrgenommene Wirksamkeit eines Verhaltens zur Herbeiführung eines erwünschten Verhaltens, wie beispielsweise „Ich weiß, dass Brustselbstuntersuchungen eine wirksame Maßnahme zur Früherkennung von Brustkrebs darstellen". Und zwar steht hier der prinzipielle Zusammenhang im Vordergrund, also die Frage, in welchem Maße führen Brustselbstuntersuchungen zu einer wirksamen Früherkennung. Erst dann stellt sich die Frage, ob jemand selbst sich dazu in der Lage sieht oder sich dies zutraut und glaubt die nötigen Voraussetzungen dafür zu besitzen. Dies wiederum erfordert offenbar eine Kausalattribution, d.h. die Annahme von Selbstkompetenz. Besteht die Erwartung einer Person mit einer gewissen Wahrscheinlichkeit durch den Einsatz der ihr zur Verfügung stehenden Mittel etwas bewirken zu können, dann knüpft sich daran eine Kompetenzerwartung.

Die Selbstwirksamkeits- bzw. **Kompetenzerwartung** bezeichnet somit das Vertrauen einer Person in seine Fähigkeiten und die Annahme einer Kompetenz, etwas selbst beeinflussen zu können, wie etwa „ich weiß, dass ich Brustselbstuntersuchungen korrekt durchführen kann". Das Vorhandensein einer Kompetenzerwartung setzt voraus, dass bereits gewisse Konsequenzerwartungen bestehen. Glaubt eine Person, dass bestimmte Handlungen zu bestimmten Ergebnissen führen, so lässt sich feststellen, ob diese Handlungen subjektiv verfügbar sind. Danach ergeben sich viele „Selbstmodelle" entsprechend der Vielzahl von Situationen. Ergebniserwartungen und Kompetenzerwartungen sind keinesfalls abhängig zu betrachten. Jemand kann durchaus glauben, eine reduzierte Kalorienaufnahme würde zu einer Gewichtsreduktion und zu einem erhöhten Wohlbefinden führen, sich selbst aber

Anleitung zu gesunder Lebensführung 49

nicht in der Lage sehen dementsprechend handeln zu können. *[Schwarzer, 1996] [Hornung, 1997]*

Alle vier angesprochenen Modellkomponenten werden für die Gesundheitsbildung in der medizinischen Rehabilitation von beträchtlicher Relevanz angesehen: Gesundheitsbedrohungen und eine wahrgenommene Anfälligkeit für Erkrankungen sind in der Regel Voraussetzungen für rehabilitative Interventionen; die Information über wirksame gesundheitsförderliche Verhaltensweisen und der Aufbau von entsprechenden Verhaltenskompetenzen sind explizite Ziele der Gesundheitsbildung. Insbesondere die Selbstwirksamkeitserwartung wird in der Gesundheitsbildung derzeit besonders betont. Die Ausgestaltung der praktischen Umsetzung des Lernziels „Selbstwirksamkeit" erfährt daher eine zentrale Bedeutung. *[Liebing & Vogel, 1995] [Arbeitsgruppe Gesundheitstraining aus dem Arbeitskreis der Leitenden Ärzte der Klinikgruppe BfA, 2003]*

Den Modellansätzen werden jedoch eine Reihe von Schwächen und Defiziten nachgesagt. Kritisiert wird die Rationalität als Basis menschlicher Entscheidungsprozesse. Ignoriert werden neben den unbewussten Anteilen menschlichen Handelns, die alltäglichen Gewohnheiten und habitualisierten Verhaltensweisen, ebenso wie ökonomische und umweltbezogene Einflussfaktoren sowie auch die impliziten Wissens- und Handlungssysteme der betroffenen Person respektive die subjektiven Konzepte von Gesundheit und Krankheit, die das Alltagswissen und Alltagshandeln determinieren. Auch gelten die emotionalen Aspekte als unzureichend berücksichtigt. Auf der Theorieebene bleibt die salutogenetische Sichtweise außen vor, da zumeist eine potentielle gesundheitliche Gefährdung Ausgangspunkt ist. Bezugspunkte müssten jedoch positive Inhalte und Bilder von Gesundheit sein, wie etwa Wohlbefinden und Leistungsfähigkeit. *[Liebing & Vogel, 1995] [Hornung, 1997] [Frank & Bengel, 1998] [Bengel, 1993] [Flick, 1997]*

Neuere Entwicklungen sind Phasen- oder Prozessmodelle, die einzelne Kritikpunkte aufgreifen, wie etwa das **transtheoretische Modell** der Verhaltensänderung, das ursprünglich von Prochaska und DiClemente in Untersuchungen zur Rauchentwöhnung entwickelt wurde, inzwischen aber auch für andere Gesundheitsverhaltensweisen diskutiert wird. Das Modell beschreibt Verhaltensänderung als das Durchlaufen in fünf verschiedene Stadien, die nicht statisch, sondern zyklisch verlaufen. Im ersten Stadium besteht noch keine Änderungsbereitschaft. Im Stadium des Bewusstwerdens findet eine ernsthafte Auseinandersetzung mit dem Gedanken einer Verhaltensänderung, die im dritten Stadium durch die konkrete Planung in Vorbereitung kommt. Die eigentliche Verhaltensänderung jedoch erfolgt erst im Stadium der Umsetzung. Im letzten Stadium der Aufrechterhaltung geht es um die langfristige Stabilisierung der geänderten Verhaltensweise. Veränderungsprozesse bezeichnen den Übergang von einem Stadium zum nächsten, der durch kognitive und behaviorale Techniken unterstützt wird und abhängig ist von der Selbstwirksamkeit und der Entscheidungsbalance. Letztere wird verstanden als Verhältnis der subjektiven Vorteile zu den subjektiven Nachteilen z.B. des Rauchens. *[Frank & Bengel, 1998] [Bengel, 1993]* Für die Konzeption von Programmen zur Gesundheitsbildung scheinen sich Phasenmodelle der Verhaltensänderung wie das transtheoretische Modell als hilfreich zu erweisen. Sie machen deutlich, dass sich die Interventionsmaßnahmen an den jeweiligen Stadien orientieren müssen. *[Frank & Bengel, 1998]*

Auch die publizistikwissenschaftliche **Medienwirkungsforschung** bedient sich komplexerer Wirkungsmodelle und entwirft ein differenziertes Bild von der Einflussgröße, die insbesondere Medienbotschaften auf das menschliche Verhalten haben. In diesem Kontext präsentiert Göpfert ein integriertes Modell für Einstellungs- und Verhaltensänderungen, dass verschiedene Ansätze wie das „health-belief"-Modell oder die Theorie zur Verhaltenssteuerung miteinander kombiniert. In der Abbildung 9 wird die Komplexität deutlich gemacht, wie viele Einflussfaktoren auf Überzeugungen, Einstellungen und das Verhalten einwirken.

Abb. 9 Integriertes Modell für Einstellungs- und Verhaltensänderungen

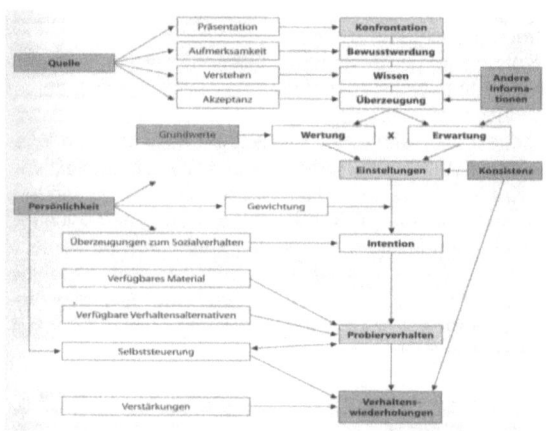

Quelle: Göpfert, 2001

Die damit verbundene Modellvorstellung wird von Göpfert so erklärt: bevor sich aus Überzeugungen Einstellungen etablieren, durchlaufen diese zunächst einen Filter. Nur dann können sich Einstellungen bilden und festigen, wenn sie mit allgemeinen Wertungen positiv übereinstimmen und darüber hinaus mit positiven Erwartungen verknüpft werden können. Einstellungen, die als Erwartungs-x-Wert-Konstrukte definiert werden, machen diesen Erklärungsansatz jedoch unverständlich. *[NN, 2000] [Städtler, 1998]* Hierin sieht Göpfert das Health-Belief-Modell wiedergespiegelt, welches die Wahrscheinlichkeit für mögliches Verhalten von der Erwartung persönlicher Vor- oder Nachteile abhängig macht. Daneben spielen auch Grundwerte eine Rolle, so z.B. welchen Wert der Gesundheit überhaupt beigemessen wird. Die nächste Ebene der Verhaltenssteuerung, bevor sich also eine Intention zum Verhalten ausbildet, bedingt ebenfalls weitere günstige Einflussfaktoren, etwa die Stärke der Persönlichkeit. Neues Verhalten wiederum wird zunächst erprobt, bevor es zu gefestigtem Verhalten kommt. Bedeutsam ist hier, ob entsprechende Verhaltensal-

Anleitung zu gesunder Lebensführung 51

ternativen überhaupt verfügbar sind. Wichtig ist nach diesem Modell schließlich die Konsistenz. Das heißt, die Übereinstimmung von Verhalten und inneren Überzeugungen. Denn der Mensch strebt nach Auflösung von Widersprüchen zwischen Wissen und Tun und sucht dementsprechend nach bestätigenden Informationen. Vergegenwärtigt man sich all die Faktoren, die unsere Überzeugungen, Intentionen und unser Verhalten beeinflussen, dann wird deutlich, wieviel Gesundheitsbildung leisten muss, um gewünschtes Gesundheitsverhalten zu bewirken. Ebenso deutlich wird, dass es effizienter Strategien bedarf, um breite Bevölkerungsgruppen an eine gesundheitsorientierte Lebensführung heranzuführen. *[Göpfert, 2001]*

3.1.2. Strategien und Rolle der Gesundheitsbildung

Der Begriff der Gesundheitsbildung ist innerhalb des Gebietes von Prävention und Gesundheitsförderung - wie auch diese Begriffe selbst - nicht eindeutig festgelegt und in der Fachliteratur wie auch in der wissenschaftlichen Diskussion unterschiedlich geprägt. Er hat weitgehend die Bezeichnung Gesundheitserziehung abgelöst. Uneinigkeit besteht insbesondere darüber, wie eng oder weit gefasst Gesundheitsbildung verstanden werden soll. Nach Papenkort kann der Begriff einerseits in einem weiten und deskriptiven Sinne andererseits in einem engen und normativen Sinne aufgefasst werden. Weit gefasst meint Gesundheitsbildung sämtliche organisierten Lehr- und Lernsituationen zum Thema Gesundheit, im engeren Sinne hingegen nur einen Teil dieser Situationen. Im Kontext des professionellen Handlungsfeldes Gesundheit kann Gesundheitsbildung auch als Strategie der Kompetenzförderung angesehen werden. *[Papenkort, 1999]* In der Literatur wird **Gesundheitsbildung**, wie er auch in dieser Arbeit vertreten wird, vorgeschlagen als Oberbegriff für Gesundheitsaufklärung und -beratung, Gesundheitstraining und –schulung, deren Maßnahmen auf positive Veränderungen gesundheitsbezogener Einstellungen und Verhaltensweisen gerichtet sind. *[Liebing & Vogel, 1995] [Schäfer & Döll, 2000]* Gesundheitsaufklärung und –beratung, Gesundheitstraining und –schulung kennzeichnen damit die jeweils unterschiedlichen Strategien in der Gesundheitsbildung. Gleichzeitig ergeben sich eine Reihe von konzeptionellen Überschneidungen mit den Bezeichnungen Gesundheitsaufklärung, und –beratung, Gesundheitstraining und –schulung sowie Gesundheitserziehung und -förderung wie bei Papenkort ausführlich nachzulesen ist. *[Papenkort, 1999]*

Gesundheitsaufklärung hebt auf die Vermittlung von Gesundheitsinformationen und vornehmlich auf den Einsatz von Medien ab. Sie ist auf Personen, Gruppen oder auf die Bevölkerungsebene gerichtet und bedient sich entsprechend den methodisch-didaktischen Möglichkeiten der Informationsvermittlung. Der Schwerpunkt der **Gesundheitsberatung** liegt eher auf dem persönlichen Dialog zwischen Berater und Klient. Gesundheitsberatung bezeichnet alle Maßnahmen, mit denen sich Beratende an ihre Klienten wenden, um deren Gesundheitswissen und Gesundheitsverhalten insgesamt oder in Teilbereichen durch eingehendes Gespräch, Motivation, Anleitung und Begleitung zu beeinflussen. Beim **Gesundheitstraining und -schulung** wird die praktische Erfahrbarkeit und das Einüben neuer Verhaltensweisen betont. *[Jork, 1996] [Schäfer & Döll, 2000]* Der Begriff Gesundheitstraining wurde in den 80er Jahren von der Bundesanstalt für Angestellte (BfA) und dem Verband Deutscher Rentenversicherungsträger (VDR) eingeführt, womit man die Ziele und Möglichkeiten der gesundheitsbezogenen Verhaltensänderung und die enge Verknüpfung von Therapie und Lernen auf der Basis von krankheitsbezogener Information speziell in der Rehabilitation betonen wollte. *[Arbeitsgruppe Gesundheitstraining aus dem Arbeitskreis der Leitenden Ärzte der Klinikgruppe BfA, 2003]* In der Programmatik von VDR und BfA haben sich offenbar definitionsbezogene Ausdifferenzierungen entwickelt, die besonders in der Begrifflichkeit und der erachteten Notwendigkeit für ein indikationsspezifisches Gesundheitstraining einerseits und der Gesundheitsbildung als primär präventives, indikationsübergreifend verstandenes Programm andererseits, zum Ausdruck kommen. Gesundheitstraining beinhaltet danach ebenso Prävention, wird weitgehend jedoch als indikationsbezogenes Patiententraining aufgefasst. Eine klare Abgrenzung ist allerdings nicht erkennbar gelungen.

Eine zentrale Rolle im Kontext gesundheitsbildender Maßnahmen dabei hat die **Gesundheitskommunikation**, bezeichnet „als die Vermittlung und den Austausch von Wissen, Meinungen und Gefühlen zwischen Menschen, die als professionelle Dienstleister oder Patienten/Klienten in den gesundheitlichen Versorgungsprozess einbezogen sind, und/oder als Bürgerinnen und Bürger an Fragen von Gesundheit und Krankheit und öffentlicher Gesundheitspolitik interessiert sind". *[Hurrelmann & Leppin, 2001]* So ist es vor allen Dingen die Gesundheitsaufklärung, die aufgrund des Einsatzes von Werbe- und Aufklärungskampagnen in Massenmedien, große Bevölkerungsgruppen erreicht. Das erreichbare Wirkpotenzial ist sicher begrenzt und oft mehr noch vom Rezipienten abhängig als von Art oder Inhalt des Mediums. Verhaltensänderungen über Massenmedien anzustoßen sind vor allem bei suchtmäßig verankertem Verhalten schwierig. Leichter dagegen ist es, neues Verhalten zu stimulieren. *[Göpfert, 2001]* Eine besondere Stärke von Massenmedien liegt darin, vorhandene Stimmungen in der Bevölkerung zu akzentuieren und zu kanalisieren und so einem gesundheitsrelevanten Thema entsprechende Aufmerksamkeit zu verschaffen. Auch die Beratung und Anleitung von Patienten/Klienten, sowie gruppenorientierte Präventionsprogramme und Gesundheitsförderungsprogramme sind eine wichtige Form der Gesundheitskommunikation, die große Zielgruppen erreicht und die sich verschiedener didaktisch geeigneter Kommunikationsmittel zur Unterstützung bedient. Die direkte Arzt-Patient-Kommunikation als Hauptquelle für gesundheitsrelevante Informationen verliert an Bedeutung. An Gewicht gewonnen haben die Beratungen und Schulungen von Patienten und gruppenorientierten Programmen. Einen zunehmend größeren Anteil an der Versorgung mit Gesundheitsinformationen haben vor allem aber massenmediale Vermittlungsformen und die neuen Medien übernommen. Angesichts der stark konkurrierenden medialen Angebote kommt der Zielgruppenorientierung und der Präsentationsform eine elementare Bedeutung zu. *[Hurrelmann & Leppin, 2001]*

Becker präsentiert im Lehrbuch Gesundheitspsychologie eine Übersicht, die ganz sinnvoll erscheint, die zuvor angesprochenen unterschiedlichen Strategien der Gesundheitsbildung zusammenfassend zu veranschaulichen. Sie reflektiert dabei implizit die Phasenmodelle zur Verhaltensänderung: Information und Aufklärung sind unverzichtbar für das Problembewusstsein, Aufklärung bedarf in vielen Fällen der

Ergänzung durch Beratungsmaßnahmen und für die Erreichung von stabilen Verhaltenseffekten bedarf Aufklärung und Beratung in der Regel der Ergänzung durch Trainingsmaßnahmen. *[Becker, 1997]*

Abb. 10   Strategien der Gesundheitsbildung zur Verhaltensänderung

Risikoverhalten	Interventionsziel	Strategie
Leicht zu verändern	Problembewusstsein	Information, Aufklärung
	Wissen	Information, Aufklärung
	Motivation	Überzeugende Kommunikation, Beratung, Gruppendiskussion
	Fähigkeiten	Verhaltenstraining, Lernen am Modell, soziale Verstärkung, Verhaltenskontrakte, Selbstbeobachtung und –überwachung
	Ausführung	Selbstmanagement, Umgebungsveränderung
Schwer zu verändern	Aufrechterhaltung	Selbstmanagement, Umgebungsveränderung, Selbsthilfegruppe

Quelle: Becker, 1997

Im wesentlichen sind **Träger von Gesundheitsbildung** innerhalb des Gesundheits- und Sozialwesens, des Bildungswesens, des Sports und in Unternehmen und Verbänden angesiedelt. Im Rahmen der öffentlich geförderten Gesundheitsbildung im Bildungsbereich gehören die Volkshochschulen zu den wichtigsten Anbietern. Gesundheit zählt dabei zu den vier großen Themengebieten mit stetig wachsender Bedeutung: 1,5 Millionen Menschen nehmen jährlich Angebote in diesem Bereich wahr, die vielfach von den Krankenkassen im Rahmen des erweiterten Handlungsrahmen in der Primärprävention durch das GKV-Gesundheitsreformgesetz 2000 gefördert bzw. bezuschusst werden. *[Siebert, 1990] [Papenkort, 1999] [Blättner, 1995] [Venth, 1996]* Von der Förderung der Krankenkassen dürften auch die Sportvereine und Gesundheitszentren profitieren. Innerhalb des Gesundheitswesens ist anzunehmen, dass die Gesundheitsbildung neben den eigenen Angeboten der Krankenkassen insbesondere in der stationären medizinischen Rehabilitation eine zentrale Rolle einnimmt. Unabhängig vom Anbieter konzentriert sich das Themenspektrum vorwiegend auf die Felder Bewegung, Entspannung und Ernährung. Die Gesundheitsbildung in der medizinischen Rehabilitation erscheint in Theorie und Praxis konzeptionell gut fundiert und entwickelt, weshalb vor dem Hintergrund der in dieser Arbeit gestellten Aufgabe im folgenden darauf näher Bezug genommen wird.

Gesundheitsbildung nimmt in den Empfehlungen für die Behandlungskonzepte einen gleichrangigen Platz unter den therapeutischen Aufgaben in der Rehabilitation ein und hat damit einen hohen Stellenwert erhalten. *[Liebing & Vogel, 1995] [Wächter-Busse, 1995]* **Ausgangspunkt neuerer Gesundheitsbildungsprogramme** in der medizinischen Rehabilitation bilden zum einen das Modell der Risikofaktoren und das Lebensstilkonzept, deren Bedeutung als hinreichend belegt erachtet wird. Ergänzt wird diese Ausgangsbasis durch das Schutzfaktorenkonzept und Teilaspekte des von der WHO sehr weit gefassten Begriffs der Gesundheitsförderung. In diesem Zusammenhang hat Empowerment als Schlüsselbegriff für die Zieldimension „Kompetenzerweiterung" eine zentrale Bedeutung, der in der theoretischen Diskussion Bezug nimmt auf den Begriff Selbstmanagement. Diese konzeptionelle Ausgangsbasis weist damit über eine defensive, auf die Vermeidung von Risikofaktoren ausgerichtete Gesundheitsbildungspraxis hinaus. Als theoretische Basis zur Fundierung der gesundheitsbildenden Interventionen wird die Relevanz der bereits erörterten vier Modellkomponenten nach Taylor sowie die Phasenmodelle – insbesondere die Selbstwirksamkeit als zentrale Determinante zur Verhaltensänderung - betont. *[Reschke, 1995] [Frank & Bengel, 1998] [Arbeitsgruppe Gesundheitstraining aus dem Arbeitskreis der Leitenden Ärzte der Klinikgruppe BfA, 2003] [Schäfer & Döll, 2000]*

Allgemeine Gesundheitsbildung verfolgt das **Ziel**, Menschen so zu befähigen, dass sie eine aktive und selbstbestimmte Rolle bei der Einflussnahme auf ihren Gesundheitszustand übernehmen. *[Breitkopf & Sendler, 1997]* Diese Zielsetzung reflektiert damit gleichzeitig die Grundsätze der WHO Gesundheitsziele „Targets for health for all" des WHO Regional Committee for Europe, wie auch der nationalen für Deutschland formulierten Gesundheitsziele und steht im Einklang mit der Zielexplikation der gemeinsamen Handlungsrichtlinien im Rahmen des GKV-Gesundheitsreformgesetzes 2000. *[World Health Organization, 1991] [Forum Gesundheitsziele, 2003] [Arbeitsgemeinschaft der Spitzenverbände der gesetzlichen Krankenkassen, 2001]* Gesundheitsbildung in der medizinischen Rehabilitation wird nach heutigem Verständnis als wichtige strategische therapeutische Säule zur Erreichung der Rehabilitationsziele betrachtet, weshalb es nicht erstaunen mag, dass Ziele und Aufgaben zum Teil identisch sind. *[Wächter-Busse, 1995]* „Die Wiederherstellung oder wesentliche Besserung der Gesundheit des Rehabilitanden, insbesondere auf den Ebenen der Aktivität und Teilhabe an Beruf und Alltag" kennzeichnet den **gesetzlichen Auftrag der medizinischen Rehabilitation** nach § 10 SGB I. *[Arbeitsgruppe Gesundheitstraining aus dem Arbeitskreis der Leitenden Ärzte der Klinikgruppe BfA, 2003] [Herrmann, 1997]* Einem Fortschreiten der Krankheitsentwicklung soll entgegengewirkt und krankmachende Faktoren reduziert werden. Funktionelle Einschränkungen und aus gesundheitlichen Schäden erwachsenen sozialen Beeinträchtigungen sollen durch die Rehabilitation beseitigt oder soweit wie möglich kompensiert werden. In diesem Sinne zielt die Rehabilitation durch Anleitung der Patienten zum eigenverantwortlichen Handeln auf die Besserung gestörter Funktionen und die Stärkung ausgleichender Fähigkeiten im physischen, psychischen und sozialen Bereich. *[Arbeitsgruppe Gesundheitstraining aus dem Arbeitskreis der Leitenden Ärzte der Klinikgruppe BfA, 2003]*

Auch die Funktion der Gesundheitsbildung würdigte der Gesetzgeber entsprechend. Im Sozialgesetzbuch (§15 Abs. 1 Nr. 1 SGB VI) wurde die „Anleitung der Versicherten, eigene Abwehr und Heilungskräfte zu entwickeln" in den Leistungskatalog der medizinischen Rehabilitation aufgenommen. *[Wächter-Busse, 1995]* Nach Frank und Bengel ist das **Ziel der Gesundheitsbildung in der Rehabilitation** so formuliert: „Ziel ist die Verbesserung der Lebenserwartung und Lebensqualität der Patienten durch die Reduktion gesundheitsbezogener Risikoverhaltensweisen, den Aufbau eines gesundheitsförderlichen Lebensstils, die Stärkung individueller und sozialer Schutzfaktoren und die Vermittlung von Kompetenzen zur Krankheitsbewältigung". Gesundheitsbildung dient in diesem umfassenden Verständnis nicht nur der sekundären und tertiären, sonder auch der primären Prävention. *[Frank & Bengel, 1998]* Laut den Konzepten der Rententräger soll Gesundheitsbildung: *[Arbeitsgruppe Gesundheitstraining aus dem Arbeitskreis der Leitenden Ärzte der Klinikgruppe BfA, 2003] [Schäfer & Döll, 2000] [Wächter-Busse, 1995]*

❖ eine positive Grundhaltung zur aktiven Mitarbeit in der Rehabilitation fördern und zu einem langfristig gesundheitsförderlichen Lebensstil motivieren,
❖ Hilfe zur Selbsthilfe geben, also ihn in seiner gesundheits- und krankheitsbezogenen Eigenverantwortung stärken und
❖ das entsprechend nötige Wissen und die erforderlichen Fertigkeiten vermitteln.

Vor diesem Hintergrund ist die **Aufgabe** von Gesundheitsbildung in der Rehabilitation in erster Linie motivieren und befähigen, die für die Zielerreichung der Rehabilitation erforderlichen Einstellungen und Verhaltensweisen anzunehmen, umzusetzen und langfristig in den Alltag zu integrieren. Somit kommt der Gesundheitsbildung eine Art „Brückenfunktion" von der Rehabilitation zum häuslichen Alltag zu. *[Arbeitsgruppe Gesundheitstraining aus dem Arbeitskreis der Leitenden Ärzte der Klinikgruppe BfA, 2003] [Schäfer & Döll, 2000] [Wächter-Busse, 1995]* In diesem Zusammenhang erscheinen die nicht trennscharf formulierten Ziele und Aufgaben unbefriedigend.

Zusammenfassend beinhaltet Gesundheitsbildung im Kontext der Rehabilitation alle Maßnahmen unter Einsatz erwachsenenpädagogischer und psychologischer Techniken, die geeignet sind, über den Weg der Information, Motivation und Schulung auf positive Veränderungen gesundheits- und krankheitsbezogener Verhaltensweisen (Einstellungen, Wissen und Motive) Einfluss zu nehmen. Die zuvor erörterten unterschiedlichen Strategien der Gesundheitsbildung wie Aufklärung, Beratung und Training werden zielspezifisch mit einem breiten Spektrum an methodischen Möglichkeiten eingesetzt, das von Informationsveranstaltungen in Großgruppen über interaktive Kleingruppenarbeit bis zu Einzelberatungen reicht. Die Schulung wird für Inhalte vorgeschlagen, die vorwiegend kognitive Lernziele vermitteln. Während Gruppenarbeit die bevorzugte Form ist, wenn vorwiegend emotionale Lernziele umzusetzen sind. *[Arbeitsgruppe Gesundheitstraining aus dem Arbeitskreis der Leitenden Ärzte der Klinikgruppe BfA, 2003] [Schäfer & Döll, 2000]* Anknüpfend an die Empfehlungen der Reha-Kommission zur Weiterentwicklung der Behandlungskonzepte in der medizinischen Rehabilitation werden die verschiedenen Maßnahmen strukturiert nach: einführenden (krankheitsübergreifenden) Maßnahmen, weiterführenden (vertiefenden) sowie krankheitsspezifischen Maßnahmen. Das einführende

Gesundheitsbildungsprogramm im Rahmenkonzept des Verbandes Deutscher Rentenversicherungsträger behandelt **zentrale Themen** des Gesundheitsverhaltens im Sinne verhaltensbezogener Schutzfaktoren: z.B. ein gesundes Ernährungsverhalten, Sport und Bewegung, Stressbewältigung sowie ein vernünftiger Umgang mit den Alltagsdrogen (Alkohol, Tabak und Medikamente). Die krankheitsübergreifenden gesundheitsbildenden Maßnahmen dienen der Reflexion über Aufgaben, Zielsetzung und Verlauf der Rehabilitation sowie der Einführung in die weiterführenden, vertiefenden und krankheitsspezifischen Programme. Der Stellenwert der zentralen Gesundheitsthemen Ernährung, Bewegung und Stressbewältigung wird in der kardiologischen Rehabilitation aufgrund der multifaktoriellen Krankheitsursache der koronaren Herzerkrankung und dessen Bedeutung von umfassenden Lebensstiländerungen besonders stark betont. *[Liebing & Vogel, 1995] [Schäfer & Döll, 2000] [Franz, 1996] [Mittag, Brusig & Held, 2001]*

Eine Umfrage der Reha-Kommission des VDR von 1990/91 ergab, dass 96 % von 115 befragten Kliniken Maßnahmen zur Gesundheitsbildung durchführen. Damit deutet sich eine gute Verbreitung von gesundheitsbildenden Angeboten an. Nach nunmehr zwei Jahrzehnten **Erfahrungen** hat sich die Gesundheitsbildung in der medizinischen Rehabilitation konzeptionell und praktisch fulminant weiterentwickelt. Angesichts dessen erstaunt dabei jedoch die äußerst karge empirisch fundierte Kenntnislage, wie die Auswirkungen der Gesundheitsbildung auf langfristige Effekte beurteilt werden. In den Übersichtsarbeiten von Frank und Bengel bzw. Liebing und Vogel wird von Studien berichtet, die sich mit der Effektivität von Gesundheitsbildungsangeboten befassen – allerdings anhand unterschiedlicher Erfolgskriterien. Als Hauptproblem werden fehlende Standards für Umfang und Qualität der Gesundheitsbildungsmaßnahmen beklagt. So konnten in einer Studie von Schumacher und Sauerbier Einstellungsänderungen über die Veränderung gesundheitsbezogener Kontrollüberzeugungen, insbesondere für die Bereiche Ernährung und Entspannung, nachgewiesen werden. Ein signifikanter Wissenszuwachs, auch nach 6 Monaten gemessen, wurde in einer Untersuchung von Wilkening und Hartung gefunden. Nur wenige Untersuchungen ziehen Verhaltensänderungen als Erfolgskriterien heran. So etwa zeigte eine Untersuchung mittelfristige Auswirkungen einzelner Trainingseinheiten, wonach Programmteilnehmer auch nach einem Jahr gegenüber einer Kontrollgruppe von einer höheren Stressbewältigungskompetenz berichteten. Keine mittel- und langfristigen Erfolge hingegen verzeichnete das Übergewichtstraining. *[Liebing & Vogel, 1995] [Frank & Bengel, 1998]* Das Curriculum der BfA verweist auf Forschungsprojekte im Förderschwerpunkt „Rehabilitationswissenschaften" 1998 – 2004 des Bundesministeriums für Bildung und Forschung und der Deutschen Rentenversicherung, innerhalb dessen die Wirksamkeit von strukturierten, multimodalen und interdisziplinär konzipierten Patiententrainings, wie beispielsweise „Ein multidisziplinäres Gesundheitstraining für nierenkranke Patienten im Rahmen der stationären Rehabilitation" wissenschaftlich belegt wurde. *[Arbeitsgruppe Gesundheitstraining aus dem Arbeitskreis der Leitenden Ärzte der Klinikgruppe BfA, 2003]* Studien, die sich mit der Bewertung von Angeboten der Gesundheitsbildung in der Rehabilitation beschäftigt haben, stellen meistens die Frage nach der Akzeptanz in den Vordergrund. Ergebnisse von Patientenbefragungen zeigten dabei überwiegend eine positive Grundeinstellung zu den gesundheitsbildenden Angeboten. „Mehr zu erfahren, was man für

Anleitung zu gesunder Lebensführung 57

seine Gesundheit selber tun kann" beschreibt die Erwartungshaltung einer von Josenhans befragten Patientengruppe. Diese Ergebnisse können angesichts der beschränkten Aussagekraft allenfalls als Hinweise verstanden werden, dass Gesundheitsbildung, sowohl seitens der Kliniken als auch der Patienten, als ein wichtiges und relevantes Behandlungsangebot beurteilt wird. *[Liebing & Vogel, 1995] [Frank & Bengel, 1998]*

Die bisherigen Untersuchungen sind in vielerlei Hinsicht lückenhaft. Evaluation und Qualitätssicherung erscheinen insgesamt noch unzureichend. Besonders augenfällig sind die offenkundig geringen Aktivitäten in der Erforschung der Auswirkungen der Gesundheitsbildung auf langfristige Effekte. Stabile Verhaltensänderungen im alltäglichen Verhalten waren bisher kaum belegbar. Indes werden die praktischen Erfahrungen erkennbar selbstkritisch diskutiert und entsprechender Weiterentwicklungsbedarf postuliert. Anstoß für **Kritik** wird darin gesehen, dass die impliziten Wissens- und Handlungssysteme der Teilnehmer zu wenig Beachtung finden. Mehr Teilnehmerorientierung wird eingefordert, bei der die Vorstellungen und Voraussetzungen der Patienten mehr in den Vordergrund rücken. Dem Patienten müssen die Lerninhalte für den konkreten Alltag nützlich und praktikabel erscheinen. Darüber hinaus leisten die Angebote keine ausreichende Unterstützung und nachsorgende Hilfe für den Transfer der während der Rehabilitation gesammelten Erfahrungen in den Alltag. Die Rehabilitationsdauer von drei Wochen wird zwar als ausreichend angesehen Informationen zu vermitteln und Motivation zu erzeugen. Sie ist aber zu kurz, um bereits stabile Verhaltensänderungen zu erreichen. Optimierungsbedarf gilt für eine Verbesserung methodisch-didaktischer Aspekte, für die Rahmenbedingungen der praktischen Umsetzung und der konkreten Durchführung der Gesundheitsbildungsmaßnahmen. Die erst in Ansätzen erkennbare Didaktik der Gesundheitsbildung bedarf der weiteren Ausgestaltung. Gegenstand dabei sind Zielfragen und Inhalte, fördernde institutionelle Rahmenbedingungen und Organisationsformen, Zielgruppen, angemessene Vermittlungsmethoden und Medien sowie Profilbildung der Beratenden. Im Rahmen einer vorgeschlagenen Kompetenzbildung von Beratenden im Bereich der Gesundheitsbildung wird besonders die Notwendigkeit zur Ausbildung in Methoden der schriftlichen und verbalen Gesundheitskommunikation betont. *[Reschke, 1995] [Josenhans, 1995] [Frank & Bengel, 1998] [Liebing & Vogel, 1995] [Schäfer & Döll, 2000]*

3.2. Die Ernährungspyramide als Modell zur Handlungsorientierung

Die folgenden Ausführungen reflektieren die Entwicklung des Pyramiden-Modells in den USA und die Erfahrungen mit der Pyramide als Kommunikationsmedium und Modell zur Handlungsorientierung in der Gesundheitsbildung.

3.2.1. Entwicklung des Pyramiden-Modells in den USA

In den USA hat die Ernährungsaufklärung eine lange Tradition. Seit fast 100 Jahren werden Ernährungsempfehlungen an die Bevölkerung gegeben. 1946 entwickelte die U.S. Department of Agriculture (USDA) erstmals eine grafische Darstellungsform, in der die empfohlene Nahrungsmittelauswahl mit einem Kreis eingeteilt in 7 Lebensmittelgruppen symbolisiert war. Eine Reihe von konzeptionellen Weiterentwicklungen entstand im Verlauf der folgenden Jahrzehnte. 1992 stellten dann das amerikanische Landwirtschaftsministerium (USDA) gemeinsam mit dem Gesundheitsministerium (US-Department of Health and Human Services) nach langjährigen Vorarbeiten die grundlegendste Überarbeitung der Leitlinie für die tägliche Nahrungsauswahl vor. Bei dem neu entwickelten Modell **„Food Guide Pyramid – A guide to Daily Food Choices"** handelt es sich um eine einfache grafische Darstellung in Form einer Pyramide, die den Verbrauchern ein Wegweiser zur täglichen Nahrungsauswahl sein soll. Sie soll zeigen, welche Lebensmittel in welchen Mengen gegessen werden sollen, um die Gesundheit zu erhalten. Proportionalität, in Maßen und Vielfalt werden damit als die drei wichtigsten Elemente einer gesunden Ernährung transportiert. Damit bringt die Pyramide wissenschaftliche Ernährungsempfehlungen in ein Symbol. Bei der Entwicklung wurden zunächst Ziele und Struktur festgelegt. Als Datengrundlage dienten die „Dietary Guidelines" sowie die „Recommended Dietary Allowances". Die Ziele wurden neu formuliert auf der Basis einer Bewertung bestehender Konzepte in der Ernährungswissenschaft, sowie von Empfehlungen verschiedener wissenschaftlicher Gruppen und unter Berücksichtigung der Verzehrsgewohnheiten in der Bevölkerung. Dem Gebrauchswert für den Adressaten im Sinne von Verständnis, Erinnerung und Umsetzung galt dabei die größte Aufmerksamkeit. *[Cronin, Shaw, Krebs-Smith, Marsland & Light, 1987] [US-Department of Agriculture, 1992]*

Die Amerikaner haben 415 Grafiken getestet und über 3000 Personen aus allen Bevölkerungsschichten befragt, um sicherzugehen, dass die Pyramide und die damit vermittelte Information verstanden wird. 855 000 US Dollar wurden für diesen Zweck ausgegeben. In den Studien wurde aber auch deutlich, dass es kein Symbol gibt, dass alle Botschaften einer gesunden Ernährung transportieren kann und von allen verstanden wird. Deshalb wurde begleitendes Informationsmaterial bereitgestellt und empfohlen das Material im Kontext von Schulungs- oder Beratungssituationen einzusetzen. In einer beispiellosen Kampagne sorgte man für eine schnelle Verbreitung. Die „Food Guide Pyramid" sollte als Grundlage für die Planung von staatlich geförderten Ernährungsprogrammen dienen und in keinem Schulbuch und in keiner Informationsbroschüre über gesunde Ernährung fehlen. Auch in Beratungsinstitutionen im Bereich Gesundheit und Ernährung sollte sich die Pyramide etablieren. *[US-Department of Agriculture, 1992]* Seither ist die Ernährungspyramide aus der Ernährungsaufklärung nicht mehr wegzudenken. Sie gilt weltweit als das Modell schlechthin. Dazu beigetragen haben auch global operierende Unternehmen der Lebensmittelindustrie, wie z.B. die amerikanische Kellogg Company, die über Millionen von Lebensmittelpackungen in aller Welt die Pyramide verbreitet und bekannt gemacht hat.

Anleitung zu gesunder Lebensführung 59

3.2.2. Erfahrungen in der Ernährungsaufklärung

In Deutschland werden in der Ernährungsberatung und Ernährungsschulung die Ernährungspyramide und der Ernährungskreis eingesetzt. Während der Ernährungskreis unverändert von der Deutsche Gesellschaft für Ernährung (DGE) propagiert wird, gewinnt die Pyramide in der Praxis weiter an Bedeutung.

Abb. 11 Der Ernährungskreis   **Abb. 12   Die Ernährungspyramide**

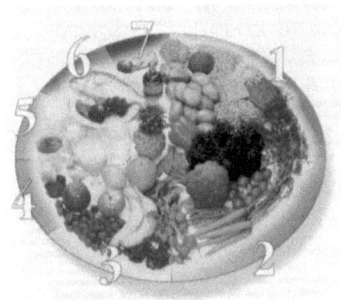
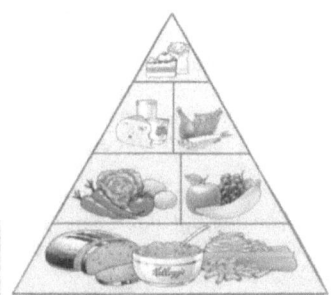

Quelle: aid, 1999   Quelle: (Kellogg Deutschland GmbH), 1996

Sie wird in weiten Fachkreisen als ideales Modell für eine gute und überzeugende methodisch-didaktische Vermittlung von Ernährungsinformationen geschätzt, die Handlungsorientierung für eine gesunde Ernährung liefert. *[K. Wagner, 2001] [Pölert, Hermey & Löhlein, 1999]* In Medien aller Art findet sich vorwiegend das Pyramiden-Modell: angefangen von Büchern, Broschüren, Zeitschriften, elektronischen Medien oder dreidimensionalen Aufstellern bis hin zu großen Modellen mit Lebensmittelattrappen. Auf der Basis des US-Modells ist die Pyramide sowohl mit Modifikationen als auch in unterschiedlichen Gestaltungsvarianten von verschiedenen Institutionen erschienen. Damit folgt man der Erfahrung der Amerikaner, die Klarheit, Konsistenz, Motivierung und kulturelle Sensibilität für den Wegweiser zur gesunden Ernährung fordern. Praktikern wird dabei vor allen Dingen Zielgruppenorientierung nahegelegt. Die Herausforderung ist, Anknüpfungspunkte zu finden, die für die Zielgruppe relevant sind. *[Achterberg, McDonnell & Bagby, 1994]* So gibt es beispielsweise inzwischen die traditionelle gesunde Mittelmeer-Kost Pyramide und eine Ernährungspyramide für Kleinkinder sowie für ältere Menschen. Für Aufsehen hat jüngst die Modifikation der Ernährungspyramide durch den weltweit bekannten Epidemiologen Walter Willett gesorgt, die in der deutschen Ernährungsfachwelt einige Kritik ausgelöst hat. *[Willett & Stampfer, 2003]* Am meisten kritisiert wird dabei die Empfehlung, die Begrenzung für „ungesättigte Fette" fallen zu lassen und die Verbannung der Milch und Milchprodukte in den Bereich der seltener zu verzehrenden Lebensmittel. Dazu gibt Willett den Hinweis, man solle zum Ausgleich für das dann fehlende Calcium und einige Vitamine Supplemente aufnehmen. Als Basis zeigt die Abbildung die Empfehlung zu täglicher Bewegung und Gewichtskontrolle, ohne jedoch über die richtige Form aufzuklären. Fraglich erscheint aus psychologischen Gründen auch die Empfehlung einer täglichen Gewichtskontrolle. *[Krumwiede, 2002]* *[Erbersdobler, 2003]* Änderungen an den Symboldarstellungen folgten vorwiegend konzeptionellen oder ernährungswissenschaftlichen Überlegungen, während kognitionspsychologische und pädagogische Erfordernisse nur eine untergeordnete Rolle spielten. *[Eissing & Lach, 2003]* Für alle Symboldarstellungen gibt Krumwiede zu bedenken, dass sie eine Beratung nicht ersetzen können und einen erklärenden Text benötigen. *[Krumwiede, 2002]*

Es liegen kaum empirische Arbeiten über die **Wirksamkeit solcher Darstellungsformen** vor. Inzwischen liegt eine Studie in Deutschland vor, die beide Modelle daraufhin untersucht hat, welches in der Ernährungsberatung in der Altersgruppe der 14 bis 30-jährigen sympathischer besetzt ist, erfolgreicher wirkt und besser gelernt ist. Der Vergleich ergab eindeutige Vorteile für das Pyramiden-Modell.
❖ Die Pyramide kommuniziert signifikant schneller die zentrale Botschaft
❖ Die einzelnen Produktgruppen werden bei der Pyramide rascher differenzierend wahrgenommen
❖ Die Pyramide profiliert Eigenschaften von Lebensmitteln positiver
❖ Die Pyramide verfügt über eine stärkere Überzeugungskraft und Aktivierungs-Wirkung im Sinne von Verhaltensmaßnahmen: „Ich werde versuchen, mich in Zukunft danach zu richten".
❖ Der Gestaltungsaufbau und die Größen-Gewichtung der einzelnen Lebensmittelflächen sind bei der Pyramide plausibler. *[Krumwiede, 2002] [Vogt, 2002]*

In einer weiteren Untersuchung wurde für den schulischen Bereich die Wirksamkeit im Hinblick auf die Veränderung des Wissens sowie gesundheitsrelevanter Einstellungen und Intentionen von drei unterschiedlichen Modellen vergleichend untersucht: der Ernährungskreis der deutschen Gesellschaft für Ernährung DGE, die Ernährungspyramide sowie der Ernährungskreis des allgemeinen Informationsdienstes AID. Hierzu wurde eine standardisierte Unterrichtseinheit zum Einsatz im Rahmen des Haushaltslehreunterrichts an Haupt-, Real- und Gesamtschulen entwickelt, die sich lediglich in der Verwendung der bildlichen Darstellungen unterschieden. Dem Vergleich der Daten des Prä- und Posttests (Vor- und nach der Unterrichtsreihe) lagen 226 ausgewertete Fragebögen zu Grunde. Erfasst wurden Items zur Ernährung (Einstellungen und Intentionen) sowie Ernährungswissen. Alle drei Visualisierungsformen zeigten rein quantitativ eine Vielzahl positiver Effekte. Besonders im kognitiven Bereich wurde ein starker Lernzuwachs ermittelt. Die Verwendung des Ernährungskreises der DGE konnte im Gegensatz zu den anderen Darstellungsformen besonders die Vielseitigkeit einer vollwertigen Ernährung verdeutlichen, während der Ernährungskreis des AID die wenigsten Effekte aufwies. Die Ernährungspyramide des AID erreichte viele wünschenswerte Effekte, insbesondere die signifikante Erhöhung der gesundheitsförderlichen Intention und der Ausführungsintention. *[Eissing & Lach, 2003]*

In Gesprächen mit Ernährungsfachkräften sind ähnliche Erfahrungswerte im Umgang mit der Pyramide deutlich zu hören. Vor allem aber wird immer wieder betont, wie bedeutsam ansprechende visuelle Darstellungsformen für die Ernährungsaufklärung sind.

3.3. Notwendigkeit zur Entwicklung eines Kommunikations-Modells für eine gesunde Lebensführung

In Kapitel 2 wurde dargelegt, dass chronische Erkrankungen in den entwickelten Ländern eine dominierende Stellung einnehmen – allen voran Herz-Kreislauferkrankungen verbunden mit einem hohen Ausmaß der Mortalität und Morbidität. Deutlich wurde, dass Herz- Kreislauferkrankungen neben individueller Disposition in engem Zusammenhang mit den Lebensbedingungen und dem Lebensstil der Menschen stehen. Lebensstil als Ursache von Krankheit und Gesundheit ist somit von zentraler Bedeutung für die Gesundheitswissenschaften. Seit 2001 stellt die gesetzliche Krankenversicherung nicht isoliert einzelne Krankheiten oder Risikofaktoren ins Zentrum ihrer primärpräventiv-orientierten Bemühungen, sondern die Verbesserung des allgemeinen Gesundheitszustandes. Die thematischen Handlungsfelder zielen deshalb auf die Lebensstilfaktoren Bewegung, Ernährung, Stressmanagement und Genuss- sowie Suchtmittelkonsum ab, die sich im Bereich der medizinischen Rehabilitation im Rahmen von indikationsübergreifenden Gesundheitsbildungsprogrammen bereits fest etabliert haben.

Eine ganzheitliche Herangehensweise im Sinne einer gesundheitsorientierten Lebensführung ist ausdrücklich angemahnt. Akteure im Gesundheitswesen stehen daher vor der großen Aufgabe und Herausforderung, Menschen für eine gesundheitsorientierte Lebensführung zu interessieren und zu motivieren. Je höher der Stellenwert von Gesundheit in einer Gesellschaft ist, um so stärker werden die Menschen mit Informationen konfrontiert, wie sie gesünder leben könnten. Eine Vielzahl von gesundheitlichen Informationsangeboten zeigt den großen Orientierungsbedarf, aber auch die Aufgeschlossenheit in der Bevölkerung. *[Breitkopf & Sendler, 1997]* Vor allem aber wirkt sich zunehmende Informationsmenge, Widersprüchlichkeit sowie begrenzte Aufnahme- und Verarbeitungskapazität nachteilig im Sinne von Informationsüberlastung aus. *[Schwarzer, 1996]* Dazu bedarf es effizienter Strategien in der modernen Gesundheitsbildung, in der Gesundheitskommunikation eine zentrale Rolle spielt. An die Vermittlung von gesundheitlichen Informationen – ob durch Massenmedien oder eingebunden in Maßnahmen der Prävention und Gesundheitsförderung – knüpfen sich große Erwartungen. Erforderlich sind wissenschaftlich fundierte Orientierungshilfen, die niedrigschwellig, alltagstauglich und handlungsrelevant gestaltet sind, ohne zu überfordern. Angesichts stark konkurrierender medialer Angebote haben visualisierte Darstellungsformen größere Chancen wahrgenommen zu werden. Wegweisende Erfahrungen zeigen uns die Ernährungsaufklärung, in der seit Jahrzehnten visuell gestaltete Kommunikations-Modelle zur Handlungsorientierung eingesetzt werden mit dem Anspruch komplexe Empfehlungen leicht verständlich, übersichtlich und mit hohem Erinnerungswert abzubilden. Dabei hat sich in weiten Fachkreisen die Ernährungspyramide als ideales Modell für eine gute und überzeugende methodisch-didaktische Vermittlung von Ernährungsinformationen fest etabliert.

Die Notwendigkeit, Menschen für einen gesunden Lebensstil zu sensibilisieren, ist wissenschaftlich gut begründet und steht aufgrund der Relevanz für das Gesundheitssystem außer Frage. Bislang finden sich jedoch keine Modelle, die an den Erfahrungen der Ernährungsaufklärung anknüpfen und die gestellten Anforderungen für die Handlungsfelder Ernährung, Bewegung und Stressmanagement erfüllen. Der Gesundheitsbildung fehlt ein dementsprechend methodisch-didaktisches Instrument, dass geeignet ist, die ganzheitliche Sichtweise im Verständnis eines gesundheitsorientierten Lebensstils alltagsnah, handlungsrelevant und einprägsam zu vermitteln. Die größte Anzahl von Aktivitäten zur Gesundheitsbildung beziehen sich nur auf einzelne Bereiche der Lebensführung. *[Jork, 1996]* Es mangelt der Gesundheitsbildung an entsprechenden ganzheitlich orientierten Vermittlungsformen – eine Aufgabe, die der Sachverständigenrat der Bundesregierung explizit in seinem Sondergutachten 2001 postuliert hat. *[Sachverständigenrat für die konzertierte Aktion im Gesundheitswesen, 2002]* Eine gute Grundlage dafür bilden die zuvor in diesem Kapitel erörterten indikationsübergreifenden Gesundheitsbildungsprogramme in der medizinischen Rehabilitation. Die in der Literatur berichteten Erfahrungen und der **postulierte Optimierungs- und Weiterentwicklungsbedarf** heben die Notwendigkeit in der Ausbildung in Methoden der schriftlichen und verbalen Gesundheitskommunikation sowie die Verbesserung methodisch-didaktischer Aspekte hervor und machen das Fehlen geeigneter Medien deutlich. *[Reschke, 1995] [Liebing & Vogel, 1995]* Zu den Anforderungen an die Didaktik wird in dem Curriculum der BfA für die Informationsvermittlung betont, zur Anschaulichkeit und Verständlichkeit grafische Darstellungen zu nutzen und durch Bilder Aufmerksamkeit auf einen bestimmten Gegenstand zu fokussieren. *[Arbeitsgruppe Gesundheitstraining aus dem Arbeitskreis der Leitenden Ärzte der Klinikgruppe BfA, 2003]*

Hier klafft eine eklatante Lücke zwischen den gestellten Anforderungen an eine zielgruppennahe Vermittlung des lebensstilbezogenen Ansatzes und den praktischen Möglichkeiten. Die Vermittlung von kognitivem Wissen ist - bei allen Schwierigkeiten Verhaltensänderungen zu bewirken - für sich allein genommen natürlich nicht ausreichend, allerdings eine wichtige Voraussetzung für die Umsetzung eines gesundheitsförderlichen Lebensstils. *[Schäfer & Doll, 2000]* So bleiben viele Chancen ungenutzt und viele Interventionen wirkungslos. Völlig unverständlich ist daher die fehlende Unterstützung der Multiplikatoren durch geeignete Medien. Angesichts dessen muss diese Aufgabe mit Nachdruck verfolgt werden.

Mit dieser Arbeit wird versucht diese Lücke zu schließen. Ziel ist daher die Entwicklung eines visualisierten Kommunikations-Modells, das auf der Grundlage von evidenzbasierten Inhalten und auf wenige Botschaften reduziert, zwei Funktionen erfüllen soll: das Modell soll ein methodisch-didaktisches Instrument sein und gleichzeitig als Leitfaden für den Adressaten zur Handlungsorientierung für eine gesundheitsbewusste Lebensführung dienen.

4. Entwicklung eines Kommunikations-Modells für gesunde Lebensführung

In diesem Kapitel geht es um die Entwicklung eines Kommunikations-Modells zur Handlungsorientierung für eine gesunde Lebensführung. Es zeigt die wissenschaftliche Herleitung und beschreibt die Ziele, Anforderungskriterien sowie das Pflichtenheft für die Entwicklung und Gestaltung des Modells. Das Modul Ernährung wird als wissenschaftlich hinreichend belegtes Konzept übernommen und daher auf die Herleitung bewusst verzichtet.

4.1. Zielsetzung der Entwicklung

Der postulierte Optimierungs- und Weiterentwicklungsbedarf im Bereich der Gesundheitsbildung hat die Notwendigkeit der Ausbildung in Methoden der schriftlichen und verbalen Gesundheitskommunikation sowie die Verbesserung methodisch-didaktischer Aspekte hervorgehoben und das Fehlen geeigneter Medien deutlich gemacht. [Reschke, 1995] [Liebing & Vogel, 1995] In der Ernährungsaufklärung werden seit Jahrzehnten visuell gestaltete Kommunikations-Modelle zur Handlungsorientierung eingesetzt, mit dem Ziel komplexe Empfehlungen leicht verständlich, übersichtlich und mit hohem Erinnerungswert abzubilden. In Fachkreisen hat sich die Ernährungspyramide als ideales Modell für eine gute und überzeugende methodisch-didaktische Vermittlung von Ernährungsinformationen fest etabliert. An diese Erfahrungen knüpft die Entwicklung eines Kommunikations-Modells zur Handlungsorientierung für eine gesundheitsorientierte Lebensführung an.

In diesem Abschnitt wird die Zielsetzung beschrieben und die damit verbundenen modell-theoretischen Annahmen erörtert.

4.1.1. Modell-theoretische Annahmen

Menschen zu einer gesundheitsorientierten Lebensführung zu bewegen, ist ein zentrales Anliegen der Gesundheitsbildung in Prävention und Gesundheitsförderung, wie in Kapitel 3 erörtert wurde. Deren Maßnahmen zielen auf positive Veränderungen darauf gerichteter gesundheitsbezogener Einstellungen und Verhaltensweisen. Menschen sollen dabei befähigt werden, eine aktive und selbstbestimmte Rolle bei der Einflussnahme auf ihren Gesundheitszustand zu übernehmen.

Dabei ergeben sich vor allen Dingen im Hinblick auf Zielgruppe, Zugangswege und Zielorientierung **unterschiedliche Ausgangslagen**, die als Annahmen der zugrunde liegenden Aufgabenstellung getroffen werden. Zum besseren Verständnis und zur leichteren Strukturierung ist die Darstellung bewusst schematisiert und verzichtet bei nicht zu vermeidenden Überschneidungen auf eingehende Differenzierungen. So sind bei Angeboten im Rahmen der **öffentlich geförderten Gesundheitsbildung** im Bildungsbereich wie beispielsweise Volkshochschulen oder Sportverbände Menschen anzutreffen, die an Gesundheit und an gesunder Lebensweise interessiert sind. Diese Personengruppe (vgl. Tabelle Zielgruppe B) dürfte sich insbesondere dadurch auszeichnen, dass sie offen und motiviert ist für Veränderungen.

Außerdem ist in dieser Personengruppe von einer günstigen Ausgangsbedingung für die Selbstwirksamkeitserwartung auszugehen, also einem gesunden Vertrauen in die eigenen Fähigkeiten, selbst etwas beeinflussen zu können. Die Personen zeigen eine aktive Haltung. Die vorherrschende Interventionsorientierung ist primär Gesundheitsbildung im Bereich Gesundheitsförderung und primäre Prävention. Gesundheitsberatung und -schulung sind dabei die überwiegenden Strategien, um durch eingehendes Gespräch, Motivation, Anleitung und Begleitung das Gesundheitswissen und Gesundheitsverhalten insgesamt oder in Teilbereichen zu beeinflussen. Der Einsatz eines Kommunikations-Modells zur Handlungsorientierung für eine gesunde Lebensführung soll zum Aufbau angestrebter Einstellungen und Verhalten beitragen und bei verschiedenen Interventionsanlässen flexibel nutzbar sein.

Die Gesundheitsbildung in der **medizinischen Rehabilitation** sieht sich vor allem Menschen (vgl. Tabelle Zielgruppe D) gegenüber, die sich mit ihren gesundheitsbezogenen Einstellungen und ihrem Verhalten zunächst nicht aufgrund einer bestehenden Änderungsmotivation auseinander setzen, sondern wegen einer durch die akute Erkrankung ausgelösten Belastung. In dieser Personengruppe dürfte zu Beginn eher von einer reaktiven oder passiven Haltung auszugehen sein. In ihrer gesundheitlichen Krisensituation ist mit einer ungünstigen Ausgangsbedingung für die Selbstwirksamkeitserwartung zu rechnen. Die hier vorherrschende Interventionsorientierung der Gesundheitsbildung lässt sich primär dem Bereich der sekundären und tertiären Prävention zuordnen. Gesundheitsschulung bzw. Gesundheitstraining sind dabei die bevorzugten Strategien, bei der die praktische Erfahrbarkeit und das Einüben neuer Verhaltensweisen betont wird, um Lebensstiländerungen und eine Verringerung der Risikofaktoren zu erreichen. Der Einsatz eines Kommunikations-Modells ist hier analog zu dem bei Zielgruppe B zu sehen. Patienten in der **hausärztlichen Praxis** (vgl. Tabelle Zielgruppe C) lassen sich schwerlich charakterisieren, zu unterschiedlich sind ihre individuellen Ausgangsbedingungen. Strukturell bedingt, wird sich Gesundheitsbildung im ärztlichen Kontext auf Gesundheitsberatung beschränken und durch Dialog und Motivation versuchen auf Verhaltensänderung Einfluss zu nehmen. Der Einsatz eines Modells zur Handlungsorientierung ist damit vorwiegend auf die Konfrontation und den Impuls als Anstoß zur Auseinandersetzung gerichtet.

Darüber hinaus dürfte das größte Zielgruppenpotential hinsichtlich der Vermittlung einer gesunden Lebensführung in der Gesamtheit der **erwachsenen Bevölkerung** liegen. Diese Zielgruppe (vgl. Tabelle Zielgruppe A) unterscheidet sich maßgeblich von den anderen Zielgruppen: sie ist wenig homogen und nur über nichtpersonale Kommunikation, insbesondere über Massenmedien, schwer erreichbar. Indes ist kaum zu erwarten, dass diese Personengruppe mit dem Anliegen einer gesunden Lebensweise in dem hier intendierten ganzheitlichen Kontext bislang konfrontiert worden ist. Die Interventionsorientierung ist primär Gesundheitsbildung im Bereich Gesundheitsförderung und primäre Prävention. Gesundheitsaufklärung verbunden mit dem Einsatz von (Massen-)Medien ist dabei die vorwiegende Strategie, um Themen in der Öffentlichkeit zu akzentuieren. Der Einsatz eines Modells zur Handlungsorientierung ist analog der Zielorientierung von C zu sehen und primär auf Konfrontation und Anstoß zur Auseinandersetzung gerichtet. Über diesen Zugangs-

Entwicklung eines Kommunikations-Modells

weg können hohe Reichweiten erzielt werden, gleichzeitig ist von einem weit aus geringeren Wirkungsgrad auszugehen. Die Übergänge sind zweifellos durchgängig und es erscheint sinnvoll sie in der Gesundheitsbildung synergetisch zu nutzen.

Die Tabelle 7 veranschaulicht zusammenfassend die für die Entwicklung des Modells zu Grunde liegenden unterschiedlichen Zielgruppen und Zugangswege.

Tab. 7   Zugangswege, Zielgruppen und Zielsysteme

Zielgruppe	Erwachsene A Bevölkerung	Klienten B	Patienten C	Patienten D
Zielgruppe Definition	unspezifisch	Teilnehmer an Maßnahmen von Angeboten z.B. VHS, Krankenkasse o.ä.	Patienten in der hausärztlichen Praxis	Patienten in der medizinischen Rehabilitation
Zielgruppe Merkmal	unspezifisch	Aktive, interessierte, offene Haltung	reaktive Haltung, Interesse und Offenheit unklar	reaktive, passive Haltung,
Erwartete Selbstwirksamkeit	Unklar	Günstig	Unklar	Tendenziell ungünstig – wahrgenommene Gesundheitsbedrohung
Interventionsorientierung	Gesundheitsförderung Primäre Prävention	Gesundheitsförderung Primäre Prävention	Primäre Prävention Sekundäre Prävention	Sekundäre Prävention Tertiäre Prävention
Strategie	Gesundheitsaufklärung in der Öffentlichkeit – Vermittlung	Gesundheitsberatung und –schulung	Gesundheitsberatung	Gesundheitsschulung/-training
Methodik	Einsatz von (Massen-) Medien	Dialog, Motivation, Anleitung	Dialog, Motivation	Erlernen neuer Verhaltensweisen
Zielsystem – Grobziel gesunde Lebensführung	Konfrontation, Anstoß zur Auseinandersetzung	Beitrag zum Aufbau erwünschter gesundheitlicher Einstellungen und Verhalten	Konfrontation, Anstoß zur Auseinandersetzung	Beitrag zum Aufbau erwünschter gesundheitlicher Einstellungen und Verhalten

Für die weiteren Ausführungen ist die Zielgruppe D maßgebend. Als Ausgangslage soll deshalb auf die Gesundheitsbildung in der medizinischen Rehabilitation weiter Bezug genommen werden. Für die Konzeptualisierung von Entwicklung und Einsatz des Modells erscheint es nützlich als **theoretische Basis** auf die Analogie für die Konzeption von Programmen zur Gesundheitsbildung zu verweisen. Das

Phasenmodell nach Prochaska und DiClemente gilt als hilfreich, weil es vor allem deutlich macht, dass sich die Interventionen unter Bezugnahme auf das Konzept der Selbstwirksamkeit an den jeweiligen Stadien der Verhaltensänderung orientieren müssen. Die darauf gerichteten Strategien sind in der Übersicht von Becker in Kapitel 3 gut veranschaulicht. Unberücksichtigt ist hingegen die Beschreibung des Kommunikationsprozesses, der für die Entwicklung und Einsatz des Modells ebenso bedeutsam ist. Vorgeschlagen wird daher die Einbeziehung des theoretischen Modells zur Informationsverarbeitung nach McGuire. Es ist zentraler Bestandteil des integrierten Modells für Einstellungs- und Verhaltensänderungen nach Göpfert (vgl. Kapitel 3). McGuire geht von sechs Stufen im stochastischen Prozess allgemeiner Einstellungsänderungen aus: *[Flay, 1982] [McGuire, 1989]*
* Präsentation einer auf Überzeugung zielenden Botschaft (Konfrontation)
* Aufmerksamkeit widmen und sich des Inhalts bewusst werden (Bewusstwerdung)
* Verstehen des Inhalts, woraus eine Wissenserweiterung resultieren sollte (Wissen)
* Dem durch die Botschaft vermittelten Appell zustimmen, was zur Veränderung von Überzeugungen bzw. Einstellungen führen sollte
* Neue Position beibehalten (Fortbestehung der Einstellungsänderung)
* Handlung auf dieser Basis (Verhaltensänderung)

Die Begrenztheit der Vorstellungen dieses Modells, dass Veränderungen von Wissenstand und Überzeugungen (kognitiver Bereich) automatisch zu Einstellungsänderungen (affektiver Bereich) führen, kann über das Phasenmodell teilweise wieder kompensiert werden. So dass die beiden Modelle für die Entwicklung und den Einsatz eines Kommunikations-Modells für gesunde Lebensführung in der Gesundheitsbildung im Bereich der medizinischen Rehabilitation eine brauchbare Fundierung liefern.

4.1.2. Zielbeschreibung

Das übergeordnete Ziel für die Entwicklung eines Kommunikations-Modells ist die Vermittlung von didaktisch geeigneten und evidenz-basierten Inhalten zur Handlungsorientierung für eine gesundheitsorientierte Lebensführung, die sich an die breite erwachsene Bevölkerung wendet. Dessen Einsatz und Anwendung soll zum Aufbau und Festigung erwünschter gesundheitlicher Einstellungen und angestrebter Verhaltensänderungen beitragen.

Das Modell ist darauf gerichtet, die Adressaten auf die Lebensstilfaktoren Ernährung, Bewegung und Stressmanagement als gesundheitsbezogenes Handeln aufmerksam zu machen und sie zu motivieren sich damit auseinander zu setzen. Das Modell soll der **Funktion eines didaktischen Mediums** entsprechen und Multiplikatoren eine methodisch-didaktische Hilfe in ihrer Beratungspraxis sein. Als Einsatzbereiche sind dafür vorgesehen:
* Einsatz als didaktisches Medium im Rahmen von Maßnahmen und Programmen der Gesundheitsförderung, Prävention, sowie Rehabilitation und Weitergabe an Teilnehmer. Die Adressaten entsprechen der Zielgruppe B und D.

Entwicklung eines Kommunikations-Modells 67

- Einsatz als didaktisches Medium im Rahmen der hausärztlichen Gesundheitsberatung und Ausgabe an Patienten. Die Adressaten entsprechen der Zielgruppe C.
- Nutzung im Rahmen von Aufklärungsinitiativen durch Akteure im Gesundheitswesen und durch Publikums- sowie Fachmedien. Die Adressaten entsprechen der Zielgruppe A.

Im Sondergutachten 2001 *[Sachverständigenrat für die konzertierte Aktion im Gesundheitswesen, 2002]* des Sachverständigenrates der Bundesregierung wird explizit postuliert, die Ausgabe dementsprechender Informationsmaterialien in der hausärztlichen Gesundheitsberatung zu fördern. Das Modell soll die Adressaten vor allem für die im Leitfaden der GKV angemahnte ganzheitliche Sichtweise im Verständnis eines gesundheitsorientierten Lebensstils sensibilisieren und interessieren. *[Arbeitsgemeinschaft der Spitzenverbände der gesetzlichen Krankenkassen, 2001]*

Die angebotenen Inhalte sollen für den Adressaten betont niedrigschwellig angelegt sein und einfache sowie alltagsnahe für den Lebensalltag handlungsrelevante Hinweise enthalten.

Ausgangspunkt für die nähere Zielbestimmung bildet der Bezug auf die Gesundheitsbildung in der medizinischen Rehabilitation. In der Abbildung 13 wird die Struktur des Zielbaums gezeigt, anhand dessen Grob- und Feinziele des Einsatzes eines Kommunikations-Modells in den unterschiedlichen Interventionsphasen dargestellt sind. Damit soll die Zielorientierung im Prozessverlauf der Informationsverarbeitung auf der einen Seite und im Phasenverlauf der Verhaltensänderung auf der anderen Seite deutlich werden.

Abb. 13   Zielbaum Kommunikations-Modell

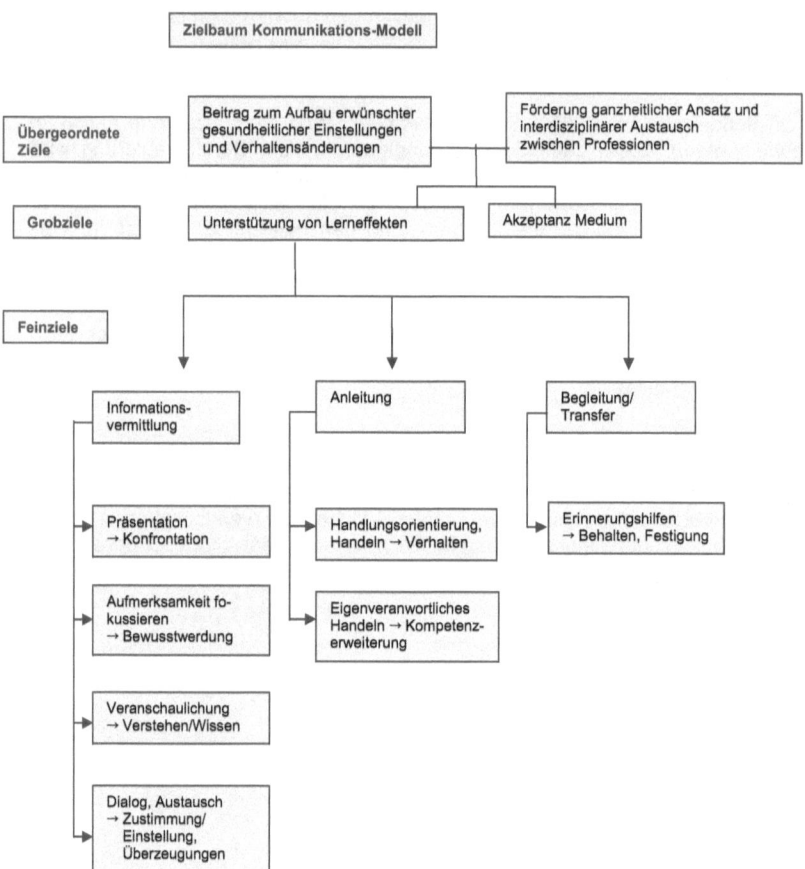

4.2. Mediendidaktische Aspekte zur Gestaltung gesundheitsrelevanter Informationen

In diesem Abschnitt sollen mediendidaktische Aspekte zur Gestaltung gesundheitsrelevanter Informationen erörtert werden. Dabei wird insbesondere auf die Bedeutung bildlicher Darstellungen und das Bild als Mittel zur Information und Wissenserwerb eingegangen. Darüber hinaus wird auf weitere Überlegungen zur Mediendidaktik in der Gesundheitsbildung eingegangen. Somit soll ein Grundverständnis zur Mediendidaktik gegeben werden, auf dessen Erkenntnislage die Entwicklung des Modells aufbaut.

Der Bedarf und das Bedürfnis nach gesundheitlichen Informationen wachsen ständig. Wie bereits in den vorherigen Kapiteln ausgeführt, nimmt die Information im Rahmen von Prävention und Gesundheitsförderung neben dem Bereich der medizinischen Informationen und Aufklärung, immer breiteren Raum ein. Gleichzeitig besteht eine Diskrepanz zwischen der immer weiter steigenden Nachfrage nach Informationen und dem hierzu nutzbaren empirischem Erklärungs- und Handlungswissen der Psychologie für die Informationsvermittlung einerseits, sowie den tatsächlich eingebrachten Handlungskompetenzen andererseits. *[Reschke, 1991]*

Gesundheitsbezogene Informationen, in persönlichen wie auch unpersönlichen Formen der Informationsvermittlung, werden heute in der Regel kombiniert und medienverbunden eingesetzt, um durch die Verbindung von Information, Motivierung, Übung und Korrektur sowie Transfererleichterung Gesundheit zu fördern. Im medizinischen und gesundheitserzieherischen Bereich zählen Einzel- und Gruppengespräche zu den traditionellen Methoden der persönlichen gesundheitlichen Information und Aufklärung. Vorwiegend werden diese Formen persönlicher Informationsvermittlung durch schriftliche Informationsmaterialien und andere Medien ergänzt. **Schriftliche Informationen** über gesundheitsrelevante Themen sind dabei immer noch dominierend. *[Reschke, 1991]* Die Verständlichkeit von Texten gilt dabei als Grundvoraussetzung für ein compliantes Verhalten. *[Jeske, Bredenpohl, Heuermann & Sassen, 1988]* Reschke verweist in einer zusammenfassenden Darstellung auf ein breites empirisches Forschungsinteresse in diesem Bereich, das vorwiegend einzelne Aspekte, z.B. die Gestaltung schriftlicher Informationen unter medizinpsychologischem Aspekt, aufgreift, während die kritische Analyse und konzeptionell-theoretische Aufarbeitung dieses Wissens jedoch aussteht. Begründet wird das wissenschaftliche Interesse mit den Informationswünschen der Patienten, der ungenügenden Verständnisleistung und dem Vergessen sowie der Gefahr von Missverständnissen. Reschke berichtet von Studienarbeiten, nach deren Analysen Patienten innerhalb von 5 Minuten bis zu 50 % der gegebenen Informationen wieder vergessen haben, womit begründet wird, wie die Komplexität medizinischer Behandlung über Nichtverstehen und Vergessen von Informationen zu Noncompliance führen kann. Daraus schlussfolgernd wird die Beachtung folgender psychologischer Aspekte des **Gesamtprozesses bei der Informationsgestaltung** gefordert: *[Reschke, 1991]*

- ❖ „Entscheidung über Informationsgegenstand
- ❖ Lesbarkeit, Verständlichkeit und Behaltensgrad der Informationen (Primacy-Effekt, perzeptive Strukturierung, Wort- und Satzlänge, explizite Kategorisierung, Wiederholung, Vermeidung von Negativismen, Zusatzfragen und programmierte Instruktion)
- ❖ Implizite Motivierungsstrategie (z.B. Angstappell)
- ❖ Gestaltungsprinzipien zur Verbesserung der Lesbarkeit (Schrift, Layout, Abbildungen)
- ❖ Motivierung für Aufbewahrung und Wiederverwendung
- ❖ Übergabemodus an Adressaten."

Gefordert wird vor allem eine individualisierende, differentielle und anforderungsspezifische Gestaltung und Vermittlung gesundheitsrelevanter Informationen, die geprüfte „methodische Hilfen" ausnutzt. *[Reschke, 1991]*

4.2.1. Bedeutung von bildlichen Darstellungen

Wissenserwerb, seine Analyse und Optimierung, wird als zentraler Bereich der Lehr- und Lernforschung betrachtet, in dem Medien eine wichtige Rolle spielen. Unisono wird betont, dass Medien Wissenserwerb fördern können, wenngleich viele Fragen ungeklärt sind, insbesondere auf welche Weise diese Wirkung zustande kommt. *[Weidenmann, 1990]* Mit der **Rolle und Instrumentalität von Bildern** hat sich die Lehr- und Lernforschung insgesamt schwer getan. Erst in den 70er Jahren begann die Psychologie sich intensiv mit der Modellierung von Informationsverarbeitung und Wissenserwerb zu befassen. Im Vergleich zur umfangreichen Forschung zum Lesen blieb die wissenschaftliche Auseinandersetzung zum Gegenstandsbereich Bildverarbeitung deutlich zurück. Die Unterscheidung zwischen Nur-Text-Information, Nur-Bild-Information und gemeinsamer, überlappender Information in Text und Bild wurde selten getroffen. *[Weidenmann, 1994]* Festgehalten werden kann, dass Bilder in den verschiedenen Phasen der Informationsverarbeitung **funktional** für unterschiedliche Verarbeitungsprozesse sein können. *[Drewniak, 1992]* Die lehr- und lernpsychologisch offensichtlich so wichtige Rolle von Visualisierungen ist angesichts des uneingeschränkt befürworteten Qualitätsstandards der Anschaulichkeit verständlich. *[Stary, 1997] [Weidenmann, 1990]* Die Veranschaulichung als bedeutendes didaktisch-methodisches Prinzip des Lehrens und Lernens ist durch die empirische Unterrichtsforschung des 20. Jahrhunderts im Grundsatz durchgängig bestätigt. *[Stary, 1997]*

In der Forschung werden verschiedene Funktionen von bildlichen Darstellungen in Abhängigkeit der vermuteten Prozesse bei der Bildverarbeitung systematisiert, wobei zu beachten ist, dass ein Bild meistens mehrere verschiedene Funktionen gleichzeitig erfüllt und die Funktionen beträchtliche Überlappungen aufweisen. Nach Peeck lassen sich die Funktionen von Bildern in zwei umfassende Kategorien einteilen: in affektive/motivationale und in kognitive Funktionen. *[Peeck, 1994]* In der Übersichtsarbeit von Drewniak wird eine Einteilung nach den drei Hauptfunktionen von Bildern in Instruktionstexten favorisiert: **Aufmerksamkeits-, Explikations- und Behaltens-Funktion**. Danach sollen Bilder die Aufmerksamkeit der Lernenden auf den Text oder auf die relevanten Textinformationen lenken. *[Drewniak, 1992]* Die Rolle der Aufmerksamkeit, die Bildern zukommt, ist der affektiven/motivationalen Kategorie zuzurechnen, beinhaltet aber eben auch deutliche kognitive Aspekte. Visualisierungen wecken Aufmerksamkeit und Neugierde, weil sie beispielsweise durch die Darstellung von konkreten Sachverhalten sinnliche Reize bieten. Eine Illustration kann also gleichzeitig das Textverständnis erleichtern, indem sie einen alternativen Zugang zu den Inhalten ermöglicht und Lernende zu einer intensiveren Auseinandersetzung mit dem Lernmaterial motiviert. Neben der Aufmerksamkeit erfüllen Bilder eine Explikationsfunktion. Sie sind besonders zur Erklärung geeignet, wenn Sprache nicht oder nicht in vollem Umfang zur Verfügung steht bzw. Sachverhalte gezeigt werden, die in Worten schwer auszudrücken sind oder um Textinformationen zu konkretisieren. Durch ihre darstellende Funktion können Bilder daher eine wichtige Ergänzung im Sinne von Verstehenshilfe darstellen. Als dritte Hauptfunktion kommt Bildern die Behaltens- bzw. gedächtnisstützende Funktion zu, da angenommen wird, dass bildlich dargestellte Informationen das Behalten und Erinnern von Informationen unterstützen. *[Drewniak, 1992] [Peeck, 1994] [Stary, 1997]*

Entsprechend den drei am häufigsten identifizierten kognitiven Funktionen wird nach der Klassifikation von Levin unterschieden zwischen Bildern, die den Textinhalt vorwiegend konkretisieren sollen und deren Inhalt sich mit den Textinformationen größtenteils überschneidet (Darstellungsfunktion) und solchen Bildern, die den Textinhalt kohärenter oder verständlicher machen (Organisations- und Interpretationsfunktion). Eine **darstellende Funktion** wird Bildern zugesprochen, die sich substantiell mit Text überschneiden, also Textinhalte konkretisieren und veranschaulichen. Bilder mit **Organisationsfunktion** sollen als Bezugsrahmen dienen, um die Struktur und den Zusammenhang von Textinhalten zu verbessern oder herauszustellen. Von **Interpretationsfunktion** spricht Levin, wenn durch die Integration interpretierender Bilder schwierige Textinhalte einfacher verständlich werden. Der Zugewinn an Verständnis kann dabei auf mehreren Faktoren beruhen. So kann z.B. durch das Bild ein Kontext geschaffen werden, der als Interpretationsgerüst für das Textverständnis nutzbar ist. Abschließend sollen noch zwei weitere Funktionen von bildlichen Darstellungen erwähnt werden: die dekorative Funktion, die primär ästhetischen Wert hat ohne relevanten Bezug zum Textinhalt und die Transformationsfunktion, wobei solche die Erinnerbarkeit eines Textes erhöhen sollen. *[Drewniak, 1992] [Peeck, 1994] [Levin, Anglin & Carney, 1987]*

Wenig kennt man über die **Bedingungen für die Lernwirksamkeit** verstehensrelevanter Bilder und den damit verbundenen Anforderungen, die Bilder an die Verstehensleistung des Lernens stellen. Was überhaupt nimmt der Lernende wahr, welche Informationen extrahiert er und wie nutzt er diese zum Wissenserwerb? Ob Bilder zur Verbesserung des Verstehens und Behaltens beitragen können, wurde vielfach untersucht. In Meta-Analysen mit 55 Studien sowie 150 weiteren Studien konnte gezeigt werden, dass die Integration von verstehensrelevanten Bildern die Behaltens- und Verstehensleistung verbessern kann. In den vorwiegend experimentellen Vergleichen zwischen dem Lesen von illustriertem Text versus dem Lesen von Text allein, waren in 85 % dieser Vergleiche die Leistungsunterschiede zugunsten der illustrierten Texte statistisch signifikant. Text-irrelevante, dekorative Bilder ergaben keine Verbesserung des Textverständnisses im Vergleich zur Vorgabe eines nicht illustrierten Textes. *[Drewniak, 1992] [Peeck, 1994]* Deutlich wurde dabei, dass die Wirkung von zahlreichen Faktoren abhängt, wie etwa dem Texttyp, der Bild-Text-Beziehung oder etwa Bildgröße und Platzierung. So wird beispielsweise der Effekt deutlicher, wenn eher räumliche Relationen oder zentrale Aspekte statt Details dargestellt sind. Ebenso spielen Merkmale des Lerners eine wichtige Rolle, wie etwa dessen Bildlesefähigkeit und Vorerfahrungen. Ob ein Bild für eine Person anschaulich ist, hängt nicht zuletzt auch von der jeweiligen Vermittlungsabsicht bzw. dem auf den Lernprozess bezogenem Lernziel ab. *[Peeck, 1994] [Stary, 1997]*

Zur Begründung der gesteigerten Lernleistung wird die Erhöhung der Konkretheit, Kohärenz und Verständlichkeit des Textes durch Bilder hervorgehoben. Möglicherweise hängt darüber hinaus der den Bildern zugeschriebene verstehensfördernde Effekt damit zusammen, dass relevante Textinformationen in den Visualisierungen komprimiert dargeboten sind und wiederholt werden können. Demnach wäre die Möglichkeit, zunächst einen Überblick oder zusätzliche Hinweise über die Relevanz einzelner Textinformationen zu erhalten, ausschlaggebend für eine verbesserte Verstehens- und Behaltensleistung. *[Drewniak, 1992]* Zur Frage warum mit illustrierten Texten eine höhere Lernwirksamkeit erreicht wird, gibt es verschiedene Erklärungsmodelle, wie in der Übersichtsliteratur ausführlich nachzulesen ist.

Das Potential von Bildern zur Steigerung der Lernwirksamkeit ist darin zu sehen, dass Bilder dem effektiven Lernen in Lehr-Lernsituationen dienen. Sie können zur Wiederholung und tieferen Verarbeitung der gelesenen Informationen anregen sowie als einführende Orientierungshilfe oder als Zusammenfassung gegebener Informationen unterstützen. Verstehen und Behalten sind als übergeordnete Ergebnisse anzusehen, die durch die Bildverarbeitung erzielbar sind. Werden die spezifischen Instruktionsfunktionen von Bildern und ihre jeweilige Eignung für das Erreichen verschiedener Lernziele berücksichtigt, so kann die Lernleistung erheblich gesteigert werden. *[Drewniak, 1992]*

4.2.2. Überlegungen zur Mediendidaktik in der Gesundheitsbildung

Wie bereits zuvor erörtert, wird für die Gesundheitsbildung eine Verbesserung methodisch-didaktischer Aspekte postuliert. Die Gesundheitsbildung in der medizinischen Rehabilitation kann bislang nur auf wenige Hinweise zur Didaktik zurückgreifen. Zumindest wird die Diskussion um die Frage des Kompetenzprofils und der notwendigen Vermittlungskompetenz geführt. Daraus resultiert möglicherweise die derzeitige Aufmerksamkeit, die der Qualifizierung der Mitarbeiter im Rahmen der Qualitätssicherung eingeräumt wird. Eine empirische und theoretisch fundierte Bearbeitung, die sich mit Zielfragen und Inhalten, fördernden institutionellen Rahmenbedingungen und Organisationsformen, mit den Zielgruppen und den ihnen angemessenen Vermittlungsmethoden und Medien sowie der Qualifikation der Mitarbeiter beschäftigt, steht noch aus. Überlegungen zu den Anforderungen an die Mediendidaktik lassen sich aus diesem Kontext dementsprechend nur schwerlich schlussfolgern.

Den Curricula der Rahmenprogramme zur Gesundheitsbildung in der medizinischen Rehabilitation des VDR und der BfA wird das didaktische Konzept der **Lernziele** zugrunde gelegt. Lernziele beschreiben, was gelernt werden soll, was also nach dem Lernprozess an Kenntnissen und Fähigkeiten vorhanden sein soll. Die dabei relevanten Fragen „Was soll erreicht werden?" und „Wie kann das Lernziel erreicht werden?" sind für die Planung und Durchführung von Maßnahmen eine gute Hilfe. Lernziele helfen zu strukturieren und sind für Berater wie Patient eine klare Orientierung. Die Lernziele, wie sie in den Curricula konkret beschrieben sind, beziehen sich vorwiegend auf kognitive und handlungsbezogene Bereiche. Schwieriger zu beschreiben sind die Zielstellungen im motivationalen Bereich. Wie das Lernziel erreicht werden kann, führt unmittelbar zu der Frage, wie die Sachverhalte zielführend vermittelt werden. Anschaulichkeit, Verständlichkeit und hohe Teilnehmerorientierung sind dabei als Leitlinien formuliert. Vor diesem Hintergrund wird der Einsatz von Medien, insbesondere die **Verwendung visueller Hilfsmittel**, als bedeutsam angese-

Entwicklung eines Kommunikations-Modells 73

hen, um Sachverhalte anschaulicher zu machen und durch gezielte Bilder die Aufmerksamkeit der Zuhörer zu fokussieren. *[Arbeitsgruppe Gesundheitstraining aus dem Arbeitskreis der Leitenden Ärzte der Klinikgruppe BfA, 2003] [Verband Deutscher Rentenversicherungsträger, 2000]*

Für die Umsetzung kognitiver, aber auch affektiver/motivationaler Lernziele erscheint die Kenntnis um das Potential von Bildern zur Steigerung der Lernwirksamkeit förderlich. So können visuelle Hilfsmittel gezielt ausgewählt werden, um je nach Zielstellung die Instrumentalität von bildlichen Darstellungen in den verschiedenen Phasen der Informationsverarbeitung zu berücksichtigen. Auf diese Weise können Bilder entsprechend des lernzielorientierten strukturierten Vorgehens aufgrund ihrer Aufmerksamkeits-, Explikations- und Behaltensfunktion die Lernwirksamkeit steigern. Bedeutsam für die didaktische Planung von Maßnahmen sind daher Überlegungen, wie für bestimmte Kernaspekte Aufmerksamkeit und Neugierde erzielt werden können, wie Verständlichkeit und Anschaulichkeit hergestellt werden kann bzw. wie Behalten und Erinnern unterstützt werden können. Bei der Auswahl geeigneter visueller Hilfsmittel ist, abhängig von der jeweiligen Vermittlungsabsicht, zu beachten, dass die bildliche Darstellung in einem kongruenten Zusammenhang zu den gegebenen Informationen steht. Dekorative Bilder vermögen motivational Einfluss zu nehmen, positive Einflüsse auf Verstehen, Behalten und Erinnern allerdings sind nicht zu erwarten. Für den Transfer des Erlernten in den Alltag dürfte vor allem dem Aspekt des Behaltens und Erinnerns eine wichtige Rolle zukommen sowie der Motivierung für Aufbewahrung und Wiederverwendung von relevanten Medien. Auswahl und Einsatz von Medien mit gedächtnisstützender Funktion, idealerweise mit motivational positivem Einfluss, sollten dementsprechend verstärkt berücksichtigt werden. Diese Form visueller Hilfsmittel kann als einführende Orientierungshilfe, zur Wiederholung und als Zusammenfassung gegebener Informationen lernwirksam unterstützen.

4.3. Anforderungskriterien für die Entwicklung und Gestaltung

Für die Entwicklung und Gestaltung des geplanten Modells ist die Festlegung von inhaltlichen, formalen sowie didaktischen Anforderungskriterien unabdingbar, um zielorientierte Maßstäbe bei der Bewertung der zahlreichen Konzepte zu Grunde zu legen. Unter Berücksichtigung methodisch-didaktischer Anforderungskriterien erfolgt dies nach sachlichen, inhaltlichen sowie nach formalen, umsetzungsrelevanten Kriterien.

4.3.1. Methodisch-didaktische Anforderungskriterien

Ein zentraler Aspekt bei der Entwicklung und Gestaltung des geplanten Modells ist die Anschaulichkeit und Verständlichkeit. Wie in den vorherigen Abschnitten ausgeführt, stellt die Veranschaulichung das wichtigste methodisch-didaktische Leitprinzip des Lehrens und Lernens dar. Dies soll durch eine kongruente textliche, bildliche und mehrdimensionale Darstellung erzielt werden. Auf diese Weise sollen relevante Inhalte in visueller Darstellungsform komprimiert dargeboten werden. Alltagsnah, handlungsrelevant und einprägsam werden neben der Anschaulichkeit in der Gesundheitsbildung als bedeutsame Kriterien postuliert, die ebenfalls für die Entwicklung und Gestaltung des Modells zu Grunde gelegt werden. Das heißt, die Inhalte müssen für den konkreten Alltag nützlich und praktikabel erscheinen. Den Alltagstransfer zu erleichtern, wird für die Gesundheitsbildung in der medizinischen Rehabilitation vor dem Hintergrund der zuvor erörterten Zielsetzungen besonders betont. Im gleichen Zusammenhang steht die Bedeutung der Einprägsamkeit und der Behaltenseffekte, die darauf zielen, dass relevante Lernsituationen und –inhalte immer wieder bewusst gemacht und erinnert werden. Insoweit sollte das Modell in seiner Aufmachung zur Aufbewahrung und Wiederverwendung motivieren.

Zusammenfassend sind folgende methodisch-didaktische Kriterien der Entwicklung des Modells zu Grunde gelegt:
❖ Das Konzept muss anschaulich und verständlich sein
❖ Das Konzept muss alltagsnah, handlungsrelevant und einprägsam sein
❖ Das Konzept muss einen leichten Alltagstransfer ermöglichen
❖ Das Konzept muss zur Aufbewahrung und Wiederverwendung motivieren.

4.3.2. Inhaltliche Anforderungskriterien

Als Basis für die Erarbeitung der inhaltlichen Aussagen wird eine umfassende Bewertung der wissenschaftlichen Diskussion zu Konzepten hinsichtlich geeignetem Stress- und Bewegungsverhalten herangezogen. Die inhaltlichen Anforderungskriterien werden in Anlehnung an Qualitätsstandards in der Gesundheitsförderung primär an die wissenschaftliche Erkenntnislage geknüpft, inwieweit also ein Konzept oder Programm als qualitätsgesichert gilt und auf der Grundlage empirisch abgesicherter Zusammenhänge besteht. *[Bundesvereinigung für Gesundheit, 1996]* Das Vorhandensein eines theoretischen Konzeptes gehört ebenso hierzu wie die empirisch überprüfte Wirksamkeit der eingesetzten Methoden sowie Medien. Außerdem sollen Zielgruppen, Zugangswege, Inhalte und Methodik sowie Anbieterqualifikation erkennbar sein. Das Konzept oder Programm darf nicht zu komplex und detailliert sein und muss sich dem Adressaten in seiner Handlungsorientierung leicht erschließen und nachvollziehbar sein.

Zusammengefasst sind folgende inhaltliche Kriterien für die Entwicklung des Modells zu Grunde gelegt:
❖ Das Konzept muss hinreichend empirisch belegt sein
❖ Das Konzept muss qualitätsgesichert sein.

4.3.3. Formale Anforderungskriterien

Die Umsetzung evidenz-basierter Inhalte, die Aufmerksamkeit und Interesse erzeugen soll, stellt hohe Anforderungen an gestaltungsformale Kriterien. Das Modell in seiner gedachten Darstellungsform soll die zentralen Botschaften in visueller Darstellung vermitteln und sich an der Dreidimensionalität einer Pyramidenform orientieren. Die Ganzheitlichkeit der drei Themenfelder wird damit aufgrund der drei sichtbaren Schenkel zusätzlich plastisch unterstützt. Die neu entstehende Pyramide ist demnach dreidimensional, d.h. sie hat drei spitz nach oben laufende gleichschenkelige Dreiecke auf einem dreieckigen Boden stehend. Aufgeklappt ergibt sich innen ein größeres Dreieck, bestehend aus der Fläche der vier zuvor angeführten Dreiecke. Für die Gestaltung werden Innen- und Außenflächen anteilig der Themen Ernährung, Bewegung und Stressmanagement genutzt. Grundlage dieses Modells ist die Kellogg's Ernährungspyramide als Aufsteller, deren Ernährungsmodul weitgehend übernommen und entsprechend um die anderen beiden Module erweitert wird. Das macht vor allem eine starke Vereinfachung und Reduzierung der Inhalte erforderlich. Entsprechend der zuvor erörterten Bedingungsfaktoren hinsichtlich der Lernwirksamkeit sollen die zu entwickelnden Bildelemente Aufmerksamkeit erzeugen, die Aufmerksamkeit auf relevante Textelemente lenken und zur Auseinandersetzung motivieren. Bild- und Textgestaltung sollen Verstehens- und Erinnerungshilfe leisten. Durch die Verwendung von Bildern sollen Textinhalte konkretisiert, veranschaulicht und ein Bezugsrahmen hergestellt werden. Für die Entwicklung von Schrift, Layout und Abbildungen sollen Gestaltungsprinzipien angewendet werden, die zur Verbesserung der Lesbarkeit führen. Dabei sollten für Texttyp, Bild-Text-Beziehung, Bildgröße und Platzierung zu viele Details und Gestaltungsformate möglichst vermieden werden.

Für die Gestaltung der Pyramide sollen folgende Anforderungen berücksichtigt werden:
❖ Die Grafik und Typographie muss aufmerksamkeitsstark und attraktiv sein
❖ Die Gestaltung muß „lesefreundlich" sein und Interesse wecken
❖ Die Bild- und Textgestaltung soll Verstehens- und Erinnerungshilfe leisten
❖ Die Gestaltung muß aktivierend und handlungsorientiert wirken.

4.4. Theoretische Grundlagen für das Modul „Stressmanagement"

Die theoretischen Grundlagen für die Umsetzung des Moduls reflektieren die wissenschaftliche Literatur zu Konzepten der Stressregulierung, woraus gemäß den beschriebenen Anforderungskriterien entsprechende Schlussfolgerungen und Ableitungen getroffen werden. Weitere Ausführungen zu Begriffsklärung und Zusammenhänge von Stress und Gesundheit finden sich in Kapitel 2.

4.4.1. Diskussion der wissenschaftlichen Literatur zu Konzepten der Stressregulierung und Schlussfolgerung für das Modell

Das Lebensstilkonzept rückt im Zuge der Betonung auf die protektiven Faktoren in den Vordergrund. Dabei tritt Stress mit anderen Gesundheitsfaktoren und Lebensbereichen in Wechselwirkung. Übergreifendes Ziel in der Prävention und Rehabilitation ist es daher, die Entwicklung geeigneter Fertigkeiten zur Bewältigung von Belastungen zu vermitteln. Damit sollen chronische Stressfolgen vermieden und das

Erregungsniveau gesenkt werden. *[Arbeitsgemeinschaft der Spitzenverbände der gesetzlichen Krankenkassen, 2001] [Vogel, Worringen, Wagner & Schäfer, 2000]*

Jeder Mensch verfügt über ganz individuelle unsystematische Methoden „zu entspannen", wie etwa bloß Ausruhen oder Musik hören. Sie sind oft recht unzuverlässig und situationsgebunden. Systematische Methoden unterscheiden sich dadurch, dass sie empirisch erforscht sind und auf dem systematischen Einüben von Techniken beruhen, um die gewünschten Effekte schneller und mit einer gewissen Stabilität auch in stärkeren Belastungssituationen zu erzielen. Bewältigungsprozesse stellen einen wesentlichen Faktor in der Beeinflussung der Beziehung zwischen Stress und Krankheitsverläufen dar. Durch den Erwerb systematischer Methoden zur Stressregulierung werden die bereits beim Individuum mehr oder weniger vorhandenen Ressourcen zur Bewältigung von Belastungen optimiert. *[Krampen & Ohm, 1994] [Ohm, 1995]* Das sehr verschieden ausgeprägte Potential an Ressourcen lässt Menschen in vielfältiger Weise auf Stress reagieren.

Verfahren zur Stressbewältigung sind ursprünglich vor dem Hintergrund psychophysiologischer Theorien entstanden und fanden im Rahmen verhaltenstherapeutischer Behandlungen Anwendung. Mit deren Ausbreitung wurden auch die Methoden zur Stressregulierung bekannter und häufiger angewendet. Es erfolgte die Entwicklung einzelner Techniken hin zu umfassenden Programmen zur Stressbewältigung, die im stationären und ambulanten Setting sowohl als Gruppenverfahren als auch in der Einzeltherapie angewandt werden. Als Anwendungsbereiche sind unter anderem psychische Störungen und psychisch mitbedingte Erkrankungen (z.B. Bluthochdruck) zu nennen. *[Vogel, Worringen, Wagner & Schäfer, 2000]* Ergebnisse der Coping-Forschung in verschiedenen Bereichen zeigen, dass sich die Effektivität eines bestimmten Bewältigungsverhaltens nicht unabhängig von den jeweiligen Situations- und Personenmerkmalen bestimmen lässt – eine allgemein effektive Standardstrategie gibt es demnach nicht. Effektives Bewältigungsverhalten ist vielmehr gekennzeichnet durch die Flexibilität der betreffenden Person, auf unterschiedliche Anforderungsbedingungen jeweils situationsangepasst zu reagieren. Das setzt die Verfügbarkeit einer möglichst breiten Palette von Bewältigungsstrategien bzw. belastungsreduzierenden Techniken voraus. Grob lassen sich **instrumentelle** von **palliativen Bewältigungsformen** unterscheiden. Instrumentelle Bewältigungsformen beziehen sich auf eine Veränderung der stressbezogenen Transaktion im Sinne des Transaktionalen Stressmodells nach Lazarus durch eine Änderung der situativen Gegebenheiten (z.B. Umorganisation am Arbeitsplatz) oder eine Änderung von Personenmerkmalen (Ziele, Gewohnheiten, Werteinstellungen). Palliative Bewältigungsformen dagegen zielen auf eine Regulierung und Kontrolle der aus der stressbezogenen Transaktion resultierenden physiologischen und emotionalen Reaktion. *[Kaluza, 1988]*

Das **Ziel von Stressbewältigungstrainings** lässt sich allgemein definieren als Flexibilität in der Wahl von Bewältigungsstrategien (Copings), abhängig von der Art der jeweiligen Belastungssituation und von dem Defizit der teilnehmenden Personen, um interne und externe Anforderungen zu erfüllen und gesund zu bleiben. Die Vermittlung entsprechender Kompetenzen wird auch als wichtige präventive Maß-

nahme verstanden, um den weitverbreiteten stressinduzierten Krankheiten entgegenzuwirken. Als Konsequenz der instrumentellen und palliativen Bewältigungsformen sind übliche Stressbewältigungsprogramme auf den drei Bausteinen
* Problemlösetraining
* Entspannungstraining
* Belastungsausgleich

aufgebaut und berücksichtigen kurz- und langfristige Techniken zur Stressregulierung. *[Vogel, Worringen, Wagner & Schäfer, 2000] [Arbeitsgemeinschaft der Spitzenverbände der gesetzlichen Krankenkassen, 2001]*

Angebote im Bereich Entspannung/Stressbewältigung nehmen fortwährend zu. Die zunehmende Akzeptanz und Verbreitung im primärpräventiven Kontext gehen nicht einher mit dem Bemühen um eine empirische Effektivitätskontrolle. Diese Kritik begründete Kaluza mit einer durchgeführten Meta-Analyse von Studien zur **Evaluation von Stressbewältigungstraining** in der primären Prävention. Danach wurden 36 streng selektierte Studien von 200 identifizierten internationalen Publikationen aus den Jahren 1979 bis 1995 mit 2133 Personen ausgewertet, um neben einem systematischen Überblick über den Stand der Forschung, Erkenntnisse über die Effektivität dieser Präventionsmaßnahmen in diesem Bereich zu gewinnen. Die Studienselektion erfolgte in zwei Schritten unter inhaltlichen und methodischen Kriterien. Ausgangspunkt waren die folgenden vier Selektionskriterien (1) es sollte sich um eine empirische Originalarbeit handeln (2) die Stichprobe sollte aus erwachsenen gesunden also nicht-klinischen Personen bestehen (3) die evaluierten Interventionen sollten auf die Verbesserung des Umgangs mit alltäglichen Belastungen abzielen und (4) das eingesetzte Stressbewältigungsprogramm sollte wenigstens zwei unterschiedliche Strategien beinhalten, mindestens sechs Zeitstunden umfassen und im Gruppensetting durchgeführt werden. Als Ergebnis waren 22 randomisierte und 14 quasi-experimentelle Studien Gegenstand der Meta-Analyse, die zur Hälfte nach 1990 erschienen sind und größtenteils aus den USA stammen. In der Hälfte der Studien wurde die Intervention als eine Kombination aus Information, Entspannung und kognitive Umstrukturierung realisiert. Bei den anderen wurden ein oder zwei dieser Bausteine mit weiteren verknüpft: Zeitmanagement, Kommunikation, soziale Unterstützung, Wert- und Zielklärung, Problemlösetechniken sowie allgemeines Gesundheitsverhalten. Erhoben wurden zur Effektivitätsbestimmung sechs Ergebnisvariablen und -kategorien im Hinblick auf kurzfristige sowie längerfristige Effekte sowie eine Reihe von weiteren Erfolgskriterien. Unter inhaltlichen Gesichtspunkten erfolgte die Einteilung: (1) Psychisches und physisches Befinden – Ängstlichkeit, Depressivität, emotionale Erschöpfung und burn-out, körperliche Befindlichkeit und Beschwerden (2) Kognitionen – speziell generalisierte Kontroll- und Selbstwirksamkeitsüberzeugungen (3) Typ-A-Verhalten, Ärger, Feindseligkeit (4) Bewältigungsstrategien (5) Belastungswahrnehmung in Form von Ratings entweder der Häufigkeit und/oder Intensität von Belastungen oder Zufriedenheit jeweils bezogen auf unterschiedliche Lebensbereiche (6) somatische Parameter – systolischer und diastolischer Blutdruck, Pulsfrequenz und Blutfette. *[Kaluza, 1997]*

Die relativ stärksten Effekte, bezogen auf die kurzfristige Wirksamkeit der evaluierten Stressbewältigungstrainings, zeigten sich in der Verbesserung des psychischen und physischen Befindens sowie bezüglich einer Reduktion des Typ-A/Ärger/Feindseligkeitskomplexes. Nur geringfügige Effekte hingegen sind hinsichtlich subjektiver Belastungswahrnehmungen und somatischer Parameter zu verzeichnen. Das dürfte allerdings bei Teilnehmern primärpräventiver Programme mit normativen Ausgangswerten nicht zu erwarten sein. Die Trainingseffekte sollten sich dabei weniger durch eine generelle Niveausenkung von kardiovaskulären oder immunologischen Variablen auszeichnen, sondern vielmehr durch eine Abnahme der belastungsinduzierten Reaktivität dieser Variablen. Für die längerfristige Wirksamkeit der evaluierten Programme besteht ein Mangel an kontrollierten Daten und aussagekräftigen Ergebnissen. In der Regel wurde diese in den Studien durch eine Follow-up-Untersuchung nur der Interventionsgruppe, nicht aber einer Kontrollgruppe ermittelt. Die auf Basis der Veränderungen der Interventionsgruppe ermittelten Effektstärken zeigten signifikante Trainingseffekte für einen Zeitraum von einem bis zu sechs Monaten und zwar am stärksten bei den Befindensvariablen und die geringsten hinsichtlich subjektiver Belastungswahrnehmung und körperlicher Parameter. Allerdings sind die Ergebnisse über längerfristige Interventionseffekte wegen des Fehlens von Kontrollgruppen in ihrer Aussagekraft einschränkend zu betrachten. Auch die eigentlichen Zielvariablen, nämlich die zur Belastungsverarbeitung eingesetzten Bewältigungsstrategien, wurden bei der Erfolgsbestimmung vernachlässigt. Eine differenzierte Erfassung von unterschiedlichen Formen der Bewältigung wurde abgesehen von dem spezifischen Typ-A-Verhaltensmuster kaum vorgenommen. Zudem wird die Erfassung negativer Befindlichkeit als Erfolgskriterium überbetont - Erfolg somit auf die Abnahme negativer Befindlichkeit reduziert. Strenggenommen ist jedoch eine situations- und personenübergreifende Definition von Erfolg nicht möglich. Insgesamt sind erhebliche Probleme damit verbunden, da die durch das Training angestrebten Veränderungen im Umgang mit Belastungen subjektiver Natur und direkter Beobachtung kaum zugänglich sind. Die aufgezeigten Unzulänglichkeiten stellen die Wirksamkeit der untersuchten Stressbewältigungsprogramme nicht grundsätzlich in Frage, wenngleich der wissenschaftliche Nachweis, dass positive Wirkungen über einen längeren Zeitraum stabil bleiben, bislang noch aussteht. *[Kaluza, 1997]*

In Deutschland haben sich drei Programme etabliert, die der Bericht zur Entwicklung von Qualitätskriterien für Gesundheitsförderungsmaßnahmen der Spitzenverbände der gesetzlichen Krankenkassen als qualitätsgesichert ausweist: *[Bundesvereinigung für Gesundheit, 1996]*
- sicher und gelassen im Stress nach Kaluza und Basler
- der erfolgreiche Umgang mit täglicher Belastung nach Kessler und Gallen
- Stressimpfungstraining nach Meichenbaum.

Die Programme sind an das Stressmodell von Lazarus angelehnt und haben einen ähnlichen inhaltlichen Aufbau mit den bereits erwähnten Bausteinen Problemlösetraining, Entspannung und Belastungsausgleich. Unterschiede ergeben sich im wesentlichen durch die methodische und formale Vorgehensweise, die aufgrund des großen Umfangs hier nicht näher ausgeführt werden können. *[Kessler & Gallen, 1985] [Meichenbaum, 1991] [Kaluza, 1996]*

Im Praxishandbuch des Verbandes Deutscher Rentenversicherungsträger gehen Vogel, Worringen, Wagner und Schäfer besonders auf das Erlernen kurzfristiger bzw. langfristiger Bewältigungstechniken ein. Beim Erlernen kurzfristiger Bewältigungsformen werden Techniken vorgestellt, die in aktuellen Belastungssituationen angewendet werden können. Hierzu gehören vor allem die Lenkung der Wahrnehmung (z.b. weg vom Herzklopfen, hin zu Überlegungen, wie sich eine Person nach Ende der stressauslösenden Situation fühlt), positive Selbstgespräche (z.b. ich bin gut vorbereitet, ich habe viel gelernt für die Prüfung) oder Selbstinstruktionen, Abwehrreaktionen durch sportliche Aktivitäten und systematische Spontanentspannung durch Anwendung von Autogenem Training oder Progressiver Relaxation. Beim Erlernen langfristiger Bewältigungsformen rückt neben dem besseren Umgang mit aktuellen Stresssituationen die Aneignung von Problemlösetechniken und die Steigerung der Belastbarkeit durch Entspannungsverfahren sowie die Änderungen von problematischen Einstellungen, Erwartungen und Zielen in den Mittelpunkt. Auch die Möglichkeit und Chance der Änderung von Rahmenbedingungen sind Gegenstand der Auseinandersetzung ebenso wie die Betonung für einen Belastungsausgleich zu sorgen (z.b. durch befriedigende Freizeitaktivitäten, soziale Kontakte) sowie die Förderung des individuellen Wohlbefindens und der Genussfähigkeit. *[Vogel, Worringen, Wagner & Schäfer, 2000]*

Das Trainieren der Entspannungsfähigkeit nimmt bei allen Programmen einen zentralen Raum ein, weshalb hier ausführlicher darauf eingegangen wird. **Entspannungstraining** kann unter lerntheoretischen Gesichtspunkten als erlernte Reiz-Reaktions-Verbindung aufgefasst werden. Durch wiederholte Übung entsteht eine fester werdende Verbindung zwischen den Entspannungsinstruktionen als Reiz und dem positiv erlebten Entspannungsgefühl als Reaktion. Es werden psychophysiologische Veränderungen angestrebt, die den durch akute Belastungssituationen ausgelösten Reaktionen entgegengesetzt sind. Diese Veränderungen werden in der Literatur als Entspannungsreaktionen beschrieben, worunter Zustände reduzierter ergotroper Reaktionsbereitschaft während des Wachzustandes verstanden werden. *[Ohm, 1994]* Auch lassen sich Unterscheidungen zwischen dem Zustand der Entspannung (Alphazustand) und dem Zustand der Tiefenentspannung (Thetazustand) treffen. Im Zustand der Entspannung kann die Person, die sich entspannt, dem Verlauf der Übung innerlich ruhig und gelöst folgen. Bei den gemessenen Gehirnwellen überwiegen die Alphawellen bei 7-14 Zyklen pro Sekunde. Zustände der Tiefenentspannung sind durch ein Wegsinken des Wachbewusstseins gekennzeichnet. Die Person kann die Übung gar nicht oder nur teilweise bewusst erinnern. Es überwiegen die Theta-Gehirnwellen bei 4-7 Zyklen pro Sekunde. *[Knörzer, Olschewski & Schley, 1994]* Es gibt eine ganze Fülle unterschiedlicher Entspannungsmethoden. Die drei wichtigsten Zugänge zur Entspannung werden von Olschewski et al nach (1) Atmung (2) Körper und (3) mentale Vorstellungen klassifiziert. *[Knörzer, Olschewski & Schley, 1994] [Olschewski, 1997]* In ihrem Überblicksmodell sind die meisten der bekannten **Entspannungsverfahren** eingeordnet.

Abb. 14 Überblicksmodell Entspannungsverfahren

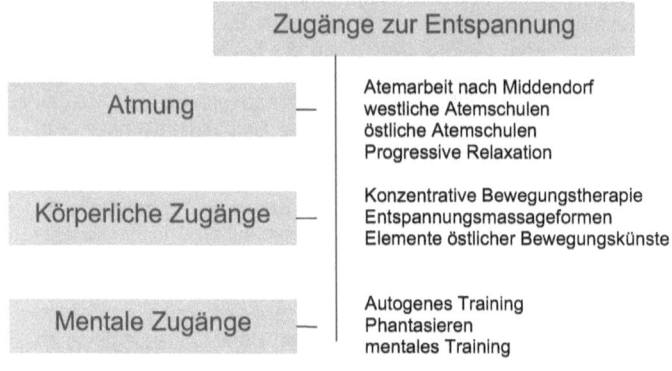

Quelle: Knörzer, Olschewski & Schley, 1994

Im Zusammenhang mit der Entspannungsreaktion werden folgende allgemein beobachtbare physiologische Veränderungen angeführt :
- Verlangsamte und gleichmäßige Atmung
- Verringerung des Sauerstoffverbrauches
- Absinken der Herzfrequenz
- Zunahme des galvanischen Hautwiderstandes
- Tonusverlust der Skelettmuskulatur
- Zunahme der Alphawellen-Aktivität (infolge Verringerung des sensorischen Input und Verringerung der okulomotorischen Aktivität), Zunahme der EEG-Synchronisation (durch gelenkte Aufmerksamkeit auf wiederholende Reize und weitgehende Ausblendung akustischer und taktiler Reize).

Obwohl die Entspannungsmethoden im Vorgehen teilweise völlig unterschiedlich sind, scheinen die Ergebnisse im Hinblick auf psychophysiologische Parameter recht ähnlich zu sein. Der Auffassung, unterschiedliche Entspannungsverfahren führen weitgehend zum gleichen Ergebnis der Entspannungsreaktionen, wird mit Verweis auf das Problem der Unbeweisbarkeit einer generellen Entspannungsreaktion allerdings gegengehalten, da unmöglich alle potentiell differenzierenden Veränderungsvariablen simultan erfasst werden können. Ein weiteres Problem wird darin gesehen, dass die Feststellung einer verminderten physiologischen Reaktivität nach einem Entspannungstraining noch kein Beweis für dessen **Wirksamkeit** ist. Dafür könnten auch behandlungsunspezifische Faktoren verantwortlich sein, wie etwa durch die Zuwendung eines Therapeuten. Wenngleich die Befundlage in Hinblick auf unmittelbare physiologische Wirkungen Uneinheitlichkeiten aufweist, so legen vor allem aber langfristig belegte Verbesserungen eine Anwendung von Entspannungstraining nahe. [Ohm,1992a] [Ohm,1994] Es liegen Untersuchungsergebnisse vor, die bei Teilnehmern an Entspannungstrainings ein Andauern der entspannungsinduzierten physiologischen Veränderungen feststellten, offenbar als Folge von Einstellungsveränderungen, die zu der Überzeugung führten, bisher als aversiv erlebte Situationen nun erfolgreich bewältigen zu können. Aufgrund eines daraus resultierenden erfolgreicheren Bewältigungsverhalten kann eine bisherige Belastungssituation neutral oder sogar positiv erlebt werden. Außerdem ist eine Veränderung von Gesundheitskontrollüberzeugungen festzustellen, wie in einer Untersuchung an insgesamt 420 Koronarpatienten einer Rehabilitationsklinik gezeigt wurde. Dabei zeigte sich bei den Teilnehmern von Entspannungstrainings ein gestärktes Vertrauen in die eigene, die Gesundheit betreffende Kompetenz. Ebenfalls war in dieser Untersuchung gegenüber der Kontrollgruppe eine erhöhte Selbstaufmerksamkeit zu beobachten, die insbesondere für Koronarpatienten wünschenswert ist. *[Ohm, 1992a]* Gerade im Hinblick auf Herzinfarktpatienten liegen überzeugende Ergebnisse vor, wonach Entspannungstraining ein bedeutender therapeutischer Wirkfaktor darstellt. In Nachuntersuchungen wiesen Patienten, die im Rahmen von umfassenderen Behandlungsprogrammen auch Entspannungstraining erlernten vergleichsweise geringere kardiale Komplikationsquoten auf. *[Ohm, 1994]* Gleichzeitig zeigt sich jedoch auch, dass dies nur erreicht werden kann, wenn der Transfer in Alltagssituationen gefördert wird und konkrete Hinweise zur Anwendung des Trainings im Alltag gegeben werden. *[Ohm, 1992a]*

Entspannungstraining bildet neben Ernährung und Bewegung eine der drei Säulen moderner verhaltensorientierter Gesundheitsbildung und gehört **im Bereich der stationären und ambulanten Rehabilitation** inzwischen zum Standardprogramm. Dabei wird Entspannungstraining quasi als **„Basistherapeutikum"** angesehen und häufig als Behandlungsbaustein in umfassendere, interdisziplinär betreute Behandlungsprogramme eingebunden. Unter den vielen verschiedenen Verfahren sind die in Hinblick auf Verbreitungsgrad und empirischen Befundlage wichtigsten Verfahren das Autogene Training und die Progressive Relaxation. *[Knörzer, Olschewski & Schley, 1994] [Ohm, 1995] [Ohm, 1992a]* Für den Bereich der Prävention und Rehabilitation lassen sich folgende Anwendungsschwerpunkte von Entspannungstrainings unterscheiden. (1) Primäre Prävention: Hier wird vorzugsweise das Autogene Training im Rahmen von Kursangeboten der Volkshochschulen, Krankenkassen und anderen Institutionen der offenen Erwachsenenbildung angeboten, während die Progressive Relaxation noch eher seltener anzutreffen ist. (2) Sekundäre Prävention: Hier spielen die stationären Heilbehandlungen bei beginnenden bzw. subakuten Erkrankungen eine zunehmende Rolle. Während das Angebot von Entspannungstraining in Akutkrankenhäusern eher selten besteht, gehört es in Kurkliniken und psychosomatischen Kliniken in der Regel zum Standardangebot. Dabei werden meist beide Verfahren angewendet. (3) Tertiäre Prävention: Hier sind die Angebote im Rahmen der stationären Rehabilitation zu nennen, die in aller Regel Autogenes Training und Progressive Relaxation als Therapieangebot umfassen. *[Ohm, 1995]* In der kardiologischen Rehabilitation haben die beiden Entspannungsverfahren als eine konkrete Möglichkeit zum Abbau von Disstress und zur Stressvorbeugung einen hohen Stellenwert erlangt. *[Ohm, 1992a]* Vielen durch starkes Leistungsstreben und Ungeduld gekennzeichneten Herzpatienten kommt die Progressive Relaxation mehr entgegen als das Autogene Training, das meist ein hohes Maß an Geduld erfordert. Allerdings ist bei dieser Patientengruppe, insbesondere bei Patienten mit geringer kardialer Belastbarkeit, die Gefahr der Selbstüberforderung zu beachten. Als kontraindiziert werden Entspannungsverfahren bei beginnenden endogenen Psychosen, bei ausgeprägt endogenen, gehemmten Depressionen, malignen Zwangssysndromen und bei kardial dekompensierten Patienten genannt. *[Ohm, 1992a] [Ohm, 1994]*

Entspannungstraining erfährt auch **aus der Sicht von Teilnehmern** einen hohen Bedeutungszuwachs. Im Rahmen einer prospektiven Langzeituntersuchung über die gesundheitliche Relevanz von Entspannungsverfahren mit insgesamt 527 Teilnehmern aus verschiedenen Curricula zur Progressiven Relaxation gaben alle Teilnehmer an von den Kursen profitiert zu haben. *[Olschewski, 1997]* In Nachkontrollinterviews im Rahmen eines von Kaluza evaluierten Kursprogramms wurde dem Entspannungstraining von den Teilnehmern eine nachhaltige Hilfe beigemessen, von denen lediglich 7 von 48 Befragten keine Entspannungsübungen mehr durchführten. 26 Teilnehmer gaben an, Entspannungsübungen 1 bis 2 mal wöchentlich und 15 häufiger durchzuführen. 60 % hatten die Entspannung auch kurz vor oder während belastender Situationen eingesetzt. *[Kaluza, 1988]* In der Nachbefragung im Rahmen einer Längsschnittstudie mit 420 Herzpatienten, bei der 234 Patienten an einem aus Autogenem Training und Progressiver Relaxation kombinierten Entspannungstraining teilnahmen, übten 36 % der Patienten nach sechs Monaten noch relativ regelmäßig, d.h. täglich oder zumindest mehrmals pro Woche. Dabei ergab sich keine klare Bevorzugung hinsichtlich einer der beiden Methoden. *[Ohm, 1992a]* Insgesamt wird bei offenen Kursen von einer Abbrecherquote zwischen 29 % bis 48 % berichtet. *[Ohm, 1994]* Das Autogene Training ist scheinbar besonders dafür anfällig, dass Teilnehmer das Training abbrechen. In einer Untersuchung über die Abbruchshäufigkeit bei den von Krankenkassen geförderten Volkshochschulgruppen wurde für das Autogene Training eine im Vergleich zu anderen Entspannungsverfahren höhere Quote von bis zu 50 % festgestellt. *[Olschewski, 1997]*

Die **Progressive Relaxation** nach E. Jacobsen (1924) und das **Autogene Training** nach J. H. Schulz (1926) gehören zu den ältesten systematischen Verfahren zur Entspannung. Dabei handelt es sich vor allem um symptomunspezifisch wirksame Verfahren, die zu einem als angenehm erlebten psychophysiologischen Zustand führen sollen. *[Ohm, 1994]* Die Progressive Relaxation wurde von dem amerikanischen Physiologen Edmund Jacobsen entwickelt und ist im angelsächsischen Sprachraum sehr verbreitet. Parallel dazu hat sich in Deutschland das Autogene Training mehr durchgesetzt. Beide Verfahren waren von Anfang an nicht nur auf den Einsatz in therapeutischen Zusammenhängen, sondern auch auf die verschiedenen Bereiche der Prävention bezogen. Wie bereits angesprochen sind die Progressive Relaxation und das Autogene Training zur Zeit nicht nur die international am stärksten verbreiteten, sondern auch die empirisch am besten abgesicherten Verfahren. Sie haben im Rahmen der Bemühungen in Prävention und Gesundheitsförderung heute einen hohen Stellenwert. Das Autogene Training ist als eine Methode der konzentrativen Selbstentspannung anzusehen und setzt auf der mentalen Ebene an. Die Progressive Relaxation hingegen strebt über eine systematische Muskelentspannung einen globalen Ruhezustand an. Für beide Methoden ist der wesentliche Aspekt der Selbstverantwortung und Selbststeuerung hervorzuheben. *[Krampen & Ohm, 1994] [Ohm, 1995]*

Inzwischen gilt die Progressive Relaxation unter Experten als die bevorzugte Technik, weil sie leichter und schneller erlernbar ist als Autogenes Training. *[Bernstein & Borkovec, 2000]* Sie weist zudem eine bessere **wissenschaftliche Befundlage** auf, weshalb hier stärker darauf Bezug genommen wird. Seine Wirkungen stehen in einem günstigen Verhältnis zu dem für die Durchführung erforderlichen Aufwand. *[Grawe, Donati & Bernauer, 1994]* Durch den schnell erfahrbaren Trainingseffekt ist die Motivation oft höher als beim Autogenen Training.

Empirische Ergebnisse und klinische Erfahrungen haben eindrucksvolle Belege von gesundheitlich günstigen Wirkungen bei vielfältigen Anwendungsgebieten geliefert. Nach einer Bewertung von Ohm ist die Wirksamkeit des Autogenen Trainings gut belegt, vor allem im Anwendungskontext: Hypertonie, Herzinfarktrehabilitation, Kopfschmerzen, Stressbewältigung unter präventiven Gesichtspunkten, Angsterkrankungen. Für die Progressive Relaxation gibt die Tabelle 8 eine zusammenfassende Übersicht über die Befundlage nach Darstellung von Ohm:

Tab. 8   Übersicht Wirksamkeitsstudien zur Progressiven Relaxation

Indikationsbereich	Therapeutischer Ansatz	Ergebnis
Schmerzen		
Phantomschmerzen	PR+Biofeedb.	+
Rückenschmerzen	PR	+
Rheuma	PR+Imag.+kogn.VT	+
Spannungskopfschmerz	PR	+ + +
Migräne	PR-Biofeedb.	+
	PR	+ -
Krebs, Chemotherapie	PR+Imag.	+ +
Angst		
Generalisierte Angst	PR	+
Prüfungsangst	PR	(+) (+)
Relaxation induced Anxiety	PR	(-) (-)
Hypertonie	PR	+ (+)
Immunsystem	PR	+
Multiple Sklerose	PR+kogn.VT	+
Schlafstörungen	PR	+ (+)
Herz-Kreislaufkrankheiten		
ACVB-Op.	PR+kogn.VT	+
Koronare Herzkrankheit	PR+AT	+
Tinnitus	PR	- (-)
Stressbewältigung		
(zur Prävention von Symptomen)	PR+kogn.VT	+ +

Quelle: Ohm, 1995

Abkürzungen: + = Bestätigung der Wirksamkeit; (+) = Bestätigung der Wirksamkeit mit Einschränkungen; - = positive Effektivität nicht belegt; PR = Progressive Relaxation; AT = Autogenes Training; kogn. VT = kognitive Verhaltenstherapie; Imag. = imaginative Verfahren; Biofeedb. = Biofeedback-Therapie, ACVB-Op. = aortokoronare Venenbypass Operation

Die grob zusammengefasste Übersicht umfasst Ergebnisse einer Literaturrecherche, die Arbeiten kontrollierter Wirksamkeitsstudien im Zeitraum von 1982 bis 1992 berücksichtigt. Es fällt auf, dass die Progressive Relaxation in vielen Anwendungsgebieten überwiegend positive Resultate aufweist und dabei häufig mit anderen therapeutischen Verfahren kombiniert wurde, was auf eine gute Eignung als „Therapiebaustein" in umfassenderen Interventionsprogrammen aufgefasst wird. Zusammenfassend wurden die Ergebnisse von Ohm wie folgt bewertet: besondere Stärke zeigt die Progressive Relaxation in der differenzierten Schulung des Muskelsinnes. Sie erweist sich in der Therapie von Beschwerden, die durch Muskelverspannungen bedingt sind als hilfreich und trägt zur Verbesserung der Befindlichkeit und zur Schmerzlinderung bei. Bei Hypertonie kann Progressive Relaxation zwar zu

Blutdrucksenkungen beitragen, multimodal angelegte Programme sind anscheinend aber überlegen. Im Hinblick auf Krebspatienten werden für die Progressive Relaxation mit geleiteter Visualisierung überraschend positive Ergebnisse berichtet. Vielfach lassen sich die oft gravierenden, durch Chemotherapie bedingten Beschwerden wie Übelkeit und Erbrechen mildern. In Bezug auf Ängste zeigen die Ergebnisse bei Prüfungsängsten beispielsweise, dass das Entspannungstraining Angst abbauen, nicht aber die Prüfungsleistung verbessern kann. Mit Hilfe der Progressiven Relaxation lassen sich offenbar Schlafstörungen bessern und das Immunsystem beeinflussen. Bei Patienten mit koronarer Herzkrankheit und nach Herzoperationen ist eine Verbesserung des subjektiven Wohlbefindens und der Krankheitsbewältigung erzielbar. Dabei ist ein günstigerer Heilungsverlauf und positiver Einfluss auf die berufliche Reintegration beobachtbar. *[Ohm, 1992] [Ohm, 1995]*

Nach einer meta-analytischen Bewertung findet Grawe et al vergleichbar gute Belege für die **Wirksamkeit der Progressiven Relaxation**. In 66 Studien mit insgesamt 3254 Patienten, in denen dieses Verfahren als eigenständige Therapiemethode vor allem bei Patienten mit Hypertonie, Schlafstörungen und Kopfschmerzen eingesetzt wurde, zeigten sich in knapp dreiviertel aller Anwendungen während der Therapiedauer bedeutsame Verbesserungen der jeweiligen Symptome und der vegetabilen Stabilität. Diese erwiesen sich in den Nachuntersuchungen ganz überwiegend stabil über einen Zeitraum von mindestens sechs Monaten. In etwa 60 % waren zusätzliche Verbesserungen der allgemeinen Befindlichkeit festzustellen, wenngleich diese Auswirkungen nicht im selben Ausmaß als spezifische Wirkungen der Progressiven Relaxation angesehen werden können, wie sich aus den Prae-Post-Vergleichen und Kontrollgruppenvergleichen sehen lässt. Es ergaben sich Hinweise auf eine differentielle Wirksamkeit, das die Methode also bei verschiedenen Patienten unterschiedlich gut wirkt. Der Einfluss Alter, Schweregrad der Störung und Erfolgserwartung scheint in diesem Zusammenhang bedeutsam zu sein: Jüngere und Patienten mit weniger ausgeprägtem Beschwerdebild sowie Patienten, die von Beginn an die Wirksamkeit glaubten, schnitten bei der Behandlung besser ab. Als besonders gut gesichert angesehen wird von Grawe et al bei der Progressiven Relaxation die spezifische Wirksamkeit bei Angst- und Spannungsgefühlen und bei verschiedenen körperlichen Beschwerden, die mit Anspannung und Schmerzen verbunden sind. Im Hinblick auf das Autogene Training sieht Grawe et al hingegen die Wirksamkeit weniger gut bestätigt. Der meta-analytischen Bewertung lagen 14 Studien mit 647 Patienten zu Grunde. Die bevorzugten Anwendungsbereiche waren Schlafstörungen sowie psychosomatische und psychovegetative Beschwerden. Die Auswirkungen zeigten sich überraschend gering. Überzeugende Wirksamkeitsbelege für Veränderungen der Symptomatik fanden sich nach Bewertung der Autoren nur in einem Drittel der Behandlungsbedingungen mit angemessenen Voraussetzungen zur Feststellung solcher Effekte. Dabei erwies sich die Wirkungsbilanz im Prae-Post- sowie Kontrollgruppenvergleich noch dürftiger. In den Therapievergleichen schnitt das Autogene Training als weniger wirksam ab, wenn sich Unterschiede ergaben. Das Autogene Training wird nach dieser Auffassung sehr viel skeptischer gesehen. *[Grawe, Donati & Bernauer, 1994]* Allerdings ist zu bedenken, dass in den berücksichtigten Arbeiten ausschließlich klinische Fragestellungen und vor allem ältere Publikationen erfasst worden sind.

Die vorliegenden Befunde zu den präventiven Indikationsstellungen des Autogenen Trainings und der Progressiven Relaxation deuten auf die mit ihnen kurzfristig erzielten Trainingserfolge sowie längerfristigen Effekte unter anderem auf das Stressbewältigungsverhalten hin. Die Befundlage gilt jedoch angesichts inkonsistenter Ergebnisse aufgrund unterschiedlicher Qualitätsstandards bei weitem nicht als ausreichend. Die **therapeutischen, präventiven und rehabilitativen Potentiale** dieser Entspannungsverfahren dürften kaum voll ausgeschöpft sein. *[Ohm, 1995]* Nach Grawe liefern Wirkungsvergleiche zwischen Autogenem Training und Progressiver Relaxation spärliche Ergebnisse, so dass Schlussfolgerungen daraus noch nicht zu ziehen sind. Stellt man aber in Rechnung, dass mit der Progressiven Relaxation ein Verfahren vorliegt, das ebenso ökonomisch anwendbar und leicht erlernbar ist wie das Autogene Training, das aber viel besser untersucht und in seiner Wirksamkeit für einen weiten Anwendungsbereich bestätigt ist, so spricht sich Grawe für die Bevorzugung der Progressiven Relaxation aus. *[Grawe, Donati & Bernauer, 1994]* Ohm hingegen tritt dafür ein, das Autogene Training keinesfalls zu vernachlässigen. Beide Verfahren sollten nicht in Konkurrenz zueinander gesehen werden. Vielmehr sollten sie durch eine differentielle Indikationsstellung in ihren jeweiligen Stärken genutzt werden. Nach seiner Auffassung lässt sich durch eine Kombination beider Methoden der Zugang zur Entspannungsreaktion über die Willkürmuskulatur als auch über geistig-konzentrative Prozesse nutzen. Allerdings wird eingeräumt, dass die Datenlage für eine abschließende Bewertung unzureichend ist. *[Ohm, 1995]*

Beide Verfahren werden von den gesetzlichen Krankenkassen als qualitätsgesichert anerkannt. Die Übernahme der Kosten wird im Rahmen von Präventionsleistungen gewährt, sofern die im Rahmen des Leitfadens dokumentierten selbstverpflichtenden Vereinbarungen zu Qualitätsanforderungen der angebotenen Maßnahme vorliegen. *[Bundesvereinigung für Gesundheit, 1996] [Arbeitsgemeinschaft der Spitzenverbände der gesetzlichen Krankenkassen, 2001]*

4.4.2. Ableitung von handlungsrelevanten Orientierungshilfen zur visuellen Umsetzung

Vor dem Hintergrund der in den vorherigen Abschnitten dieses Kapitels gezeigten empirischen Relevanz haben Programme zur Stressregulierung im klinischen wie auch primärpräventiven bzw. gesundheitsfördernden Kontext eine zunehmend wichtige Rolle. Eine allgemein effektive Standardstrategie gibt es nicht – somit lässt sich auch die methodische Vielfalt der Programme erklären, wenngleich die drei Bausteine Problemlösetraining, Entspannungstraining und Belastungsausgleich Bestandteil der meisten Programme sind. Stressbewältigungsprogramme werden in aller Regel als Gruppenverfahren durchgeführt. Auf der Grundlage von verhaltenstherapeutischen Ansätzen wird dabei die Interaktion der Gruppe beim Erlernen von bestimmten Techniken genutzt. Aus diesem Sachverhalt ergibt sich neben der hohen Komplexität sehr deutlich eine mangelnde Übereinstimmung mit den Anforderungskriterien für die Modellentwicklung.

Entwicklung eines Kommunikations-Modells 87

Bei einzelner Betrachtung der drei Bausteine von Stressbewältigungsprogrammen spielt vor allem das Entspannungstraining eine zentrale Rolle, das als alleinige Intervention in der Literatur mit positiven Wirkungen beschrieben wird. Darüber hinaus können Entspannungstechniken als Einzelperson erlernt werden. Die am stärksten verbreiteten Verfahren Autogenes Training und Progressive Relaxation sind im Hinblick auf ihre empirische Datenlage erörtert worden. Daraus ergeben sich für die Progressive Relaxation deutliche Vorteile gemessen an den definierten Anforderungskriterien: schnell und einfach zu erlernen, motivierend durch schnell erfahrbaren Trainingseffekt. Ihre spezifische Wirksamkeit ist besonders gut belegt bei den weit verbreiteten Beschwerden, die mit Anspannung oder etwa Spannungskopfschmerz sowie Rückenschmerzen verbunden sind. Die Modellentwicklung konzentriert sich daher auf **die Vermittlung der Grundtechniken der Progressiven Relaxation**, die nachfolgend näher beschrieben wird.

Die Entspannungsmethode der Progressiven Relaxation entstand in den 30er Jahren des letzten Jahrhunderts. Übersetzt bedeutet Progressive Relaxation fortschreitende Muskelentspannung, häufig auch bezeichnet als Progressive Muskelentspannung oder auch Jacobsen Training. Neben den vielen physiologischen Veränderungen wie unter anderem Anstieg der Herzfrequenz, Erhöhung des Blutdrucks, Beschleunigung der Atmung steigt die Muskelspannung reflexartig an. Durch muskuläre Entspannung kann im Umkehrschluss dazu dem Stresserleben entgegengewirkt werden, so der Ansatzpunkt der Methode. Jacobsen entdeckte, dass durch **systematische Anspannung und Entspannung** verschiedener Muskelgruppen und den Lernvorgang sie wahrzunehmen bzw. sie zu unterscheiden, jemand fast völlig alle Muskelkontraktionen beseitigen und das Gefühl tiefer Entspannung erleben kann. Er fand heraus, dass bei intensiver muskulärer Entspannung unter anderem die Atmung gleichmäßiger wird, die Herzfrequenz abnimmt, die emotionale Aktivität minimiert wird. Die Beeinflussung der Stressreaktion durch die Veränderung der Muskelspannung hat den Vorteil, dass jeder Mensch ein mehr oder weniger gut entwickeltes Gefühl für den Spannungszustand der Muskulatur hat im Gegensatz zur Wahrnehmungsfähigkeit physiologischer Parameter, die bei Stress auftreten. Durch die Kontrastierung von Anspannung und Entspannung fällt es Menschen leichter, den Entspannungszustand zu erzeugen. Ziel des Trainings ist es, die Wahrnehmung für die Anspannung der Muskulatur zu schärfen. Die aufgrund der Anspannungs-Lockerungszyklen erlebte Polarität macht dem Übenden das Zielverhalten deutlicher und sensibilisiert die Wahrnehmung für die Prozesse der Entspannung. In der Regel haben Menschen wesentlich mehr Muskeln als notwendig angespannt. Es wird also viel muskuläre Energie aufgebracht, die in Form von Anspannung spürbar wird. Nahezu alle Menschen, die je Spannungsgefühle erlebt haben, dürften froh sein, auf angenehme und wirksame Weise diese Spannung zu beseitigen, sei es in anstrengenden Situationen oder am Ende eines langen Arbeitstages. *[Hofmann, 1999] [Bernstein & Borkovec, 2000] [Ohm, 1994]*

Die Progressive Relaxation kann im allgemeinen innerhalb von sechs Wochen gut realisiert werden, während das Erlernen des Autogenen Trainings bis zu drei Monaten dauern kann und Anfangserfolge sich oft erst nach einiger Zeit einstellen. Erfahrungsgemäß erhält der Übende bereits in der ersten Übung erste Erfolgsrückmeldungen. Dadurch kann eine langfristige Übungsmotivation aufgebaut und negative Erwartungshaltungen beeinflusst werden. „Kopflastige" und motorisch sehr aktive Personen können sich mit dieser „handfesten" Methode in der Regel gut anfreunden. *[Ohm, 1992a]* Das Training folgt einer speziellen Systematik und der Effekt hängt von der Häufigkeit des Übens ab, vergleichbar mit sportlichem Training. Der internationale Standard ist bei der **Durchführung der Entspannung im Grundverfahren** das Training von 16 Muskelgruppen. Für die Durchführungsmethodik finden sich in der Literatur verschiedene Abwandlungen im Vorgehen unabhängig von der Durchführung in der Gruppe oder als Einzelperson, die aus der Praxis heraus entstanden sind. Die wesentlichen Grundzüge jedoch sind identisch und folgen einzig dem Ziel den Adressaten in die Lage zu versetzen eine befriedigende Entspannung durch diese Methode erreichen zu können und Spannung – Entspannung im Alltag wahrzunehmen und zu lokalisieren. Die Progressive Relaxation zielt darauf, eine Verringerung der Muskelspannung im Körper bis weiter unter das Anspannungsniveau zu ermöglichen, wenn immer der Adressat dies wünscht. Um das zu bewerkstelligen, spannt man erst eine Muskelgruppe an und entspannt sie wieder. Diese Lockerung bringt die Muskeln in einen Entspannungszustand, der weit unter dem Anspannungsniveau liegt. Dadurch lassen sich die beiden Zustände miteinander vergleichen und der Adressat wird auf das Gefühl der Verkrampfung in verschiedenen Muskelgruppen leichter aufmerksam. *[Hofmann, 1999] [Bernstein & Borkovec, 2000] [Ohm, 1994]* Das Grundverfahren im Liegen in ungestörter und ruhiger Atmosphäre sieht wie folgt aus:

Entwicklung eines Kommunikations-Modells

Abb. 15 Grundverfahren der Progressiven Relaxation

Muskelgruppe	Intervention
1. dominante Hand und Unterarm	Faust machen
2. dominanter Oberarm	Ellbogen runter drücken
3. nicht dominante Hand und Unterarm	Faust machen
4. nicht dominanter Oberarm	Ellbogen runter drücken
5. Stirn	Hochziehen der Augenbrauen
6. obere Wangenpartie und Nase	Augen zukneifen und Nase rümpfen
7. untere Wangenpartie und Kiefer	Zähne zusammenbeißen und Mundwinkel zurückziehen
8. Nacken und Hals	Kinn auf die Brust ziehen
9. Brust, Schulter und obere Rückenpartie	Schulterblätter nach hinten ziehen, gleichzeitig tief einatmen und Luft anhalten
10. Bauchmuskel	Bauch hart machen
11. dominanter Oberschenkel	Großer Muskel vorne hart machen
12. dominanter Unterschenkel	Fußspitze zu sich anziehen
13. dominanter Fußmuskel	Fuß strecken nach innen drehen und Zehen beugen
14. nicht dominanter Oberschenkel	Großer Muskel vorne hart machen
15. nicht dominanter Unterschenkel	Fußspitze zu sich anziehen
16. nicht dominanter Fußmuskel	Fuß strecken nach innen drehen und Zehen beugen

Quelle: eigene Darstellung in Anlehnung an Bernstein & Borkovec, 2000

Die Spannung soll 5-7 Sekunden dauern. Dann sollen die Muskeln gelockert werden und 30-40 Sekunden auf die Entspannung konzentriert werden. Diese Übung wird einmal wiederholt bevor die nächste Muskelgruppe in der beschriebenen Reihenfolge angespannt wird. Die Systematik Anspannung – Einatmen – loslassen – Ausatmen bleibt dabei immer konstant. Ideal ist, wenn täglich geübt wird. *[Bernstein & Borkovec, 2000] [Jacobson, 1999] [Ohm, 1994]*

Wenn der Adressat in der Lage ist sich mit der Abfolge von Anspannung und Entspannung in 16 Muskelgruppen tief zu entspannen, kann das Verfahren verkürzt werden, indem die zur Entspannung beteiligten Muskelgruppen schrittweise auf vier reduziert werden. **Weitere Techniken** auf der Grundlage dieses Trainings können von Fortgeschrittenen erlernt werden, so z.B. die Vergegenwärtigung und das Zählverfahren. Danach wird bei der Vergegenwärtigung das Anspannen der Muskeln unterlassen, und der Adressat lernt, sich an die Empfindung zu erinnern, die mit Anspannung und Lockern verbunden waren. Das Zählverfahren erfordert weder das Anspannen der Muskeln noch ihre Vergegenwärtigung. So kann der Anwendende ohne sichtbare Anstrengung willentlich seine Anspannung kontrollieren und seinen ganzen Körper entspannen. *[Bernstein & Borkovec, 2000]* In der Literatur wird diese Erweiterung des Grundverfahrens als differentielle Entspannung bezeichnet, wobei das Spannungsniveau einzelner Muskeln nur bis zu einem leicht spürbaren Spannungsgefühl gesteigert wird. Die Übung geht später in ein mentales Training über. Dementsprechend werden drei Übungsstufen unterschieden (1) leichte willkürliche An- und Entspannung (2) „Innere" willkürliche An- und Entspannung, ohne sichtbar werden (3) unwillkürliche An- und Entspannung in der Vorstellung. Die differentielle Entspannung ist in alltäglichen Situationen besser geeignet, da sie sich in nahezu allen Situationen anwenden lässt, während die „demonstrative Muskelanspannung" in vielen Situationen unangemessen ist. *[Ohm, 1994]*

Die Entspannungsverfahren für sieben bzw. vier Muskelgruppen zeigen die folgenden Abbildungen:

Abb. 16   Progressive Relaxation für sieben Muskelgruppen

Muskelgruppe	Intervention
1. dominante Hand, Ober- und Unterarm	Ellbogen 45 Grad angewinkelt hochhalten und eine Faust machen
2. nicht dominante Hand, Ober- und Unterarm	Ellbogen 45 Grad angewinkelt hochhalten und eine Faust machen
3. Gesicht (Stirn, obere und untere Wangenpartie, Nase und Kiefer)	Hochziehen der Augenbrauen, Augen zukneifen und Nase rümpfen, Zähne zusammenbeißen und Mundwinkel zurückziehen
4. Nacken und Hals	Kinn auf die Brust ziehen
5. Brust, Schulter und obere Rückenpartie, Bauch	Schulterblätter nach hinten ziehen, gleichzeitig tief einatmen und Luft anhalten, Bauch hart machen (eingezogen oder herausgestreckt)
6. dominanter Ober- Unterschenkel, Fuß	Bein leicht anheben, Zehen ausstrecken und Fuß etwas nach innen drehen
7. nicht dominanter Ober- Unterschenkel, Fuß	Bein leicht anheben, Zehen ausstrecken und Fuß etwas nach innen drehen

Quelle: eigene Darstellung in Anlehnung an Bernstein & Borkovec, 2000

Abb. 17 Progressive Relaxation für vier Muskelgruppen

Muskelgruppe	Intervention
1. Hand, Ober- und Unterarm rechts und links	bei beiden Armen gleichzeitig Ellbogen 45 Grad angewinkelt hochhalten und eine Faust machen
2. Gesicht und Nacken, Hals	Hochziehen der Augenbrauen, Augen zu kneifen und Nase rümpfen, Zähne zusammenbeißen und Mundwinkel zurückziehen, gleichzeitig Kinn auf die Brust ziehen
3. Brust, Schulter und obere Rückenpartie, Bauch	Schulterblätter nach hinten ziehen, gleichzeitig tief einatmen und Luft anhalten, Bauch hart machen (eingezogen oder herausgestreckt)
4. Ober- Unterschenkel, Fuß rechts und links	Bei beiden Beinen gleichzeitig Bein leicht anheben, Zehen ausstrecken und Fuß etwas nach innen drehen

Quelle: eigene Darstellung in Anlehnung an Bernstein & Borkovec, 2000

Das Verfahren, sich mit vier Muskelgruppen tief zu entspannen, sollte nicht mehr als 10 Minuten dauern. Die jeweils beschriebenen Interventionen sind nicht starr zu betrachten und können leicht variiert werden, solange es dem Zweck der Entspannung dienlich ist.

Um während des Tages Angespanntheit und Unruhe abzubauen, ist das Training der Entspannung in Alltagssituationen hilfreich. Die bisherigen Übungen sollen dabei in abgewandelter Form im täglichen Leben installiert werden, ohne dass es einer besonderen Umgebung oder einer besonderen Körperhaltung bedarf. Hierzu gibt die Literatur Vorschläge, die in verschiedensten selbstdefinierten Varianten und Situationen eingesetzt werden können. *[Hofmann, 1999]*

Beispiel „Am Schreibtisch":
- Beine auf den Boden drücken
- Knie aneinander drücken
- Die flachen Hände unter die Tischplatte legen und nach oben drücken
- Den Oberkörper und die Schultern gegen die Stuhllehne drücken
- Oberschenkel-, Unterschenkel- und Fußmuskulatur anspannen
- Einen Stift umfassen und die Hände und Unterarme anspannen
- Gesäßmuskulatur anspannen

Beispiel „Im Auto":
- Oberkörper nach hinten in den Sitz drücken
- Mit den flachen Händen gegen das Dach drücken
- Das Lenkrad umfassen, Hände, Unter- und Oberarme spannen

- Das Lenkrad umfassen und nach innen zusammendrücken, dabei die Oberarme anspannen
- Kopf gegen die Kopfstütze drücken und Hals dabei spannen
- Hände gegen das Armaturenbrett drücken und dabei Schulter anspannen
- Beide Oberarme seitlich gegen den Oberkörper drücken

Es gibt viele Möglichkeiten Entspannungstechniken einzusetzen, in denen andere Menschen nicht bemerken, dass man an- und entspannt und es wird um so leichter fallen und unauffälliger sein, je mehr in Übungssituationen geübt wurde. Die zuvor beschriebenen Techniken sind abgeleitet worden von der von Jacobsen entwickelten Methode und dienen als Grundlage für die Entwicklung des Moduls Stressmanagement. Damit soll der Adressat zum Verständnis der Grundzüge dieser Entspannungsmethode als zentraler Baustein zur Stressregulierung angeregt werden, die Notwendigkeit von Entspannung erkennen können und zum Nachmachen angeleitet werden.

4.5. Theoretische Grundlagen für das Modul „Bewegung"

Die theoretischen Grundlagen für die Umsetzung des Moduls reflektieren die wissenschaftliche Literatur zu Konzepten von gesundheitsorientiertem Bewegungsverhalten, woraus gemäß den beschriebenen Anforderungskriterien entsprechende Schlussfolgerungen und Ableitungen getroffen werden. Weitere Ausführungen zu Begriffsklärung und Zusammenhänge von Bewegung bzw. sportlicher Aktivität und Gesundheit finden sich in Kapitel 2.

4.5.1. Diskussion der wissenschaftlichen Literatur zu Konzepten von gesundheitsorientiertem Bewegungsverhalten und Schlussfolgerung für das Modell

Sportliche Aktivität und Bewegung sind unter den üblichen Alltagsbedingungen eine wichtige Bedingung für die Stärkung zentraler physischer und psychischer Gesundheitsressourcen, für die Prävention von Risikofaktoren, teilweise auch für die Bewältigung von Beschwerden sowie für die Rehabilitation unterschiedlichster gesundheitlicher Beeinträchtigungen. *[Abele, Brehm & Pahmeier, 1996]*

Der säkulare Prozess des Auseinandertretens von Kopf- und Handarbeit hat den fortlaufenden Profil- und Bedeutungsverlust körperlicher Aktivitäten in Kraft gesetzt. Andererseits zeigt sich ein gegensätzlicher Trend durch eine Aufwertung und Ausweitung sowie Differenzierung von Bewegungsaktivitäten in der Freizeit, der sich als eine Reaktion auf die Entkörperlichung der Lebensverhältnisse in der modernen Lebenswelt verstehen lässt. *[Rittner & Breuer, 1999]*

Auch wenn Bewegung nicht nur auf Sport beschränkt ist, ist der Sportbereich doch wesentlicher Anbieter für Bewegungsmöglichkeiten und Training. Sport in der Tradition der antiken „Athletik" ist auf den Leistungsvergleich im Wettkampf ausgerichtet und muss nicht zwangsläufig gesund sein. Einseitige Belastungen werden dabei bewusst in Kauf genommen. Sportliche Aktivitäten in der Tradition der „Gymnastik" zielen im Gegensatz dazu systematisch auf die Ausbildung der körperlichen Leistungsfähigkeit und die Herstellung von Wohlbefinden ab. *[Abele, Brehm & Pahmeier, 1996]* Hier gilt seit der Antike Gesundheit als das Leitbild der Aktivitäten. Unter gesundheitsorientiertem Sport sind demnach primär solche körperlichen Aktivitäten zusammengefasst, die sich in der Tradition der „Gymnastik" einordnen lassen. *[Bös, Brehm, Opper & Saam, 1998]* Als Reaktion auf den Vormarsch der sogenannten Zivilisationskrankheiten gewann körperliche Aktivierung auch im Rahmen von Public Health an Bedeutung. Erst mit dem erweiterten Gesundheitsbegriff der WHO wurde das Potential des Sports für die öffentliche Gesundheit erschlossen. Die Abbildung 18 deutet auf das Verständnis von Gesundheitssport als integratives Element des New Public Health Ansatzes hin, wonach die Stärkung der Gesundheitsressourcen betont wird, verbunden mit einer Meidung und Minderung von Risikofaktoren. *[Rütten, 1998]*

Abb. 18   Modell der Qualitäten im Gesundheitssport

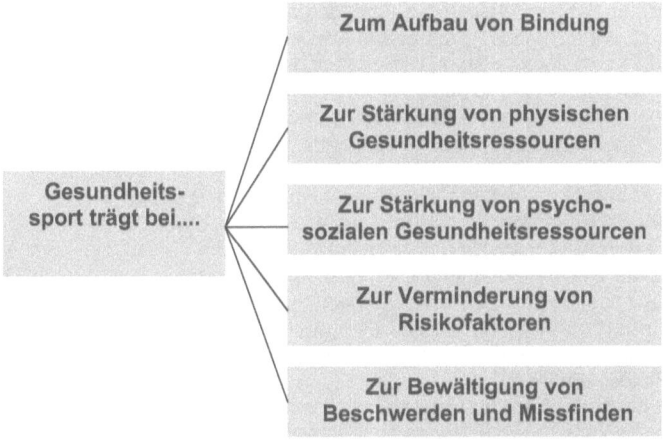

Quelle: Rütten, 1998

In diesem Kontext ist allgemein eine Abkehr von einem nur auf den Begriff Sport orientierten Verständnis zu erkennen. Im internationalen **Sprachgebrauch** wird im Zusammenhang mit bewegungs-, trainings- und sportbezogenen Forschungsfragen in Verbindung mit Gesundheit vorwiegend „physical activity" gebraucht. Synonym dazu finden sich in Deutschland verstärkt die Begriffe Bewegung und körperliche Aktivität. Diese Definition fasst darunter alle Bewegungsaktivitäten mit nennenswertem Energieverbrauch und kann den Weg zur Arbeit oder Schule, Hausarbeiten, Freizeitaktivitäten, berufliche Arbeit ebenso wie sportliche und spielerische Bewegungen einschließen. *[Woll, Bös, Gerhard & Schulze, 1998]*

Bis zur heutigen Entwicklung entstanden allgemeine Empfehlungen sowie die spezifische Gestaltung körperlicher Aktivitäten im Hinblick auf bestimmte Gesundheitsaspekte und für bestimmte Zielgruppen bis hin zu umfassenden strukturierten Programmen, die in der Prävention sowie auch in der Gesundheitsförderung Anwendung finden. Das **Verständnis**, was nun unter **gesundheitlich ausreichender körperlicher Aktivität** zu verstehen ist, hat sich in den letzten 15 Jahren stark gewandelt und zu veränderten Empfehlungen geführt. Verschiedene Wissenschaftsdisziplinen mit durchaus konkurrierenden Sichtweisen und unterschiedlicher Methodik haben dazu beigetragen. Erkenntnisse aus den Forschungsfeldern der Sportwissenschaft und Epidemiologie bzw. Public Health bewirkten eine entsprechende Neubewertung. Zum besseren Verständnis der weiteren Ausführungen sollen zuvor einige zentrale Begriffe aus diesen Forschungsfeldern erläutert werden: *[Platen, 2001] [NN, 1999] [Howley, 2001] [Hollmann, 1997]*

- ❖ **Ergometrie** hat die Beobachtung und Analyse physiologischer Parameter während körperlicher Belastung zum Ziel. Sie gibt Auskunft über die Leistungsfähigkeit bei Gesunden und die Belastbarkeit bei Kranken. Die wichtigsten Messgrößen hierbei sind: erreichte Leistung, Herzfrequenz, Blutdruck, Belastungsempfinden und Belastungs-Elektrokardiogramm (EKG). Am häufigsten werden in Deutschland Fahrradergometrien durchgeführt. Die Leistung wird dabei in Watt gemessen. Mit Hilfe eines Ergometers sind wichtige Schussfolgerungen über Gesundheit, körperliche Leistungsfähigkeit und Belastbarkeit der untersuchten Person möglich.
- ❖ Die erreichte **maximale Herzfrequenz**, berechnet nach der Faustformel Maximalfrequenz (Schläge/min) = 220 Schläge/min minus Lebensalter in Jahren ± 10 Schläge/min, kann zur Beurteilung der Ausbelastung herangezogen werden. Sie ist u.a. abhängig vom Alter, Geschlecht und Trainingszustand. Normalerweise entspricht die Herzfrequenz der Pulsfrequenz.
- ❖ Differenzierte Aussagen zur Leistungsfähigkeit erlauben Messungen der Atemgase, also die Sauerstoffaufnahme (VO_2), die Kohlendioxidabgabe (VCO_2), und das Atemvolumen (AMV). Die bei körperlicher Ausbelastung erreichte **maximale Sauerstoffaufnahme VO_2 max** ist ein guter Indikator für die Ausdauerleistungsfähigkeit und wird häufig zur Klassifizierung der sogenannten kardiorespiratorischen Fitness erhoben.
- ❖ Der **Respiratorischer Quotient** bezeichnet das Verhältnis der Menge an ausgeatmetem Kohlendioxid zur Menge an verbrauchtem Sauerstoff und dient ebenfalls als Kriterium zur Beurteilung der Belastungsfähigkeit.
- ❖ **MET** bezeichnet die metabolische Rate bei Aktivität im Verhältnis zur metabolischen Rate in Ruhe. Eine Sauerstoffaufnahme von 3.5 ml/kg/min entspricht der metabolischen Rate in Ruhe und wird als ein MET betrachtet.
- ❖ Unter **Ausdauertraining** wird die dynamische Beanspruchung großer Muskelgruppen verstanden. Ausdauer im Sinne der sogenannten allgemeinen aeroben dynamischen Ausdauer bezeichnet die Beanspruchungen einer Muskelgruppe, die größer ist als mindestens 1/6 der gesamten Skelettmuskulatur über eine Belastungsdauer von länger als mindestens 3 min verbunden mit einer aeroben Energiedeckung.

Zunächst konnten selbst aus den bevölkerungsbezogenen Studien der 60er Jahre noch keine direkten „Dosisempfehlungen" abgeleitet werden. Wissenschaftlich abgesicherte **Empfehlungen zur körperlichen Aktivität** basierten deshalb vor allem auf leistungsphysiologischen Erkenntnissen über die Trainierbarkeit von kardiorespiratorischer Fitness, Muskelkraft und Ausdauer sowie Körperzusammensetzung. Noch 1990 entsprachen drei bis fünf Trainingseinheiten pro Woche von je 20 bis 60 Minuten Dauer mit einer Intensität von 60 bis 90 % der maximalen Herzfrequenz sowie als Ergänzung zweimal pro Woche ein Krafttraining zur Entwicklung und Erhaltung der fettfreien Körpermasse als internationale Empfehlungsmaxime. Dass auch körperliche Aktivität unterhalb der vorgeschlagenen Intensität gesundheitlichen Nutzen haben kann, wurde zwar für wahrscheinlich gehalten, aber erst durch neuere Studien bekräftigt. *[Martin & Marti, 1998] [Haskell, 1994]* 1992 wurde zunächst in einer Deklaration eines Weltkonsensuskongresses in Toronto festgestellt „geeignetes körperliches Training kann die Wahrscheinlichkeit des Auftretens eines Herzinfarkts um 50 % vermindern". *[Hollmann, 1997]* Davon ausgehend entstand 1994 die Erklärung der ersten gemeinsamen Tagung zwischen der Weltgesundheitsorganisation (WHO) und dem Weltverband für Sportmedizin (FIMS) in Köln mit der Empfehlung: „Alle Erwachsene sollten sich an einen körperlich aktiven Lebensstil gewöhnen und wenigstens 30 Minuten täglich eine mäßige körperliche Belastung auf sich nehmen". *[Hollman & Gyárfás, 1994] [Hollmann, 1997]* Die 1995 publizierte und international am meisten beachtete gemeinsame Empfehlung zahlreicher Fachgesellschaften in den USA stimmt damit völlig überein. Zahlreiche Erkenntnisse und Bewertungen neuerer Studien mündeten unterdessen zu der heute weltweit gebräuchlichen Mindestempfehlung: 30 Minuten Bewegung mit mindestens mittlerer Intensität, idealerweise an allen Tagen der Woche. Ein bedeutsamer Unterschied gegenüber früheren Empfehlungen ist der erwartete gesundheitliche Effekt bereits bei reduzierter Intensität. *[Martin & Marti, 1998] [Haskell, 1994]*

Für die Konkretisierung der heute gebräuchlichen Empfehlung haben viele Studien beigetragen, die Antworten liefern auf die dringlichste Frage: Wie ist die **gesundheitlich wirksame Dosis-Wirkungsbeziehung** an körperlicher Aktivität hinsichtlich Art, Dauer, Häufigkeit, Intensität, Menge? Eigens mit diesen Fragen befasste sich im Oktober 2000 ein von Health Canada und United States Centers for Disease Control and Prevention gesponsertes Symposium. Expertengruppen bewerteten die bestehende Literatur entsprechend einer „evidence-based-Methodik" unter anderem hinsichtlich der Frage „wie viel körperliche Aktivität ist optimal für die Gesundheit?" oder „wie wenig körperliche Aktivität ist nötig für die Gesunderhaltung?" Dazu wurden 44 Studien der letzten 34 Jahre selektiert, die **Bewegungsmenge** im Verhältnis zur Gesamtmortalität erfasst hatten. In fünf Studien wurden Fitness, in einer weiteren sowohl körperliche Aktivität als auch Fitness erhoben. Von den verbleibenden 38 erhoben die meisten Freizeitaktivitäten, drei erhoben die arbeitsbezogene körperliche Aktivität und neun Studien beide Formen der Aktivität. Die meisten Studien zeigten eine Dosis-Wirkungsbeziehung zwischen körperlicher Aktivität und Gesamtmortalität, fünf stellten einen Grenzwerteffekt fest, während fünf Studien keinen signifikanten Zusammenhang ausmachen konnten. Von 17 Studien, die auf einen linearen Trend bei abnehmender Gesamtmortalität mit zunehmendem Umfang an körperlicher Aktivität getestet wurden, wiesen die meisten einen signifikant inversen linearen Trend in zumindest einer Bevölkerungsgruppe auf. Die Expertengruppe schlussfolgerte, dass die Dosis-Wirkungsbeziehung zwischen der Menge an körperlicher Aktivität und der Gesamtmortalitätsrate bei Männern und Frauen jeden Alters aus den USA und Europa auf der Grundlage Kategorie C (Evidence is from outcomes of uncontrolled or nonrandomized trials or from observation studies) gut belegt ist. Der Verlauf der inversen Beziehung ist auf der Basis dieser Bewertung indes nicht klar ersichtlich, aber in den meisten Studien erscheint sie linear. Die minimal wirksame Dosis körperlicher Aktivität lässt sich aus den bewerteten Studien ebenfalls nicht sicher ableiten. Allerdings zeigt sich ein wöchentlicher Energieverbrauch von 1000 kcal assoziiert zu einer um 30 % verringerten Gesamtmortalitätsrate. *[Kesaniemi, Danforth, Jensen, Kopelman, Lefebvre & Reeder, 2001]* Aus den bevölkerungsbezogenen Studien, der sogenannten MRFIT-Studie und der Harvard Alumni Health Study, ließen sich als Schwellenwerte für Empfehlungen zur körperlichen Aktivität Werte von 1000 kcal sowie auch 2000 kcal pro Woche folgern. Aus siebenjähriger Nachbeobachtung von mehr als 12000 Männern der MRFIT-Studie ließ sich ein solcher Wert bei 30 Minuten Bewegung pro Tag ableiten, während aus der 12-16jährigen Nachbeobachtung von 17000 Männern der Harvard Studie ein Schwellenwert von 2000 kcal pro Woche resultierte. Die Autoren Martin & Marti folgern, dass eine Aktivität mindestens mittlerer Intensität, entsprechend einem Energieverbrauch von etwa 150 kcal pro Tag oder 1000 kcal pro Woche, bereits wesentliche Gesundheitseffekte mit sich bringen. *[Martin & Marti, 1998]* Daten der Harvard Alumni Study geben aber auch Hinweise auf das Risiko bei zu viel körperlicher Aktivität. Dieser Studie zu folge war die Mortalität in der Gruppe der Aktivsten leicht erhöht. Der Grenznutzen tendiert ab ungefähr 3000 kcal pro Woche gegen Null – entsprechend einem wöchentlichen Laufpensum von etwa 50 km. *[Martin & Marti, 1998] [Blair, 1994]*

In der Diskussion werden aber auch die Schwierigkeiten deutlich, die sich aus den unterschiedlichen Erhebungsmethoden körperlicher Aktivität und dem damit in Verbindung stehenden Energieverbrauch ergeben. Körperliche Aktivität ist eine komplexe und multidimensionale Expositionsvariable und im Zusammenhang mit bevölkerungsbezogenen Messungen schwierig. Ein grundlegendes methodisches Problem dabei besteht aufgrund einer möglichen Missklassifizierung der körperlichen Aktivität aus erhobenen Fragebogen. So ist es denkbar, dass intensivere und weniger intensive körperliche Aktivitäten mit einem unterschiedlichen Grad an Genauigkeit erhoben werden. Intensivere Aktivitäten erfolgen in der Regel mehr auf der Basis einer Routine, wenn etwa Personen an bestimmten Tagen in der Woche ein Lauftraining machen und dabei für gewöhnlich eine bestimmte Zeit oder Entfernung einhalten. Von daher ist es verständlich, dass diese Aktivitäten in der Angabe genauer sind. Wohingegen weniger intensive Bewegungsformen wie etwa toben mit den Kindern oder Haus- und Gartenarbeiten sehr wahrscheinlich weniger genau erinnert werden. Demgegenüber erweisen sich die durch Ergometer gemessenen Fitnessparameter als verlässlicher und als guter Marker für das individuelle körperliche Aktivitätsniveau. *[Lee & Paffenbarger, 1996] [Blair, 1994] [Lamonte & Ainsworth, 2001]*

Nun stellt sich die Frage, ob die wachsenden gesundheitlichen Effekte bei vermehrter körperlicher Aktivität auf den Gesamtenergieverbrauch zurückgehen oder aus unterschiedlich intensiven Aktivitäten resultieren. Körperliche Aktivität von höherer Intensität beansprucht einen höheren Energieverbrauch, weshalb Personen mit einem hohen Niveau an Energieverbrauch wahrscheinlich auch vermehrt Aktivitäten von höherer Intensität praktizieren. *[Lee & Paffenbarger, 1996]* Welche gesundheitlich wirksamen Effekte sind also mit **körperlicher Aktivität von leichter, moderater sowie höherer Intensität** verbunden? Paffenbarger & Lee haben diese Fragestellung auf der Basis von Daten der Harvard Alumni Studie hin analysiert. Danach waren Aktivitäten von geringer Intensität (< 4 MET) nicht assoziiert mit einer verringerten Mortalitätsrate, Aktivitäten von moderater Intensität (4 - < 6 MET) erschienen vorteilhaft, während Aktivitäten von höherer Intensität (≥ 6 MET) einen deutlichen Zusammenhang zu verringerter Mortalitätsrate zeigten. In allen Altersgruppen, die Jüngsten ausgenommen, war auch in dieser Studie ein signifikant inverser Trend zwischen dem Gesamtenergieverbrauch und der Mortalität zu sehen. Einschränkend erscheinen jedoch die erhobenen Daten für die Aktivitäten von geringer und moderater Intensität weniger valide als die von höherer Intensität. *[Lee & Paffenbarger, 2000]* Eine Bewertung von 14 qualitativ ausgewählten Studien zeigt, dass eine geringfügige Steigerung der körperlichen Aktivität oder Fitness bei geringer Intensität eine verhältnismäßig größere Verringerung der Mortalität aufweist als eine vergleichbare Aktivitätssteigerung bei höherer Intensität. Danach gewinnen Menschen mit Bewegungsmangel bereits Gesundheitsvorteile, wenn sie insgesamt aktiver werden, beispielsweise durch täglich 30-45 Minuten strammes Gehen. Die Art der Bewegung ist dabei unerheblich, solange der damit verbundene Energieverbrauch vergleichbar ist. Dem zugrunde liegen neun prospektive Studien, bei denen mittels Fragebogen die körperliche Aktivität ermittelt wurde sowie fünf, bei denen die Fitness im Sinne der maximalen Sauerstoffaufnahme mit Hilfe eines Ergometers gemessen wurde und ihre Assoziation zur Mortalität durch koronare Herzkrankheit. *[Blair, 1994]* Damit im Einklang steht auch das Fazit von Haskell: die größten Gesundheitsvorteile gewinnen die am wenigsten Aktiven, wenn sie mit einem moderat intensiven Ausdauer-Bewegungsprogramm beginnen. Veranschaulicht wird dies in Abbildung 19 anhand der Dosis-Wirkungskurve. Sie steht für die beste Schätzung der Beziehung zwischen einer Aktivitätsänderung und der Änderung ausgewählter gesundheitsbezogener Effekte entsprechend der Ausgangsbasis. *[Haskell, 1994]*

Abb. 19   Dosis-Wirkungsbeziehung von körperlicher Aktivität

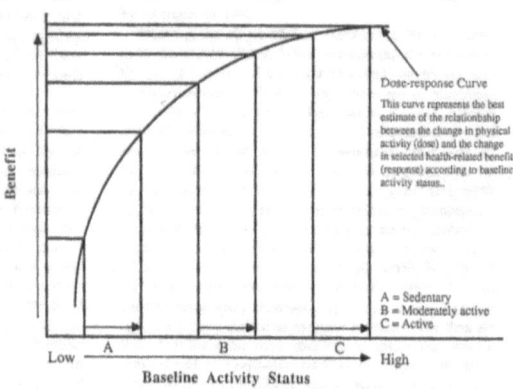

Quelle: Haskell, 1994

Eine Fachgruppe des zuvor erwähnten Symposiums ging zudem der Frage nach, inwieweit **körperliche Aktivität oder körperliche Fitness** für die Gesundheit bedeutsamer ist. Sie berichteten, dass die meisten Studien auf der Grundlage Kategorie C eine inverse Dosis-Wirkungsbeziehung über die Kategorien körperlicher Aktivität hinweg für die meisten Gesundheitsvariablen zeigen, aber es nicht möglich erscheint einen generellen Dosis-Wirkungs-Gradienten zu quantifizieren. Sie berichteten aber auch, dass alle einbezogenen Studien in ihrer Bewertung einen inversen Gradienten über die Fitnesskategorien hinweg für verschiedene Gesundheitsvariablen aufwiesen und dass der Gradient für Fitness steiler verläuft als der für körperliche Aktivität. Der deutlichere Dosis-Wirkungszusammenhang für Fitness wird im wesentlichen auf die bessere Objektivität zurückgeführt, mit der Fitness ermittelt wird. *[Quinney, 2001] [Blair, Cheng & Holder, 2001]* Einige Experten sprechen inzwischen von zwei Arten körperlicher Aktivität – Aktivität, die mit gesundheitlich wirksamen Vorteilen einhergehen und Aktivität zur Verbesserung von Fitness. Dahinter steht die Haltung, dass geringere und wenig intensive Bewegung die Gesundheit verbessern kann respektive mit einem geringeren Morbiditäts- und Mortalitätsrisiko verbunden ist, aber keine Verbesserungen in der Fitness bewirkt. Blair, Cheng & Holder verweisen jedoch darauf, dass jegliche körperliche Aktivität, die das Potential hat eine Veränderung sowohl in Gesundheit wie auch in Fitness zu bewirken, letztlich beide verändert. *[Blair, Cheng & Holder, 2001] [Skinner, 2001]*

Früheren Studien zu folge, waren mehr als 60 % der maximal erreichbaren Herzfrequenz erforderlich, um eine signifikante Verbesserung der Ausdauerleistung zu erreichen. In späteren Arbeiten wurde aber auch deutlich, dass dieses Ergebnis in engem Zusammenhang steht zum Fitnesszustand zu Beginn eines Trainings. Demnach erfordern trainierte Personen eine höhere **Trainingsintensität**, um Verbesserungen zu erreichen. Trainingseinheiten bei geringer und moderater Intensität, also

40 – 60 % der Maximalfrequenz bewirkten vor allem bei nicht trainierten Personen mittleren Alters und älter deutliche Verbesserungen. Gemessen an klinischen Parametern hatten Studienteilnehmer in Studien mit moderat intensiver körperlicher Aktivität weniger Übergewicht, bessere Lipidwerte, und eine höhere Knochendichte, sowie auch günstigere Blutglucosewerte bei Typ II Diabetikern. Die blutdrucksenkende Wirkung fiel bei moderater Intensität körperlicher Aktivität sogar günstiger aus als bei höherer Intensität. Diese Beobachtungen sprechen dafür, dass eine häufigere moderat intensive Aktivität wahrscheinlich ratsamer ist als seltene hochintensive Belastungen. Weitere Studien sind der Frage nachgegangen, inwieweit die **körperliche Aktivität zusammenhängend** erfolgen muss, um einen gesundheitlichen Effekt zu bewirken. Nach deren Ergebnissen ist der durch die körperliche Aktivität verursachte Gesamtenergieverbrauch entscheidend, der das Ausmaß der Verbesserung körperlicher Fitness bestimmt. Die leistungsphysiologische Erfahrung zeigt ebenfalls, dass kardiorespiratorische Fitness nicht nur durch längere ununterbrochene, sondern auch durch mehrere kürzere Belastungen verbessert werden kann, anstatt der 30-Minuten-Aktivität also drei 10-Minuteneinheiten. *[Blair & Connelly, 1996]* In jüngeren Interventionsstudien erwiesen sich längerfristig nicht starre, sondern flexible Bewegungsempfehlungen bezüglich Durchhaltevermögen und auch Gewichtsreduktion bei zuvor Inaktiven erfolgreicher als strukturierte Programme. *[Martin & Marti, 1998]* Bewegungsprogramme bei niedriger bis moderater Trainingsintensität sind einfacher zu beginnen und aufrecht zu halten. Sie sind mit einem geringeren Risiko bezüglich Verletzungen am Bewegungsapparat und kardiovaskulären Ereignissen assoziiert. Zudem erfordern sie eine geringere medizinische Überwachung. *[Skinner, 2001]*

Viele Fragen sind nach Ansicht der Autoren nicht hinreichend geklärt, doch trotz Lücken im Wissen über die Zusammenhänge zwischen körperlicher Aktivität und Gesundheit ist die Evidenz für ein gesundheitsorientiertes Bewegungsverhalten heute so eindeutig und überzeugend, dass international weit akzeptierte Empfehlungen möglich wurden. Der günstige Einfluss körperlicher Aktivität auf verschiedene kardiovaskuläre Risikofaktoren wie etwa Verringerung des Blutdrucks und Verbesserung der Blutlipide ist neben den diskutierten Zusammenhängen von Bewegung und Mortalität dabei ebenso bedeutsam. So wurde - unterstützt von zahlreichen Fachgesellschaften - 1995 ein **Konsensus führender internationaler Experten vom Centers for Disease Control and Prevention und American College of Sports Medicine** publiziert, der wie bereits zuvor erwähnt die bisher größte internationale Beachtung gefunden hat.

Die Empfehlung besagt „adults should accumulate 30 minutes or more of moderate-intensity physical activity on most, preferably all, days of the week" und betont die Vorteile von moderat intensiver körperlicher Aktivität – entsprechend einem zusätzlichen Energieverbrauch durch körperliche Aktivität von etwa 200 kcal pro Tag oder 1400 kcal pro Woche. Moderat intensive körperliche Aktivität (mittlere Intensität) versteht sich hier als Aktivität mit einer Intensität, bei der die Verhältniszahl der metabolischen Rate bei Aktivität und der metabolischen Rate in Ruhe 3-6 beträgt. Jede Tätigkeit also, bei der man zumindest etwas außer Atem, aber nicht unbedingt ins Schwitzen kommt. Das entspricht für die meisten Erwachsenen etwa 30 Minuten zügiges Gehen bei etwa 5,5 km/Stunde. Welche Aktivität dabei favorisiert wird, ist unerheblich. Neben sportlicher Betätigung können viele Alltagsaktivitäten auch in kleineren Zeiteinheiten einen Beitrag dazu leisten. Somit können sich beispielsweise folgende Aktivitäten zum Mindest-Bewegungs-Soll addieren: Treppen steigen anstelle Fahrstuhl fahren, auf kurzen Strecken öfters zu Fuß gehen anstelle Auto fahren, Gartenarbeit, mit Kindern toben. Beispiele für verschiedene körperliche Aktivitäten zeigt nachfolgende Tabelle.

Tab. 9   Verschiedene körperliche Aktivitäten bei unterschiedlicher Intensität

Leichte körperliche Aktivität < 3.0 METs oder < 4 kcal/Min.	Moderate körperliche Aktivität 3.0 – 6.0 METs oder 4 – 7 kcal/Min.	Schwere körperliche Aktivität > 6.0 METs oder > 7 kcal/Min.
Spazieren gehen 1-2 mph	Strammes gehen 3-4 mph	Strammes gehen bergaufwärts
Stationäres Rad fahren <50 W	Freizeit Rad fahren oder zum Transport ≤ 10 mph	Rennrad fahren > 10 mph
Baden	Schwimmen	Schnellschwimmen
Stretchübungen	Gymnastik/Aerobic	Stepaerobic
	Tischtennis	Tennis
Golf mit Transport	Golf ohne Transport	
Bowling		
Fischen, sitzend	Fischen, stehend; mit Netzen	Fischen im Strom
Motorboot fahren	Kanu fahren 2.0-3.9 mph	Zügiges Kanu fahren ≥ 4 mph
Hausarbeit, fegen	Hausarbeit, Reinigungsarbeiten	Möbel rücken
Rasen mähen, Aufsitzer	Rasen mähen, elektrischer Mäher	Rasen mähen, Handmäher
Reparaturarbeiten	Instandhaltung, Anstreichen	

METs = metabolische Rate bei Aktivität im Verhältnis zu metabolischer Rate in Ruhe. Das entspricht einem Energieäquivalent in kcal/Min. von 1,2 für eine 70 kg schwere Person.

Quelle: Pate, Pratt & Blair et al, 1995

Die Empfehlung sieht sich durch Belege bekräftigt, wonach vieles dafür spricht, dass der Aktivitätsumfang wichtiger ist als die Art der Aktivität, wie etwa Intensität und Dauer. Die gesundheitlich wirksamen Effekte scheinen auf die ungefähren Anteile der gesamten körperlichen Bewegungsaktivität zu entfallen, die entweder als Energieverbrauch oder Zeitdauer körperlicher Aktivität in Minuten gemessen werden. Wichtige Anhaltspunkte für die Kausalität der zugrunde liegenden epidemiologischen Datenlage erscheinen hinreichend erfüllt: (1) Wiederholbarkeit und Konsistenz (2) Stärke der Assoziation (3) zeitliche Beziehung (4) Dosis-Wirkungs-Zusammenhang (5) Plausibilität und Kohärenz. Obwohl mehr Forschung als erforder-

lich gilt, um die gesundheitlich wirksamen Effekte von moderater versus intensiver sowie unterbrochener versus kontinuierlicher körperlicher Aktivitäten zu erklären, orientieren sich Public Health Experten der am meisten plausiblen Interpretation der verfügbaren Daten als Leitlinie für Empfehlungen. Die Konsensusgruppe hält dabei folgende Interpretation für am meisten plausibel: *[Pate, Pratt & Blair et al, 1995]*
❖ Kalorienverbrauch und Gesamtzeit körperlicher Aktivität sind assoziiert mit einer verringerten Inzidenz kardiovaskulärer Erkrankungen und Mortalität
❖ es gibt eine Dosis-Wirkungsbeziehung für diesen Zusammenhang
❖ regelmäßige, moderate körperliche Aktivität bewirkt substantielle Gesundheitsvorteile und
❖ periodische Bewegungssequenzen, von zumindest acht bis zehn Minuten, die sich auf 30 Minuten und mehr summieren, bewirken günstige gesundheits- und fitnesswirksame Effekte.

Nach einer Auswertung des Robert-Koch-Instituts im Rahmen des Bundes-Gesundheitssurveys 1998 erreicht nur ein geringer Anteil der deutschen Bevölkerung die minimale Aktivitätsempfehlung der USA. *[Mensink, 1999]*

Auf Angaben zu optimaler Bewegungsdosis weist die Empfehlung der Centers for Disease Control and Prevention und American College of Sport Medicine nicht explizit hin. In dieser Frage ist die Diskussion noch recht offen. Aus der Dosis-Wirkungskurve lässt sich jedoch ableiten, dass die optimale Bewegungsdosis bei einem durch zusätzliche Aktivität induziertem Energieverbrauch wahrscheinlich im Bereich von 1400 kcal und 3000 kcal pro Woche liegt. Der Verlauf im obersten Bereich der Kurve ist wegen kleiner Zahlen bei den sehr Aktiven zwar nicht ganz klar, wird aber teilweise zumindest im Sinne eines wieder abnehmenden Nutzens interpretiert. Den steilsten Verlauf hat die Kurve bei zuvor Inaktiven mit nur sporadisch Aktiven mit jeder Steigerung des Energieverbrauchs. Mit weiter zunehmender Aktivitätssteigerung flacht die Kurve dann immer mehr ab. *[Martin & Marti, 1998]* Hollmann schließt sich der Interpretation von Paffenbarger et al an, die aus ihren Arbeiten schlussfolgern, dass ein gesundheitliches Optimum bei einem wöchentlichen kalorischen Mehrverbrauch von etwa 1500-2000 kcal liegt. *[Hollmann, 1997]* So zeigt Paffenbarger in seiner Alumni Studienpopulation im Hinblick auf die Bewertung des bevölkerungsbezogenen attributablen Risikos, dass das Sterberisiko bei einem wöchentlichen kalorischen Mehrverbrauch von 1500 kcal um 18 % hätte gesenkt werden können. *[Paffenbarger, Kampert, Lee, Hyde, Leung & Wing, 1994]*

Im deutschsprachigen Raum hat man lange vergeblich nach einer vergleichbar publizierten Empfehlung gesucht. Experten der Deutschen Gesellschaft für Sportmedizin und Prävention begründen dies mit der fehlenden Kultur bevölkerungsbezogener Studien, obwohl inhaltlich völlige Übereinstimmung besteht. *[Deutsche Gesellschaft für Sportmedizin und Prävention, 2002]* Erstmalig hat die **Deutsche Gesellschaft für Sportmedizin und Prävention** in 2002 **detaillierte Empfehlungen** zur Beeinflussung von Risikofaktoren und Förderung von Schutzfaktoren durch körperliche Aktivität und Sport unter dem Titel 11:0 für die Gesundheit veröffentlicht. Darin heißt es „Jede Bewegung ist wichtig! Um auf einen aus epidemiologischer Sicht günstigen Kalorien-Umsatz von 1500-2000 kcal/Woche zusätzlich zum Grundumsatz zu kommen, sollte Sport getrieben, aber auch jede Bewegungsmöglichkeit im Alltag genutzt werden (Treppensteigen statt Aufzug, kürzere Strecken zu Fuß statt mit dem Auto etc.). Auch viele kleine Bewegungseinheiten sind kumulativ wirksam". *[Deutsche Gesellschaft für Sportmedizin und Prävention – Sektion Breiten-, Freizeit- und Alterssport, 2002]* In dem die Nutzung aller Bewegungsmöglichkeiten im Alltag betont wird, folgt die Fachgesellschaft der US-amerikanischen Konsensusempfehlung im Verständnis der minimalen Bewegungsdosis. Der Verweis auf einen epidemiologisch günstigen Kalorien-Umsatz von wöchentlich 1500 – 2000 kcal, der über den Minimalwert hinausgeht, findet seine Entsprechung in mehreren erwähnten weit verbreiteten internationalen Reviewpublikationen und kann als optimal angenäherte Bewegungsdosis aufgefasst werden. Die Empfehlung der Deutschen Gesellschaft für Sportmedizin und Prävention hat sich seit ihrem ersten Erscheinen in 2002 bislang jedoch nicht sichtbar als Public-Health-Maxime etablieren können.

Bislang leistet vor allen Dingen eine unüberschaubare Vielzahl von mehr oder weniger strukturierten **gesundheitsorientierten Sportprogrammen** Orientierung zu Konzepten von Empfehlungsmaximen für Interventionen. Sie prägen das Bild der heutigen Struktur von Gesundheitsangeboten. Für bewegungsbezogene Gesundheitsangebote sind in Deutschland vor allem von Bedeutung:
- Schulsport
- Sportverbände und Vereine
- Kommerzielle Anbieter, Fitnessstudios
- Angebote der Erwachsenenbildung
- Betriebliche Gesundheitsförderung.

Die Sportvereine sind dabei die wichtigsten Träger des organisierten Sports in Deutschland. In rund 85 000 Sportvereinen sind etwa ein Drittel der deutschen Bevölkerung organisiert. Die wenigsten Länder verfügen weltweit über ein so umfassendes und ausdifferenziertes Vereinswesen. Mit der Neuregelung des § 20 SGB V im Jahre 1989 erhielt die Gesundheitsförderung einen Bedeutungszuwachs, die mit einer finanziellen Bezuschussung von Gesundheitsförderung durch Sport seitens der Krankenkassen einherging. Vor diesem Hintergrund entstanden viele Ansätze und Kooperationsmodelle der Krankenkassen mit kommerziellen Studios und Instituten, Sportvereinen, Landessportbünden und dem Deutschen Sportbund sowie sportwissenschaftlichen Einrichtungen. Mit der Verabschiedung der Novellierung des § 20 ist diese Entwicklung 1996 eingebrochen, womit der Spielraum und die Ressourcen für Public-Health-Leistungen besonders drastisch eingeschränkt war. *[Rütten, 1998]* Durch das GKV-Gesundheitsreformgesetz 2000 haben die Krankenkassen wieder einen erweiterten Handlungsrahmen erhalten, wenngleich nicht auf dem selben Niveau von vor 1996. *[Arbeitsgemeinschaft der Spitzenverbände der gesetzlichen Krankenkassen, 2001]*

Der Deutsche Sportbund und seine Mitgliedorganisationen haben mit der Verabschiedung der gesundheitspolitischen Konzeption im Dezember 1995 den Bereich „Sport und Gesundheit" zu einer zentralen Zukunftsaufgabe der Verbände und Vereine erklärt. In den Leitlinien wurde die Zielsetzung manifestiert, qualitativ hochwertige gesundheitsorientierte Sportprogramme in Deutschland flächendeckend über die

Entwicklung eines Kommunikations-Modells

Verbände und Vereine anzubieten. Diese Leitlinien betonen insbesondere die Notwendigkeit der Orientierung an Kernzielen sowie einer Sicherung der Qualität der Angebote. Es wurde eine wissenschaftliche Expertise in Auftrag gegeben, die Antworten geben sollte zu den Fragen, welche Qualitäten gesundheitsorientierten Sport im Sportverein auszeichnen, was qualitätsgesicherte gesundheitsorientierte Sportprogramme bedeuten und welche qualitätsgesicherten Programme es gibt. Dies verdeutlichen die gut entwickelten gewachsenen Strukturen und die Vorreiterrolle der Vereine im Bereich des gesundheitsorientierten Sports. Die weiteren Ausführungen orientieren sich deshalb an den gut dokumentierten Bewertungen der vorliegenden Expertise von 1998 und der Bedeutung von gesundheitsorientierten Programmen im Verein. *[Bös, Brehm, Opper & Saam, 1998] [Brehm, Bös, Opper & Saam, 2002]*

Der Deutsche Turnerbund DTB geht davon aus, dass in etwa 10 000 Vereinen rund 50 000 dreimonatige Kurse pro Jahr angeboten werden, womit etwa eine Million Menschen erreicht werden. Die im Auftrag des Deutschen Sportbund erstellte Expertise durch die Autoren Bös, Brehm, Opper und Saam zeigt eine **Ist-Analyse zu Programmen im Gesundheitssport** der Sportverbände und Sportvereine. Es wurde auf der Basis theoretischer und empirischer Befunde eine Profilbildung von Gesundheitssport vorgenommen, indem Kernziele formuliert und begründet wurden. Ein weiterer Ausgangspunkt für die Bewertung von dokumentierten gesundheitsorientierten Angeboten war die Festlegung von fundierten Standards für qualitätsgesicherte Sportprogramme. Der Analyse liegt eine Literaturrecherche und eine Umfrage bei Trägern zugrunde. 100 Programme wurden einer näheren Analyse unterzogen und nach den festgelegten Standards Zielsetzungen, Zielgruppen, Programmstrukturen, Qualifikation der Übungsleiter, In- und externe Vernetzung und Kommunikation, Programmdokumentation, qualitätssichernde Maßnahmen beurteilt. Zusammenfassend folgerten die Autoren, dass die bewerteten Programme ein gutes Bild des Qualitätsstatus von gesundheitsorientierten Programmen im Bereich der Sportverbände und – vereine widerspiegeln. *[Bös, Brehm, Opper & Saam, 1998]*

Die Autoren weisen aber auch auf Schwachstellen, etwa bei den Programmstrukturen, hin. Die Befragung machte deutlich, dass die untersuchten Programmstrukturen nicht nur vielfältig, sondern auch uneinheitlich, manchmal sogar inkonsistent und diffus waren. Die Kernziele wurden nicht konsistent durch Inhalte und Methoden der Programme umgesetzt. Vor dem Hintergrund der in dieser Arbeit aufgeworfenen Problemstellung erwies sich das Programm Stress und Bewegung sowie Ernährung und Bewegung von besonderem Interesse für eine tiefer gehende Analyse. Beide Programme sind im Auftrag des Ministerium für Arbeit, Soziales und Stadtentwicklung, Kultur und Sport (NRW) in Verbindung mit dem Institut für Sportwissenschaft der Universität Bochum entstanden unter der Durchführung des Landessportbund Nordrhein-Westfalen. Es sind theoretisch gut fundierte Praxismodelle für die Prävention von stressbasierten bzw. ernährungsmitbedingten Erkrankungen. Die Zielsetzungen mit ihren Teilzielen und die darauf aufbauenden Inhalte, Übungen und Maßnahmen sowie das didaktisch-methodische Gerüst sind eingehend in einem Materialheft beschrieben. Eine ständige wissenschaftliche Begleitung und weitere Maßnahmen sichern die Qualität dieses gesundheitsorientierten Sportprogramms ab. Dazu gehören vor allem eine spezielle Einweisung und Qualifizierung der Übungsleiter. *[Bös, Brehm, Opper & Saam, 1998] [Beckers, Holz, Jansen, & Mayer, 1992]*

Die am 1. Januar 2000 im Rahmen des GKV-Gesundheitsreformgesetz 2000 in Kraft getretene Neufassung des § 20 SGB V erklärt die Primärprävention als Sollvorschrift zu einer gesetzlichen Aufgabe der Krankenkassen. Diese Regelung sieht eine Budgetierung der Ausgaben für Primärprävention und betriebliche Gesundheitsförderung vor. Sie verlangt effiziente Gesundheitsförderungsstrategien von den Krankenkassen. Vor diesem Hintergrund konzentrieren die Anbieter und Träger von gesundheitsorientierten Sport- und Bewegungsangeboten seither ihre Bemühungen auf Qualitätsoffensiven, die den Kriterien der GKV entsprechen, wie sie im Leitfaden in der Fassung vom 27. Juni 2001 dokumentiert sind. *[Arbeitsgemeinschaft der Spitzenverbände der gesetzlichen Krankenkassen, 2001]* Die Bemühungen des Deutschen Sportbundes mündeten in der Entwicklung des Qualitätssiegels SPORT PRO GESUNDHEIT in Zusammenarbeit mit der Bundesärztekammer, mit dem sich der Sportbund verpflichtet, die hohe Qualität seiner Gesundheitsangebote vor Ort in den Vereinen nach gemeinsamen verbindlichen Grundsätzen sicherzustellen. Die primärpräventiven Programme mit dem Qualitätssiegel SPORT PRO GESUNDHEIT sind nach wissenschaftlichen Kriterien aufgebaute Gesundheitsprogramme, die von den Spitzenverbänden der gesetzlichen Krankenkassen anerkannt sind. Die Kosten für die Teilnahme erhalten die Versicherten ganz oder teilweise erstattet. 2002 sollen **Qualitätssiegel-Angebote** in 5000 Vereinen bestehen. Die Ziele der präventiven Bewegungsprogramme mit dem Qualitätssiegel zielen auf eine Verbesserung des subjektiven als auch objektiven Gesundheitszustandes, Wohlbefinden, Leistungsfähigkeit, Zufriedenheit und Stress-Resistenz. Letztlich geht es darum, einen gesunden Lebensstil zu entwickeln. Insgesamt gibt es bei den Qualitätssiegel-Angeboten drei verschiedene Programme mit speziellen Zielsetzungen und Zielgruppen. *[Emrich, Krause, Schwind Gick & Wedekind, 2002]*

Abb. 20   Qualitätssiegel-Angebote des DSB

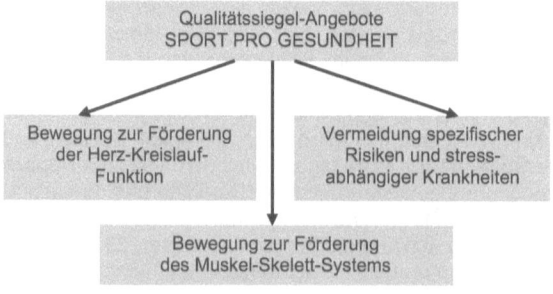

Quelle: Emrich, Krause, Schwind Gick, & Wedekind, 2002

Der Deutsche Sportbund versteht die Idee eines bundesweiten Qualitätssiegels als lernendes System, das laufend weiterentwickelt wird. Langfristig wird außerdem mit einem Einspareffekt im Gesundheitssystem gerechnet. Der Sektor der Gesundheitsdienstleistungen im Bereich Sport und Bewegung erfährt derzeit durch die § 20-Neuregelung eine grundlegende Konsolidierung, die alle Marktteilnehmer zu mehr Qualität im Sinne von Prozess-, Struktur- und Ergebnisqualität verpflichtet. Der Wirksamkeitsnachweis der vielfältigen Programme bleibt dabei fraglich.

4.5.2. Ableitung von handlungsrelevanten Orientierungshilfen zur visuellen Umsetzung

Vor dem Hintergrund der in den vorherigen Abschnitten dieses Kapitels gezeigten empirischen Relevanz gewinnen Interventionen, die Menschen zu einem bewegten Lebensstil führen, im präventiven wie auch gesundheitsfördernden Kontext stärker denn je an Bedeutung. Der Erkenntnisgewinn unterschiedlicher Wissenschaftsdisziplinen hat in den letzten Jahrzehnten die theoretische Fundierung zur Konzeption von Interventionsmaßnahmen deutlich verändert. Im internationalen Bereich findet dies Niederschlag in den weit akzeptierten allgemeinen Empfehlungen des Centers for Disease Control and Prevention. Mit der Empfehlung der Deutschen Gesellschaft für Sportmedizin und Prävention oder auch der Konzeption von SPORT PRO GESUNDHEIT des Deutschen Sportbundes wird dies in den nationalen Ansätzen erst allmählich sichtbar. Bisherige Ansätze basieren stark auf der Tradition des organisierten Sport im Verein und sind auf Gruppenprogramme ausgerichtet mit entsprechend hoher Komplexität der Programmstruktur. Nach Untersuchungen zu Determinanten von körperlicher Aktivität ist die Gruppe – in Abhängigkeit von Gruppenzusammensetzung und Beziehungen zwischen den Gruppenmitgliedern - eine wichtige Komponente, die eine kontinuierliche Trainingsausübung beeinflussen kann. Des Weiteren sind Belastungshöhe und wahrgenommene Anstrengung ausschlaggebend. Dabei gilt eine als mittlere Anstrengung erlebte Belastungsintensität als optimal, um positive Wohlbefindungseffekte zu erzielen. Die genannten Komponenten sind nur ein Teil eines ganzen Bündels kognitiver, biologischer, struktureller und behavioraler Determinanten, die mit der Ausübung einer körperlichen und sportlichen Aktivität in Verbindung stehen. Sportpartizipation ist kein „Alles-oder-Nichts"-Phänomen, sondern ist als kontinuierlicher zeitlicher Prozess und als lebenslanger Balanceakt zu verstehen. *[Pahmeier, 1998]* Die hohe Komplexität der aufgezeigten Gruppenprogramme lässt sich mit den formulierten Anforderungskriterien für die Modellentwicklung nicht in Einklang bringen. Bisherigen Programmen mangelt es häufig an theoretischer Fundierung und einem Wirksamkeitsnachweis und die Ergebnisse neuerer empirischer Befunde finden erst allmählich entsprechende Berücksichtigung. Deshalb konzentrieren sich die weiteren Überlegungen auf die allgemeine Empfehlung des Centers for Disease Control and Prevention sowie die Empfehlung 11:0 für die Gesundheit der Deutschen Gesellschaft für Sportmedizin und Prävention mit einer einfachen Botschaft.

Die Befundlage stützt sich auf die Grundlage der **Bewertung einer minimalen und maximalen grenzwertigen Bewegungsdosis** an körperlicher Aktivität, gemessen als zusätzlicher Energieverbrauch in kcal pro Tag bzw. pro Woche. Der Energieverbrauch wiederum hängt ab von der Intensität und Art der körperlichen Aktivität. Um einen Gesundheit schützenden Effekt zu erzielen, ist eine Minimal-Bewegungsdosis von zusätzlich 200 kcal pro Tag anzusehen – das entspricht etwa 30 Minuten zügiges Gehen bei etwa 5,5 km/Stunde. Als grenzwertige Dosis weist die Datenlage 3000 kcal pro Woche aus. Aktivitäten oberhalb dieses Wertes versprechen keinen Zusatznutzen, können hingegen Schädigungen mit sich bringen. Als gut begründet lassen sich demnach die Bereiche Minimum und Maximum festhalten und eine optimal angenäherte Bewegungsdosis annehmen. Das Minimum kann als Basisaktivitätsniveau verstanden werden, bei der vorwiegend mehr Aktivität im Alltag empfohlen werden kann. Für die Erreichung des optimal angenäherten Bereichs addiert sich zur Basisaktivität der empfohlene Energieverbrauch durch sportliche Aktivitäten hinzu. Der Maximalbereich kann als Grenzbereich aufgefasst werden. Die Pyramidenform schafft günstige Voraussetzungen dieses Konzept visuell zu stützen. Gleichzeitig ist es unabdingbar, dass dem Adressat bewusst gemacht wird, welche Aktivitäten welchem Kalorienverbrauch entsprechen. Der Adressat soll in die Lage versetzt werden, einzuschätzen, wie sich sein Bewegungs-Mix im Idealfall zusammensetzt. Die wichtigsten Alltags- und Sportaktivitäten sollen ersichtlich sein, um möglichst viele unterschiedliche Präferenzen zu berücksichtigen. Dabei werden vorwiegend solche Tätigkeiten mit mittlerer Intensität ausgewählt. Entscheidend ist die Botschaft, dass es keiner großen Anstrengungen bedarf, um einen gesundheitlichen Nutzen durch Bewegung und Sport zu erreichen und die Aktivitäten über den ganzen Tag verteilt in mindestens 10-Minuten-Einheiten erfolgen können. Die Erfahrung bei körperlicher Aktivität mit höherer Belastungsintensität erschwert die Bindung an einen bewegten Lebensstil. Das Wohlbefinden erweist sich bei moderaten Intensitäten als größer, stärkt damit die psychische Gesundheitsressource und erhöht die Bindung an einen bewegten Lebensstil.

Der **Energieumsatz** beruht auf dem Energiebedarf, der sich aus dem Grundumsatz, dem Arbeitsumsatz (Muskelarbeit), der Thermogenese nach Nahrungszufuhr sowie dem Bedarf für Wachstum, Schwangerschaft und Stillzeit ergibt. Der Energiebedarf wird beeinflusst durch Körpergewicht, Alter und Geschlecht. Die präziseste Methode den Energieumsatz zu bestimmen, ist das unter Laborbedingungen international gebräuchliche Verfahren mittels doppelt stabil markierten Wassers. *[Deutsche Gesellschaft für Ernährung, 2000]* Dieses Verfahren, basierend auf der metabolischen Rate der CO_2-Produktion, ist als Gold Standard zwar sehr präzise, aber aufgrund der hohen Kosten in der Anwendung sehr limitiert. *[Lamonte & Ainsworth, 2001]* Gut fundierte Angaben zum Energieverbrauch verschiedener Aktivitäten sind schwerlich zu finden und weisen, bedingt durch unterschiedlich angewendeter Methoden, teilweise erhebliche Differenzen auf. Hinzu kommt, dass die angegebenen gemessenen Tätigkeiten nicht ausreichend exakt klassifiziert sind. So lassen sich unterschiedliche Werte erklären. Dieses Problem wurde in der US-amerikanischen Literatur hinreichend adressiert und mündete in der Entwicklung eines Kompendiums zur Klassifizierung körperlicher Aktivität bei entsprechendem Energieumsatz. Seit der ersten veröffentlichten Version in 1993 wurde dieses Kompendium vielfach in großen Studien verwendet. Das verbessert gerade für jüngere Studien die Vergleichbarkeit der Ergebnisse von Studien auf der Basis von self-reports. Ebenso verweisen die Konsensusautoren der Empfehlung des Centers for Disease and Prevention und des American College of Sports Medicine auf das **Kompendium**, das Forscher, Kliniker und Public Health Praktiker als Referenz nutzen können, um **Beispiele für moderat intensive körperliche Bewegung** zu identifizieren. Inzwischen gibt es eine aktualisierte und deutlich erweiterte Version mit 605 items für Aktivitäten, die jeweils nach unterschiedlichen Intensitäten in METs angegeben werden. Die angegebenen Daten berücksichtigen die jeweils best verfügbaren Quellen von Studiendaten. Die Klassifizierung der METs nach Intensität beruht auf der Einteilung nach Pate et al, wie zuvor bereits ausgeführt:

- leichte Aktivität < 3 MET
- moderate Aktivität 3 - 6 MET
- intensive Aktivität > 6 MET.

Über eine Umrechnung der MET Werte, durch die Multiplikation des Körpergewichts in kg mit dem MET Wert und der Dauer der Aktivität, kann der Energieumsatz, der spezifisch ist für das Körpergewicht einer Person, bestimmt werden. In verkürzter Form kann nach folgender Formel verfahren werden: *[Ainsworth, Haskell & Leon et al, 1993] [Ainsworth, Haskell & Whitt et al, 2000] [Pate, Pratt & Blair et al, 1995]*

$$\text{METs} = \frac{\text{metabolische Rate bei Aktivität}}{\text{metabolischer Rate in Ruhe}} = \text{Energieäquivalent in kcal/Min. von 1,2*}$$

* für eine 70 kg schwere Person.

Für die Pyramidendarstellung sind Aktivitäten ausgewählt, die mittlerer Intensität und gängigen Alltags- und Sportaktivitäten entsprechen. Die in den Tabellen 10 und 11 dargestellten Werte sind dem aktuellen Kompendium von Ainsworth, Haskell & Leon et al entnommen und als Energieverbrauch in kcal berechnet worden. Im Abgleich mit in Deutschland veröffentlichten Daten ergibt sich trotz vereinzelter Abweichungen eine recht gute Übereinstimmung für die ausgewiesenen Aktivitäten. Für den Abgleich wurden verschiedene Buch- und Internetquellen herangezogen, unter anderem Melvin, Hauner & Berg, Institut für Prävention und Nachsorge. *[Melvin, 1997] [Hauner & Berg, 2000] [Institut für Prävention und Nachsorge, 2001]*

Tab. 10 Energieverbrauch von Alltagsaktivitäten

Tätigkeit	Energieverbrauch in kcal pro Min. für eine 70 kg schwere Person	Energieverbrauch in 30 Min. für eine 70 kg schwere Person
Rad fahren <16 m/h	4,8	144
Zu Fuß gehen, spazieren gehen	3	90
Zügig gehen 4,8 m/h	4	120
Allgemeine Gartenarbeit	4,8	144
Treppen steigen	9,6	288
Leichte Hausarbeit	3	90

Quelle: Ainsworth, Haskell & Leon et al, 2001

Tab. 11 Energieverbrauch von Sportaktivitäten

Tätigkeit	Energieverbrauch in kcal pro Min. für eine 70 kg schwere Person	Energieverbrauch in 30 Min. für eine 70 kg schwere Person
Jogging allgemein	8,4	252
Tanzen gemäßigt	3,6	108
Schwimmen	7,2	216
Wandern im Gelände	7,2	216
Tennis und andere Ballspielsportarten	7,2	216

Quelle: Ainsworth, Haskell & Leon et al, 2001

Die daraus resultierenden Vorgaben für die visuelle Gestaltung der Pyramide werden im nächsten Abschnitt beschrieben.

4.6. Pflichtenheft für die grafische Umsetzung Modells

Das Pflichtenheft für die grafische Umsetzung des Modells beschreibt die inhaltlichen und formalen Vorgaben für die Grafikarbeit. In der Praxis werden diese Angaben in der Form eines Briefings erstellt.

Entwicklung eines Kommunikations-Modells 109

Grundlage des Modells ist die Mechanik der Kellogg´s Ernährungspyramide. Dabei handelt es sich um ein Display aus Karton, das sich als dreischenkelige Pyramide aufstellen lässt, siehe Abbildung 21.

Abb. 21 Die Ernährungspyramide als Aufsteller

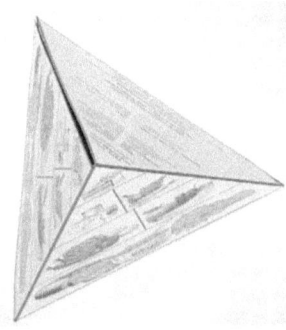

Aufgestellt, bilden die drei spitz nach oben laufenden gleichschenkeligen Dreiecke die Gestaltungsflächen für die Module Ernährung, Bewegung und Stressmanagement, der Boden wird genutzt für Titel, Kurzbeschreibung und Absender. Aufgeklappt ergibt sich innen ein größeres Dreieck, bestehend aus der Fläche der zuvor angeführten Dreiecke. Diese Aufsicht bildet die Gestaltungsfläche für die zusammenhängende Darstellung einer gesundheitsorientierten Lebensführung. Für die Grafikentwicklung der Module Stressmanagement und Bewegung wird das Gestaltungsformat der Ernährungspyramide und die in den vorherigen Abschnitten skizzierten Zielsetzungen sowie Anforderungskriterien zu Grunde gelegt.

4.7. Die Gesundheitspyramide als Kommunikations-Modell für eine gesunde Lebensführung

An dieser Stelle wird das Ergebnis der Entwicklung des neuen Pyramiden-Modells vorgestellt. Die nachfolgenden Abbildungen zeigen das Modell als Aufsteller mit den jeweiligen Gestaltungsansichten in der für die konzeptionelle Bewertung eingesetzten Layoutversion.

Abb. 22 Layoutansicht Bewegung

Abb. 23 Layoutansicht Entspannung

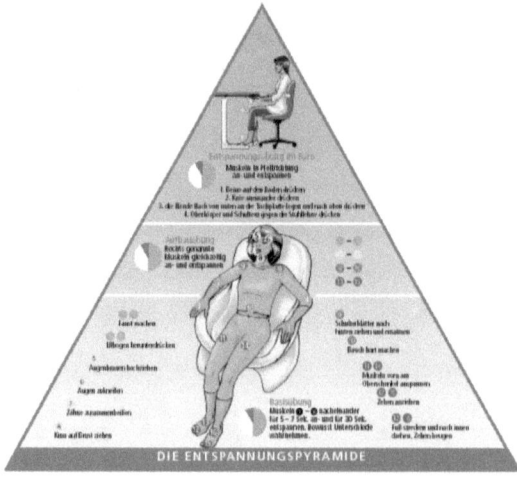

Entwicklung eines Kommunikations-Modells 111

Abb. 24 Layoutansicht Ernährung

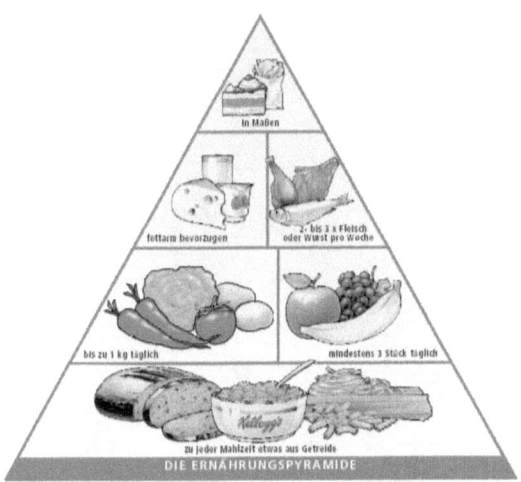

Abb. 25 Layoutansicht der Pyramidenunterseite

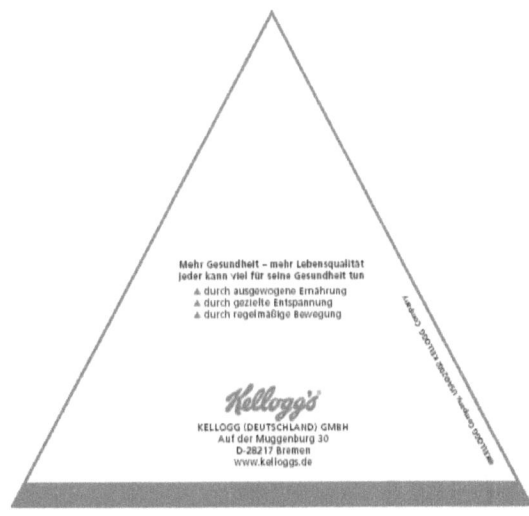

Abb. 26 Layoutansicht der aufgeklappten Pyramideninnenseite

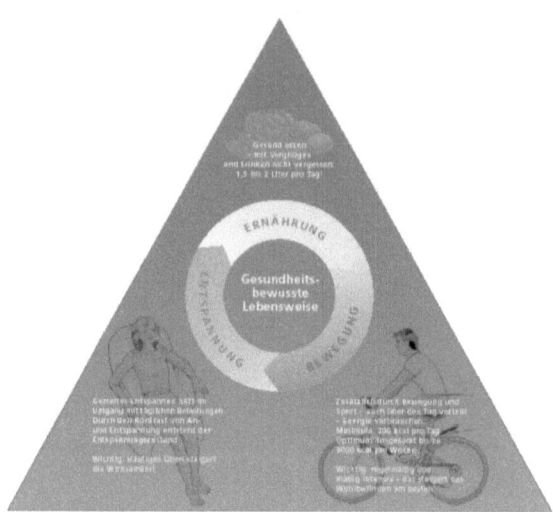

Die beiden folgenden Kapiteln befassen sich mit der empirischen Bewertung der entwickelten Pyramide. In der ersten Untersuchung sollen zunächst Erkenntnisse auf der Grundlage einer konzeptionellen Bewertung durch Ernährungsfachleute hinsichtlich Verständnis, Akzeptanz und Relevanz der gesundheitsbezogenen Inhalte der Pyramide gewonnen werden. Unter Zugrundlegung der Ergebnisse wird eine Optimierung angestrebt. Die sich daran anschließende Studie soll schließlich Aufschluss geben über den praktischen Medieneinsatz durch Multiplikatoren in der Beratungspraxis der Gesundheitsbildung im Rahmen der medizinischen Rehabilitation. Hierbei geht es um die Kernfrage, inwieweit das Medium eine lernwirksame methodisch-didaktische Hilfe bei der Vermittlung einer gesunden Lebensführung im Beratungsprozess leistet und damit die angestrebten Lebensstiländerungen unterstützt.

5. Konzeptionelle Bewertung des Modells aus Expertensicht

In diesem Kapitel geht es um die konzeptionelle Bewertung des in Kapitel 4 entwickelten Modells. Es beschreibt die Durchführung einer Befragung von Experten im Bereich der Ernährungsberatung auf der Grundlage eines explorativen Untersuchungsansatzes. Die Ergebnisse werden abschließend im Hinblick auf die Schlussfolgerungen für die Gesundheitspyramide als Kommunikations-Modell diskutiert.

5.1. Beschreibung der qualitativen Untersuchung

Die folgenden Ausführungen befassen sich mit der Beschreibung der qualitativen Untersuchung im Hinblick auf Ziel und Vorgehen, Stichprobenauswahl sowie Auswertung und Analyse der Daten.

5.1.1. Ziel und Vorgehen

Ziel der Untersuchung ist die Bewertung der Gesundheitspyramide auf der konzeptionellen Ebene bezüglich Verständnis, Akzeptanz und Relevanz der gesundheitsbezogenen Inhalte und Darstellungsform aus Expertensicht. Das entwickelte Kommunikations-Modell wird damit einer praxisnahen Beurteilung und ersten Einschätzung der Praxistauglichkeit durch Multiplikatoren unterzogen.

Qualitative Methoden ermöglichen in hohem Maße den Erfahrungsbereich der Befragten zu erkunden. Hinweise des Befragten können aufgenommen und verfolgt werden. *[Atteslander, 2000]* Es steht die ganzheitliche und problemorientierte Erfassung von Informationen über dem Anspruch der Repräsentativität. Mit der **stimulusgeleiteten fokussierten Interviewform** wird die Konzentration auf ganz spezifische Stimulus-Konstellationen angestrebt, deren Wirkung auf den Befragten im Sinne einer Exploration subjektiver Deutungen analysiert werden soll. *[Kepper, 1996]* Die Rolle der **Experten** bei dem Befragungsansatz hat nicht die Gesamtperson zum Gegenstand der Analyse, d.h. die Person mit ihren Orientierungen und Einstellungen im Kontext des individuellen Lebenszusammenhang, sondern die Person als Funktionsträger innerhalb eines organisatorischen oder institutionellen Kontextes. Die damit verknüpften Aufgaben und Erfahrungen stehen im Zentrum des Interesses. Die Experten bilden eine zu den Adressaten des Pyramiden-Modells komplementäre Handlungseinheit. *[Meuser & Nagel, 1991]* Deshalb eignet sich diese Interviewform besonders dafür, die relevanten Problemdimensionen im Hinblick auf die Akzeptanz des Modells zu erfassen und entsprechend zu deuten bzw. zu verstehen. Die Ergebnisse dienen der Optimierung des neuen Pyramiden-Modells. Dieser Untersuchungsansatz kommt dem **Grundverständnis einer formativen Evaluation** nahe. Sie reflektiert die Kernfrage: Erfüllt der zu evaluierende Gegenstand den ihm zugeschriebenen Zweck, ist also die entwickelte Gesundheitspyramide geeignet das Anliegen einer gesunden Lebensweise zu vermitteln? Eine maßnahmenbegleitende Evaluation dient der Optimierung und fördert Kompetenzzugewinn, die in der Literatur als formative oder vielfach auch Prozessevaluation „Entwicklungsparadigma" bezeichnet wird. Formativ bedeutet in diesem Sinne gestaltend. *[Vogelsang, 1996]* *[Kromrey, 2001]* Weitere Ausführungen und grundlegende Überlegungen zum Verständnis von Evaluation finden sich in Kapitel 6.

Die Daten werden als **teilstrukturiertes Interview** (30 – 45 Minuten) telefonisch mit Hilfe eines Interviewleitfadens erhoben. Die Gesprächsführung ist damit flexibel strukturiert und folgt den offenen Reaktionsmöglichkeiten des zu Befragenden. Die Befragten erhalten vorab das Stimulusmaterial in Form von Pyramiden-Layout und Gesprächsleitfaden zugesendet.

Um die Mitteilungsbereitschaft zu fördern, findet das Interview in einer alltagsnahen, kollegial fachbezogenen Gesprächssituation am Telefon statt. Die Interviewerin verwendet offene Fragen, begleitet von einer offenen oder „weichen" Gesprächsführung, die ermunternd auf die zu Befragenden wirken soll. Das Konzept des weichen Interviews wird in der Literatur beschrieben mit dem Hinweis auf die passive Rolle des Interviewers. Passiv heißt hier nur, dass er selbst nicht viel redet. Es wird angenommen, dass mit dem weichen Interview die Reaktionsmöglichkeiten des Befragten am höchsten sei, somit die Fragen als Stimuli den Erfahrungsbereich des Befragten eröffnen und zugleich Hinweise liefern auf Betroffenheit und Relevanz geäußerter Meinungen. Zudem fördere eine von Sympathie getragene Beziehung zwischen Interviewer und zu Befragenden am ehesten die Offenheit des Befragten, seine Gefühle und Meinungen ohne Angst vor Vorwürfen zu äußern. *[Atteslander, 2000]*

Um für eine spätere Auswertung der Interviews alle Daten zur Verfügung zu haben, werden die Interviews auf Tonträger aufgezeichnet. Ein im Vorfeld erstellter stimulusgeleiteter Interviewleitfaden, wie aus Anlage 1 ersichtlich ist, dient als Orientierung. Er gliedert sich neben der Einleitung in drei Teile. In der Einleitung werden vor dem Fragebeginn organisatorische Informationen gegeben, um möglichen Unklarheiten entgegen zu treten. Neben der Vorstellung des Interviewers werden Untersuchungsziele und Gesprächsthema sowie Dauer und Aufbau des Gesprächs erläutert. Es wird um Genehmigung zur Aufzeichnung gebeten, die nur zu Auswertungszwecken bestimmt ist. Ferner wird nach der Ausbildung, beruflichen Tätigkeit und Berufserfahrung des Interviewten gefragt. In Teil 1 werden Fragen zum Verständnis und Verständlichkeit der Gesundheitspyramide gestellt. Teil 2 umfasst Fragen zur Akzeptanz im Hinblick auf Gefallen, Sympathie einerseits und Inhalt, Plausibilität, Überzeugungskraft andererseits. In Teil 3 wird nach der Einschätzung zu Relevanz und Nutzen der Pyramide gefragt. Diese fokussierte, inhaltliche Struktur soll eine gute Vergleichbarkeit zwischen den einzelnen Interviews ermöglichen. Nach Ende des Interviews wird ein Postscriptum angefertigt, in dem die für die Auswertung und Analyse relevanten Aspekte festgehalten werden.

5.1.2. Beschreibung der Stichprobe

Die Erfassung von Akzeptanz, Relevanz und Nutzen des neu entwickelten Kommunikations-Modells bei Multiplikatoren ist Gegenstand der Untersuchung. Da sich das Modell an die im Ernährungssektor weit verbreitete Ernährungspyramide anlehnt, richtet sich die Befragung an **Fachleute in der Ernährungsberatung.** In diesem Bereich gibt es weitreichende Erfahrungen im Umgang mit visuellen Darstellungsformen, wie dem Ernährungskreis oder der Ernährungspyramide, die vorzugsweise in der Beratungs- und Aufklärungsarbeit eingesetzt werden. Es ist zu erwarten, dass Fachleute, die mit diesem Instrument vertraut sind, eine realistische Einschätzung hinsichtlich der Praxistauglichkeit des neuen Pyramiden-Modells geben können. Daran will die Untersuchung gezielt anknüpfen und die Auswahl der Befragten ausrichten. Darüber hinaus ist das gewählte Vorgehen in einem leichteren Zugang und einer besseren Kenntnis der Befragungsgruppe begründet. Deren gute Kenntnis wiederum erleichtert die Gesprächsführung und sichert damit Vorteile für die Güte der erhobenen Daten.

Es wird eine Fallzahl von n=14 zugrunde gelegt. Diese orientiert sich an der gängigen Praxis von explorativen Studien in der Marktforschung, wonach eine Stichprobe etwa für Tiefeninterviews in der Größenordnung von 8-10 Personen aussagefähige Ergebnisse erwarten lässt. Die Bestimmung der Stichprobengröße folgt dabei der psychologisch-funktionalen Repräsentativität als zentrales Qualitätskriterium. Sie steht und fällt nicht mit der Zahl der explorierten Fälle, sondern mit der Güte und Tiefe der Exploration und ihrer analytischen Durchdringung. *[Grünewald, 1998]* Als Auswahlkriterien für die qualitative Stichprobe sind Ausbildung, berufliche Tätigkeit und Berufserfahrung definiert. Die Untersuchungspersonen müssen eine Fachausbildung absolviert haben, in der Ernährungsberatung tätig sein und über Berufserfahrung verfügen. Die qualitative Stichprobe wird darüber hinaus unterteilt in Untersuchungspersonen, die freiberuflich in der Beratung arbeiten und Befragte, die als Ernährungsberater in Institutionen angestellt sind. Diese Unterteilung könnte Aufschluss darüber geben, ob aufgrund des Bezugssystems der beruflichen Tätigkeit Unterschiede auftreten, die wichtige Hinweise für die Schlussfolgerungen liefern.

Für die Auswahl der Befragten dient ein seit 1995 aufgebauter Adressenpool der Firma Kellogg's, der eine genaue **Selektion** von Adressen nach den gewählten Auswahlkriterien ermöglicht. Dabei handelt es sich um Nutzer und Anwender von Informations- und Beratungsmaterialien für Fachkräfte, wozu vor allem Oecotrophologen, Diätassistenten, Mediziner und Lehrkräfte gehören. Interessierten Fachkräften steht ein umfangreiches Angebot an Beratungsmaterialien zur Verfügung, wozu auch die Ernährungspyramide gehört. Bei Anforderung erfolgt eine entsprechende Erfassung im Adresspool. Inzwischen sind mehr als 15000 Fachkräfte als Nutzer und Anwender in der Datenbank registriert. Die Stichprobe ist aus diesem Datenbestand zufällig ausgewählt worden. Bei der Ansprache der Untersuchungsperson werden die Angaben zu den Auswahlkriterien validiert.

5.1.3. Auswertung und Analyse der Daten

Neben der systematischen Auswertung im Sinne einer entsprechenden Transkription und Organisation der erhobenen Daten, steht hier vor allem die konzeptionelle Auswertung, also die Erklärung und Interpretation der Daten, im Mittelpunkt der Betrachtung.

Für die Auswertung und Analyse findet die **qualitative Inhaltsanalyse** Anwendung, die sich als interpretativ ausgerichtete Analysenmethode kommunikativer Texte versteht. Das eigene Erkenntnisinteresse definiert dabei die Auswahl eines geeigneten inhaltsanalytischen Verfahrens. In der Literatur finden sich entsprechende Hinweise und Entscheidungskriterien zusammengefasst. Danach orientiert sich die hier zu Grunde gelegte inhaltsanalytische Methode an dem Ansatz der Strukturierung, bei der inhaltliche Aspekte nach bestimmten Ordnungskriterien heraus gefiltert und systematisiert werden. Durch dieses Vorgehen erfolgt eine Konzentration auf die stimulusgeleiteten Problemdimensionen. Das Strukturierungsraster leitet sich aus den thematischen Schwerpunkten des Leitfadens ab und dient der Kategoriebildung und Systematisierung des Erkenntnisgewinns hinsichtlich der Akzeptanz des Modells. Alle relevanten Daten bei der Analyse und Interpretation werden einem permanenten Rekonstruktionsprozeß unterworfen. Die **Auswertung** erfolgte in vier Phasen:

Transkription: Die aufgenommenen Interviews werden in die schriftliche Form inhaltsgetreu übertragen. Zur Fehlerkorrektur wird das Transkript mit der Aufzeichnung abgeglichen.

Einzelanalyse: Die einzelnen Interviews werden auf prägnante Passagen und wichtige Inhalte gekürzt. Auf Basis des ursprünglichen Transkriptes werden diese Passagen interpretiert und eine erste Charakterisierung relevanter inhaltlicher Dimensionen vorgenommen.

Generalisierende Analyse: Auf der Einzelanalyse aufbauend wird eine Betrachtung dieser Inhalte über alle Untersuchungsfälle hinweg vorgenommen. Die Interviews werden auf Gemeinsamkeiten hin untersucht und die inhaltlichen Unterschiede heraus gearbeitet. Eine konkrete Zuordnung der Detailinhalte zu Kategorien als eine Reihe von kennzeichnenden Merkmalen wird vorgenommen. Sie spiegeln das für den Untersuchungszweck Wesentliche, Charakteristische wider. Die Informationen werden so systematisiert und klassifiziert, dass charakteristische Inhalte der Interpretation zugänglich sind unter Vermeidung zu starker Verdichtungsmechanismen.

Kontrollphase: Abschließend wird das vollständige Transkript mit den Originalaufnahmen nochmals abgeglichen. *[Meuser & Nagel, 1991] [Kepper, 1996]*

5.2. Ergebnisse der Expertengespräche

Die Ergebnisse der Expertenbefragung werden entsprechend der Befragungsstruktur dokumentiert. Für die Ergebnisdarstellung wird eine ausführliche Darstellungsform gewählt, die einem besseren Verständnis der Bewertung auf konzeptioneller Ebene dienen soll. Für die gebildeten Antwortkategorien sind aussagefähige Merkmale zusammengefasst und in Tabellenform dokumentiert.

5.2.1. Berufsbezogene Merkmale der Stichprobe

Als Auswahlkriterien für die Stichprobe sind Ausbildung, berufliche Tätigkeit und Berufserfahrung definiert. Die Tabelle 12 beschreibt die erhobenen berufsbezogenen Merkmale der Stichprobe.

Tab. 12 Berufsbezogene Merkmale

Berufsbezogene Merkmale	Häufigkeit
Berufliche Qualifikation	
Diplom-Oecotrophologin	3
Diätassistentin/staatlich geprüfte Ernährungsberaterin/Diabetesberaterin	8
Gesundheitspädagogin	1
Arzt/Ernährungsmediziner	1
Ernährungsberaterin (Dt. Fitness und Aerobic Verband)	1
Berufserfahrung in Jahren	
Unter 5 Jahren	1
5 – 10 Jahre	6
10 – 15 Jahre	4
über 15 Jahre	3
Arbeitsverhältnis	
Angestellt	6
Freiberuflich	7
Angestellt und freiberuflich	1
Arbeitgeber Angestellte	
Klinik, Reha-Einrichtung	4
Gesundheitszentrum	1
Arztpraxis	1

Die Gruppe der Befragten stammt aus ganz Deutschland und erfüllt alle definierten Auswahlkriterien. Alle Befragten sind als Fachkräfte in der Ernährungsberatung seit mehreren Jahren tätig. Das Spektrum der beruflichen Qualifikation umfasst als stärkste Gruppe Diplom-Oecotrophologinnen und Diätassistentinnen mit Zusatzqualifikation als Ernährungs- oder Diabetesberaterin. In zwei Fällen wurde auf die Frage nach der beruflichen Qualifikation Gesundheitspädagogin und Arzt/Ernährungsmediziner angegeben. Die Untersuchungsgruppe zeigt ein weitgehend typisches Bild der beruflichen Qualifikation von Personen, die in der Ernährungsberatung tätig sind.

Die Befragten verfügen größtenteils über eine langjährige Berufserfahrung. 10 von 14 Experten sind bereits zwischen 5 und 15 Jahren im Beruf. Es ist zu erwarten, dass die Untersuchungsgruppe ein hinreichend kompetentes Urteilsvermögen zum Untersuchungsgegenstand besitzt.

Die Untersuchungsgruppe setzt sich zusammen aus sechs Personen, die im Angestelltenverhältnis in verschiedenen Institutionen arbeiten und sieben Personen, die freiberuflich tätig sind, sowie einer Person mit gemischtem Arbeitsverhältnis. Die angestellten Ernährungsberater arbeiten vorwiegend im Krankenhaus bzw. Reha-Einrichtung, aber auch im Gesundheitszentrum und in der Arztpraxis. Damit sind die berufsbezogenen Merkmale in der Stichprobe recht homogen verteilt und gewährleisten so eine günstige Ausgangsbasis für die Aus- und Bewertung der Untersuchung.

5.2.2. Verwendung Ernährungskreis und Ernährungspyramide

Vor dem Befragungsteil zur Akzeptanz des neuen Modells wurden die Experten nach der bisherigen Verwendung der gängigsten Ernährungssymbole - Ernährungskreis und Ernährungspyramide - in ihrer Berufspraxis befragt. So konnten Informationen über die bestehenden Präferenzen und Motive für die Verwendung von Ernährungskreis bzw. Ernährungspyramide gewonnen werden. Auf diese Weise sollte deutlich werden, vor welchem Erfahrungshintergrund die Beurteilung des neuen Modells erfolgt und welchen Stellenwert man dem Pyramiden-Format gibt. Außerdem kann geprüft werden, inwieweit Aussagen in Kapitel 3 zur dominierenden Stellung der Pyramide mit den vorliegenden Ergebnissen übereinstimmen.

Die in Tabelle 13 veranschaulichten Ergebnisse zeigen, dass nahezu alle Befragten mit den Symbolen Ernährungskreis und Ernährungspyramide arbeiten, wobei die Verwendungshäufigkeit der Pyramide klar überwiegt. Häufig arbeiten die Experten mit beiden Symbolen, wobei die Pyramide von einer klaren Mehrheit bevorzugt eingesetzt wird. Das Symbol Pyramide wird nach Angaben der Befragten vor allem aus Gründen der Anschaulichkeit, Verständlichkeit und optischen Prägnanz sowie Beliebtheit bevorzugt eingesetzt. Die Elemente der Pyramide sind aus Sicht der Experten leichter zu erkennen und prägen sich für den Adressaten besser ein. Damit wird die Hauptbotschaft der Pyramide für den Adressaten, hier auch als Laie bezeichnet, klarer, welche Lebensmittelgruppen in welchen Proportionen gegessen werden sollen. Eine Befragte differenziert die Verwendung der Symbole entsprechend der Zielgruppe Erwachsene und Kinder. Während sie bei den Erwachsenen die Pyramide bevorzugt, hat sich in ihrer Arbeit mit Kindern dagegen die Symbolik „Tortenstücke" beim Ernährungskreis als vorteilhafter erwiesen. In welchen Situationen und wie die Pyramide eingesetzt wird, ist den Angaben zu folge recht unterschiedlich. Danach setzen die Experten die Pyramide gerne als Einstieg und zur Übersicht in der Beratung ein. Der Einsatz erfolgt als Folie sowie als Tischaufsteller oder Blattvorlage in Einzel- und Gruppenberatungen mit Diabetikern, Übergewichtigen und in Kursen zu gesunder Ernährung allgemein.

Aus den Angaben wird deutlich, dass die **Pyramide** eine **zentrale Bedeutung** in der Beratung hat. Für die Vermittlung von Ernährungsempfehlungen wird sie von den Befragten weithin geschätzt. Das lässt eine positive Offenheit und Aufgeschlossenheit für die Gesundheitspyramide erwarten.

Konzeptionelle Bewertung aus Expertensicht 119

Tab. 13   Verwendung Ernährungskreis und Ernährungspyramide

	Verwendung Ernährungskreis	Verwendung Ernährungspyramide	Bevorzugte Verwendung?	Warum?	Einsatz in welchen Situationen?
Frau A.	Ja	Ja			Einsatz Pyramide bei Diabetikerberatung, Gewichtsreduktion, gesunde Ernährung allgemein.
Frau S.	Nein	Ja	Pyramide	Stellt die Aufteilung von Kohlenhydraten, Fett, Eiweiß bzgl. Ernährungsrelevanz am besten dar. „Ist sehr beliebt".	In Gruppenkursen als Einstieg, in Kinderkochgruppen.
Frau P.	Ja	Ja	Pyramide	„Gebe lieber Pyramide mit als kopierte Ernährungskreise".	
Frau T.	Nein	Ja	Pyramide	Ist größer und anschaulicher. Ist nicht so überfüllt wie Kreis.	
Frau H.	Ja, ab und zu mal	Ja	Pyramide	Kann man in der Hand halten; mit nach Hause nehmen, ist anschaulicher, empfohlene Lebensmittelproportionen sind besser zu erkennen.	Einsatz ist ganz unterschiedlich und individuell; auch als Folie in Kursen zur Übersicht. Einsatz nicht immer je nach Vorkenntnissen.
Herr L.	Nein	Ja	Pyramide	Ist optisch besser zu erkennen, was mehr bzw. weniger gegessen werden soll; im Kreis sind Proportionen schwer zu erkennen.	
Frau T.	Nein	Nein			
Frau J.	Ja	Ja	Beides hat Vor- u. Nachteile	Vorteil Kreis: Fette und Öle sind extra, Bedeutung Milchprodukte besser heraus gestellt. Vorteil Pyramide: Einteilung der Lebensmittel auf ersten Blick deutlicher zu erkennen „oben wenig, unten am meisten".	

Kapitel 5

	Verwendung Ernährungskreis	Verwendung Ernährungspyramide	Bevorzugte Verwendung?	Warum?	Einsatz in welchen Situationen?
Frau N.	Ja	Ja	Pyramide bei Erwachsenen; Kreis bei Kindern.	Mit einem Kreis können Kinder sehr viel anfangen; „Symbolik Tortenstücke" hilfreich.	Einsatz für grobe Erklärungen zu Beginn der Ernährungsberatung der Brecon Pyramide mit Einteilung der Nährstoffträger; zur Vertiefung Einsatz der aid Pyramide mit Mengenangaben.
Frau R.					
Frau S.	Ja	Ja	Kreis	Aus Gewohnheit; aus vorheriger Tätigkeit wurde auch mit Pyramide gearbeitet.	
Frau H.		Ja			Verwendung als Folie in Kursen, als Tischaufsteller nicht.
Frau C.	Nein	Ja	Pyramide	Anschaulichkeit, „man kann sich den Mund fusselig reden, aber wenn man so was nettes in der Hand hat, dass geht immer besser".	Als Einstieg in der Beratung mit Diabetikern.
Frau B.	Ja	Ja	Pyramide	Die Bausteine der Pyramide lassen sich besser einprägen, gerade für ältere Menschen.	

Freies Feld = keine Angabe

5.2.3. Verständnis, Akzeptanz und Relevanz/Nutzen

Entsprechend dem Interviewleitfaden wurden die Interviews nach drei Befragungsschwerpunkten eingeteilt, die gleichzeitig die inhaltliche Struktur der Auswertung abbildet. Diese themenzentrierte Gesprächsführung konnte in allen Interviews eingehalten werden. Manche Aspekte wurden seitens der Befragten sehr eingehend reflektiert, andere dagegen sehr oberflächlich oder gar nicht. Dennoch ist das Antwortspektrum der gebildeten Kategorien bezogen auf die Gesamtbefragung gut ausgeglichen. Die nachfolgenden Tabellen dokumentieren die Ergebnisse zu den Fragen nach Verständnis, Akzeptanz und Relevanz/Nutzen der Gesundheitspyramide.

In der Tabelle 14 sind die Ergebnisse zum ersten Befragungsteil **Verständnis** zusammengestellt. In diesem Zusammenhang interessierte, welche Hauptbotschaft das Pyramiden-Modell vermittelt, welche Informationen primär wahrgenommen werden und wie verständlich die befragten Experten die gegebenen Informationen finden. Dem zu folge äußerten die Befragten einhellig, dass sie als Hauptbotschaft den ganzheitlichen Ansatz erkennen „Ernährung, Bewegung und Entspannung sind gleichermaßen wichtig für die Gesundheit". Nach Ansicht der Befragten vermittelt die Pyramide Gesundheit als Gesamtheit von Bewegung, Ernährung und Entspannung. Die von den Experten geäußerten primär wahrgenommenen Informationen bekräftigen dies. An dieser Stelle wurden vereinzelt Angaben zu den primär wahrgenommenen Informationen der einzelnen Themenfelder gegeben, wie etwa „zeigt, wie einfach und wie wenig Aufwand nötig ist, sich zu entspannen, wie wichtig Alltagsbewegung für die heutige Lebensführung ist und wie wichtig, Vielseitigkeit und das richtige Mengenverhältnis der Lebensmittel sind".

Die Ergebnisse zeigen, dass ein grundlegendes Verständnis des ganzheitlichen Ansatzes besteht und das Anliegen der Pyramide von den befragten Beratungskräften rezipiert wird. Im Hinblick auf die Verständlichkeit sind jedoch in allen Äußerungen Probleme erkennbar geworden. Die Befragten äußerten, dass die dargestellten Informationen generell nicht unverständlich wirken, aber der Informationsgehalt für den Laien stellenweise unklar ist und nicht so leicht auf einen Blick, wie bei der Ernährungspyramide, zu erfassen ist. „Unübersichtlich, zu viel Geschriebenes, enthält viele Elemente, zu klein, überladen, bedarf viel Erklärung" wurde mehrfach kritisch angemerkt. Die Laien müssten sich mehr damit auseinandersetzen, wovon nicht unbedingt auszugehen ist „die gucken drauf und das ist denen zu anstrengend". Die überwiegenden Anmerkungen der Befragten bezogen sich ganz konkret auf einzelne unverständliche oder schwer nachvollziehbare Elemente der Module Bewegung, Entspannung, und Ernährung des neuen Modells. Die angesprochenen Kritikpunkte bezogen sich am häufigsten auf den Bereich Bewegung, dicht gefolgt von der Entspannung und Ernährung. Rund ein Drittel der Befragten hielt die Pyramidenansicht Bewegung für verständlich bzw. überwiegend verständlich, ihre Kritik fokussierte sich auf den Entspannungsteil. Für ein weiteres Drittel verhielt sich dies genau umgekehrt. Für sie war das Modul Entspannung verständlich bzw. weitgehend verständlich und die Kritik konzentrierte sich auf das Bewegungsthema. Die anderen Befragten äußerten sich eher allgemein. Aus den Gesprächen wurde allerdings auch deutlich, dass einige keinen Zugang zu dem Thema Entspannung haben und es von daher an Einschätzung mangeln könnte. Die einzelnen Kritikpunkte zur Verständlichkeit der Gesundheitspyramide sind der Tabelle 17 zu entnehmen, auf die im Zusammenhang mit den angemerkten Verbesserungsvorschlägen und Schlussfolgerungen im hinteren Kapitelabschnitt näher eingegangen wird.

Konzeptionelle Bewertung aus Expertensicht

Tab. 14 Exploration Verständnis

Exploration Verständnis	Hauptbotschaft/ Primär wahrgenommene Informationen	Verständlichkeit
Frau A.	Will gesunde Lebensweise vermitteln.	Persönlich verständlich, aber für Laien zu kompliziert. Patient wünscht sich Information zu Kalorienverbrauch bei Sport, aber Angabe oben in der Spitze ist überflüssig. Durchschnittspatient kommt nicht über 3000 kcal. Das mutet zwanghaft an. Die unteren beiden Teile sind akzeptabel. Pyramidenansicht Entspannung sehr schwierig, erfordert viel Konzentration zum lesen, wirkt nicht motivierend.
Frau B.	Es kommt nicht nur auf Ernährung an, sondern auch Entspannung und Fitness sind wichtig.	Ernährung und Bewegung verständlich, vermutlich Entspannungsteil problematisch. Mit diesen Punkten „der Laie versteht das nicht".
Frau C.	Gesunde Lebensweise steht im Zusammenhang zu Ernährung, Bewegung und Entspannung.	Persönlich verständlich. Modul Bewegung für Laien etwas unverständlich, Zuordnung Aktivitäten und Kalorienverbrauch nicht deutlich. Bei Entspannung verständliche Darstellung gelungen z.B. „so nette Dinge wie Augenbrauen hochziehen, dass kommt gut, denke ich mir".
Herr L.	Die drei Bereiche gehören zusammen.	Wirkt nicht unverständlich, aber bedarf viel Erklärung, die Ernährungspyramide ist eindeutiger. „Also, es ist alles ok, was drauf ist, man muss natürlich sich richtig hinsetzen". Entspannung ist ok, wird vom Befragten jedoch nicht vermittelt.
Frau H.	Ernährung, Bewegung und Entspannung sind gleichermaßen wichtig für die Gesundheit. Man soll sich auch über Entspannung und Bewegung Gedanken machen.	Oberer und unterer Teil ist klar verständlich, Aufbauübung nicht umsetzbar „das habe ich dann mal probiert ...wie ich das gleichzeitig machen soll, das habe ich nicht geschafft". Pyramidenspitze unverständlich „da habe ich gedacht, was sagt das jetzt aus?". Bezugsgröße sehr klein unten, wird gerne übersehen. Empfehlung und Kalorienverbrauch pro 30 Min. liegen weit auseinander, wirkt abschreckend.
Frau J.	Man braucht alles, um gesund und fit zu sein für Seele, Körper und Geist. Entspannung ist auch sehr wichtig für den Körper - auch das braucht man täglich.	Beim Entspannungsteil steht zu viel und ist zu klein, „das könnte einen schon abschrecken". Übungen im Büro, Aufbauübungen ok, unübersichtlich bei den Basisübungen. „Der Laie will was sehen, will es sofort kapieren, dann macht er es nach, muss er ganz überlegen, ist es ihm zu viel". Bei Bewegung war nicht direkt klar, dass 30-Minutenskala auch für die Pyramidenmitte gilt. Enthält auch viel Elemente. Ansonsten verständlich.
Frau H.	Vermittelt Ganzheitlichkeit „Das einfach halt alles zusammengehört".	Teile der Pyramide nicht direkt verstanden, Rest ok, aber kompliziert für Laien. Viele können sich mit Frau von 60kg nicht identifizieren „da werden die Ersten das Ding schon aus der Hand legen". Es bedarf einer Auseinandersetzung, sehr überladen. Bei Ernährungspyramide besser, da direkt zu sehen, was man tun soll, was nicht.
Frau R.	Stellt die Kombination von Ernährung, Bewegung und Entspannung dar.	Orientierung schwierig, beim Betrachten der Spitze wird erst unten klar, worum es geht, Problem mit der Kalorienzuordnung. Für Laien schwer zuzuordnen. Hält Darstellung für verständlich, hat selbst keinen Bezug dazu. „zu jeder Mahlzeit etwas aus Getreide" für Mittagessen problematisch, da Kartoffeln zu Gemüse zählt.

Kapitel 5

Exploration Verständnis	Hauptbotschaft/ Primär wahrgenommene Informationen	Verständlichkeit
Frau N.	Vermittelt einen ganzheitlichen Ansatz - eine Kombination von Ernährung, Bewegung und Entspannung. Es sind Übungen der Progressiven Muskelentspannung dargestellt. Es geht um Bewegung und Kalorienverbrauch; Bewegung führt zu einem Mehrverbrauch von Kalorien.	Formulierung „etwas aus Getreide" missverständlich, könnte aufgefasst werden, sich hier zurück zu halten. Gewagt, die Darstellung Entspannung ohne Anleitung einzusetzen. Als Ergänzung ok, „dann kann man das natürlich als gute Gedächtnisstütze mitgeben". Unterschied deutlich machen zwischen Bewegung und Sport ist ok. Aber unverständlich die Aussage 1400 plus 1600 Kalorien pro Woche durch Sport zusätzlich verbrauchen. Bezug der Zeitskala zur Mitte nicht deutlich. Hinweise bei Bewegung demotivierend z.B. ruhiges Schwimmen 150kcal also 9mal pro Woche, „da fangen die Leute einfach nicht an. Die sind überfordert". Vorsicht vor Überlastung „Wie soll ein Laie erkennen, dass er sich überlastet?"
Frau P.	Bewegung, ausgewogene Ernährung gehören zum gesunden Leben dazu. Auf Bewegung im Alltag achten und Herz-Kreislauftraining ist ideal, um Gesundheit zu schützen und wieviel Kalorien das verbraucht. Bewusst machen das zur Anspannung auch Entspannung gehört.	Für sich persönlich plausibel, kritisch bei Laien „die gucken drauf und das ist denen zu anstrengend". Die Pyramide ist nicht unverständlich, aber sie erfordert eine Auseinandersetzung, kann nicht mit einem Blick erfasst werden.
Frau S.	Gesundheit, Wohlfühlen und Ernährung sind miteinander verbunden.	Manche Sachen unklar, z.B. der Kreis als Zeitsymbol. Unübersichtlich, zu viel Geschriebenes im Dreieck. Pyramide wurde 6 Laien gezeigt, erst beim Aufklappen wurde Botschaft klar. Rote Farbe des Innenteils wird als störend empfunden; Assoziation Blut. „man muss erklären, was es ist". „Sie fanden es schon gut, dass es ein komplettes Thema ist.
Frau S.	Bewegung, Entspannung und Ernährung bilden eine Einheit. Zeigt, wie einfach und wie wenig Aufwand nötig ist, sich zu entspannen. Wie wichtig Alltagsbewegung für heutige Lebensführung ist. Zeigt Vielseitigkeit und Mengenverhältnisse der empfohlenen Lebensmittel.	Wortwahl „gleichzeitig angezeigte Muskelgruppen an- und entspannen" missverständlich. Uhr-Darstellung irritierend, Farben könnten irrtümlich mit Farbflächen der Muskelgruppen in Verbindung gebracht werden. 1kg Gemüse für Verbraucher nicht nachvollziehbar.
Frau T.	Vermittelt Gesundheit als Gesamtheit von Bewegung, Ernährung und Entspannung.	Für Fachkräfte verständlich, jedoch schwer für Klienten zu verstehen „die würden das nicht kapieren". Die Angabe in der Spitze gefällt nicht, könnte verwirren „Wie, darf ich da nur 3000 Kalorien pro Woche essen?". Angegebene Menge bezogen auf Zeitraum nicht deutlich genug, Gemüsemenge abschreckend.
Frau T.	Ernährung, Bewegung und Entspannung – alles drei zusammen ist wichtig.	Beim Bewegungsteil werden die Wenigsten Probleme haben. Bei Entspannung selbst zunächst Orientierungsprobleme „Die Umsetzung oder der Rat das zu tun, mit Sicherheit sehr gut, aber die Veranschaulichung finde ich ein bisschen schwierig". „Die möchten einfach ein großes Bild und dann verstehen die das also viel, viel besser".

Konzeptionelle Bewertung aus Expertensicht

Der zweite Befragungsteil umfasste einen Fragenkomplex zur **Akzeptanz** der entwickelten Gesundheitspyramide, dessen Ergebnisse der Tabelle 15 zu entnehmen sind. In diesem Zusammenhang interessierte, wie den Befragten das Konzept und die Darstellung gefällt, was ihre spontanen Eindrücke sind und wie Art und Umfang, Plausibilität sowie Vertrauens- und Glaubwürdigkeit der gegebenen Informationen beurteilt werden. Bis auf eine ablehnende Haltung gaben alle Befragten dem Konzept ihre deutliche Zustimmung. Rund die Hälfte beurteilte das Konzept als sehr gut, die anderen Befragten urteilten mit gut und zustimmenden Anmerkungen. Demzufolge gaben die Befragten an, dass die spontanen Eindrücke zunächst vorwiegend positiv sind. Teilweise bekräftigen sie dies durch Anmerkungen wie etwa „weil das hat ja auch immer gefehlt", „erstmalig Instrument vorhanden, um ganzheitlichen Ansatz plakativ, reduziert auf wenige Botschaften zu vermitteln". Einige sehen sich in ihrer Arbeit bestätigt, weil es ihrem persönlichen Beratungskonzept entspricht. Als spontan negative Eindrücke wurden angeführt die Handhabung wegen zu vieler Einzelinformationen, sowie überladene und unübersichtliche Darstellung. Das zeigt, dass die Eindrücke sehr differenziert im Hinblick auf Konzept und Umsetzung reflektiert wurden. Zwar findet das Konzept volle Akzeptanz, der spontane Eindruck ist zunächst positiv, doch bei genauerer Betrachtung wird dieser Eindruck deutlich abgeschwächt und verdeutlicht so die Schwächen in der Umsetzung.

Art und Umfang der dargestellten Informationen wurden häufig als zu umfassend angesehen. Drei Befragte äußerten, dass der Ernährungsteil zu wenig behandelt wird. Das mag angesichts der beruflich betont ernährungsbezogenen Sichtweise nicht verwundern. Bis auf zwei Angaben, waren sich die Befragten weitgehend darin einig, dass keine Informationen fehlen. Die Kritik richtete sich in der Hauptsache weniger auf den Informationsgehalt, sondern vielmehr auf die negative Handhabung der Einzelinformationen. Eine große Übereinstimmung zeigte sich bei der Frage nach der Vertrauens- und Glaubwürdigkeit, sowie Plausibilität der dargestellten Informationen. Hiernach beurteilte eine große Mehrheit der Befragten die Informationen als sehr glaubwürdig bzw. glaubwürdig und plausibel sowie nachvollziehbar. Insgesamt gesehen, äußerten die Befragten fast einhellig „gefällt die Darstellung ganz gut". So etwa befanden einige die Darstellung der Entspannungsübungen als ansprechend. Auch wurde die dreidimensionale Darstellungsform als Pyramide und die Innenseite gelobt, andere wiederum hatten Gefallen an der Differenzierung von Bewegung und Sport. Nicht gefallen hatte im Einzelfall die Farbgebung der Innenseite, der Entspannungsteil und die Spitze der Pyramidenansicht Bewegung.

Kapitel 5

Tab. 15 Exploration Akzeptanz

Exploration Akzeptanz	Akzeptanz Konzept/ Spontane Eindrücke positiv – negativ	Beurteilung Informationen bzgl. Art und Umfang, Plausibilität, Glaubwürdigkeit	Gefallen/Nichtgefallen der Darstellung
Frau A.	Ernährung kommt zu kurz, Entspannung zu kompliziert. Erster Eindruck eher negativ, „die Pyramide ist überladen".	Glaubwürdigkeit sehr gut, Plausibilität gut, „Informationen sind vertrauenserweckend". Entspannungsteil zu umfangreich, Ernährung kommt zu kurz. Es fehlen keine Informationen.	Sportseite gefällt, mit Ausnahme der Spitze, Ernährungspyramide hat schon immer gefallen, Entspannungsteil gefällt weniger.
Frau B.	Wird als sehr gut beurteilt. Positiver Eindruck.	Glaubwürdig, vertrauenswürdig, nachvollziehbar, „könnte ich auch einer 50- 60Jährigen anbieten". Bei Ernährung fehlt Trinkflüssigkeit, Salzgehalt, Ei, Pflanzenfette.	Das Modell gefällt in der 3D-Darstellungsform als Pyramide „ist optimal, viel besser als eine Folie. Das ist eine ganz tolle Idee".
Frau C.	Konzept wird als sehr gut beurteilt. Positiv, dass Entspannung und Bewegung mit dabei sind. Negativ, die Handhabung wegen zu vieler Einzelinformationen.	Informationen zu umfangreich „für Leute, die ich ja erst dahin führen möchte". Absolut plausibel und vertrauenswürdig. Es fehlen keine Informationen.	Darstellung an sich gut, besonders Entspannungsübungen „prima Idee".
Herr L.	Ansatz wird als gut beurteilt. Könnte übersichtlicher, eindeutiger sein. „Da ist sehr viel Kleingeschriebenes dabei".	Informationsgehalt ok, aber zu viel Information. Glaubwürdigkeit zustimmend „Das sind schon Dinge, die wichtig sind. Also, daran muss ich mich halten". Es fehlen keine Informationen.	Darstellung insgesamt gefällt, „finde ich ganz hübsch gemacht". Bei der Sportpyramide gefällt Ausdruck Bewegung anstelle Sport, findet mehr Akzeptanz bei Übergewichtigen.
Frau H.	Konzept wird als sehr gut beurteilt. Unterstützt selbst angestrebten Ansatz. Bei Entspannung relativ viel drauf, bei Bewegung akzeptabel.	Beim Ernährungsteil gut nachvollziehbar, Entspannung auch, bei Bewegung Plausibilität zweifelhaft.	Einbeziehung Entspannung gefällt sehr gut. Ernährungspyramide hat immer schon gefallen. Bilder gefallen gut, bes. im Bewegungsbereich.
Frau J.	Konzept als sehr gut beurteilt. Positiver Eindruck.	Wird als glaubwürdig angesehen. Es fehlen keine Informationen.	Im Ganzen soweit ganz gut dargestellt.
Frau H.	Spontan positiver Eindruck, „weil das hat ja auch immer gefehlt".	Plausibilität und Vertrauenswürdigkeit gut. Es fehlen keine Informationen, sind eher zu viele. Komplexität ist bereichernd, aber es muss einfach sein. Schwierig bei der Pyramidenansicht Bewegung, bei der Entspannung ok, „da kann man das nachmachen".	Darstellung positiv bewertet, ansprechend.
Frau R.	Ansatz vom Prinzip ok. Befragte arbeitet vorwiegend mit Kindern, Modell deshalb nicht anwendbar. Würde Bewegung und Entspannung als Ernährungsberaterin ansprechen, aber nicht vertiefen.	Zu viel Information. Wird als plausibel, vertrauens- und glaubwürdig angesehen. Es fehlt die Angabe für Joggen, Unterschied langsames und zügiges Gehen zu gering.	Bei Pyramidenansicht Ernährung gefällt die Angabe 1 kg Gemüse nicht, für Verbraucher abschreckend. Abbildungen Gemüse und Getreide nicht optimal.

Konzeptionelle Bewertung aus Expertensicht

	Akzeptanz Konzept/ Spontane Eindrücke positiv – negativ	Beurteilung Informationen bzgl. Art und Umfang, Plausibilität, Glaubwürdigkeit	Gefallen/Nichtgefallen der Darstellung
Frau N.	Entspricht persönlichem Konzept. Erster Gedanke prima, bei genauerer Betrachtung mit Einschränkungen.		
Frau P.	Spontan war – etwas unübersichtlich. Bei der Pyramidenansicht Bewegung akzeptabel, aber bei Entspannung unübersichtlich. „Das ist nichts, was ich auf einen Blick erfassen könnte".	Informationen sind nicht zuviel oder zu komplex. Art und Umfang, Plausibilität, Vertrauenswürdigkeit werden als gut bewertet.	„finde ich in Ordnung"
Frau S.	Konzept als sehr gut beurteilt. Spontan positiv.	Informationen eher zu umfangreich, Beurteilung Vertrauens- und Glaubwürdigkeit sehr gut. Es fehlen keine Informationen.	Kreismodell der Innenseite gefällt, aber starke Ablehnung der roten Farbe.
Frau S.	Konzept als sehr gut beurteilt. Positiver Eindruck, erstmalig Instrument vorhanden, um ganzheitlichen Ansatz plakativ, reduziert auf wenige Botschaften zu vermitteln.	Als plausibel und nachvollziehbar beurteilt. Vertrauens- und Glaubwürdigkeit gegeben.	Darstellung insgesamt gefällt gut, einige Detailfragen besser lösbar. Dargestellte Büroübung gefällt sehr gut, kann unbemerkt von Kollegen praktiziert werden. Basisübungen schön dargestellt. Differenzierung Bewegung und Sport gefällt gut.
Frau T.	Ansatz ok. Spontaner Eindruck eher negativ, weil überladen „man weiß also nicht so recht, wo man zuerst hingucken soll". Negativer Eindruck ist auf Informationsgehalt, nicht auf die visualisierte Darstellung bezogen.	Etwas oberflächlich gestaltet. Ernährungsteil kommt zu kurz.	„Entspannungsübung ist ganz nett gemacht" Zum Aufstellen – das ist gut, das fällt mehr ins Auge.
Frau T.	Konzept gut. Eindruck - bei Sportpyramide schwierig, „weil das sehr klein ist und die Leute aufgefordert werden sehr viel zu lesen". Kaum vorstellbar, dass Laien die Übungen mit Entspannung in Verbindung bringen, eher Wellness, Sauna u. dgl.	Auf der Entspannungsseite ist zuviel drauf – „es ist klein, viel Text". Beurteilung Plausibilität und Glaubwürdigkeit gut. Es fehlen keine Informationen.	Gesamtdarstellung gefällt ganz gut. Darstellung Innenseite gefällt gut, wird als sehr ansprechend empfunden. Befragte würde sich dies als Folie wünschen. Gut ist bei den Pyramidenansicht Bewegung, die Kalorienangaben, weil von Laien häufig überschätzt.

Im dritten Befragungsteil ging es um **Relevanz und Nutzen** des neuen Modells. Die Ergebnisse sind in Tabelle 16 zusammengestellt. In diesem Zusammenhang interessierte die Frage, welches Interesse beim Laien zu erwarten ist, wie hilfreich und wichtig die befragten Ernährungsfachkräfte die jeweiligen Informationen zu Entspannung, Bewegung und Ernährung für Laien einschätzen und wie die Einsatzmöglichkeit der Gesundheitspyramide in der Berufspraxis beurteilt wird. Eine entsprechende Überarbeitung vorausgesetzt, glaubten die Befragten fast einhellig, dass die Gesundheitspyramide beim Laien auf Interesse stößt. Typische Äußerungen in diesem Zusammenhang waren: „das glaube ich schon, dass die das gut finden", „kommt bestimmt auch gut an". Zwei Befragte gaben vor, das schwer beurteilen zu können bzw. vermuteten einschränkend, dass bei einem Großteil der Bevölkerung ein Anstoß nötig ist. Eine große Übereinstimmung bestand auch bei der Frage nach Nutzen und Relevanz der Pyramide für Laien. Demzufolge befanden die befragten Beratungskräfte die Pyramide mehrheitlich als hilfreich und nützlich. Weitere interessante Hinweise, worauf die Einschätzungen beruhten, ergaben sich aus ergänzenden Anmerkungen der Befragten. So etwa äußerten Befragte „kommt Klienten sehr entgegen, weil alles auf einem Blick", „da können Laien etwas mit anfangen", „dass man sie so schön hinstellen kann als Pyramide". Die Pyramide bietet Wiedererkennungswert, merkte eine Interviewpartnerin an „das viele das dann nach einer gewissen Zeit im Kopf haben, wie bei der Ernährungspyramide". Es wurde aber auch vermutet, dass die Pyramide weniger geeignet ist, um Aufmerksamkeit in der breiten Bevölkerung zu erzielen, da es zusätzlicher Erläuterungen bedarf.

Auf die Frage, welche Informationen für Laien besonders nützlich und wichtig sind, sprachen sich sechs Fachkräfte eindeutig dafür aus, dass alle drei Themenfelder gleichermaßen relevant sind. Von einigen Befragten wurde Ernährung und Bewegung bzw. Ernährung als besonders wichtig und nützlich hervorgehoben. Auch der Entspannungsteil wurde aufgrund seiner Alltagsrelevanz in diesem Zusammenhang genannt und eine Befragte hielt es für vorstellbar, dass der aufgeklappte Innenteil gute Signalwirkung demonstriert und die Pyramide am Kühlschrank aufgehängt wird. Nutzen und Relevanz der Pyramide sind bei entsprechender Überarbeitung für Laien hoch eingeschätzt worden. Schlüssig ist demgemäß, wie die Befragten die Einsatzmöglichkeit der Pyramide in der Beratungspraxis beurteilen. Mit Ausnahme einer Befragten, für die das Modell aufgrund ihrer Arbeit mit Kindern nicht in Frage kommt, erklärten alle Befragten, dass sie die Pyramide in ihrer beruflichen Praxis einsetzen würden. Sie begründeten dies damit, weil mit einem Blick alles Wichtige für eine gesunde Lebensweise ersichtlich ist „einfach um mal zu zeigen, was gehört alles dazu". Nach ihrer Ansicht lässt sich das Konzept daran gut vermitteln, es eignet sich als schönes Anschauungsobjekt „wenn ich kurz und knapp den Leuten irgend etwas vermitteln will". Auf die Frage, in welchen Situationen sie die Pyramide einsetzen würden, wurden entsprechend dem Arbeitsspektrum der Beratungspraxis mehrfach Gruppen- und Einzelberatungen, Kurse und Vorträge angeführt. Mehrheitlich bekräftigten die Befragten, dass sie die Pyramide ihren Klienten gerne als Begleitmaterial zur Beratung mitgeben würden.

Konzeptionelle Bewertung aus Expertensicht 129

Tab. 16 Exploration Relevanz und Nutzen

Exploration Relevanz/Nutzen	Interesse bei Laien	Nutzen und Relevanz der Pyramide für Laien	Einsatz der Pyramide in der Berufspraxis
Frau A.	Kommt bei Laien an, wenn das eine und andere noch geändert wird.	Handhabung hilfreich „dass man sie so schön hinstellen kann als Pyramide und alles auf einen Blick gleich ersichtlich ist." Ernährungsinformationen besonders wichtig, da immer noch großes Defizit. Laie wird mit Sicherheit alle drei Bereiche mit Interesse aufnehmen.	Würde Modell in der Praxis einsetzen, weil alles auf einen Blick ersichtlich ist, was wichtig ist für eine gesunde Lebensweise. Einsatz wie bisher anstelle Ernährungspyramide.
Frau B.	vermutlich so heiß begehrt wie Ernährungspyramide „also ich bin begeistert und würde dass auch so an meine Patienten weitergeben".	Hilfreich, kommt Klienten sehr entgegen, weil alles auf einem Blick. Gesamt als nützlich betrachtet, alles ist ganz gut beschrieben.	Würde Pyramide in der Praxis einsetzen und Klienten mitgeben, alleine von der Optik/Aufmachung her, da übersichtlich und mit einem Blick erfassbar.
Frau C.	Interesse bei Klienten erwartet „kommt bestimmt auch gut an".	Wird eindeutig als hilfreich eingeschätzt. Vermutlich weniger hilfreich, um Aufmerksamkeit in breiten Kreisen zu erzielen. Bei Ernährung Kurzhinweise z.B. fettarm besonders nützlich, bei Entspannung, dass genaue Anleitung erfolgt und bei Bewegung, dass man keine Höchstleistungen vollbringen muss.	Würde gerne Pyramide in Praxis einsetzen, weil schönes Anschauungsobjekt „wenn ich kurz und knapp den Leuten irgend etwas vermitteln will". Ideal als Einstieg, um Klienten daran zu führen. Würde Pyramide mitgeben.
Herr L.	Interesse erwartet „das glaube ich schon, dass die das gut finden"		Würde Pyramide einsetzen und Klienten mitgeben.
Frau H.	Wird sicher angenommen.	Pyramide wird als sehr hilfreich angesehen, da können Laien etwas mit anfangen. Ernährungsteil mit den kurzen Hinweisen und Motivation zu Bewegung wird als besonders nützlich angesehen.	Würde Pyramide generell in Praxis einsetzen „einfach um mal zeigen, was gehört alles dazu". Einsatz in Kursen und Beratungsgesprächen, weil kurze detaillierte Informationen.
Frau J.	Schwer zu beurteilen. Interessiert sicher, vermutlich ist bei Großteil der Bevölkerung Anstoß nötig.	Informationen zu Ernährung und Bewegung besonders wichtig, weil dem größere Priorität beigemessen wird, um sich gesund und fit zu halten. Trotzdem ist alles drei wichtig, weil das einfach zusammen gehört.	Würde Pyramide einsetzen, bevorzugt bei Vorträgen.
Frau H.	„ich denke, es spricht schon an", wird sicher auf großes Interesse stoßen.	Wird als sehr sinnvoll erachtet. Bietet Wiedererkennungswert, „das viele das dann nach einer gewissen Zeit im Kopf haben, wie bei der Ernährungspyramide".	Würde Pyramide einsetzen, weil optimal als Ergänzung in der Beratung. Konzept lässt sich daran gut vermitteln. Würde Pyramide weitergeben.

Kapitel 5

Exploration Relevanz/Nutzen	Interesse bei Laien	Nutzen und Relevanz der Pyramide für Laien	Einsatz der Pyramide in der Berufspraxis
Frau R.	Die Informationen sind ok, Akzeptanz fraglich.	Anwendung und Orientierung für Interessierte vorstellbar. Eher als Anregung denkbar, es bedarf zusätzlicher Erläuterungen.	Einsatz kommt aufgrund des Aufgabenbereichs mit Kindern nicht in Frage.
Frau N.	Modell wird sicher angenommen, bei entsprechenden Änderungen		Würde überarbeitete Version gerne einsetzen und an Klienten weitergeben.
Frau P.	Schwer zu beurteilen.	Wird als hilfreich angesehen „auf der Skala 1-5 würde ich das bei 2 ansetzen". Alle drei Bereiche werden als gleich wichtig angesehen „das muss ein Paket sein".	Würde Pyramide in Praxis einsetzen und an Laien weitergeben „das würde in der Praxis wie Pott und Deckel zusammenpassen".
Frau S.	Interesse und hohe Akzeptanz bei Laien anzunehmen	Vorstellbar, dass der aufgeklappte Innenteil gute Signalwirkung demonstriert und die Pyramide am Kühlschrank aufgehängt wird. „betrachte Informationen als hilfreich, aber ein bisschen zu kompakt halt". Dargestellter Innenteil besonders nützlich für den Laien.	Würde Pyramide einsetzen, weil praktisch und nützlich „mit wenig Aufwand kann ich sehr viel Information signalwirkend rüber bringen und die Leute müssen nicht viel Text lesen". Einsatz in Kursen, bei Vorträgen als Begleitmaterial.
Frau S.	Interesse anzunehmen „ich denke, dass das also gut akzeptiert wird".	Informationen alle sehr nützlich. Besonders Entspannungsteil, weil alltagsrelevant.	Würde Pyramide einsetzen, gut vorstellbar in Abnehmkursen. Gut geeignet zur Weitergabe.
Frau T.	Interesse ok, wird sicher angenommen bei entsprechender Umgestaltung	Wird als hilfreich angesehen. Besonders nützlich die Kalorien- und Bewegungsangaben und der Ernährungsteil, Entspannung nicht von Interesse.	Würde in der Praxis einsetzen, „ich würde die dann auch so direkt immer aufstellen"
Frau T.	„Doch, das wird ankommen, auf jeden Fall".	Als hilfreich angesehen. Alle drei sind gleichermaßen wichtig. Ernährung und Bewegung besonders nützlich. „Die Entspannung, da wollen die gar nicht so viel von wissen". Der Bedarf ist sicherlich da, nur das Interesse mangelt.	Würde in der Praxis einsetzen, in Einzel- und Gruppenberatung. Gut geeignet zur Weitergabe.

5.3. Schlussfolgerungen für das entwickelte Modell

Zusammenfassend betrachtet zeigt die Untersuchung ein recht einheitliches Meinungsbild und gibt somit eine recht deutliche Richtungsweisung für die weitere Reflexion des entwickelten Modells. Das mag darauf beruhen, dass die Befragten im gleichen Arbeitsbereich tätig sind und bei der Vermittlung komplexer Sachverhalte mit didaktischen Medien wie Ernährungskreis und Ernährungspyramide vertraut sind. Insofern kann von vergleichbaren Voraussetzungen bei der Einschätzung und Beurteilung der Gesundheitspyramide ausgegangen werden. Nach Angaben der Experten wird die Ernährungspyramide wegen besserer Anschaulichkeit, Verständlichkeit und optischen Prägnanz dem Ernährungskreis klar vorgezogen.

Die Ergebnisse zeigen, dass die befragten Experten dem Konzept der Gesundheitspyramide ihre klare Zustimmung geben und die Darstellung gefällt. Es ist deutlich erkennbar, dass ein grundlegendes Verständnis des ganzheitlichen Ansatzes besteht und das Anliegen der Pyramide in beabsichtigter Weise rezipiert wird. Der spontane Eindruck ist zunächst positiv, der bei genauerer Betrachtung jedoch deutlich abnimmt und sich in ganz konkreten Kritikpunkten aufgrund von Verständnisproblemen äußert. Hier werden die Schwächen in der Umsetzung deutlich gemacht und immer wieder auf die überzeugende Wirkung der Ernährungspyramide hingewiesen. Die Informationen werden zwar als glaubwürdig und plausibel, aber als zu umfassend angesehen. Nicht der Informationsgehalt ist dabei kritisch, vielmehr die Vielzahl der Einzelinformationen. Die Experten glauben, dass die Pyramide bei entsprechender Überarbeitung, beim Laien auf Interesse stößt und schätzen Nutzen und Relevanz dementsprechend hoch ein. Die Pyramide würde gerne zur Veranschaulichung einer gesunden Lebensweise und als Begleitmaterial zur Beratung eingesetzt werden. Unterschiede bei den Untersuchungspersonen, die freiberuflich bzw. in Institutionen in der Beratung arbeiten, sind nicht erkennbar.

Für die Gesundheitspyramide ist schlussfolgernd festzustellen, dass Modell und grundlegende Darstellungsform Akzeptanz finden und als relevant und nützlich für den Laien angesehen werden. Die Prägnanz und Überzeugungskraft der Ernährungspyramide hingegen besitzt das neu entwickelte Modell nicht. Auf **Verbesserungspotentiale** weisen zum einen die sehr konkreten Anmerkungen der Befragten zur Frage der Verständlichkeit hin, zum anderen dienen die geäußerten Verbesserungsvorschläge zur Reflexion über Optimierungsansätze. In der Tabelle 17 sind alle wesentlichen Anregungen zu Verbesserungen ersichtlich. Sie stellen nachvollziehbare Gedankengänge dar zur geäußerten Kritik von Verständnisaspekten.

Tab. 17   Verbesserungsvorschläge zum Modell

Verbesserungsvorschläge allgemein

- Entspannungsteil verkleinern, evtl. auf Innenteil beschränken, Ernährungsseite ausweiten.
- Mehr Übersichtlichkeit in der Gesamtmechanik wünschenswert.
- Mehr mit Farbkontrasten arbeiten „dass es einfach mehr ins Auge springt".
- Vermehrt Eye-catcher einsetzen, die eine breite Masse motivieren, sich damit zu beschäftigen.
- Text eher auf die aufgeklappte Innenseite stellen
- Farbempfehlung für Innenteil: blaugrün.
- Weitere Hinweise auf Innenseite denkbar: bei Ernährung auf Ausgewogenheit achten, Betonung Genussaspekt; bei Bewegung auf Überlastung achten; bei Entspannung auf ruhige, gleichmäßige Atmung achten.
- Auf Internet und weitere Materialien hinweisen.

Verbesserungsvorschläge Ernährung

- Trinken plakativ in der Pyramidenansicht berücksichtigen. Entweder als Hintergrund durch die ganze Pyramide oder auf der größten Stufe.
- pflanzliche Öle abgebildet als Flasche mit Öl–Aufschrift in der Pyramidenspitze aufnehmen.
- Feldfläche der Pyramide in zwei Felder aufteilen für Öle und Süßigkeiten jeweils und proportional anpassen.
- Kartoffeln als Stärkelieferant in der Basis berücksichtigen.
- Alkohol in Pyramidenspitze „bei in Maßen" aufnehmen.
- „bevorzugt Vollkornprodukt" bei Getreide ergänzen.
- Anstelle Gewichtsangabe bei Gemüse und Obst, 5-am-Tag Ansatz wählen.
- Kartoffeln besser bei stärkehaltigen Getreideprodukte zeigen.
- Im Feld Fleisch Verzehrshinweis ergänzen für Fisch und Eier. Für Milchprodukte Verzehrshinweis konkretisieren 1mal pro Tag.

Verbesserungsvorschläge Bewegung

- Spaßaspekt bei Bewegung und Sport sowie Langfristigkeit stärker betonen.
- Empfohlener Kalorienverbrauch weglassen, beschränken auf, was durch Bewegung an Kalorien verbraucht wird.
- Zusammenhang Aktivitäten/Kalorienverbrauch plakativer, deutlicher darstellen.
- Vereinfachung durch Verwendung von Piktogrammen erwägen.
- Unterschied Bewegung und Sport deutlicher machen, z.B. durch mehr Alltagsbeispiele dargestellt „statt mit dem Fahrstuhl die Treppe gehen" im Sinne eines aktiveren Lebensstils.

Konzeptionelle Bewertung aus Expertensicht 133

Verbesserungsvorschläge Bewegung; Fortsetzung
❖ Weniger Informationen auf die Seite bringen, durch Überschrift stärker hervorheben, worauf sich der Energieverbrauch bezieht. ❖ Kalorienmehrverbrauch in den Hintergrund stellen, statt dessen eine Kombination aus Ausdauer und Kraft darstellen z.b. durch Terrabandübungen oder Übungen für den Gebrauch großer Muskelgruppen. Besser kleine 10-Minuten-Einheiten zur Gewohnheit werden lassen. Hinweis Pulsfrequenz berücksichtigen z.b. durch Hinweis „laufen ohne Schnaufen" ❖ Bei Sport bevorzugt Motive wie Jogger einsetzen, anstelle Tennis und Ballsportarten (problematisch für Menschen mit orthopädischen Problemen). ❖ Intensitätsangabe z.b. ruhiges Schwimmen diskussionswürdig, statt dessen weglassen bzw. ganz ohne Kalorienangabe oder Fettverbrauch zu Grunde legen. ❖ Mischung aus sportlichen Aktivitäten für Jüngere und Ältere beachten. ❖ Hinweis „Vorsicht vor Überlastungen" besser auf Innenseite nehmen oder anders formulieren.
Verbesserungsvorschläge Entspannung
❖ Einfachere Übungen wählen, wie bei Büro. ❖ Anderes entspannender wirkendes Motiv auswählen. ❖ Zuordnung deutlicher darstellen, vielleicht zwischen den Körperpartien einteilen: Kopf, Schulter, Arme und dann Bauch, Beine, Fuß. ❖ Hinweis zu der Basisübung etwas größer darunter setzen. ❖ auf Darstellung Uhr verzichten. ❖ Die Entspannungsübungen weniger detailliert darstellen, vielmehr klar machen, worauf es ankommt: Muskel an- und entspannen bei unterschiedlich langen Phasen.

Zu prüfen ist, inwieweit die Verbesserungsvorschläge wissenschaftlich begründbar sind und dem Anspruch der Evidenz-Basierung gerecht werden. Des Weiteren muss hinterfragt werden, inwieweit die Anregungen geeignet sind dem Ziel zu entsprechen, übersichtlich und prägnant-plakativ zu sein. Die Aufmerksamkeit sollte sich darauf richten, eine Reduktion der Informationen zu erreichen, also den Umfang der Einzelinformationen in Frage zu stellen ohne jedoch den Informationsgehalt grundlegend zu verändern. In dieser Hinsicht wäre eine detaillierte Reflexion mit entsprechenden Experten aus den Bereichen Bewegung und Entspannung hilfreich. Die Ernährungspyramide beweist sich als klares Vorbild und bildet damit eine gute Benchmark für die Messung der Akzeptanzwirkung von Medien in der Gesundheitsbildung. Das Ergebnis ermutigt, an dem Modell festzuhalten und entsprechend den neu gewonnenen richtungsweisenden Erkenntnissen durch die Befragung von Ernährungsfachkräfte zu optimieren. Hier ist noch viel Detailarbeit zu leisten, dessen Ergebnis einer erneuten kritischen Überprüfung bedarf.

5.4. Optimierung und Modifikation des Modells

Schlussfolgernd wurde im letzten Kapitel aufgrund der qualitativen Bewertung festgestellt, dass die Prägnanz und Überzeugungskraft der Ernährungspyramide für die Gesundheitspyramide noch nicht erreicht wurde und noch viel Detailarbeit erfordert.

Die gewonnenen Erkenntnisse weisen hinreichend auf Verbesserungspotentiale hin, die im nächsten Schritt im Hinblick auf eine Modifikation entsprechend reflektiert und analysiert werden. Dazu werden alle Anmerkungen der Befragten auf etwaige Hinweise untersucht. Die meisten Hinweise lassen sich vorwiegend den kritischen Äußerungen zur Frage der Verständlichkeit sowie der Beurteilung der Informationen bezüglich Art und Umfang, Plausibilität, Glaubwürdigkeit und Gefallen/Nichtgefallen der Darstellung entnehmen. Außerdem werden die geäußerten Verbesserungsvorschläge zur eingehenden **Reflexion über Optimierungsansätze** zugrunde gelegt. Besondere Aufmerksamkeit gilt Aspekten, die mehrfach angesprochen wurden. Die für die Reflexion und Analyse herangezogenen Kriterien sind daran orientiert:

- ❖ das mehr Übersichtlichkeit in der Gesamtmechanik entsteht, der Informationsgehalt also stärker kontrastiert und akzentuiert ist
- ❖ die erkennbaren Probleme in der Verständlichkeit zu lösen
- ❖ den Umfang der Einzelinformationen in Frage zu stellen ohne jedoch den Informationsgehalt grundlegend zu verändern
- ❖ dem Anspruch der Evidenz-Basierung unverändert zu entsprechen.

Eine ganze Reihe von Anmerkungen entsprechen nicht den Kriterien und können nicht berücksichtigt werden. Für alle verwertbaren Hinweise und Vorschläge werden Ideen für eine Umsetzung entwickelt und auf ihre grundsätzliche Auswirkung auf die Gesamtdarstellung geprüft. Die daraus entstehenden verschiedenen Optimierungsansätze werden im Hinblick auf ihre designtechnische Realisierbarkeit bewertet. Als Ergebnis sind in einem Briefing alle Vorgaben für die Grafikarbeiten festgehalten. Daraus resultiert eine grundlegende grafische Neubearbeitung der Pyramide, die sich in mehreren Modifizierungsabschnitten vollzieht. In Teilbereichen sind auch einige inhaltliche Änderungen einbezogen.

Im folgenden soll versucht werden, die wesentlichen **Kernpunkte der Änderungen** transparent zu machen.

❖ Ernährung
Im Ernährungsteil wird der Aspekt Trinken bildlich und textlich aufgenommen und in den unteren Block als Basis der Ernährung integriert. Die textlichen Hinweise für die Felder Obst, Gemüse, Milchprodukte und Fleisch oder Wurst werden in Portionsgrößen angegeben und dadurch konkretisiert. Schließlich wird in der Pyramidenspitze eine Ölflasche als Synonym für Fette zusätzlich abgebildet.

❖ Entspannung
Die bisherige grafische Dreiteilung ist aufgehoben worden. Der Aufbau ist auf zwei Überschriften reduziert. Die Übungen für die 16 Muskelgruppen sind für links und rechts in Farbgebung und Beschreibung zusammengefasst und dadurch kontrastierter dargestellt. Die Aufbauübung im Mittelteil ist dementsprechend an Nummerierung und Farbgebung angepasst. Die Zeitangaben zur Entspannungsübung sind farblich unterlegt und durch das Uhrensymbol für alle Übungen wiedererkennbar visuell un-

terstützt. Die gesamte farbliche Tonalität ist unter farbpsychologischen Aspekten bewertet und modifiziert worden.

❖ Bewegung
Die bisherige grafische Dreiteilung ist auch im Bewegungsteil aufgehoben und der Aufbau auf zwei Überschriften reduziert worden. Die Hinweise der Experten legten nahe auf die Gesamt-Kalorienangaben zu verzichten, während Angaben zum Kalorienverbrauch als wichtig und hilfreich angesehen worden sind. Vor diesem Hintergrund sind im unteren Teil „Bewegung im Alltag" alltagstypische Beispiele dargestellt, die zeigen, wie das Minimum von 200 kcal Energieumsatz täglich erreicht wird. Dies soll dem Adressaten Orientierung geben, inwieweit sein täglicher Bewegungsumfang diese Zielmarke erreicht und mit welchen Alltagsaktivitäten das Defizit ausgeglichen werden kann. Zum leichteren Transfer der Bild- und Textinformation ist die optische Darstellung plakativer angesetzt. Unter diesem Aspekt ist auch der Teil „Mehr Bewegung im Alltag und Sport" modifiziert. Der Hinweis „Vorsicht vor Überlastung" erwies sich als unverständlich und ist deshalb an bisheriger Stelle entfernt und auf die Innenseite verlagert. Für die Farbgebung sind analog zu Ernährung und Entspannung farbpsychologische Aspekte berücksichtigt.

❖ Innenseite
Zur besseren Einprägsamkeit und Wiedererkennbarkeit werden die grafischen Elemente und die Farbgebung der jeweiligen Ansichten konsistent aufgegriffen.

❖ Unterseite
Auf der Unterseite wird der Pyramide der Name „Gesundheitspyramide" zugewiesen und dabei gleichzeitig die bisherigen Bezeichnungen „Ernährungspyramide", „Bewegungspyramide" und „Entspannungspyramide" für die einzelnen ersetzt. Damit wird mehr Klarheit in der Struktur erreicht.

Die aufgezeigten Änderungen weisen auf Kernpunkte in der Optimierungsarbeit hin. Die Erörterung aller Einzelheiten ist mit Blick auf die Aufgabenstellung wenig zielführend und wird deshalb nicht weiter vertieft. Als Ergebnis der Optimierungsphase präsentiert sich nun die Gesundheitspyramide in einer modifizierten Darstellung, wie die nachfolgenden Abbildungen zeigen. Ein gedrucktes Exemplar kann beim Absender der Pyramide angefordert werden.

Abb. 27 Pyramidenansicht Bewegung

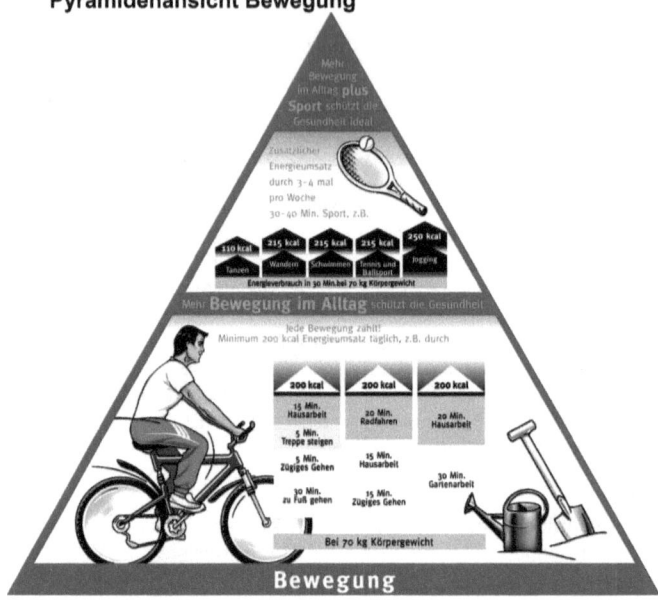

Abb. 28 Pyramidenansicht Ernährung

Konzeptionelle Bewertung aus Expertensicht 137

Abb. 29 Pyramidenansicht Entspannung

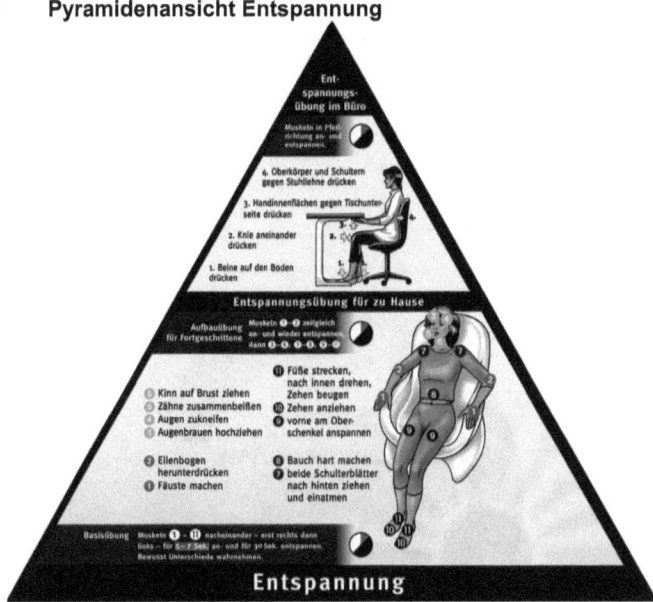

Abb. 30 Ansicht der Pyramidenunterseite

Abb. 31 Ansicht der aufgeklappten Pyramideninnenseite

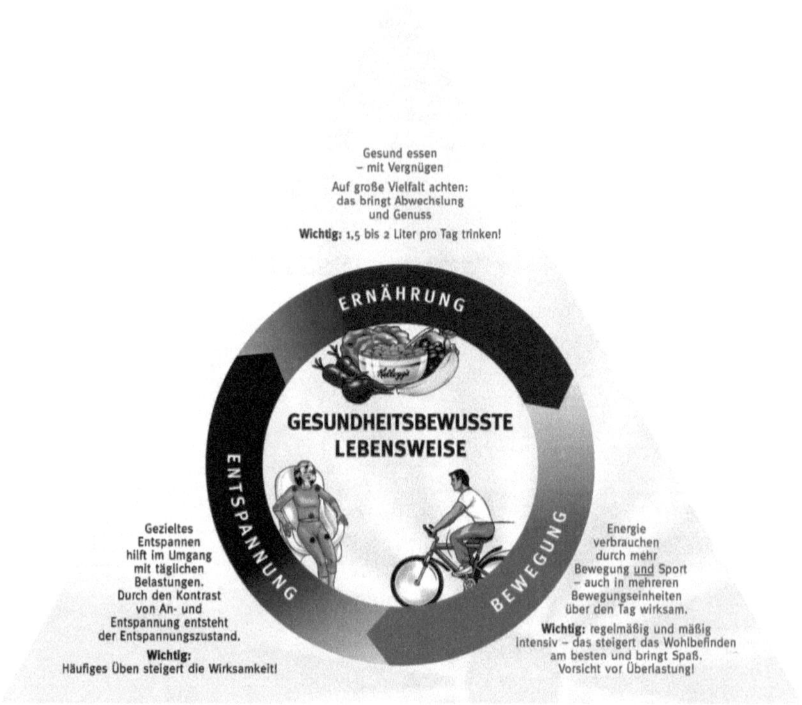

Gesund essen
– mit Vergnügen
Auf große Vielfalt achten:
das bringt Abwechslung
und Genuss
Wichtig: 1,5 bis 2 Liter pro Tag trinken!

ERNÄHRUNG

GESUNDHEITSBEWUSSTE
LEBENSWEISE

ENTSPANNUNG

BEWEGUNG

Gezieltes
Entspannen
hilft im Umgang
mit täglichen
Belastungen.
Durch den Kontrast
von An- und
Entspannung entsteht
der Entspannungszustand.
Wichtig:
Häufiges Üben steigert die Wirksamkeit!

Energie
verbrauchen
durch mehr
Bewegung und Sport
– auch in mehreren
Bewegungseinheiten
über den Tag wirksam.
Wichtig: regelmäßig und mäßig
intensiv – das steigert das Wohlbefinden
am besten und bringt Spaß.
Vorsicht vor Überlastung!

6. Einsatzbezogene Bewertung des Modells in der medizinischen Rehabilitation

In Kapitel 4 wurde die Entwicklung der Gesundheitspyramide dargelegt. In einem weiteren Schritt sollte das neu entstandene Medium in Form einer Layoutversion einer ersten praxisnahen Beurteilung und Prüfung der Praxistauglichkeit durch Multiplikatoren unterzogen werden. Dazu wurden, wie in Kapitel 5 gezeigt, im Rahmen einer konzeptionellen Bewertung durch Multiplikatoren in der Ernährungsberatung Erkenntnisse hinsichtlich Verständnis, Akzeptanz und Relevanz der gesundheitsbezogenen Inhalte der Pyramide gewonnen. Auf deren Grundlage sind Verbesserungspotentiale identifiziert und für eine Weiterentwicklung des Pyramiden-Modells umgesetzt worden. Als Ergebnis der Optimierungsphase wurde im vorherigen Kapitel die Gesundheitspyramide in einer modifizierten Darstellung präsentiert und mit einer Erstauflage von 10 000 Stück in Druck gegeben.

Dieser Teil der vorliegenden Arbeit befasst sich nun mit dem praktischen Medieneinsatz bzw. der Praxistauglichkeit des Modells im Rahmen einer qualitativen einsatzbezogenen Bewertung der Gesundheitspyramide durch Multiplikatoren in der Beratungspraxis im Bereich der medizinischen Rehabilitation. Dabei handelt es sich um eine neue Untersuchungsstichprobe. Hier geht es um die zentrale Frage, inwieweit das Medium Akzeptanz findet und eine lernwirksame methodisch-didaktische Hilfe bei der Vermittlung einer gesunden Lebensführung leistet. Daran knüpft sich die Entscheidung, ob das entwickelte Modell im Rahmen der Gesundheitsbildungsprogramme in der medizinischen Rehabilitation geeignet ist und als Beratungsstandard vorgeschlagen werden kann. Das Kapitel beschreibt die einsatzbezogene Bewertung in seiner Gesamtabfolge - vom Beginn der Konzeptualisierung des Untersuchungsvorhabens, der Durchführung und Ergebnisdarstellung bis hin zur Interpretation und Gesamtbewertung der Pre- und Post-Test-Befragung.

6.1. Konzeptualisierung des Untersuchungsvorhaben

Die folgenden Ausführungen legen die Konzeptualisierung der durchgeführten Untersuchung hinsichtlich Untersuchungsansatz, Leitfragestellungen, Operationalisierung, Zielgruppe, Erfolgsfaktoren, Ablaufplan, Datenerhebung und Auswertung dar. Die gewählte Untersuchungsform der einsatzbezogenen Bewertung erfordert ein Vorgehen, wie sie bei Evaluationen vorgenommen wird. Sie folgt damit dem **Grundverständnis** und den methodischen Überlegungen von **Evaluierung** und Evaluation im empirisch-wissenschaftlichen Sinne, auf deren Begründungszusammenhang demgemäß in den weiteren Ausführungen verwiesen wird. Im Hinblick auf die Begrifflichkeit wird für die gewählte Vorgehensweise der einsatzbezogenen Bewertung des Modells auch von Evaluierung des Medieneinsatzes bzw. Evaluierung der Gesundheitspyramide gesprochen.

6.1.1. Ausgangslage, Gegenstand und Untersuchungsansatz

Der präventive Wert eines gesunden Lebensstils und die Notwendigkeit Menschen dafür zu sensibilisieren ist wissenschaftlich gut begründbar. Ernährung, Bewegung und Stressmanagement werden als zentrale Handlungsfelder von den Spitzenverbänden der gesetzlichen Krankenversicherung betrachtet und sind ein wichtiger Bestandteil der indikationsübergreifenden Gesundheitsbildungsprogramme in der medizinischen Rehabilitation. *[Arbeitsgemeinschaft der Spitzenverbände der gesetzlichen Krankenkassen, 2001] [Liebing & Vogel, 1995] [Schäfer & Döll, 2000] [Franz, 1996]*

Die Entwicklung der Gesundheitspyramide als Kommunikations-Modell stellt sich dem Anliegen der Gesundheitsbildung in Prävention und Gesundheitsförderung, Menschen zu einer gesundheitsorientierten Lebensführung zu bewegen und dem Problem fehlender Medien, die geeignet sind, eine ganzheitliche Sichtweise im Verständnis eines gesundheitsorientierten Lebensstils alltagsnah, handlungsorientiert und einprägsam zu vermitteln. Dabei hat das Medium im wesentlichen zwei Funktionen zu erfüllen: so soll die Gesundheitspyramide ein methodisch-didaktisches Instrument für den Beratenden sein und gleichzeitig als Leitfaden zur Handlungsorientierung für den Adressaten dienen. Die Ergebnisse der konzeptionellen Bewertung konnten aus Sicht der befragten Beratungskräfte die Relevanz der dieser Arbeit zu Grunde gelegten Aufgabenstellung für die Gesundheitsbildung eindrucksvoll bekräftigen. Zitate, wie „weil das hat ja auch immer gefehlt", „erstmalig Instrument vorhanden, um ganzheitlichen Ansatz plakativ, reduziert auf wenige Botschaften, zu vermitteln", „unterstützt eigenen Ansatz in der Beratung", unterstreichen den Stellenwert, dem der Vermittlung von Gesundheit als Gesamtheit von Bewegung, Ernährung und Stressmanagement beigemessen wird. Anliegen, Inhalte und Botschaft der Pyramide fanden große Zustimmung unter den Befragten. Auch für Laien werden Nutzen und Relevanz der Gesundheitspyramide mehrheitlich als hilfreich und nützlich eingeschätzt. Äußerungen, wie beispielsweise „kommt Klienten sehr entgegen, weil alles auf einem Blick", „da können Laien etwas mit anfangen", „dass man sie als Pyramide so schön hinstellen kann", verdeutlichen dies.

Ausgangspunkt für die Evaluierung des Medieneinsatzes bildet der Bezug auf die Gesundheitsbildung in der medizinischen Rehabilitation. In diesem Kontext sind, im Vergleich der in Kapitel 4 erörterten unterschiedlichen Zugangswege, für den Einsatz der Pyramide verhältnismäßig gut kontrollierbare Ausgangsbedingungen gegeben. Die Aufgaben der Rehabilitation sind gesetzlich fest verankert und schaffen ein festes Konzeptions- und Handlungsgefüge für Maßnahmen der Gesundheitsbildung. Die Themenfelder Ernährung, Bewegung und Stressmanagement sind die tragende Säule und bereits seit vielen Jahren ein wichtiger Bestandteil der indikationsübergreifenden Gesundheitsbildungsprogramme, die auf eine Lebensstiländerung zielen und mit dem Konzept der Gesundheitspyramide gut übereinstimmen. In den letzten Jahren sind in der Verantwortung der Reha-Träger entsprechende Rahmenprogramme und Curricula als Arbeitsrichtlinie für die einzelnen Einrichtungen entstanden, die zu einer weiteren Annäherung der jeweiligen Arbeits-, Organisations- und Personalstrukturen beitragen. *[Verband Deutscher Rentenversicherungsträger,*

2000] [Arbeitsgruppe Gesundheitstraining aus dem Arbeitskreis der Leitenden Ärzte der Klinikgruppe BfA, 2003]

Die Gesundheitsbildung im Bereich der Rehabilitation kann neben langjährigen Erfahrungen auf zahlreiche Daten und Erkenntnisse in der Literatur verweisen. Alles in allem ist dieser Bereich von hoher Transparenz und Homogenität der Strukturmerkmale gekennzeichnet. Es erweist sich zudem als nützlich, dass die Einrichtungen nach ihren jeweiligen indikationsbezogenen Schwerpunkten leicht identifizierbar sind, um auch im Hinblick auf die Patientenstruktur eine vergleichbare Ausgangssituation zu erreichen. Der Indikationsbereich Herz-Kreislauferkrankungen ist erwartungsgemäß am stärksten vertreten und wird von vielen Einrichtungen als Schwerpunkt ausgewiesen. Die programmatische Ausrichtung und die damit verbundenen angestrebten Lebensstiländerungen bei den Patienten finden darin ihre Entsprechung. Um für die einsatzbezogene Evaluierung der Gesundheitspyramide eine möglichst gut kontrollierte Ausgangssituation zu schaffen, erscheint der gewählte Kontext dazu am besten geeignet zu sein. Währenddessen die in Kapitel 4 darüber hinaus genannten Zielgruppen und Zugangswege mit einer ganzen Reihe unspezifischer und stark variierender Merkmale einhergehen, die einer datengestützten, systematischen Bewertung des Modells entgegen stehen. Um die weitreichenden Erfahrungen der Multiplikatoren aus dem Ernährungsbereich im Umgang mit visuellen Darstellungsformen für die Beurteilung der Praxistauglichkeit des neuen Mediums gezielt nutzen zu können, erscheint dieser Erfahrungshintergrund auch für die weitergehende Bewertung sinnvoll.

Evaluation und **Evaluierung im empirisch-wissenschaftlichen Sinne** versteht sich als eine methodisch kontrollierte, verwertungs- und bewertungsorientierte Form des Sammelns und Auswertens von Informationen, die Fragestellungen nach Zielerreichung und Wirksamkeit von Programmen, Projekten und Materialien beinhaltet. *[Kromrey, 2001] [Beywl, 1998] [Beywl, Henze, Mäder & Speer, 2002] [Christiansen, 2000]* Die Begriffe Evaluation und Evaluierung sind hier synonym verwendet. Diese Sonderform empirischer Forschung orientiert sich konsequent an der Beschaffung praxisrelevanter Informationen und kann so konkrete Konzepte und Maßnahmen beurteilen und verbessern helfen. *[Beywl, 1991]* Für die gewählte Perspektive eines evaluativen Ansatzes spricht das spezifische Erkenntnis- und Verwertungsinteresse, das in der vorliegenden Arbeit mit der Maßnahme, also dem praktischen Medieneinsatz der Gesundheitspyramide, verbunden ist: Erfüllt der zu evaluierende Gegenstand den ihm zugeschriebenen Zweck? Das Besondere als empirisch-wissenschaftliches Handeln dabei ist es, wissenschaftliche Verfahren und Erkenntnisse einzubringen, um sie für den zu evaluierenden Gegenstand als Handlungswissen für die Praxis nutzbar zu machen. *[Kromrey, 2001]* „For any evaluation many good designs can be proposed, but no perfect ones" wird von Rossi & Freeman angemerkt und betont damit, dass es kein „Musterdesign für Evaluationen" geben kann, mithin die Vorgehensweisen je nach Konstellation von Gegenstand und Fragestellungen „maßgeschneidert" zu entwickeln und zu begründen sind. *[Rossi & Freeman, 1989] [Kromrey, 2001] [Beywl, 1988] [Vogelsang, 1996]*

Evaluationen sollten sich an den methodischen Standards empirisch-wissenschaftlichen Handelns orientieren - eine Auffassung, die in der Evaluationsliteratur nicht durchgängig geteilt wird. Strittig ist, inwieweit Evaluationen sich pragmatischen Kriterien unterordnen, wenn wissenschaftlich-methodische Ansprüche mit den Funktionsansprüchen des evaluierenden Gegenstands in Konflikt geraten. *[Bortz & Döring, 2002] [Kromrey, 2001] [Rossi & Freeman, 1989]* Dem Primat der Praxis folgend, wird hier die Auffassung von Kromrey, Rossi & Freeman geteilt, wonach Evaluation als Bindeglied zwischen Theorie und Praxis wissenschaftlichen Kriterien genügen muss, im Konfliktfall jedoch nach pragmatischen, gegebenenfalls auch suboptimalen Lösungen aus wissenschaftlicher Perspektive zu suchen ist. *[Kromrey, 2001] [Rossi & Freeman, 1989]* Vor diesem Hintergrund ist der Wunsch nach einer eigenständigen Evaluationsdisziplin und der in Deutschland beginnenden Diskussion über Leitlinien und Standards nur allzu verständlich. Das amerikanische Standardwerk „The Program Evaluation Standards des Joint Committee on Standards for Educational Evaluation" liefert dazu einen Grundkonsens der Disziplin auf der Grundlage der in den USA langjährigen Evaluationskultur. *[Beywl, 1991] [Joint Committee on Standards for Educational Evaluation, 1999]*

Gegenstand der Evaluierung in der vorliegenden Arbeit ist der Medieneinsatz der Gesundheitspyramide durch Multiplikatoren in der Beratungspraxis der Gesundheitsbildung im Rahmen der medizinischen Rehabilitation. Zweck dabei ist es, Informationen darüber zu gewinnen, ob das Medium Akzeptanz findet und eine lernwirksame methodisch-didaktische Hilfe bei der Vermittlung einer gesunden Lebensführung im Beratungsprozess leistet und damit die angestrebten Lebensstiländerungen unterstützt. Lernwirksamkeit ist im Sinne einer effektiveren (Nutzen) und effizienteren (Wirksamkeit) Lernzielerreichung zu verstehen. Es gilt festzustellen, ob sich die Gesundheitspyramide, ihre Anwendung und Wirkung mit ihren Zielen und Anforderungen zur Deckung bringen lassen und so die pädagogischen Absichten der Gesundheitsbildungsmaßnahmen verwirklichen hilft.

Die **Wahl des geeigneten Untersuchungsansatzes** wird grundsätzlich durch die Ziele einer Evaluation, die Art der zu evaluierenden Maßnahme, aber auch durch die finanziellen und zeitlichen Möglichkeiten bestimmt. Von letzterem ist insbesondere abhängig, wie viele Probanden befragt werden können, ob es eine Kontrollgruppe gibt und wie oft und nach welcher Zeit eine Nachbefragung erfolgt. Eindeutige Entscheidungsregeln für die Wahl des Evaluierungsansatzes bestehen nicht, vielmehr kann die Wahl spezifischer Methoden immer nur von der aktuellen Forschungsaufgabe her begründet werden. *[Vogelsang, 1996b] [Kromrey, 1988] [Christiansen, 2000]* In der Evaluationsliteratur sind zahlreiche Systematisierungsversuche erkennbar, um die vielfältigen Ansätze voneinander abzugrenzen und zu strukturieren. *[Kromrey, 2001] [Vogelsang, 1996] [Beywl, 1988]* Häufig wird die Klassifizierung nach der Evaluationsfunktion im Ablaufschema einer Maßnahme vorgenommen. Ihr kommt in diesem Teil der Arbeit eine summative Rolle zu. Summative Evaluationen sind als hypothesenprüfende Untersuchungen anzusehen und überprüfen, inwieweit die Maßnahme genauso wirkt, wie man es theoretisch erwartet hat. Sie geht mit einer abschließenden, also summativen Bewertung einher, währenddessen formative

Evaluationen im Unterschied dazu den Evaluationsgegenstand mitgestalten und formen. *[Vogelsang, 1996] [Beywl, Henze, Mäder & Speer, 2002] [Bortz & Döring, 2002]*

Die zu prüfende Frage, inwieweit die Gesundheitspyramide eine lernwirksame methodisch-didaktische Hilfe bei der Vermittlung einer gesunden Lebensführung im Beratungsprozess leistet, verweist auf die Perspektive eines wirkungsbezogenen, summativen Ansatzes. Die Besonderheit dabei ist die Pyramide, die als Medium oder Material für sich allein genommen kein eigenständiges Programm darstellt. Alle vier Variablenbereiche Ziel - Maßnahme - Wirkung - Umwelt mit empirischen Daten abzubilden und miteinander zu verknüpfen, stellt dabei eine praktisch kaum lösbare Aufgabe dar. *[Kromrey, 2001]* Vor diesem Hintergrund ist die gewählte Untersuchungsaufgabe auf die Gesundheitspyramide in ihrer Wirkung als methodisch-didaktisches Instrument fokussiert, währenddessen die Wirkung der Pyramide als Leitfaden zur Handlungsorientierung auf die Adressaten zurück steht. Diese Vorgehensweise erscheint aus einem weiteren Grund angemessen, da Multiplikatoren eine zu den Adressaten der Pyramide komplementäre Handlungseinheit bilden. Ihnen kommt eine zentrale Mittlerrolle zu, bei deren Nichtakzeptanz oder Ablehnung die Pyramide keine Patienten zu erreichen vermag. Hinzu kommt, dass das Medium eine flexible Einbindung in die Beratungsarbeit ermöglichen soll, damit also zu einem Teil völlig unterschiedlicher, nicht vergleichbarer Maßnahmen wird, deren schwer messbarer Einfluss auf Gesundheitsverhalten ohnehin äußerst komplex ist. Als hilfreich dürfte sich in diesem Zusammenhang auch die Entwicklung eines „logischen Modells" erweisen. Angesichts der zahlreichen Designoptionen liefert die Systematik von Rossi und Freeman wertvolle Anhaltspunkte zu den Überlegungen geeigneter Evaluationsdesigns. *[Rossi & Freeman, 1989]*

Wenn aufgrund der zuvor angesprochenen Besonderheit eine Zuweisung von Personen in Interventions- und Kontrollgruppen im Sinne eines klassischen Experimental-Designs nicht sinnvoll erscheint, so ist ein **nicht experimenteller Ansatz im Pretest-Posttest-Design** angemessen. Das Untersuchungsdesign zum Nachweis der Wirksamkeit sollte sich an den Realitäten des Programms und nicht an bestimmten methodischen Vorgaben ausrichten. *[Vogelsang, 1996a] [Kromrey, 2001] [Christiansen, 2000]* Im Pretest-Posttest-Design werden die Multiplikatoren vor und nach dem Medieneinsatz befragt. In der Pretestphase setzt die Informationsbeschaffung bei der Gewinnung von Informationen zum Kontext, Programmatik und Erwartungen an. In der Posttestphase werden insbesondere Informationen zur mediendidaktischen Bewertung wie auch beobachtbaren Wirkung bei den Patienten aufgrund des eingesetzten Mediums gewonnen, die mit den zuvor reflektierten Erwartungen und Anforderungen in Vergleich gesetzt werden. Unterschiede dienen als Indikator für die Zielerreichung.

Abb. 32 Schematische Darstellung des Pretest-Posttest-Design

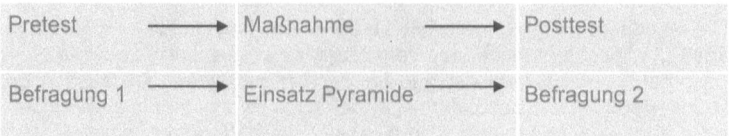

Methodisch lässt sich ein **qualitativer Ansatz** gut begründen, da versucht wird, Erfahrungen, Meinungen, Gefühle und/oder Erkenntnisse der Befragten im Detail zu erfassen. Menschliche Erfahrungen gilt es ganzheitlich und ihrem situativen Kontext aus der Perspektive der Befragten zu verstehen. Es steht die ganzheitliche und problemorientierte Erfassung von Informationen über dem Anspruch der Repräsentativität. Mit der gewählten Erhebungsmethode der stimulusgeleiteten fokussierten Interviewform wird die Konzentration auf ganz spezifische Stimulus-Konstellationen angestrebt, deren Wirkung auf den Befragten im Sinne einer Exploration subjektiver Deutungen analysiert werden soll. *[Vogelsang, 1996a] [Kepper, 1996]* Der Begründungszusammenhang für die Wahl qualitativer Methoden, dem Einsatz der leitfadengestützten Interviewform und die Rolle der Experten sind bereits zuvor eingehend erörtert worden. (vgl. Kapitel 5) Ein Überblick über die wesentlichen Merkmale qualitativer Evaluierungsansätze und der damit bevorzugt angewendeten methodischen Routinen zeigt die Tabelle 18.

Tab. 18 Merkmale qualitativer Evaluierungsansätze

Forschungsparadigma	Phänomenologie; menschliche Erfahrung ganzheitlich und in ihrem Kontext verstehen
Design	Flexibles, sich im Laufe der Forschung entwickelndes Design
Methoden der Datenerhebung	Vor allem qualitativ (Tiefeninterviews, Gruppendiskussionen)
	Keine vorgegebenen Kategorien
Auswahl der Befragten	Nach inhaltlichen Kriterien
Umfang der Fragen	Viele
Anzahl der Befragten	Wenige
Analyse der Daten	Qualitative Inhaltsanalyse: Bildung von Kategorien, Dimensionen, Beschreibung, Zitate
Gütekriterien	Inhaltliche Vollständigkeit, Angemessenheit, Transparenz, Nachvollziehbarkeit, multipersonaler Diskurs
Verallgemeinerungen im statistischen Sinne	Nur selten möglich, da Stichprobe selten repräsentativ

Quelle: in Anlehnung an Vogelsang 1996a

Die Gütekriterien Objektivität und Reliabilität sind auf die Ziele und Probleme quantitativer Untersuchungen abgestimmt und nicht ohne weiteres auf qualitative Untersuchungen übertragbar. Dies erfordert Gütekriterien, die für qualitative Untersuchungen geeignet sind: inhaltliche Vollständigkeit, Angemessenheit, Transparenz, Nachvollziehbarkeit und multipersonaler Diskurs. Unter inhaltlicher Vollständigkeit versteht man die Ermittlung und Analyse aller aus der Sicht der Befragten relevanten Inhalte des Untersuchungsgegenstandes. Für die Untersuchung ist die Methode zu wählen, die dem Ziel der Untersuchung am besten gerecht wird. Es ist erforderlich den Untersuchungsablauf transparent und damit nachvollziehbar zu machen, d.h. die Gründe für das gewählte Vorgehen müssen angegeben werden. Durch einen multipersonalen Diskurs unter Beteiligung mehrerer Evaluatoren, die das gleiche Datenmaterial interpretieren, der in der vorliegenden Arbeit nicht zu verwirklichen ist, lässt sich die Güte der Interpretation verbessern. Die Validität der Ergebnisse von qualitativen Untersuchungen ist abhängig von der Angemessenheit und sorgfältigen Anwendung der gewählten Methode, wie auch von der präzisen Inhaltsanalyse des Datenmaterials. Sie wird auch maßgeblich von der analytischen und kommunikativen Fähigkeit des Evaluators bestimmt. Ihm kommt die Verantwortung zu, dass die Bewertung einer Maßnahme auf der Basis unstrittiger Fakten erfolgt, also die festgestellten Auswirkungen so gut wie möglich auf die evaluierte Maßnahme und keine anderen Ursachen zurückzuführen sind (interne Validität). *[Vogelsang, 1996a] [Bortz & Döring, 2002]* Daher sind mit diesem Ansatz auch Fehlerquellen verbunden. Beispielsweise ist nicht sichergestellt, dass die beobachtbare Wirkung bei den Patienten ausschließlich durch den Einsatz der Gesundheitspyramide zustande gekommen ist.

6.1.2. Zielexplikation und Leitfragestellungen

Für eine Evaluation ist eine sorgfältige Zielexplikation unerlässlich. Daraus leitet sich ab, nach welchen Kriterien die Maßnahme evaluiert wird. Außerdem dienen die Ziele als Vergleichsbasis zur Beurteilung der erzielten Wirkungen. *[Beywl, Henze, Mäder & Speer, 2002] [Bortz & Döring, 2002] [Vogelsang, 1996b]* Bei der Präzisierung der **Zielbeschreibung** ist wichtig zu unterscheiden zwischen den Merkmalen und Zielen des zu bewertenden Sachverhaltes einerseits und den Merkmalen und Zielen des Evaluationsvorhabens andererseits. *[Kromrey, 2001]* Patton empfiehlt in diesem Zusammenhang, sich die handlungslogische Abfolge der Maßnahme zu vergegenwärtigen und den entsprechenden evaluationsrelevanten Informationen zuzuordnen, so dass die Präzisierung des Evaluationsgegenstandes einer Rekonstruktion der (impliziten) Programmtheorie und der zugeordneten Informationen entspricht. *[Patton, 1997]*

Wie bereits zuvor ausgeführt wurde, sind Gegenstand und das formulierte Ziel dieses Vorhabens, Informationen darüber zu gewinnen, ob das Medium bei den Multiplikatoren in der Gesundheitsbildung der medizinischen Rehabilitation Akzeptanz findet und eine lernwirksame methodisch-didaktische Hilfe bei der Vermittlung einer gesunden Lebensführung im Beratungsprozess leistet. Für die Zielorientierung des zu bewertenden Sachverhalts wird auf den bereits zuvor in Kapitel 4 dargestellten **Zielbaum** Bezug genommen. Dabei ist eine Unterscheidung zwischen den übergeordneten Zielen und den Feinzielen getroffen worden. Globalziele sind wichtig, weil sie für eine Programmatik stehen und die „grobe Richtung" festlegen. Feinziele orientieren sich an dem übergeordneten Ziel, um die zentralen Wirkungsfragen beantworten zu können: Hat die Maßnahme die vorgesehenen Wirkungen? Werden die Ziele erreicht? Sind die Ergebnisse auf die Maßnahme oder auf andere Faktoren zurückzuführen? Welche (un)erwünschten Wirkungen sind sonst noch aufgetreten? *[Vogelsang, 1996]*

Das **übergeordnete Ziel** lässt sich mit dem Einsatz der Gesundheitspyramide als Beitrag zum Aufbau erwünschter gesundheitlicher Einstellungen und Verhaltensänderungen der zentralen Lebensstilfaktoren Ernährung, Bewegung und Stressmanagement beschreiben. Daneben soll der interdisziplinäre Austausch zwischen den verschiedenen Professionen und das Vertreten eines ganzheitlichen Ansatzes in den Reha-Einrichtungen gefördert werden. Die **Grobziele** sind mit der notwendigen Akzeptanz der Gesundheitspyramide und Unterstützung von Lerneffekten im Phasenverlauf der Verhaltensänderungsprozesse beschrieben. Die sich daraus ableitenden **Feinziele** betreffen die Einbindung des Pyramiden-Modells in den Beratungsprozess, die eine lernwirksame methodisch-didaktische Hilfe auf den unterschiedlichen Ebenen der Interventionsphasen zur Unterstützung von Lerneffekten bei den Patienten leisten will. Das in Abbildung 13 dargestellte Zielsystem verdeutlicht die Zielorientierung auf den unterschiedlichen Ebenen der Interventionsphasen, also im Prozessverlauf der Informationsvermittlung einerseits und im Phasenverlauf der Verhaltensänderung andererseits. Im Prozessverlauf der Informationsvermittlung will die Gesundheitspyramide den Beratungskräften zunächst dabei helfen, die Patienten über die Art der Präsentation mit dem Anliegen einer gesunden Lebensweise zu konfrontieren. Im weiteren Verlauf soll den Beratenden mit dem Einsatz der Pyramide ermöglicht werden die Aufmerksamkeit zu fokussieren, damit die Patienten sich des Inhalts bewusst werden. In der dritten Stufe wird darauf gezielt, die Beratenden bei der Veranschaulichung des Zusammenhangs von Gesundheit als Gesamtheit von Bewegung, Ernährung und Stressmanagement zu unterstützen, damit die Patienten leichter verstehen, woraus eine Wissenserweiterung resultieren soll. Auf der letzten Prozessstufe der Informationsvermittlung steht der Austausch und Dialog, bei dem die Zustimmung des durch die Pyramide vermittelten Appells durch die Beratungskräfte erreicht werden soll, was zur Veränderung von Überzeugungen bzw. Einstellungen beim Patienten führen soll. Die Anleitung steht im Phasenverlauf der Verhaltensänderung für das konkrete Einüben der gewünschten Verhaltensweisen wie beispielsweise die empfehlenswerte Lebensmittelauswahl. Mit der Gesundheitspyramide soll der Beratungsprozess dahingehend erleichtert werden, dass den Patienten über das Üben hinaus konkrete Handlungsorientierung angeboten werden kann und sie in ihrem eigenverantwortlichen Handeln durch Kompetenzerweiterung unterstützt werden. Der Transfer oder die Begleitung des Veränderungsprozesses bildet die dritte Ebene der unterschiedlichen Interventionsphasen. In dieser Phase zielt der Beratungsprozess darauf Transferhilfen zu leisten, um das Behalten und die Festigung von neu erworbenem Wissen, Überzeugungen und Verhalten zu unterstützen. Die Gesundheitspyramide will als Erinnerungshilfe eine Brücke bieten zwischen dem Reha-Aufenthalt und nach der Reha im Alltag. Zusammenfassend wird in der Abbildung 13 der Zielbaum dargestellt.

Einsatzbezogene Bewertung in der medizinischen Rehabilitation 147

Abb. 13 Zielbaum Kommunikations-Modell

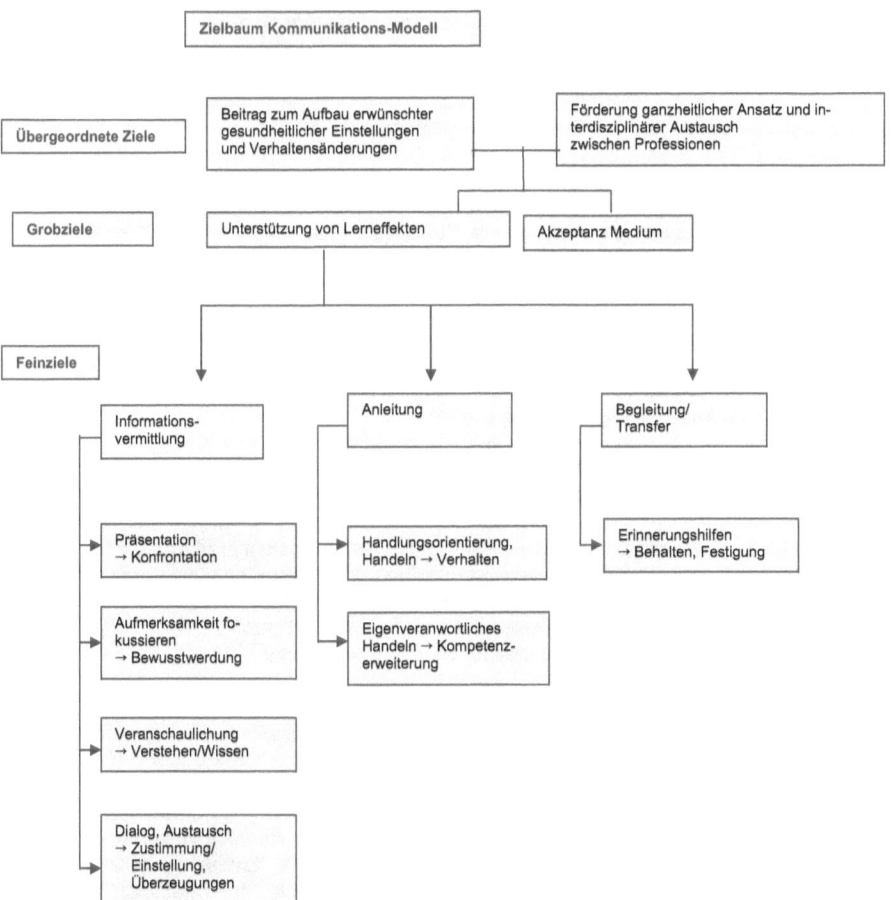

Die Feinziele reflektieren dabei, angesichts fehlender geeigneter Medien, die Problematik den komplexen Sachverhalt des Lebensstilkonzepts zu vermitteln und Transferhilfen zu leisten - eine Problematik wie sie auch bereits aus den Hinweisen der Untersuchung zur konzeptionellen Bewertung der Pyramide deutlich wurde.

Ebenso wie in den Zielen enthalten auch die Fragestellungen werthaltige Annahmen über den Evaluationsgegenstand – sie sind der Schlüssel für eine gelingende Evaluation und steuern die Informationsgewinnung. Durch die Fragestellungen wird festgelegt, zu welchen Sachverhalten welche Informationen gesammelt werden.

Die Bezugnahme auf das Zielsystem ist bei der Entwicklung von zentralen Fragestellungen leitend. *[Beywl, Henze, Mäder & Speer, 2002]* In diesem Sinne wird versucht die **Leitfragestellungen** für die einsatzbezogene Bewertung zunächst in drei Bereiche zu gliedern. In den jeweils zugeordneten Fragestellungen sollen die drei wesentlichen Zielebenen deutlich werden:

(1) die Unterstützung der Beratungspraxis der Multiplikatoren

Inwieweit ist das Pyramiden-Modell geeignet, die Beratungsarbeit der Ernährungsberater lernwirksamer zu gestalten und Lernprozesse bei den Patienten in den Bereichen Ernährung, Bewegung und Stressmanagement zu unterstützen? Diese Fragestellung zielt vor allem auf verschiedene Aspekte der Qualität des Mediums ab. Diese sind: Adressatengerechtheit, Praktikabilität, Flexibilität, Handlungsorientierung, Alltagsnähe, Motivations- und Interessenförderung, inhaltliche Übereinstimmung mit Beratungskonzept des Beratenden. Ob die Qualität des Mediums geeignet ist, Lernprozesse bei Patienten anzustoßen, wird durch die Augen der Berater aus ihrem Sachverstand heraus beurteilt. Es soll ebenfalls erfasst werden, ob es auch hinderliche Qualitäts-Aspekte des Mediums gibt.

(2) die Unterstützung von Lerneffekten bei Patienten in den Bereichen Ernährung Bewegung und Stressmanagement

(2a) Wie wird die Pyramide von den Ernährungsfachkräften in ihrer Beratungspraxis eingesetzt? Mit dieser Fragestellung wird darauf abgezielt, herauszufinden, wann, wie oft und in welchem Zusammenhang die Gesundheitspyramide durch die Ernährungsberater in ihrer Beratungsarbeit eingesetzt wird, ob sie den Patienten zur Verfügung gestellt wird und welche Anleitungen sie den Patienten zur weiteren Nutzung der Pyramide geben.

(2b) In welchem Maße nehmen die Patienten die Gesundheitspyramide als Unterstützung und Informationsquelle bei den Änderungen ihres Lebensstils in den Bereichen Ernährung, Bewegung und Stressmanagement wahr? Diese Fragestellung zielt darauf ab, herauszufinden, wie die Patienten die Pyramide aufnehmen, ob sie mit ihren Inhalten akzeptiert wird und ob sie die Pyramide auch voraussichtlich zu Hause nach der Teilnahme an der stationären Reha-Maßnahme weiterhin nutzen werden (sie immer griffbereit/im Blickfeld haben werden). Informationen darüber können nur durch die Augen der Ernährungsberater/ gewonnen werden, die nach Kommentaren und Reaktionen der Patienten zu und ihrem Umgang mit der Gesundheitspyramide befragt werden sollen.

(3) die Förderung des Vertretens eines ganzheitlichen Ansatzes durch Multiplikatoren und des interdisziplinären Austauschs zwischen den verschiedenen Professionen

Inwieweit wird durch die Gesundheitspyramide das Vertreten eines ganzheitlichen Ansatzes durch Multiplikatoren und ein interdisziplinärer Austausch zwischen ihnen gefördert? Diese Fragestellung zielt darauf ab, herauszufinden, ob die neue Pyramide mit ihrem erweiterten Inhalt durch die verschiedenen Professionen akzeptiert wird und ob es zu einem verstärkten Austausch (z.B. durch Weitergabe der Pyramide) zwischen den Professionen kommt. Es könnte sein, dass durch die erweiterten Inhalte Konkurrenzsituationen zwischen den verschiedenen Professionen entstehen. Dies soll auch geprüft werden, da es durch solche Effekte dazu kommen könnte, dass die Pyramide nicht (mehr) eingesetzt wird. Es soll damit auch geklärt werden, ob das Medium dazu beitragen kann, dass die Botschaften an Patienten durch die verschiedenen Professionen konsistent vermittelt werden.

Die Leitfragestellungen lassen sich auf diese Weise in Teilfragestellungen überführen und werden so hinreichend konkret für die Strukturgebung und Entwicklung des Interviewleitfadens. Die Erreichung der Ziele lässt sich nur dann messen, wenn sie operational sind, weshalb Messgrößen erforderlich sind.

6.1.3. Wirkmodell und Operationalisierung

Die Entwicklung eines Wirkmodells ist der Versuch, ein Bild davon zu zeichnen wie das Programm erwartungsgemäß funktioniert. Ein **Wirkmodel**, auch als „**logic model**" bezeichnet, enthält also Aussagen über die zu erwartenden Beziehungen zwischen der Maßnahme und seinen Zielen. *[W.K. Kellogg Foundation, 2001 & 1998]*

Kapitel 6

Abb. 33 Wirkmodell

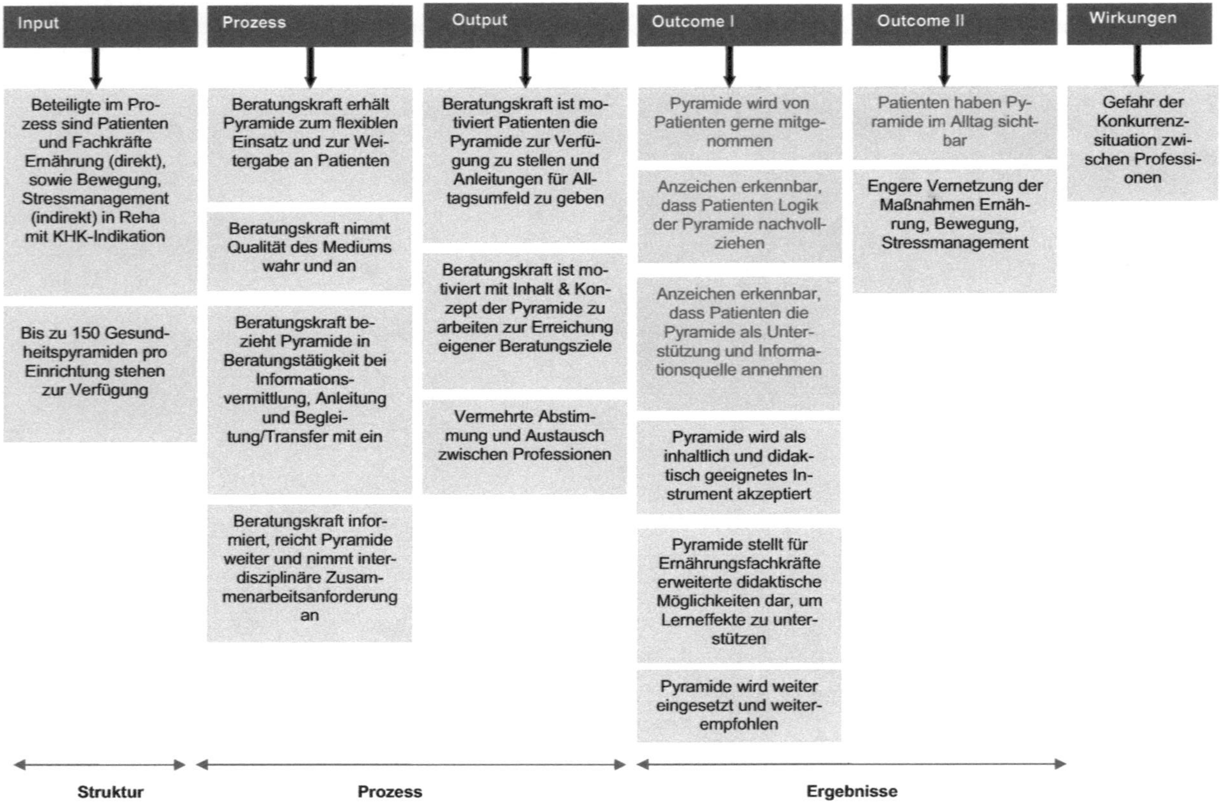

Input	Prozess	Output	Outcome I	Outcome II	Wirkungen
Beteiligte im Prozess sind Patienten und Fachkräfte Ernährung (direkt), sowie Bewegung, Stressmanagement (indirekt) in Reha mit KHK-Indikation	Beratungskraft erhält Pyramide zum flexiblen Einsatz und zur Weitergabe an Patienten	Beratungskraft ist motiviert Patienten die Pyramide zur Verfügung zu stellen und Anleitungen für Alltagsumfeld zu geben	Pyramide wird von Patienten gerne mitgenommen	Patienten haben Pyramide im Alltag sichtbar	Gefahr der Konkurrenzsituation zwischen Professionen
	Beratungskraft nimmt Qualität des Mediums wahr und an		Anzeichen erkennbar, dass Patienten Logik der Pyramide nachvollziehen	Engere Vernetzung der Maßnahmen Ernährung, Bewegung, Stressmanagement	
Bis zu 150 Gesundheitspyramiden pro Einrichtung stehen zur Verfügung	Beratungskraft bezieht Pyramide in Beratungstätigkeit bei Informationsvermittlung, Anleitung und Begleitung/Transfer mit ein	Beratungskraft ist motiviert mit Inhalt & Konzept der Pyramide zu arbeiten zur Erreichung eigener Beratungsziele	Anzeichen erkennbar, dass Patienten die Pyramide als Unterstützung und Informationsquelle annehmen		
		Vermehrte Abstimmung und Austausch zwischen Professionen	Pyramide wird als inhaltlich und didaktisch geeignetes Instrument akzeptiert		
	Beratungskraft informiert, reicht Pyramide weiter und nimmt interdisziplinäre Zusammenarbeitsanforderung an		Pyramide stellt für Ernährungsfachkräfte erweiterte didaktische Möglichkeiten dar, um Lerneffekte zu unterstützen		
			Pyramide wird weiter eingesetzt und weiterempfohlen		

Struktur — Prozess — Ergebnisse

Auf die praktische Bedeutung einer konkreten Beschreibung der Zusammenhänge als Kausalkette zwischen den effektiven Interventionskomponenten (unabhängige Variable), Wirkungsmechanismen und Outcomes (abhängige Variablen) wird in der Evaluationsliteratur von einigen Autoren hingewiesen. *[W.K. Kellogg Foundation, 2001] [Beywl, Henze, Mäder & Speer, 2002] [Christiansen, 2000] [Vogelsang, 1996b] [Patton, 1997]* Dieses Vorgehen wurde auch für diese Arbeit gewählt, aufgrund dessen die Entwicklung des Wirkmodells auf Basis der Empfehlungen des „Logic Model Development Guide" entstanden ist, dass die **erwartete Kausalkette** in Abbildung 33 zeigt. Der Input bezeichnet dabei die Ressourcen, die dem Programm zur Verfügung stehen und den personellen, organisatorischen Kontext einschließen. Der Prozess beschreibt das, was mit dem Input infolge der Interventionen und ihrer beabsichtigten Ergebnisse geschieht. Als Output sind die direkten Einflüsse des Prozesses zu verstehen. Während Outcomes die spezifischen Veränderungen in Einstellungen, Verhalten, Wissen und Fähigkeiten ausdrückt, die als Ergebnis des Prozesses erwartet werden. Outcome I und II bringt dabei eine kurzfristige (Outcome I) bzw. längerfristige (Outcome II) zeitliche Perspektive zum Ausdruck. Wirkungen oder Nebenwirkungen werden als erwünschte oder unerwünschte zu erwartende Begleiterscheinung der Interventionskomponenten aufgefasst. In dieser Weise bestimmt das Wirkmodell die Auswahl der deskriptiven Variablen und Messgrößen und ist dabei eine wichtige Leitlinie bei der Konstruktion der Erhebungsinstrumente. *[W.K. Kellogg Foundation, 2001 & 1998]*

Um Aussagen über Erfolg und Misserfolg der Zielerreichung treffen zu können, ist die **Operationalisierung** der Outcome Variable unerlässlich. Sie legt fest, anhand welcher Daten und Messgrößen die Wirkung der Interventionskomponenten erfasst werden soll. Zudem ist die explizite Formulierung von Erfolgsfaktoren wichtig. Hier soll angegeben werden, in welchem Umfang das gesetzte Ziel mindestens bzw. höchstens umgesetzt sein soll, woran also die Zielerreichung gemessen und überprüft wird. *[Bortz & Döring, 2002] [Kromrey, 2001] [Beywl, Henze, Mäder & Speer, 2002]* Aus den Tabellen 19 bis 21 sind die Operationalisierungsschritte der Outcome Variable, also der ergebnisbezogenen wie auch der struktur- und prozessbezogenen Bewertung ersichtlich.

Tab. 19 Operationalisierung der strukturbezogenen Bewertung

Strukturelle Merkmale	Merkmalsausprägung
Ausgangssituation in der Organisation	❖ Patientenanzahl ❖ Regelverweildauer ❖ Aufnahmerhythmus ❖ Rahmentherapieplan/Behandlungsleitlinien ❖ Therapieumsetzung ❖ Kooperationshandeln, Zufriedenheit ❖ Berufsgruppen
Personelle Merkmale der Fachkräfte Ernährung	❖ Qualifikation der Berater ❖ Berufserfahrung ❖ Aufgabenprofil

In der Tabelle 19 sind die **strukturellen Merkmale** des Interventionsfeldes genannt, die erhoben werden, weil sie für ein umfassendes Verständnis der ablaufenden Prozesse und der daraus resultierenden Ergebnisse notwendig sind. Zur Analyse der Ausgangslage vor Interventionsbeginn sind die Ausgangssituation in der Organisation und die personellen Merkmale der Ernährungsfachkräfte erfasst. Für die Ausgangssituation bedeutsam ist unter anderem die Kooperationsgrundlage für die Zusammenarbeit zwischen den Professionen. Diese kommt beispielsweise durch Kooperationshandeln und -zufriedenheit zum Ausdruck.

Tab. 20   Operationalisierung der prozessbezogenen Bewertung

Prozessuale Merkmale	Merkmalsausprägung
Beratungspraxis	Beratungsziele und -methodik
	Umgang und Erfahrungen mit Medien
Mediendidaktik	Anforderungen
	Erwartungen an Gesundheitspyramide
Medieneinsatz Gesundheitspyramide	Einsatzhäufigkeit
	Anlässe und Ziele
	Angebots- und Erklärungshandeln

Die Tabelle 20 führt die erhobenen **prozessualen Merkmale** an, welche die Intervention repräsentieren. Anhand dessen wird versucht festzustellen, wie die bisherige Beratungspraxis aussieht, welche Anforderungen und Erwartungen an Medien im allgemeinen und die Gesundheitspyramide im speziellen gestellt werden und wie der Einsatz der Pyramide in der Beratungspraxis konkret erfolgte. Die Frage nach den Erwartungen an das Kommunikations-Modell im Vorfeld des Einsatzes ist vor allem im Hinblick auf die Reflexion der mediendidaktischen Bewertung nach Einsatz bedeutsam.

Einsatzbezogene Bewertung in der medizinischen Rehabilitation 153

Tab. 21 Operationalisierung der ergebnisbezogenen Bewertung

Ziele	Ergebnisbezogene Merkmale	Merkmalsausprägungen/Indikatoren	Erfolgsfaktoren Hinreichend – außerordentlich hoch
Unterstützung von Lerneffekten als Beitrag zum Aufbau erwünschter gesundheitlicher Einstellungen und Verhaltensänderungen durch Informationsvermittlung, Anleitung, Begleitung/Transfer	Wahrgenommene Wirkung auf Patienten hinsichtlich der Qualitätsdimensionen ❖ Akzeptanz ❖ Motivation, Gefallen/Sympathie, Interesse/Aufmerksamkeit ❖ Verständlichkeit ❖ Anschaulichkeit, Erinnerbarkeit ❖ Handlungsorientierung	❖ Umfang Mitnahme der Pyramide ❖ Reaktionen Gefallen/Missfallen, Ausmaß Anmerkungen/Fragen ❖ Ausmaß an Verständnisfragen, Irritationen, Inhaltswiedergabe, Nachvollziehbarkeit der Logik ❖ Ausmaß Erinnerbarkeit, Inhaltswiedergabe ❖ Reaktionen eigene Realisierbarkeit, Handlungsabsichten	Bei **70 %** der Befragten sollen in mindestens 4 von 5 Qualitätsdimensionen Indikatoren mit positiver Ausprägung und in maximal 2 Qualitätsdimensionen mit negativer Ausprägung gemessen werden. Bei **80 %** der Befragten sollen in mindestens 4 von 5 Qualitätsdimensionen Indikatoren mit positiver Ausprägung und in maximal 1 Qualitätsdimension mit negativer Ausprägung gemessen werden.
Akzeptanz der Pyramide bei Ernährungsfachkräften als lern-wirksame methodisch-didaktische Hilfe	Mediendidaktische Bewertung	❖ Kongruenz Konzept Pyramide mit Klinik-/Befragungskonzept ❖ Bewertung Qualitätsdimensionen nach Schulnoten ❖ Eignung bei verschiedenen Beratungsanlässen ❖ Reflexion Erwartungen zur Praxis ❖ Rolle Werbeanteil ❖ Gesamtbewertung	**80 % 90 %** der Befragten müssen die Pyramide in der Durchschnittsbewertung mit Note „gut" bewerten (Gut = 1,5 bis 2,5 mathematisch gerundet). **80 % 90 %** der Befragten müssen der Ansicht sein, dass ihre didaktischen Möglichkeiten durch die Pyramide erweitert und verbessert sind.
	Ausblick in die Zukunft	❖ Erweiterung didaktischer Möglichkeiten ❖ Beabsichtigter künftiger Medieneinsatz ❖ Empfehlungsverhalten ❖ Bereitschaft Kostenbeitrag	**80% 90 %** der Befragten müssen die Pyramide auch künftig in ihrer Beratungsarbeit einsetzen wollen und sie weiterempfehlen.
Förderung ganzheitlicher Ansatz und interdisziplinärer Austausch zwischen Professionen	Interdisziplinärer Austausch	❖ Dialog mit anderen Professionen ❖ Reaktionen, Haltung zum Medium Einsatz in anderen Bereichen ❖ Abstimmungsverhalten ❖ Einfluss Pyramide auf Austausch, ganzheitliche Ausrichtung	Dort, wo es zu einem Austausch gekommen ist, müssen **60 % 70 %** der Betreffenden eine positive Haltung einnehmen. **60 % 70 %** der Befragten müssen der Ansicht sein, dass durch die Pyramide Austausch und ganzheitliche Ausrichtung unterstützt werden.

Wenn **5 von 6** bzw. **6 von 6** Erfolgsfaktoren die Benchmarks erreichen, erfüllt die Pyramide die Anforderungen für eine Empfehlung zum Medieneinsatz in der Praxis der Gesundheitsbildung und könnte somit als Beratungsstandard in der medizinischen Rehabilitation vorgeschlagen werden.

Die **ergebnisbezogenen** erhobenen **Merkmale** orientieren sich weitgehend an den zuvor dargestellten Zielen. Zur Analyse des Ausmaßes an Unterstützung von Lerneffekten bei den Patienten geht es zunächst darum herauszufinden, welche Reaktionen auf Seiten der Patienten beim Einsatz der Gesundheitspyramide beobachtet werden. Auf diese Weise sollen Anhaltspunkte gewonnen werden, in welchem Maße die Pyramide als Unterstützung und Informationsquelle von den Patienten bei den Änderungen ihres Lebensstils wahr genommen wird. Dabei werden bei der Exploration Kriterien in Form von Qualitätsdimensionen herangezogen, die nach den Angaben der Pre-Test-Befragung wie auch aus der Literatur als Voraussetzung für eine lernwirksame Verwendbarkeit der Pyramide angesehen werden und gleichzeitig Rückschlüsse auf die Interventionskomponenten im Beratungsprozess geben. Zu beachten ist dabei vor allem, dass völlig unterschiedliche Beratungsanlässe, und -situationen für den Medieneinsatz gewählt werden können und damit verbunden unterschiedliche Zielsetzungen auf den Ebenen der Informationsvermittlung, Anleitung und Begleitung/Transfer beabsichtigt sind. Informationen darüber können nur durch die Augen der Ernährungsfachkräfte gewonnen werden, die nach Kommentaren und Reaktionen der Patienten zu und ihrem Umgang mit der Gesundheitspyramide befragt werden. Für die Erhebung dieser ergebnisbezogenen Merkmale sind **Indikatoren** gebildet worden, wie sie in der Tabelle 21 in Überblicksform und in Tabelle 22 im Detail dargestellt sind.

Einsatzbezogene Bewertung in der medizinischen Rehabilitation   155

Tab. 22   Detailübersicht der Indikatoren zur wahrgenommen Wirkung

Qualitätsdimension	Indikatoren			
	+	Positive Merkmalsausprägung	-	Negative Merkmalsausprägung
Akzeptanz	+	Patienten nehmen Pyramide mit nach Hause Annähernd von allen/von der überwiegenden Zahl	-	Patienten nehmen Pyramide kaum/nicht mit nach Hause Von einer geringen Anzahl/von fast bzw. keinem
	+	Patienten fragen nach Mitnahmemöglichkeit	-	Patienten äußern Kritik an Werbebotschaft
			-	Patienten äußern sich kritisch, zeigen Skepsis
Motivation, Gefallen/Sympathie, Interesse/ Aufmerksamkeit	+	Patienten äußern Gefallen, zustimmende, interessierte und aktive Haltung beobachtbar	-	Patienten äußern Missfallen
	+	Patienten machen Anmerkungen, stellen Interessensfragen	-	Keine Fragen oder Reaktionen jedweder Art, ablehnende, desinteressierte Haltung beobachtbar
Verständlichkeit	+	Patienten geben Inhalte korrekt wieder, geben inhaltlich korrekte Rückmeldungen	-	Nicht eindeutig, missverständlich, Ausmaß an Verständnisfragen vermehrt/häufig
			-	Patienten äußern sich irritiert, wirken verunsichert
	+	Anzeichen erkennbar, das Patienten Ganzheitlichkeit nachvollziehen	-	Keine Anzeichen erkennbar, das Patienten Ganzheitlichkeit nachvollziehen
Anschaulichkeit, Erinnerbarkeit	+	Patienten erinnern sich an Ernährungspyramide		
	+	Patienten können Zusammenhang herstellen zu Reha-Angeboten Ent+Bew	-	Patienten können Zusammenhang zu Reha-Angeboten Ent+Bew nicht herstellen
	+	Patienten geben Inhalte (mit eigenen Worten) wieder		
Handlungsorientierung	+	Patienten bauen Pyramide auf	-	Patienten lassen erkennen, dass Inhalte für sie nicht relevant sind
	+	Patienten äußern sich zu Hinweisen und eigene Realisierbarkeit		
	+	Patienten äußern sich, was sie mit der Pyramide zu Hause vorhaben		

Daneben geht es um die Frage nach der mediendidaktischen Bewertung und der Akzeptanz des Mediums. Inwieweit die Gesundheitspyramide geeignet ist, die Beratungsarbeit der Ernährungsfachkräfte lernwirksamer zu gestalten und Lernprozesse bei den Patienten zu unterstützen. Diese Fragestellung zielt weitgehend auf die gleichen zuvor angesprochenen Aspekte der Qualität des Mediums ab und ermöglicht so eine Analyse der Medienbewertung aus der Perspektive der Didaktik wie auch aus der Sichtweise der beobachteten Reaktionen und Wirkungen beim Patienten. Die Projektion der Erwartungen versus Praxis liefert dafür weitere Anhaltspunkte und für die Frage, ob sich unerwartete Hemmnisse in der Praxis ergeben. Ein wichtiges Maß für die Akzeptanz unterstreicht unter anderem die Frage nach der Absicht, die Pyramide weiter einsetzen und empfehlen zu wollen. Zur Analyse des Einflusses der Pyramide auf Interdisziplinarität und ganzheitliche Ausrichtung ist die Erhebung von Dialog, Reaktionen und Abstimmungsverhalten bedeutsam.

Die explizite Formulierung der Erfolgskriterien wird in der Tabelle 21 gezeigt. Wenn 5 von 6 bzw. 6 von 6 **Erfolgsfaktoren** die Benchmarks erreichen, erfüllt die Pyramide die Anforderungen für eine Empfehlung zum Medieneinsatz in der Praxis der Gesundheitsbildung und könnte auf der Grundlage der Leitlinien des Verbandes Deutscher Rentenversicherungsträger als Beratungsstandard in der medizinischen Rehabilitation vorgeschlagen werden. Damit erfüllt es auch die Rechtfertigung für eine dauerhafte Einführung des Mediums durch das Unternehmen Kellogg. Für die Festlegung sowie Auswahl der Erfolgsfaktoren und die getroffene Entscheidungskonvention sind neben eigenen Erfahrungen, die Einschätzungen von Evaluationsexperten aus Institutionen, unter anderem Institut für Evaluation und wissenschaftliche Weiterbildung und Bundeszentrale für gesundheitliche Aufklärung, sowie drei Kommunikationsfachleuten und einem Marktforschungsexperten im Sinne eines Benchmarking eruiert und vergleichbare Daten aus der Literatur herangezogen worden. *[Beywl, Henze, Mäder & Speer, 2002] Bundeszentrale für gesundheitliche Aufklärung, 2003]*

6.1.4. Beschreibung der Stichprobe, Untersuchungs- und Ablaufplan

Für die Beschreibung der Stichprobe sind zunächst zwei Fragen von Bedeutung: zum einen geht es um die Bestimmung der Stichprobe, also der Zielobjekte, die für die geplante Intervention vorgesehen sind, zum anderen um die Stichprobe, auf deren Basis die Durchführung der Evaluation beruht. *[Bortz & Döring, 2002]* Die Zielobjekte der auf sie gerichteten Interventionen sind Patienten als Teilnehmer von gesundheitsbildenden Maßnahmen in der medizinischen Rehabilitation. Bei der Stichprobe, auf deren Basis die Bewertung beruht, handelt es sich um eine **neue Untersuchungsstichprobe von Multiplikatoren** in der Gesundheitsbildung im Bereich der medizinischen Rehabilitation. Aus konzeptioneller, fachlich wie auch inhaltlicher Sicht kommen dafür in der medizinischen Rehabilitation die entsprechenden Berufsgruppen in den Bereichen Ernährung, Bewegung und Stressmanagement in Frage. Da sich das Medium an die im Ernährungssektor weit verbreitete Ernährungspyramide anlehnt, richtete sich die konzeptionelle Bewertung des neuen Mediums an Fachleute in der Ernährungsberatung. Um die weitreichenden Erfahrungen der Multiplikatoren aus dem Ernährungsbereich im Umgang mit visuellen Darstellungsformen, wie dem Ernährungskreis oder der Ernährungspyramide, auch für die einsatzbezogene Bewertung der Gesundheitspyramide nutzen zu können, will die Evaluierung gezielt

Einsatzbezogene Bewertung in der medizinischen Rehabilitation 157

daran anknüpfen. Die Basis der zu untersuchenden Stichprobe bildet demnach die in Reha-Einrichtungen beschäftigten und vorwiegend als Diätassistent ausgebildeten Ernährungsfachkräfte. Es ist zu erwarten, dass Fachleute mit diesem Erfahrungshintergrund eine realistische Einschätzung hinsichtlich der Praxistauglichkeit des Modells geben können. In den Bereichen Bewegung und Stressmanagement sind indes vornehmlich übungsorientierte Anleitungen und Training zu erwarten, während die Informationsvermittlung dabei eine vergleichsweise geringere Rolle einnimmt. Somit ist eine größere Homogenität in der Stichprobe gewährleistet und die Untersuchungsbedingungen sind besser kontrollierbar. Diese Vorgehensweise ermöglicht außerdem vergleichende Betrachtungen der beiden Untersuchungen und erweitert die Bewertungsgrundlage für die Interpretation der Ergebnisse.

Neben der Stichprobenauswahl ist die Festlegung der **Stichprobengröße** zu treffen, die sich als qualitativer Ansatz nicht am Anspruch der Repräsentativität orientiert. Zu dieser Frage fließen vor allem Überlegungen zu Kosten, praktikablem Umfang des Datenmaterials für die inhaltsanalytische Auswertung sowie der abhängig von der Fallzahl zu erwartenden Aussagekraft der Ergebnisse ein. Die gängige Marktforschungspraxis stellt erneut eine hilfreiche Orientierung dar. *[Grünewald, 1998]* In Analogie würden sich methodisch aus der Perspektive einer weiterführenden marktnahen Bewertung Fokusgruppen anbieten, wobei eine Gesamtstichprobe von mindestens 24 Teilnehmern für verwertbare Ergebnisse gefordert wird. Angestrebt wird, von 24 Teilnehmern verwertbare Ergebnisse aus der Pre-und Posttestbefragung zu erhalten. Bei einer angenommen drop-out Rate von rund 25 %, also sechs Teilnehmern, wird dementsprechend eine Fallzahl von n=30 zu Grunde gelegt. Als Auswahlkriterien sind Ausbildung und Tätigkeit in der Ernährungsberatung einer Reha-Einrichtung mit Herz-Kreislaufindikation festgelegt. Die qualitative Stichprobe wird darüber hinaus unterteilt in Studienteilnehmer, die aus dem Adressenpool der Firma Kellogg's stammen und Teilnehmer, die aus den Adressverzeichnissen von Reha-Einrichtungen gewählt sind. Diese Unterteilung könnte Aufschluss darüber geben, ob Unterschiede zwischen den Nutzern und Nicht-Nutzern von Beratungsmaterialien der Firma Kellogg's auftreten, insbesondere um die Rolle des Absenders zu klären.

Für die Auswahl der Befragten (n=15) aus dem Adressenpool der Firma Kellogg's, ist eine genaue **Selektion** von Adressen nach den gewählten Auswahlkriterien möglich. Die Stichprobe ist aus diesem Datenbestand zufällig ausgewählt, wobei die Teilnehmer der ersten Untersuchung ausgeschlossen sind. Die Auswahl der Befragten für die zweite Stichprobe (n=15) ist aus den Adressverzeichnissen von Reha-Einrichtungen nach dem Zufall ermittelt worden. Diese Verzeichnisse ermöglichen eine Selektion nach Indikationsbereichen und erleichtern damit die Klinikauswahl. *[MediMedia, 2003] [Arbeitskreis Gesundheit, 2003]* Die jeweils in der Klinik zuständigen Ernährungsfachkräfte werden angesprochen und die Angaben zu den Auswahlkriterien validiert. Die Motivation zur Studienteilnahme wird durch den Einsatz eines Incentives in der Form des Fachbuches Ernährungsmedizin zusätzlich gefördert.

Für den gewählten qualitativen Untersuchungsansatz wird als Erhebungsmethode die **leitfadengestützte telefonische Interviewform** gewählt. Dieses Vorgehen ist ausführlich in Kapitel 5 begründet und deshalb hier nicht weiter ausgeführt. Mit dem aus Anlage 2 ersichtlichen Erhebungsinstrument für die Pre-Test-Befragung, wird die Ausgangssituation in der Organisation, Beratungspraxis, Qualifikation der Beratungskräfte, Überlegungen zur Mediendidaktik und die Erwartungshaltung hinsichtlich der Nutzung des Mediums erhoben. Dieses Erhebungsinstrument wird zuvor in zwei Kliniken getestet, was zu geringfügigen Modifikationen führt. Für die Datenerhebung ist ein etwa 30-minütiges Telefoninterview vorgesehen, das für Auswertungszwecke auf Tonträger aufgezeichnet wird. Im Vorfeld des Gesprächs erhalten die Interviewpartner den Leitfaden und eine Pyramide zugeschickt. Nach der Pre-Test-Befragung erhalten die Studienteilnehmer je nach Klinikgröße und Wunsch 50, 100 oder 150 Stück Pyramiden, die sie in mindestens 10 Beratungsanlässen (Einzel- sowie Gruppenberatung) flexibel in ihrer Beratungspraxis im Zeitraum von maximal 2 Monaten einsetzen sollen. Diese Festlegung beruht auf eigener Erfahrung in der Bewertung von Medien. Der Zeitraum sollte dabei begrenzt werden, um sicher zu stellen, dass hinreichend Einsatzmöglichkeiten erfolgen können ohne aber Gefahr zu laufen, dass Befragte sich nicht mehr erinnern können. Der nächste Gesprächstermin für die Post-Test-Befragung ist so gewählt, dass Einsatz und Befragung möglichst zeitnah sind. Mit dem aus Anlage 3 ersichtlichen Erhebungsinstrument für die Post-Test-Befragung wird der praktische Medieneinsatz, die wahrgenommene Wirkung bei Patienten, die mediendidaktische Bewertung, die zukünftigen Absichten hinsichtlich Einsatz und Weiterempfehlung und der interdisziplinäre Austausch erhoben. Vor dem Echteinsatz in der Post-Test-Befragung wird dieses Erhebungsinstrument ebenfalls in den beiden gleichen Pretest Kliniken überprüft. Auch hier ergaben sich nur geringfügige Änderungen. Der Gesprächsleitfaden wird auch für das Interview der Post-Test-Befragung vorab zugeschickt. Zusammenfassend zeigt die Abbildung 34 den **Ablaufplan** der Untersuchung.

Abb. 34   Ablaufschema der Untersuchung

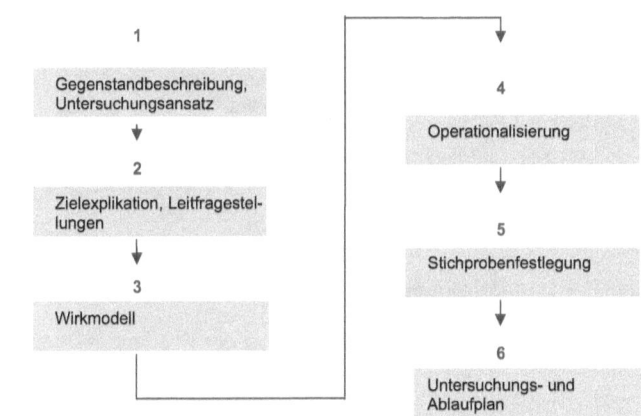

6.1.5. Auswertung und Analyse der Daten

Für die Auswertung und Analyse findet wie in der ersten Untersuchung die **qualitative Inhaltsanalyse** Anwendung, auf dessen ausführliche Erörterung in Kapitel 5 verwiesen werden kann.

Neben dem in Kapitel 5 beschriebenen Vorgehen wird für die Auswertung komplexer Daten, insbesondere aus der Post-Test-Befragung, ein Verfahren zur PC-gestützten qualitativen Datenauswertung angewendet. Die **Text-Sortier-Technik** ist eine Auswertungstechnik für qualitative Daten auf Basis eines konventionellen Textverarbeitungsprogramms (zum Beispiel Winword), die Ende der 80er Jahre von Beywl entwickelt wurde. Bei großen Textdatenmengen gerät die Auswertung zunehmend schwieriger. Mit der PC-gestützten Technik werden die verbalen, in Worte gefassten Daten nach zu bildenden Kategorien geordnet und auf übersichtliche Weise vergleichbar und zusammenfassbar gemacht. Sie werden dabei so gekennzeichnet, dass sie jederzeit auf die Datenquelle rückführbar sind. *[Beywl & Schepp-Winter, 2000]*

Für die Ergebnisdarstellung wurde ein Vorgehen gewählt, bei der zunächst alle relevanten Merkmale der gebildeten Antwortkategorien in ausführlicher Darstellungsform dokumentiert sind, wie das Beispiel Tabelle 26 zeigt. Alle Antwortmerkmale sind in einer weiteren Arbeitsstufe kondensiert und in Form von Unterkategorien zusammengefasst worden, wie das Beispiel Tabelle 25 verdeutlicht. Für diesen Teil der Arbeit ist eine ausführliche Darstellungsform für das Verständnis verzichtbar. Eine zusammenfassende Ergebnisdarstellung erleichtert vielmehr ein besseres zusammenhängendes Verständnis und leichtere Übersicht der gesamt erhobenen Daten. An dieser Vorgehensweise orientiert sich die gesamte Ergebnisdarstellung der Evaluierung des Medieneinsatzes.

6. 2. Ergebnisse der Pre-Test-Befragung

Nach Auswertung der Daten werden die Ergebnisse der Pre-Test-Befragung in den weiteren Ausführungen entsprechend der Befragungsstruktur dokumentiert und erläutert.

Die Reha-Einrichtungen, in denen die Studienteilnehmer tätig sind, stammen aus ganz Deutschland. Die Teilnahmebereitschaft an der Studie war unerwartet hoch. Fast ausnahmslos waren die angesprochenen Fachleute motiviert, sich an der Untersuchung zu beteiligen und zeigten sich interessiert ein neues Medium in ihrer Beratungspraxis kennen zu lernen. Den Reaktionen nach zu urteilen hat die Vermittlung einer gesunden Lebensführung entsprechende Relevanz in ihrer Beratung, wie sich bereits in der ersten Untersuchung gezeigt hat. Der Erhalt eines Incentives wurde erst dann angesprochen, wenn die Bereitschaft zur Teilnahme bereits deutlich signalisiert wurde. Das Incentive wurde nur für den Gesamtverbleib in der Studie gewährt und hatte vornehmlich die Funktion, die Motivation über den Gesamtverlauf aufrecht zu erhalten, weniger um die Studienteilnahme an sich zu fördern. Es besteht offenkundig ein grundständiges Interesse an dem Medium. Ein weiteres Indiz spricht aus der Erfahrung, dass die Interviewpartner jeweils gut auf das Gespräch vorbereitet waren und Initiative zeigten fehlende Informationen einzuholen. Die geplante Gesprächszeit von 30 Minuten war leicht einzuhalten. Eine offene Gesprächsatmosphäre prägte den Verlauf der gesamten Interviews.

6.2.1. Ausgangssituation

Um die Ausgangssituation in der Organisation zu erfassen, wurden eine Reihe von Merkmalen erhoben. Sie dienen dem umfassenden Verständnis des strukturellen Handlungskontextes von Gesundheitsbildung in Einrichtungen der medizinischen Rehabilitation. Dadurch soll deutlich werden, ob das in der Literatur beschriebene Umfeld, die Problemstellungen und die getroffenen Annahmen in der untersuchten Stichprobe übereinstimmen und vor welchem Hintergrund die jeweiligen Fachkräfte den Medieneinsatz bewerten. In diesem Zusammenhang interessierte zunächst die Patientenanzahl, die Regelverweildauer und der Aufnahmerhythmus. Größtenteils werden pro Monat durchschnittlich bis zu 150 (n=10) bzw. 151 – 250 Patienten (n=14) neu aufgenommen. Lediglich in sechs der befragten Kliniken werden mehr als 251 **Patienten** neu aufgenommen. Auffällig ist, dass sich die großen Reha-Einrichtungen vornehmlich in Ostdeutschland befinden. In der Regel werden die Patienten täglich bzw. täglich mit vorwiegend festen Aufnahmetagen aufgenommen (n=19). Häufig erfolgt die **Aufnahme** auch wöchentlich bzw. mehrmals wöchentlich (n=10). In einer Einrichtung erfolgt ein Wechsel im 3-Wochenrhythmus. Die **Regelverweildauer** liegt bei drei Wochen.

Die Frage nach den Gesundheitsbildungsangeboten und den dafür zuständigen Berufsgruppen in der Klinik zeigt, dass die **Pflichtangebote** (Mehrfachnennungen) nach Angaben der Befragten sehr stark ähneln. Im Rahmen der Ernährungsberatung gehören Gesundheitsvorträge bzw. Seminare zu Ernährungsthemen (n=21) sowie Schulungen für Patienten mit Übergewicht, Diabetes, und Fettstoffwechselerkrankungen zum Standardangebot (n=29), ebenso wie Lehrküche (n=19) und Einzelberatungen (n=21). Die Vorträge und Seminare richten sich dabei vorwiegend an alle Patienten während die indikationsbezogenen Angebote den betreffenden Patienten von den Ärzten verordnet werden. Die **freiwilligen Angebote** (Mehrfachnennungen) sind weniger umfassend und bestehen teilweise je nach Verfügbarkeit. Die meisten befragten Kliniken bieten Kochkurse (n=19) und Vorträge bzw. Seminare zu Ernährungsthemen (n=11) als offenes Programm an, gefolgt von Einzelberatungen in Form einer Sprechstunde (n=9). Kein Angebot bzw. allenfalls in sporadischer Form gibt es in fünf Kliniken. Sonst können Patienten auch am indikationsbezogenen Schulungsangebot, sowie am Einkaufstraining und Schulungsbüffet teilnehmen (n=4). Dabei haben die Beratenden im Rahmen der Ernährungsberatung am häufigsten 2-3 mal (n=9) bzw. 3-4 mal (n=7) Kontakt mit einem Patienten innerhalb der Regelverweildauer. In fünf Kliniken lag die **Kontakthäufigkeit** bei mehr als 4 mal. Teilweise legten sich die Befragten (n=9) nicht näher fest und machten Angaben im Bereich von 1-5 mal. Den Angaben der Ernährungsfachkräfte zufolge ergibt sich generell je nach Indikation ein entsprechend häufigerer Kontakt. Hier zeigt sich abhängig von der Indikation und ärztlichen Verordnung eine Limitierung in der Reichweite der Gesundheitsbildungsangebote. Wenn also keine Zuweisung erfolgt, kann der Patient ausschließlich über die Wahrnehmung von freiwilligen Angeboten erreicht werden. Gerade in Kliniken mit hohen Patientenzahlen werden jedoch mehrfach fehlende Ressourcen für ein angemessenes Angebot beklagt. Neben der Ernährung werden im Bereich Bewegung und Entspannung in allen befragten Kliniken weitere indikationsübergreifende Angebote gemacht, die häufig auf Verordnung sowie auch als offenes Angebot erfolgen. Im **Bereich Bewegung** gibt es unisono verschiedene bewegungs- und sporttherapeutische Angebote für Ausdauer, Fitness sowie Muskeltraining unter anderem Gymnastik, Rückenschule, Kardiotraining, Terraintraining, Schwimmen, Fahrrad. Für den Bewegungsbereich (Mehrfachnennungen) sind größtenteils Physio- (n=23) und Sporttherapeuten (n=14) **zuständig**, gefolgt von Gymnastik- und Sportlehrer (n=9), Ergotherapeuten (n=8) sowie Krankengymnasten (n=4), und Ärzte (n=2). Auch im **Bereich Entspannung** (Mehrfachnennungen) gibt es in allen Kliniken vergleichbare Angebote. Das sind vorwiegend Autogenes Training (n=23) und Progressive Relaxation (n=23), die meistens beide angeboten werden. Sonst wurden verschiedene Angebote sowie Yoga, Krankheitsbewältigung, Stress- und Angstgruppen, Tai Chi, Chi Gong und Tanzen angeführt (n=10). Den

Entspannungsbereich (Mehrfachnennung) bestreiten fast ausschließlich Psychologen (n=28), gefolgt von Physiotherapeuten (n=2) und Ergotherapeut (n=1). Bei der Befragung wurde vielfach deutlich, dass die Ernährungsfachkräfte wenig genaue Kenntnis von den Angeboten in den anderen Bereichen haben, insbesondere im Bereich Entspannung, und die Einholung von Informationen zur Beantwortung der Frage erforderlich wurde.

Wie Tabelle 23 zeigt, wird bei der Frage nach Rahmentherapieplan, Behandlungsleitlinien und Kooperationsgrundlage zwischen den verschiedenen Berufsgruppen nach Angaben der Befragten in 18 Kliniken nach einem **klinikinternen Konzept** im Verständnis eines klinikeigenen Therapiestandards gearbeitet. Inwieweit dieses Konzept gemeinsam erarbeitet wurde, ist oftmals nicht deutlich geworden. In den anderen Kliniken wird auf eine vorwiegend individuelle Vorgehensweise in der Verantwortung der jeweiligen Fachbereiche verwiesen. Auf die Frage nach der **Gewichtung der Elemente Ernährung, Bewegung und Entspannung** erklärten 9 Befragte, dass alle drei Bereiche in ihrer Klinik etwa gleichgewichtet sind. In fast allen anderen Nennungen drückt sich eine stark dominierende Stellung des Bewegungsbereiches aus: und zwar in einer Rangfolge Bewegung – Ernährung – Entspannung (n=6) und Bewegung – Ernährung + Bewegung gleichgewichtet (n=9). Die anderen Nennungen (n=6) waren größtenteils weitere Kombinationen mit Bewegung an erster Stelle.

Tab. 23 Behandlungsleitlinien und Kooperationsgrundlage

Strukturelle Merkmale (n=30)	Häufigkeit
Klinikinternes Konzept	
Ja/ja teilweise klinikeigener Therapiestandard	18
nein	12
Gewichtung Ernährung – Bewegung – Entspannung	
Gleichgewichtet	9
1 Bewegung - 2 Ernährung - 3 Entspannung	6
1 Bewegung - 2 Ernährung - 2 Entspannung	9
sonstige (1Bew-1Ern-2Ent; 1Bew-1Ent-2Ern; 1Ern-2Bew-2Ent; 1Ern-2Bew-3Ent; 1Bew-2Ent-3Ern)	6
Referenz Rahmenprogramm zur Gesundheitsbildung	Mehrfachnennungen
Keine Referenz/nicht bekannt	15
Anlehnung an VDR	4
Anlehnung an BfA	9
sonstiges	5
Abstimmung der Berufsgruppen	
Regelmäßige Teambesprechungen	15
Unregelmäßige Treffen	3
Eher informell, bereichsinterne Abstimmung bzw. keine Treffen	12
Zufriedenheit mit Mitgestaltungsmöglichkeiten	
Sehr zufrieden	9
Zufrieden	15
Weniger zufrieden	6

Die befragten Kliniken arbeiten in Anlehnung an die **Leitlinien** (Mehrfachnennungen) der BfA (n=9), VDR (n=4) sowie weiteren Leitlinien u.a. LVA, Dt. Gesellschaft für Prävention und Rehabilitation (n=5). Häufig ist den Befragten dies nicht transparent bzw. wird die Arbeitsweise nach ihrer Kenntnis nicht systematisch an üblichen Reha-Richtlinien angelehnt. Im Antwortverhalten deutete sich in der Frage nach der konzeptionellen Ausrichtung der Klinik eine gewisse Unsicherheit der Befragten an. Das könnte in einer geringen konzeptionellen Einbeziehung der Ernährungsfachkräfte, wie auch in einer wenig systematisch fundamentierten Arbeitsweise der Einrichtung begründet sein. In der Hälfte der befragten Kliniken gibt es im Rahmen von regelmäßigen vorwiegend wöchentlichen Teambesprechungen (n=15) einen **Austausch der verschiedenen Berufsgruppen** untereinander. Dabei sind in der Regel Ärzte und das gesamte Therapeutenteam aus den Bereichen Ernährung, Bewegung und Entspannung einbezogen. Eher informeller oder bereichsinterner Austausch bzw. keine Treffen ist fast ebenso häufig (n=12). Von Treffen auf unregelmäßiger Basis wird in wenigen Kliniken (n=3) berichtet. Die **Mitgestaltungsmöglichkeiten** der Ernährungsfachkräfte in der Zusammenarbeit erleben die meisten Befragten als zufriedenstellend (n=15) bzw. sehr zufriedenstellend (n=9). Weniger zufrieden sind 6 Befragte. Das Ausmaß der Zufriedenheit zeigt sich danach stark abhängig von der Abstimmungsmöglichkeit zwischen den Berufsgruppen im Rahmen regelmäßiger Treffen. Die weniger Zufriedenen sind dadurch offensichtlich auch weniger gut informiert, was sich gleichermaßen in der Unsicherheit oder Unkenntnis der konzeptionellen Ausrichtung der Klinik niederschlägt.

Zur Frage der **Qualifikation** zeigt sich, dass von den Befragten überwiegend staatlich geprüfte Diätassistenten (n=24) in der Beratung der Klinikeinrichtungen tätig sind. Ein Teil der Diätassistenten verfügt über die Zusatzqualifikation zum Diabetesassistent. Des Weiteren sind Diplom-Oecotrophologen (n=2) und Personen mit anderen verwandten Berufsabschlüssen (staatl. gepr. Oecotrophologe, Dipl. Ing. Ernährungs- und Haushaltstechnik, Diätetisch geschulter Koch/Küchenmeister, Gesundheitstrainer) auf ihrer jetzigen Stelle tätig (n=4). Die **Berufserfahrung** der Befragten streut im Bereich von ½ Jahr bis zu 32 Jahren Erfahrung in der Beratung. Insgesamt repräsentieren die Studienteilnehmer ein etwa gleichgewichtetes berufliches Erfahrungsspektrum. Ein Drittel etwa verfügt über berufliche Erfahrungen zwischen 1 bis 5 Jahren (n=11), knapp ein weiteres Drittel zwischen 6 bis 10 Jahren (n=9). Langjährige berufliche Erfahrungen zwischen 11 bis über 30 Jahren liegen bei 9 weiteren Befragten vor. Eine Befragte steht mit 6 Monaten gerade erst am Beginn ihrer beruflichen Laufbahn. Zum üblichen **Aufgabenprofil** (Mehrfachnennungen) gehören neben der Beratung der Patienten noch andere Aufgaben dazu. Die genannten Aufgabenbereiche umfassen Diätküche, Essensausgabe, Betreuung Speisesaal (n=18), Speiseplanung, Speiseplanberechnung, Organisation, Koordination (n=12), Fortbildung, Schulung, Ausbildung (n=8), Leitung, Konzeption, Projektarbeit (n=4), Küchendienst (n=8), sonstige Aufgaben (n=6). Lediglich drei Beratungskräfte sind ausschließlich auf die Beratungsarbeit konzentriert, während der überwiegende Teil der Befragten vor allem mit Aufgaben im Zusammenhang mit der Diätküche befasst ist. Darin zeigt sich, dass viele Ressourcen neben der Beratung durch weitere Aufgaben in der Klinik gebunden und die Gesundheitsbildungsmaßnahmen damit strukturell bedingt limitiert sind. Die erhobenen Daten zur strukturbezogenen Ausgangssituation weisen eine recht homogene Verteilung der Merkmalsausprägungen auf und stimmen mit dem in der Literatur berichteten strukturellem Handlungskontext von Gesundheitsbildung in Einrichtungen der medizinischen Rehabilitation gut überein. *[Liebing & Vogel, 1995] [Reschke, 1995] [Wächter-Busse, 1995]* Die dahingehend getroffenen Annahmen hinsichtlich der Ausgangssituation in der Organisation haben sich in der untersuchten Stichprobe bestätigt.

6.2.2. Beratungspraxis

Im zweiten Teil der Pre-Test-Befragung wurden Daten zur Beratungspraxis und Mediendidaktik erhoben. In diesem Zusammenhang interessierten die Beratungsziele und –methodik, sowie der Umgang und Erfahrung mit Medien und die an ideale Medien geknüpften Anforderungen. Die Kenntnis der Beratungsziele, sowie

Methodik und Didaktik gibt damit Hinweise auf den Handlungskontext der Beratungsprozesse und ermöglicht so die Analyse der ergebnisbezogenen Merkmale vor diesem Hintergrund.

Bei der Nennung der **wichtigsten Beratungsziele** (Mehrfachnennungen) für den Zeitpunkt **vor der Entlassung** aus der Rehabilitation zeigte sich in weiten Teilen große Übereinstimmung. Am häufigsten wurden Ziele benannt, bei der es um die Aufklärung sowie Einsicht und Notwendigkeit zur Ernährungsumstellung und Verständnis für den Zusammenhang Gesundheit und Ernährung (n=21) geht. Sehr häufig ist die Zielformulierung auf die Motivation (n=13) und Einstellungsänderung im Sinne einer positiven Einstellung zu gesunder Ernährung bzw. Sensibilisierung für eine neue Sichtweise (n=11) bezogen. Benannt werden außerdem Akzeptanz der notwendigen Veränderung sowie Abbau von Ängsten (n=5), realistische Zielfindung „die kleinen Schritte" und Übernahme von Selbstverantwortung (n=6), Problemerkennung (n=4) sowie Ernährungsumstellung bzw. Stabilisierung des veränderten Verhaltens (n=2). Teilweise wurde keine Unterscheidung der Beratungsziele zum Zeitpunkt der Entlassung gemacht. Für den Zeitpunkt nach der **Rückkehr in den Alltag** wurden am häufigsten Ziele benannt, bei der es um das Wissen von unterstützenden Angeboten sowie die Anwendung von Alltagstipps (n=14) geht und um die Befähigung das Erlernte praktisch umzusetzen (n=20). Weitere Ziele, wie etwa Überzeugen und Einbeziehen der Familie (n=4), sowie geförderte Entscheidungsfähigkeit, Selbstständigkeit (n=2) spielten eine geringe Rolle. Häufig wurde von den Befragten angemerkt, dass diese Frage einiges Nachdenken bei ihnen auslöste und nicht leicht zu beantworten war. Dass die Zielformulierung Schwierigkeiten bereitete, war in vielen Gesprächen erkennbar und erforderte eine intensive Rückkoppelung der Antworten auf die jeweilige korrekte Wiedergabe und richtige Deutung. Sehr deutlich reflektieren die genannten Beratungsziele dabei die primäre Zielorientierung am Aufbau erwünschter gesundheitlicher Einstellungen als wichtige Voraussetzung für Verhaltensänderungen. Sie stehen so in guter Übereinstimmung mit den Rahmenrichtlinien wie auch dem übergeordneten Ziel für die Entwicklung des Modells. *[Arbeitsgruppe Gesundheitstraining aus dem Arbeitskreis der Leitenden Ärzte der Klinikgruppe BfA, 2003] [Verband Deutscher Rentenversicherungsträger, 2000]*

Die Frage, ob in der Ernährungsberatung nach einem bestimmten methodisch-didaktischen Konzept gearbeitet wird und wo gegebenenfalls Weiterentwicklungsbedarf besteht, war für viele Befragte nicht klar verständlich. Damit sollte deutlich werden, welche generellen methodisch-didaktischen Überlegungen für ihre Beratungsarbeit bestimmend sind. Gut die Hälfte der Befragten gab an nicht nach einem **bestimmten methodisch-didaktischen Konzept** (Mehrfachnennungen) zu arbeiten (n=16). Während von den anderen das Arbeiten mit Zielen, Feedback, Reflexion (n=8), eingehende Situationsanalyse (n=5), hohe Patientenorientierung (n=5) und starker Praxisbezug (n=3) als wichtiges methodisch-didaktisches Vorgehen hervorgehoben wurde. Mehr als die Hälfte der Befragten sieht **Weiterentwicklungsbedarf** in der Methodik und Didaktik der Beratung und zwar vorwiegend im Bereich der praktischen Durchführung (n=13). Hier wird die Verbesserung der praktischen Durchführung insbesondere bezüglich des Medien- und Materialieneinsatzes sehr häufig angesprochen. Bedarf wird auch im Bereich der Methodenkompetenz (n=5) u. a. Moderation, Informationsvermittlung formuliert. Ein großer Teil der Befragten hingegen kann aktuell keinen Weiterentwicklungsbedarf beschreiben (n=12). Die Frage nach dem Weiterentwicklungsbedarf wurde in einigen Fällen scheinbar falsch aufgefasst und eher auf den persönlichen Weiterentwicklungsbedarf bezogen, worauf möglicherweise zurück zu führen ist, dass gut ein Drittel der Befragten dazu keine Angaben machte. 18 Befragte hatten sich der Fragestellung in beabsichtigter Form angenommen, demzufolge Verbesserungspotential für die praktische Durchführung, insbesondere hinsichtlich Medieneinsatz, Materialien und Warenkunde, gesehen wird. Darin zeigt sich eine gute Übereinstimmung des in der Literatur postulierten Optimierungs- und Weiterentwicklungsbedarfs und welche Bedeutung der Informationsvermittlung im Beratungsprozess zukommt. *[Reschke, 1995] [Liebing & Vogel, 1995] [Josenhans, 1995]* Zudem wird die in der ersten Untersuchung festgestellte Relevanz der dieser Arbeit zugrunde gelegten Aufgabenstellung bekräftigt.

Auf die Frage, welche Medien üblicherweise in der Tätigkeit eingesetzt werden, zeigte sich ein sehr einheitliches Bild. Alle Befragten setzen in ihrer Beratungstätigkeit ein Mix unterschiedlicher **Medien** ein. Weit verbreitet ist die **Verwendung** (Mehrfachnennungen) von Overheadprojektor/Folien, Flip-Chart, Tafel, Video und vereinzelt auch Beamer/Powerpoint (n=29). Ergänzend dazu wird eine große Vielfalt verschiedenster Anschauungsmaterialien in der Beratung verwendet von Attrappen/Produktmuster, Poster/Schaubilder, Broschüren/Kopien und Ernährungspyramide/-kreis bis hin zu Tabellen, Fotokarten und dergleichen (n=29). Ansonsten genannt wurden Messgeräte für Diabetikerschulung sowie Schaukasten (n=2). In 12 Nennungen wird dabei die Verwendung der Ernährungspyramide bzw. des Ernährungskreises angeführt. Die Aufzählungen insgesamt repräsentieren wohl am ehesten die spontan erinnerten Medien und sind keinesfalls als vollständig anzusehen. Unisono geben die befragten Fachkräfte **Materialien an ihre Patienten** weiter. Dabei handelt es sich vorwiegend um selbsterstellte Unterlagen wie etwa Infoblätter, Speisepläne, Rezepte, sowie Broschüren, BMI-, Fett- und Nährwerttabellen, Ernährungspyramide, Lebensmittelliste und ähnliches.

Der Großteil aller Befragten verbindet mit der Frage nach Medien, die helfen könnten die Beratungsarbeit lernwirksamer zu gestalten ähnliche Vorstellungen wie hinsichtlich der **Anforderungen an ein ideales Medium** (Mehrfachnennungen).

Tab. 24 Idealanforderungen an Medien

Prozessuale Merkmale (n=30)	Häufigkeit
Anforderungen an ideale Medien	Mehrfachnennungen
Verständlichkeit, Einfachheit, Einprägsamkeit, Anschaulichkeit, „kurz und prägnant"	14
Attraktivität, wenig Text – viel Bild, Darstellungsform, geringer Umfang	13
Handhabbarkeit, alltagsrelevant, alltagsnah	3
Sonstige (interaktive Ernährungspyramide, Einkaufsladen für Training, Beamer/Powerpoint u.a.)	11
Keine Angaben	8

Wie Tabelle 24 zeigt, sind nach Ansicht der Befragten dabei zwei Kriterien besonders bedeutsam. Verständlich- und Anschaulichkeit, Einfachheit, einprägsam, kurz und prägnant wurde am häufigsten angeführt (n=14) gefolgt von Attraktivität, Darstellungsform, wenig Text – viel Bild, wenig Umfang (n=13). Daneben wurde alltagsrelevant, alltagsnah und Handhabbarkeit mehrfach erwähnt (n=3). Neben sonstigen Nennungen (n=11) hatten nicht alle Befragten hatten dazu konkrete Vorstellungen (n=8). Die erhobenen Daten sollten der Entwicklung von Qualitätskriterien für die mediendidaktische Bewertung in der Post-Test-Phase dienlich sein und Hinweise darauf geben, welche Anforderungen an Medien im allgemeinen gestellt werden im Vergleich zu den an die Verwendung der Gesundheitspyramide geknüpften Erwartungen. Wie in Kapitel 4 erörtert, sind die genannten Kriterien Verständlichkeit, Anschaulichkeit und Attraktivität mediendidaktische Aspekte deren Beachtung zur Gestaltung gesundheitsrelevanter Informationen gut belegt sind.

Die Frage, ob Medien des Unternehmens Kellogg Verwendung finden und welche Erfahrungen damit gemacht wurden, soll helfen die Rolle des Absenders zu klären und Hinweise liefern, inwieweit unterschiedliche Bewertungen des Mediums durch Nutzer und Nichtnutzer der Firmenmaterialien zu erwarten sind. Gegebenenfalls auftretende Akzeptanzprobleme des Absenders könnten hier sichtbar werden und entsprechende Erklärungshilfen geben. Aus der ersten Untersuchung ergaben sich keine Hinweise darauf, dass der Absender störenden Einfluss auf die Akzeptanz nimmt, wobei jedoch zu berücksichtigen ist, dass die Befragten bereits Nutzer sind, was eine grundlegende Akzeptanz des Firmenangebots nahe legt. Die Frage nach der Vertrauens- und Glaubwürdigkeit beurteilte eine große Mehrheit der befragten Ernährungsfachkräfte in der ersten Untersuchung als sehr glaubwürdig bzw. glaubwürdig. Die Ergebnisse der Pre-Test-Befragung zeigen, dass zwei Drittel der Befragten (n=21) **Kellogg's Medien** einsetzen. Diese Verbreitung erstaunt zunächst, angesichts der Studienteilnehmerquote von 50 % aus dem Datenpool der Firma. Dies könnte aufgrund länger zurückliegender oder lückenhafter Datenerfassung begründet sein oder auf indirekte alternative Beschaffungswege wie beispielsweise Fachveranstaltungen und –messen zurück zu führen sein. Zu den am meisten bevorzugten Kellogg's Medien gehören die Vortragsmappen und die Ernährungspyramide. Allein die Ernährungspyramide wird fast von allen Nutzern der Kellogg's Medien verwendet (n=20). Knapp ein Drittel (n=9) hat bislang keine Kellogg's Medien eingesetzt. Begründet wurde dies mangels Kenntnis dieses Angebotes. Diejenigen, die über **Erfahrungen** mit Kellogg's Medien verfügen (n=21), berichten über gute (n=17) bzw. sehr gute Erfahrungen (n=3). Lediglich eine Befragte (n=1) setzt das Medium zwar gerne ein, wobei jedoch Patienten immer wieder auch Skepsis zeigen aufgrund der Werbung. Die guten bzw. sehr guten Erfahrungen (n=20) werden vor allem begründet mit „einfach verständlich", „vermittelt gute Vorstellungskraft", „gut strukturiert" (n=12). „Kommt bei den Patienten gut an" ist ein weiterer genannter Grund (n=4). Sonstiges bzw. keine Angabe von Gründen liegt den verbleibenden Nennungen zu Grunde (n=7).

6.2.3. Erwartungen an den Medieneinsatz

Im letzten Teil der Pre-Test-Befragung wurden Daten zur Erwartungshaltung im Hinblick auf den didaktischen Wert der Gesundheitspyramide erhoben. Die Frage nach den Erwartungen an die Gesundheitspyramide im Vorfeld des Einsatzes ist vor allem in Bezug auf die Reflexion der mediendidaktischen Bewertung nach ihrer Verwendung bedeutsam. Und sie lässt erkennen, inwieweit praktischer Medieneinsatz und Erwartungen deckungsgleich sind, bzw. wo und gegebenenfalls warum Abweichungen auftreten.

Der spontane Eindruck und die Frage nach der Motivation, die Pyramide einzusetzen, waren zunächst Gegenstand der Auswertung, deren Ergebnisse in Tabelle 25 und Tabelle 26 dargestellt sind. Danach war der **spontane Eindruck** beim Betrachten des Modells bei den Befragten vorwiegend positiv. Einen eindeutig sehr positiven Gesamteindruck, äußerten Befragte (n=5) mit den Attributen „sehr gut", „sehr positiv" oder „hervorragend" bzw. einen eindeutig positiven Gesamteindruck (n=12) mit den Attributen „gut", „positiv" und „schön". In weiteren Nennungen (n=10) kam eine differenzierende Bewertung mit einem überwiegend positiven Eindruck zum Ausdruck. Eine differenzierende Bewertung mit einem skeptischen Gesamteindruck erfolgte hingegen lediglich bei 3 Befragten (n=3), während Ablehnung oder ablehnende negative Eindrücke überhaupt nicht geäußert worden sind. Die Befragten (n=17) mit einem eindeutig positiven bzw. eindeutig sehr positiven Gesamteindruck ergänzten vor allen Dingen (n=11) „enthält alles Wesentliche", „alles auf einen Punkt gebracht", „verdeutlicht, was alles zusammengehört", „alles dargestellt, was vermittelt wird". Damit wird die hohe Relevanz des ganzheitlich vermittelten Ansatzes einer gesundheitsbewussten Lebensführung und der Bedeutung der Bereiche Ernährung, Bewegung und Stressmanagement in der Gesundheitsbildung der medizinischen Rehabilitation zusätzlich bestärkt. In weiteren Anmerkungen (n=6) zum Gesamteindruck äußerten die Befragten „sehr gut", „Empfehlungen/Hinweise gut", „sehr gut für die Patienten, für ältere jedoch wegen Größe schwierig", „Hinweise/Denkanstoß gut", „gut zu identifizieren, positiv aufgefallen", „Aufbau begeistert". Die Befragten mit einem differenzierten überwiegend positiven Eindruck (n=10) äußern sich insgesamt zustimmend, machen jedoch bei der Umsetzung der Entspannung Einschränkungen

„bei Entspannung weniger gut nachvollziehbar" (n=3) oder empfinden „verwirrend bunt", „da steht aber viel drauf" (n=7). Allgemein wurde von zwei Befragten die Größe als suboptimal angesehen, währenddessen eine Befragte diese als gut bezeichnete und in einer weiteren Nennung das Format der Gesundheitspyramide besonders positiv hervorgehoben wurde.

Die **Motivation das Medium einzusetzen** ist unter den Studienteilnehmern deutlich erkennbar. Die meisten Befragten fühlen sich eindeutig motiviert (n=22) bzw. sehr motiviert (n=5) die Gesundheitspyramide in ihrer Beratung einzusetzen, währenddessen vereinzelt (n=3) die Motivation unter bestimmten Bedingungen beschrieben wurde. Begründet wurde die Motivation im wesentlichen durch zwei Aspekte (Mehrfachnennungen): einerseits aufgrund des ganzheitlich dargestellten Zusammenhangs (n=11) von Ernährung, Bewegung und Entspannung „gibt Überblick über Konzept", „günstig, wenn Einsatz auch in anderen Bereichen erfolgt, wenn sichtbar wird, alle ziehen an einem Strang" und andererseits aufgrund der Anschaulichkeit und Attraktivität (n=14) der Gesundheitspyramide „visuelle Darstellung vermittelt bessere Vorstellungskraft", „fällt ins Auge, ist anfassbar", „es wird jetzt vervollständigt, was immer schon angesprochen wird, jetzt so anschaulich". Knapp ein Drittel der Befragten (n=9) begründeten ihre Aussage nicht, sondern ergänzten ihre Aussage durch Anmerkungen wie „bislang wenig Erfahrung mit solchen Medien", „auf Reaktion gespannt" oder „das ist die Zukunft". Der Aspekt Lebensstiländerung erhält möglicherweise aufgrund der Gesundheitspyramide eine neue Qualität. Die Äußerungen der grundlegend positiven Motivations- und Erwartungshaltung der Studienteilnehmer geben zu erkennen, dass die genannten Idealanforderungen wie Verständlichkeit, Anschaulichkeit und Attraktivität in der Gesundheitspyramide verwirklicht zu sein scheinen. Im Vergleich betrachtet, hatten die Nutzer der Firmenmaterialien einen tendenziell besseren Eindruck des Mediums als die Nichtnutzer. Alle drei Befragten, die sich zurückhaltender äußerten und sich eher unter Einschränkungen motiviert sahen, gehörten zu den Nichtnutzern. Die etwas optimistischere Haltung der Nutzer könnte darauf beruhen, dass gute Erfahrungen insgesamt, insbesondere aber aufgrund der Verwendung der vertrauten und bewährten Ernährungspyramide, diesbezüglich einen Vertrauensvorschuss leisten.

Tab. 25 Spontaner Eindruck und Motivationshaltung

Prozessuale Merkmale (n=30)	Häufigkeit
Spontaner Eindruck der Gesundheitspyramide	
Eindeutig, sehr positiver Tenor: Attribute sehr gut, sehr positiv, hervorragend	5
Eindeutig positiver Tenor: Attribute gut, positiv, schön	12
Differenzierende Bewertung, überwiegend positiv	10
Differenzierende Bewertung, Gesamteindruck skeptisch	3
Bemerkungen bei eindeutig positivem Tenor (n=17)	
„enthält alles Wesentliche"; „alles auf einen Punkt gebracht"; verdeutlicht, was alles zusammengehört"; „alles dargestellt, was vermittelt wird"	11
„sehr gut"; „Empfehlung/Hinweise gut"; „sehr gut für die Patienten, für Ältere jedoch wegen Größe schwierig"; „Hinweise/Denkanstoß gut"; „gut zu identifizieren, positiv aufgefallen"; „Aufbau begeistert"	6
Bemerkungen bei differenzierender Bewertung, überwiegend positiver Tenor (n=10)	
Bei Entspannung weniger gut nachvollziehbar	3
Empfinden „verwirrend bunt", „da steht aber viel drauf"	7
Motivation das Medium einzusetzen	
Motiviert	22
Sehr motiviert	5
Motiviert mit Konvention (bei Möglichkeit zur Weitergabe an Patienten, Beschränkung auf Innenseite)	3
Motiviert, weil	Mehrfachnennungen
Bewegung und Entspannung berücksichtigt, ganzheitlicher Ansatz, gebündelte Darstellung	11
Vermittelt gut Vorstellungskraft, anschaulich, praktisch, ansprechend	14
Sonstiges, keine Begründung	9

Einsatzbezogene Bewertung in der medizinischen Rehabilitation 171

Tab. 26 Eindruck, Motivation, Erwartung

	Spontaner Eindruck der Gesundheitspyramide	Motivation das Medium einzusetzen	was die Gesundheitspyramide leisten kann bzw. nicht leisten kann	Wie hilfreich bzw. weniger hilfreich wird der Einsatz eingeschätzt
01	„Ganz toll, enthält das was wichtig ist, worauf es ankommt"	„finde es prima". **Motiviert** für Einzelberatung, bei Gruppenberatung wegen Größe schwieriger	Sehr hilfreich für allgemeine Aufklärung, **bei individuellen Problemen eher weniger hilfreich**	
02	Sehr gut	**Seht motiviert**, weil Bew und Ent berücksichtigt	Sehr hilfreich für Beratenden und Patienten, „kann man daran gut erklären"	
03	Sehr gut, das alle Elemente berücksichtigt sind. Bei Em – Trinken gut.	**Motiviert**. Verständigung mit Sport u. Psych. Günstig, wenn Einsatz auch in anderen Bereichen erfolgt, wenn sichtbar wird „alle ziehen an einem Strang"	Kann positive Behaltenseffekte, Erinnerungshilfe bewirken, **nicht auf individuelle Probleme eingehen**	Sehr hilfreich, wenn etwas ansprechendes mitgegeben werden kann; kurz und prägnant: regt eher an das umzusetzen
04	„schön, übersichtlich, gut das alles Wesentliche berücksichtigt ist"	**Motiviert**, weil gebündelte Darstellung, anschaulich; „vielleicht gelingt es, das nun mehr hängen bleibt"	Kann bewusst machen, was alles dazu gehört, das viele Faktoren zusammenwirken z.B. Em + Bew	Hilfreich für Beratung, inwieweit hilfreich für Patienten bleibt abzuwarten
05	„die ist aber bunt" ; mit Sportlehrer gesprochen	**Motiviert auszuprobieren**, wie Bew mit Em integriert werden kann; aber unsicher, wie sich Einsatz auswirkt, weil Bew + Ent ihm drauf ist	Vom Patienten abhängig ob hilfreich	
06	„sieht schön aus", Farbgestaltung ansprechend. Wasserflasche gut. Bei Bew gut nachvollziehbar bei Ent eher weniger	**Motiviert**, weil Medium gute Vorstellungskraft vermittelt. Will Bew dann auch mit ansprechen	Hilfreich und gut, wenn mit nach Hause gegeben werden kann, wobei Teil Ent eher weniger hilfreich	
07	Gut: bei Em – Portionsangaben gut; bei Bew – Hinweise über Energieverbrauch, Ent –überrascht, gute Übung fürs Büro	**Motiviert**, weil farblich ansprechend; visuelle Darstellung vermittelt bessere Vorstellungskraft	Hilfreich, wenn Pyramide mitgegeben werden kann	
08	Gut: bei Em – Portionsangaben, Trinken gut, bei Ent – gut umsetzbar zum Nachmachen, Bei Bew – gut vermittelbar; „3 zentrale Säulen", kann man nun mit Pyramide schön darstellen, müsste jedoch größer sein	**Motiviert**, weil praktisch, gut vermittelbar, schöne Umsetzung	Hilfreich, durch vereinfachte Darstellung gut merkbar, erleichtert die Umsetzung	
09	„Schön gemacht", sehr gut für die Patienten, für Ältere jedoch wegen Größe schwierig	**Motiviert**, weil man sieht was alles zusammengehört, ist gut dargestellt	**Liefert Beweiskraft** für das Gesagte, das Zusammenhang dargestellt ist als Anschauungsmaterial; regt an sich damit auseinander zusetzen,	hilfreich, „kommt sicher sehr positiv an"

Kapitel 6

	Spontaner Eindruck der Gesundheitspyramide	Motivation das Medium einzusetzen	was die Gesundheitspyramide leisten kann bzw. nicht leisten kann	Wie hilfreich bzw. weniger hilfreich wird der Einsatz eingeschätzt
10	Sehr positiv: bei Ern – Trinken, Öl aufgenommen; ganzheitlicher Ansatz gut	**Gut motiviert**, weil Patient sieht, was alles dazu gehört	Sehr hilfreich, weil schnell ersichtlich, worauf es ankommt. Hilfreich als Erinnerungs- und Behaltenshilfe.	Sehr hilfreich, „erinnert immer wieder daran bewusster zu leben im Alltag", Erinnerungshilfe
11	„toll, schön gestaltet": bei Ern – Portionsangaben, Trinken, Ölflasche gut, bei Bew gut nachvollziehbar bei Ent eher weniger. Müsste größer sein.	**Sehr motiviert**, weil gut anschaulich.	Kann Anstoß geben, sich damit auseinander zusetzen, bewusst machen	
12	„Gut aufgemacht, kommt sicher gut an. Alles drauf, worauf es ankommt. Allgemein Sorge um Informationsflut	**Motiviert**, weil ansprechend, „muss selbst erst mal schlau machen in den anderen Bereichen"	Hilfreich	
13	„**da steht aber viel drauf**", „finde ich eigentlich ganz gut mit der Ent"	**Motiviert**, „weil das fällt ins Auge, ist anfassbar"	Optische Einteilung **unterstützt Gesagtes**, verankert wichtige Botschaften	Sehr hilfreich, regt an zur Auseinandersetzung, erste Patientenreaktion positiv
14	Ern am besten getroffen, Skepsis bei Ent ob Übungen gemacht , Größe gut	**Motiviert**, weil übersichtlich, durch Aufklappen lässt sich Zusammenhang gut veranschaulichen	Bietet Orientierung	Sehr hilfreich, wegen Übersichtlichkeit und Ganzheitlichkeit
15	„sieht schön bunt aus" Ern. übersichtlich, **andere voll gepackt**, Ent unübersichtlich	**Motiviert zu probieren**, Ern + Bew ok, mit Ent zu wenig Erfahrung, auf Reaktion gespannt	Kann Leitfaden sein, gibt Orientierung, wenn Patient offen	Ob hilfreich bleibt abzuwarten
16	Sehr gut, das auf einen Punkt gebracht, Werbung störend, **Ent + Bew ist zu viel**	**Motiviert** für Einsatz Innenseite, ansonsten weniger, fühlt sich nicht zuständig für Ent + Bew	Bietet Orientierung „auf einen Blick", skeptisch ob Patient umsetzen kann	Hilfreich zum Einstieg, um zu zeigen, das nicht nur Ernährung wichtig ist.
17	„Schön gemacht" oh je Ent + Bew **ist bestimmt zu schwer**, Bew eher noch,	**motiviert** für Einsatz Ern, für andere Bereiche eher weniger, will Kollegen konsultieren, ob einsetzbar	Gibt gute Übersicht für die richtige Lebensmittelauswahl	hilfreich, weil gut vermittelbar, das Gesagte wird gut bildhaft wiederholt, anschaulich (trotz anderer Bereiche)
18	Gut. Bei Ern – Trinken, Portionsangaben gut, Bewegung im Alltag, Denkanstoß gut	**Motiviert**, macht Spaß! „es wird jetzt vervollständigt, was immer schon angesprochen wird, jetzt so anschaulich"	„sie kann viel", durch Anschaulichkeit ist alles auf den Punkt gebracht	Sehr hilfreich, weil notwendige ganzheitliche Sichtweise und Wechselwirkung deutlich gemacht wird
19	Ziemlich bunt „**verwirrend bunt**", sieht aber gut aus	**Motiviert zu probieren**, ist gespannt, wie sie ankommt	Verdeutlicht Lebensmittelauswahl gut, Bew + Ent nicht so wichtig	**Weniger hilfreich wie alte Ernährungspyramide**
20	Gut, alles ist in einer Pyramide zusammengefasst, Bew gut realisierbar, Ent auch ok	**Motiviert**, „wird auch gut ankommen", wenn im Zusammenhang sichtbar, regt an das aufzugreifen	„kann schon eine ganze Menge", bewusst machen, Anstoß geben	Hilfreich

Einsatzbezogene Bewertung in der medizinischen Rehabilitation 173

	Spontaner Eindruck der Gesundheitspyramide	Motivation das Medium einzusetzen	was die Gesundheitspyramide leisten kann bzw. nicht leisten kann	Wie hilfreich bzw. weniger hilfreich wird der Einsatz eingeschätzt
21	Gefällt: gleich große Seiten für jeden Bereich, Format interessant, **viel Text bei Ent**	**Motiviert**, weil Betonung wichtig, es geht um Lebensstil, nicht nur um Ern; gespannt, wie Reaktion	Bewusst machen „alle drei Bereiche sind gleich wichtig"	Hilfreich zur Einführung, zeigt Gesamtzusammenhang und Stellenwert Ern
22	„endlich – macht sich gut, zu verdeutlichen, das alles zusammengehört"	**Sehr motiviert**, weil gut vermittelbar, worauf es ankommt beim gesunden Lebensstil	Hilfreich, weil Interesse wird geweckt, dient als Leitfaden: es ist alles Wichtige leicht ersichtlich	
23	„Schön gemacht, Aufbau begeistert". Bei Ern – Portionsangaben gut.	**Motiviert** für Einzelberatung, für Gruppe zu klein, außer wenn alle Pyramide erhalten. Von Kollegen positiv bekräftigt, für ihren Bereich einzusetzen	Kann Verständnis wecken für Zusammenhang: Ern allein reicht nicht, es bedarf einer Lebensumstellung	Hilfreich, weil Botschaft anschaulich vermittelt wird, alltagsnah
24	„Bekräftigt das, was immer schon vermittelt wird, hervorragend umgesetzt", positive Bestärkung der eigenen Arbeitsweise	**Sehr motiviert**, „das ist die Zukunft"	Fördert Motivation, gibt Anstoß, ganzheitlich ist optimales Konzept, „nur so kann Erfolg erzielt werden"	Hilfreich, „ganz groß hinstellen, daran klar machen worauf es ankommt, das wäre optimal"
25	„sehr bunt, Ern + Bew – gut, das es mit dabei ist". Alles dargestellt, was vermittelt wird.	**Motiviert**, weil verdeutlicht und bildlich veranschaulicht, was alles zusammengehört	Fördert Verständnis für ganzheitliche Sichtweise, gibt Orientierung, kann Leitfaden sein	Hilfreich
26	„schön, weil bunt, große Bilder – gut zu identifizieren, positiv aufgefallen"	**Motiviert**, weil gut vermittelbar, einfache Darstellung, „schön weiterzugeben als Erinnerungshilfe für zu Hause"	Gibt Anstoß, sich auseinander zu setzen, **Details außen vor**, gut: Weitergabe an Familie, weniger bedrohlich	Hilfreich für gezielten Einsatz
27	„zu voll gepackt, viel klein gedrucktes"	**Weniger motiviert**, weil Visualisierung nicht gefällt. Eher motiviert, wenn Pyramide mit nach Hause gegeben werden kann als Erinnerungshilfe	Kann Anstoß geben, bewusst machen, dass man alle drei Bereiche berücksichtigen muss	Hilfreich, wenn Weitergabe für zu Hause „als Krückstock", Patienten fordern Gedächtnisstütze, wichtige Hilfe
28	Ok. Bei Ern – Fisch müsste betont sein, Bew – gut, Ent – schwierig	**Motiviert zu probieren**, bislang wenig Erfahrung mit solchen Medien	Bewusst machen, es kommt nicht nur auf Ern an, „gut das alles drauf ist"	Ob hilfreich bleibt abzuwarten
29	„Arg **bunt**", ok, wenn man versch. Seiten getrennt betrachtet	**Motiviert**, weil nicht nur Ern gezeigt wird „kann man nicht trennen" „sieht nett aus" bei Aufstellung	Kann Hilfestellung geben, gibt Ansporn/ Anstoß zur Auseinandersetzung	Hilfreich, weil bildlich dargestellt u. wenn für zu Hause mitgegeben wird
30	„finde ich gut", übersichtlich, gut das in Zusammenhang steht	**Motiviert**, weil attraktive Gestaltung „gibt Überblick über Konzept, vermittelt gut Zusammenhang"	Gibt Orientierung, hilft bei Umsetzung. **Weniger für Details.**	Hilfreich, für Beratungsinhalte für beide Seiten als Leitfaden

Die weitere Auswertung befasste sich mit der Fragestellung „**Was kann die Gesundheitspyramide** bei der Vermittlung einer gesunden Lebensführung **leisten** bzw. was kann sie nicht leisten und **wie hilfreich** oder weniger hilfreich wird sie für die Beratungsarbeit sein?" Dabei ergab sich eine große Übereinstimmung in der Einschätzung und Erwartungshaltung der Befragten. Die Ergebnisse sind aus der Tabelle 27 ersichtlich. Äußerungen wie „kann schon eine ganze Menge", „sie kann viel" „nur so kann Erfolg erzielt werden" unterstreichen eine teilweise besonders positive Erwartungshaltung. Die Gesundheitspyramide wird von der überwiegenden Anzahl der Befragten als sehr hilfreich (n=8) bzw. hilfreich (n=18) eingeschätzt, währenddessen sich nur wenige nicht festlegen mochten (n=3). Sie brachten dies durch Anmerkungen im Sinne von „ob hilfreich bleibt abzuwarten bzw. ist vom Patienten abhängig" zum Ausdruck. Als weniger hilfreich im Vergleich zur originären Ernährungspyramide wurde das Medium von einer Befragten (n=1) angesehen. Insgesamt wird der Pyramide eine wichtige Unterstützungshilfe bei der Umstellung auf eine gesundheitsorientierte Lebensweise beigemessen. Von der Pyramide wird erwartet, dass sie im wesentlichen zwei Aspekte leisten kann (Mehrfachnennungen): zielt einerseits auf positive Behaltenseffekte, leistet Gedächtnishilfe, gibt Orientierung und dient als Leitfaden (n=13) und macht andererseits bewusst, was alles dazu gehört, regt an zur Auseinandersetzung und fördert Verständnis für den ganzheitlichen Zusammenhang (n=13). Des Weiteren bekräftigt die Pyramide die vermittelten Inhalte und liefert Beweiskraft (n=2), und das Medium ist außerdem interessen- und motivationsfördernd (n=2). Wenig ausgesagt wurde über das, was das Kommunikations-Modell nach Einschätzung der Befragten nicht zu leisten vermag. Diesbezüglich kam zum Ausdruck (n=4), dass individuelle Hinweise und Details damit nicht vermittelbar sind – eine Aufgabe, die einem solchen Medium auch nicht zugesprochen wurde. Werden die Zielsetzungen des Mediums in Beziehung gesetzt zu der Erwartungshaltung, was die Pyramide leisten kann, so zeigt sich deutlich, dass alle Zielebenen der Informationsvermittlung, der Anleitung und des Transfers implizit angesprochen werden.

Einsatzbezogene Bewertung in der medizinischen Rehabilitation 175

Tab. 27 Erwartete Leistung und Hilfe

Prozessuale Merkmale (n=30)	Häufigkeit
Was die Pyramide leisten kann bzw. nicht leisten kann	Mehrfachnennungen
Leitfaden/Orientierung, Behaltenseffekte/Erinnerungshilfe	13
Bewusst machen, was alles dazu gehört, regt an zur Auseinandersetzung, fördert Verständnis für Zusammenhang	13
Bekräftigt, liefert Beweiskraft, unterstützt Gesagtes	2
Interesse, Motivation fördernd	2
Keine individuelle Problemlösung, Details vermitteln	4
Wie hilfreich bzw. weniger hilfreich wird der Einsatz eingeschätzt	
Sehr hilfreich	8
Hilfreich	18
Ob hilfreich, bleibt abzuwarten bzw. vom Patienten abhängig	3
Weniger hilfreich	1
Hilfreich, weil (n=29)	Mehrfachnennungen
Unterstützt Transfer Reha/Alltag, hilft Patienten bei Umsetzung	10
Gut für Berater bei der Vermittlung, schnell ersichtlich	13
Ohne Begründung, sonstige	8

Die Befragten (n=29), die das Medium als hilfreich bzw. sehr hilfreich ansahen, stützten ihre Einschätzung (Mehrfachnennungen) auf die Hilfe im Sinne eines leichteren Transfers des Erlernten in den Alltag (n=10). Äußerungen wie „hilfreich, wenn Pyramide mitgegeben werden kann", „erleichtert die Umsetzung", „alltagsnah" sind diesem Aspekt zuzuordnen. Etwas häufiger (n=13) begründeten Befragte ihre Einschätzung mit der Erleichterung bei der Vermittlung und dem erleichterten Verständnis seitens des Beratenen. Äußerungen wie „hilfreich zum Einstieg", „gut vermittelbar, aufgrund bildhafter Wiederholung", „Beratungsinhalte für beide Seiten als Leitfaden" machen dies deutlich. In diesem Antwortspektrum spiegeln sich die der Pyramide im wesentlichen zugeschriebenen Funktionen sehr deutlich wieder: methodisch-didaktisches Instrument für den Beratenden und Leitfaden zur Handlungsorientierung für den Adressaten. Das Ausmaß der Übereinstimmung von zugeschriebener und antizipierter Funktion des Mediums wird in dieser Ausdifferenzierung positiv bekräftigt. Keine Begründungen oder sonstige Anmerkungen (n=8) waren geprägt von Aussagen wie „hilfreich für gezielten Einsatz", „kommt sicher sehr positiv an", „hilfreich für Beratung, inwieweit hilfreich für Patienten bleibt abzuwarten". Überschneidungen in der Kategorie positive Behaltenseffekte und Unterstützung des Alltagstransfer sind hier gegeben.

Wie die Tabelle 28 darstellt, erwarteten die meisten Befragten aufgrund des Einsatzes der Gesundheitspyramide einen positiven **Einfluss auf die angestrebten Lerneffekte** bei den Patienten bzw. gehen von einem solchen aus (n=26). Nur wenige Studienteilnehmer (n=4) mochten sich nicht festlegen oder äußerten Skepsis. So etwa äußerte sich eine Befragte „skeptisch bezüglich Einflussnahme auf Lerneffekte, aber unterstützt den Lernprozess wirksam". Bekräftigt wurde die Einschätzung der Teilnehmer, die einen positiven Einfluss im Sinne eines verbesserten Lerneffektes erwarten (n=26) (Mehrfachnennungen), durch Äußerungen (n= 11) wie "stetiges Erinnern, hilft der Stabilisierung des erlernten Verhaltens", „durch visuelle Wirkung bleibt mehr hängen" und Äußerungen (n=14) wie „unterstützt durch Motivationsförderung", „durch Anstoß zur Auseinandersetzung", „rückt stärker ins Bewusstsein". In einem Einzelfall wurde die Gesundheitspyramide als weniger hilfreich gegenüber der alten Ernährungspyramide angesehen, aber dennoch eine positive Einflussnahme zumindest für den Bereich Ernährung erwartet. Aus Äußerungen, wie „gehe davon aus", „schwer zu beurteilen", „hängt von Patienten ab", ist davon auszugehen, dass eine durchaus selbstkritische Haltung gegenüber der Wirksamkeit der eigenen Beratungsarbeit besteht, wie auch das Bewusstsein um die vielfältigen Einflüsse im Phasenverlauf einer Verhaltensänderung. Festzuhalten bleibt, dass die Befragten größtenteils eine positive Erwartungshaltung gegenüber der Gesundheitspyramide einnehmen und von einer positiven Einflussnahme auf die angestrebten Lerneffekte bei den Patienten in den Bereichen Ernährung, Bewegung und Stressmanagement ausgehen.

Einsatzbezogene Bewertung in der medizinischen Rehabilitation 177

Tab. 28 Erwarteter Einfluss Lerneffekte und Zusammenarbeit

Prozessuale Merkmale (n=30)	Häufigkeit
Erwarteter Einfluss auf angestrebte Lerneffekte	
Positiver Einfluss erwartet, positiver Einfluss vorstellbar	26
Schwer einschätzbar, skeptisch	4
Anmerkungen zu erwartetem Einfluss	Mehrfachnennungen
Durch erinnern bessere Lerneffekte, hilft der Stabilisierung, optische Wirksamkeit unterstützt	11
Durch Anregung zur Auseinandersetzung, Motivation	14
Keine Begründung, sonstige	8
Erwarteter Einfluss auf Zusammenarbeit mit anderen Berufsgruppen	
Weniger Einfluss, kein Einfluss	10
Einfluss vorstellbar, Einfluss erwartet	20
Art des erwarteten Einflusses (n=20)	
Unterstützt inhaltlich Zusammenschluss, gezielter Austausch wird angestoßen, Zusammenarbeit gestärkt	9
Andere Bereiche nehmen Pyramide ebenfalls auf, signalisieren Patienten Einheit, bessere inhaltliche Vernetzung	11

Einen Einfluss auf die **Zusammenarbeit mit anderen Berufsgruppen** hielten zwei Drittel (n=20) der Befragten für möglich, hingegen erwartete ein Drittel (n=10) eher weniger oder keinen Einfluss. Die diesbezüglich erhobenen Daten sind in Tabelle 28 ersichtlich. Befragte, die einen Einfluss für möglich gehalten haben, können sich vorstellen, dass der Einsatz der Gesundheitspyramide die Zusammenarbeit stärkt, ein gezielter Austausch angestoßen wird und die inhaltliche Abstimmung fördert (n=9). Darüber hinaus hielten Befragte (n=11) mit einem erwarteten Einfluss es für denkbar, dass andere Bereiche die Pyramide ebenfalls aufnehmen und damit die Ganzheitlichkeit vom Patienten besser wahrnehmbar wird. Ernährungsfachkräfte, die weniger Einfluss erwarteten, gaben zu bedenken, dass über die Rückkoppelung der Patienten an die jeweiligen Berufsgruppen ein Dialog angestoßen werden könnte. Andere wiederum hielten es trotz nicht erwartetem Einfluss für vorstellbar, „dass man sich auf ein Medium einigt, wie die Pyramide, mit dem alle arbeiten, so dass der Patient die immer sieht". Zum Teil wird auch deutlich, dass zu den jeweiligen Bereichen eine recht unterschiedliche Kontaktqualität besteht und damit für die Einschätzung kennzeichnend ist. Die Hälfte der Befragten, die keinen Einfluss erwartete, gab keine Anmerkungen dazu.

6.3. Ergebnisse der Post-Test-Befragung

Die folgenden Ausführungen sind damit befasst, die Ergebnisse der Post-Test-Befragung zu dokumentieren und zu erläutern. Sie beinhalten entsprechend der Befragungsstruktur die erhobenen Daten zu Medieneinsatz, wahrgenommene Wirkung auf Patienten, mediendidaktische Bewertung und interdisziplinärer Austausch.

Das nach dem Medieneinsatz anberaumte Post-Test-Interview wurde jeweils am Ende der Pre-Test-Befragung vereinbart. In der Regel lagen 6-8 Wochen zwischen den beiden Terminen. Von den 30 Befragten verblieben 29 Studienteilnehmer in der Stichprobe. Damit lag die drop-out-Rate deutlich unter dem angenommenen Wert von 6 Teilnehmern. Lediglich eine Befragte fiel aus der Stichprobe raus, weil die Beurteilungsgrundlage aufgrund zu weniger Beratungsanlässe nicht ausreichte und daher zum Ausschluss führte. Zwei Fälle erwiesen sich in dieser Hinsicht als grenzwertig. In einem Fall hatte die Befragte fünf Beratungsanlässe angegeben und zusätzlich die Rückmeldung des Medieneinsatzes von Kollegen einbezogen. Die Ergebnisse zeigten ein im Verhältnis zur Gesamtauswertung typisches Antwortmuster, was für den Verbleib in der Stichprobe sprach. In einem weiteren Fall war die Häufigkeit des Medieneinsatzes etwas ungenau mit 8-10 angegeben. Es gibt eine verhältnismäßig große Häufigkeitenfrequenz im Bereich von 10-14, die sich aufgrund des gewählten Befragungszeitpunkts – möglichst zeitnah nach dem Einsatz von mindestens 10 Beratungsanlässen – ergibt. In Einzelfällen ist jedoch durchaus auch in Betracht zu ziehen, dass die angegebene Häufigkeit eine überschätzte Angabe ist, um nicht die Studienbeteiligung und damit den Erhalt des Incentives zu gefährden. Für diese Überlegung haben sich allerdings keine erkennbaren Anhaltspunkte ergeben.

6.3.1. Medieneinsatz

In diesem Abschnitt sind die Ergebnisse der erhobenen Daten dargestellt, welche die Intervention repräsentieren. In diesem Zusammenhang interessierte die Häufigkeit des Medieneinsatzes, die Art der gewählten Beratungsanlässe, die beratenen Patientengruppen, Situationen und Zielsetzung des Medieneinsatzes sowie die durch die Gesundheitspyramide bedingten Veränderungen sowie dessen Beurteilung in der Beratungsarbeit.

Der Großteil der 29 in der Stichprobe verbliebenen Befragten setzte die Pyramide 10-14mal (n=10) bzw. 20-25mal (n=7) ein. In den anderen Einrichtungen lag die **Häufigkeit des Medieneinsatzes** höher. Dort kam es 15-19mal (n=5) bzw. mehr als 25mal (n=5) zum Medieneinsatz. Bei zwei Befragten lag die Einsatzhäufigkeit des Mediums, wie bereits oben angeführt, bei 10 und darunter. Die Patientenanzahl und die Größe der Klinik sind für das Ausmaß des Medieneinsatzes offenbar nicht ausschlaggebend. Vielmehr wirkten sich Arbeitszeitregelung, Urlaubssituation und Aufgabenschwerpunkt auf die Häufigkeit von Beratungsanlässen und möglichen Medieneinsatz aus. Die Frage nach der gewählten **Art der Beratungsanlässe** (Mehrfachnennungen) ergab, dass der Medieneinsatz nach Angaben der Ernährungsfachleute am meisten in der Einzelberatung (n=25) wie auch Gruppenberatung/Schulung (n=25) erfolgte. Im Vortrag (n=11) und in der Lehrküche (n=1) wurde die Pyramide weitaus weniger eingesetzt.

Des Weiteren interessierte in diesem Zusammenhang in welchen Situationen, bei welchen Patientengruppen und mit welcher Zielsetzung die Pyramide jeweils eingesetzt wurde (Mehrfachnennungen). Dabei zeigte sich, dass die Pyramide während der gesamten Beratung (n=9), zu Beginn zur Einführung (n=8), wie auch am Ende zur Zusammenfassung bzw. Wiederholung (n=5) von den Beratungskräften eingesetzt wurde. Ein Teil der Befragten erklärte, das Medium in unterschiedlichen **Situationen** (n=2) eingesetzt zu haben bzw. machte keine Angaben (n=7). Die Vielfältigkeit des erfolgten Medieneinsatzes ist ein Indikator für die flexible didaktische Eignung der Pyramide. Die dabei adressierten **Patientengruppen** (Mehrfachnennungen) waren vorwiegend Patienten mit Übergewicht (n=22), erhöhtem Cholesterin (n=17) Diabetes (n=14) und Bluthochdruck (n=5). Patienten mit den entsprechenden Risikofaktoren für koronare Herzerkrankungen stellen erwartungsgemäß die größte Gruppe. Darüber hinaus wurde die Gesundheitspyramide indikationsübergreifend (n=5) wie auch bei Rehabilitanden mit sonstigen Indikationen (n=6) eingesetzt. Die damit verbundene **Zielsetzung des Medieneinsatzes** (Mehrfachnennung) konzentrierte sich im wesentlichen auf zwei Ziele. Zum einen wurden genannt „um notwendige Lebensstiländerung zu verdeutlichen"(n=14), wie auch „um Patienten für bewusste Lebensmittelauswahl bzw. Ernährungsumstellung zu sensibilisieren" (n=14). „Als Leitfaden, zur Veranschaulichung für Beratungsgespräch" wurde als Intention von zwei Befragten angeführt. Bei Betrachtung der zuvor von den Beratungskräften am meisten genannten Beratungsziele, bei der es um die Aufklärung sowie Einsicht und Notwendigkeit zur Ernährungsumstellung und Verständnis für den Zusammenhang Gesundheit und Ernährung geht, ist anzunehmen, dass die Pyramide offenbar voll als didaktische Hilfe in den Beratungsprozess zur Zielerreichung einbezogen wurde. Der Aspekt Lebensstiländerung und die Anleitung zu einer gesunden Lebensführung, die zuvor nicht explizit angesprochen wurden, haben für viele Beratungskräfte möglicherweise aufgrund des neuen Mediums eine neue Qualität oder Perspektive erhalten. Dieser Aspekt ist auch aus verschiedenen Äußerungen zu Art der Veränderungen und deren Beurteilung, wie „mehr auf andere Bereiche eingegangen" oder „schöne Erweiterung", ersichtlich. Mehrheitlich waren die befragten Beratungskräfte (n=25) der Auffassung, dass **Veränderungen in ihrer Beratungsarbeit** resultierten. Nur wenige (n=3) konnten sich dieser Auffassung nicht anschließen und verneinten jedwede Veränderungen durch den Einsatz der Pyramide. Bei einer Person lag keine Angabe vor. Zur Art der Veränderung merkten einige an, dass diese weniger inhaltlicher Art war, weil die Bereiche Bewegung und teilweise auch Entspannung bereits behandelt werden, sondern vielmehr Änderungen in der Umsetzung betroffen haben. Der Großteil der Fachkräfte hingegen machte die Art der Änderungen an den erweiterten Inhalten fest. Äußerungen, wie „macht den Stellenwert Ernährung als Teil eines gesunden Lebensstils deutlich", „erweiterte Inhalte wurden stärker vertieft", „anders strukturiert: vom komplexen Zusammenhang, zu Details, dann zusammengefasst", machen dies deutlich. Die **Beurteilung der Veränderungen** kam bei einem Großteil der Befragten während des Interviews (n=15) nicht ins Gespräch. Dessen Anmerkungen waren durchweg positiv geprägt, weshalb die explizite Frage nach der Beurteilung der Veränderungen allenfalls redundant gewesen wäre und in der Regel nicht weiter vertieft wurde. Gut ein Drittel der Ernährungsfachleute (n=11) beurteilten die Veränderungen als sehr gut/gut bzw. positiv. Nicht zutreffend war dies für Befragte (n=3), für die sich keine Änderungen ergaben.

Eine **Weitergabe** und das mehr oder weniger aktive Anbieten **der Pyramide an Patienten** (Mehrfachnennungen) erfolgte durch alle Befragten. Größtenteils (n=21) wurden die Pyramiden aktiv angeboten, an die Patienten mitgegeben oder auch zur Mitnahme ausgelegt. Andere hingegen (n=8) entschieden sich eher für einen gezielten Einsatz oder probierten verschiedenes aus (n=2). Dabei wurde die Weitergabe des Mediums häufig auf den gezielten Einsatz in kleineren Gruppen oder die Einzelberatung, vereinzelt auch nur auf Nachfrage, begrenzt. „Gezielter Einsatz am besten". Wenn nicht angeboten, wurde auch nachgefragt", „wurde aus den Händen gerissen" „wurde ausgelegt und aktiv angeboten, dann auch von Patienten nachgefragt, die nicht beim Vortrag waren", sind kennzeichnende Beispiele für die von einigen kommentierten Erfahrungen bei der Weitergabe des Mediums. Nach Angaben von 26 Beratungskräften ist darüber gesprochen worden oder sind Anregungen dazu gegeben worden, wie die Pyramide zu Hause sichtbar gemacht werden kann. Nur wenige (n=3) gaben keine **Anregungen für den häuslichen Gebrauch** der Gesundheitspyramide.

6.3.2. Wahrgenommene Wirkung auf Patienten

Dieser Abschnitt stellt die Auswertung der ergebnisbezogenen erhobenen Merkmale dar, der zunächst den Fragekomplex der wahrgenommenen Wirkung auf Patienten behandelt.

Bei diesem Fragekomplex geht es darum, welche Reaktionen auf Seiten der Patienten beim Einsatz der Gesundheitspyramide beobachtet wurden. Auf diese Weise sollten Anhaltspunkte gewonnen werden, in welchem Maße die Pyramide als Unterstützung und Informationsquelle von den Patienten bei den angestrebten Änderungen ihres Lebensstils wahr genommen wird. Informationen darüber konnten nur durch die Augen der Ernährungsfachleute gewonnen werden, die nach Kommentaren und Reaktionen der Patienten zu und ihrem Umgang mit der Gesundheitspyramide befragt wurden. Welches Ausmaß an Unterstützung von Lerneffekten bei den Patienten davon ausgeht, lässt sich somit nur aus der erwarteten und beobachteten Perspektive der Beratungskraft darlegen. Wie bereits zuvor angesprochen, wurden dazu Kriterien herangezogen und zwar in Form von fünf Qualitätsdimensionen. Für die Erhebung dieser ergebnisbezogenen Merkmale sind Indikatoren gebildet worden. Als durchaus schwierig erwies sich die Entwicklung der Indikatoren. Nicht für alle Qualitätsdimensionen konnten Indikatoren mit positiver als auch negativer Merkmalsausprägung gebildet werden. Damit geht auch die schwierige, später noch zu diskutierende Frage der Wertung einher. In dieser explorativen Interviewphase wurde jeweils versucht die Fragestellungen auf die gebildeten Indikatoren zu stützen und systematisch zu erkunden, um die wahrgenommenen Wirkungen möglichst detailliert in Bezug zu den Qualitätsdimensionen zu erfassen. Die Gesprächsverläufe ließen sich danach überwiegend zufriedenstellend strukturieren. Die Ergebnisbewertung der

Einsatzbezogene Bewertung in der medizinischen Rehabilitation 181

ergebnisbezogenen erhobenen Merkmale erfolgt anhand der Erfolgskriterien und Zielerreichung zum Schluss in Form der Gesamtbewertung.

Wie die Tabelle 29 zeigt, wurden für die **Qualitätsdimension Akzeptanz** verschiedene Indikatoren gebildet, die das Mitnahmeverhalten der Pyramide, wie auch Äußerungen von Kritik betreffen.

Tab. 29   Indikatoren Qualitätsdimension Akzeptanz

Qualitätsdimension	Indikatoren			
	+	Positive Merkmalsausprägung	-	Negative Merkmalsausprägung
Akzeptanz	+	Patienten nehmen Pyramide mit nach Hause	-	Patienten nehmen Pyramide kaum/nicht mit nach Hause
		Annähernd von allen/von der überwiegenden Zahl		Von einer geringen Anzahl/von fast bzw. keinem
	+	Patienten fragen nach Mitnahmemöglichkeit	-	Patienten äußern Kritik an Werbebotschaft
			-	Patienten äußern sich kritisch, zeigen Skepsis

Die Ergebnisse der erhobenen Indikatoren sind aus der Tabelle 30 ersichtlich. Nach Beobachtungen der Befragten wurde die Pyramide annähernd von allen (n=16) bzw. von der überwiegenden Zahl (n=13) der Patienten mitgenommen. Lediglich eine Befragte machte die Beobachtung, dass die Pyramide von einer geringen Anzahl mitgenommen wurde. Das die Pyramide von fast bzw. keinem mitgenommen wurde, hatte niemand beobachtet. Eine Mehrfachnennung ergab sich aus dem beobachteten unterschiedlichen Mitnahmeverhalten bei kleineren und größeren Gruppen. Das Mitnahmeverhalten wird als Hinweis auf Akzeptanz verstanden. Sofern etwas für Patienten nicht akzeptabel erscheint, ist kaum zu erwarten, dass von dem Angebot zur Mitnahme viel Gebrauch gemacht wird. „Patienten fragen nach Mitnahmemöglichkeit" wird als ein weiterer Indikator in Bezug auf Akzeptanz von den Befragten (n=5) bei Patienten beobachtet. Da in den überwiegenden Fällen die Pyramide offensiv aktiv angeboten wurde, bestand nur in wenigen Situationen überhaupt die Möglichkeit diese Beobachtung zu machen. Äußerungen, wie „man kann die Pyramide mitbekommen, dann wurde auch nachgefragt", „wurde gezielt nachgefragt, auch von Patienten, die nicht beim Vortrag waren", kennzeichnen diese Wahrnehmung. Äußerungen von Kritik und Skepsis wiederum werden als Hinweis aufgefasst, die gegen eine Akzeptanz des Mediums sprechen. „Patienten äußern Kritik an Werbebotschaft" ist als Indikator mit negativer Merkmalsausprägung von einigen Befragten (n=5) registriert worden. In diesem Zusammenhang wird mehrmals von einer Minderheit gesprochen „Minderheit äußert Kritik aufgrund werblicher Absender", die hier im Sinne einer wertvorsichtigen Analyse als Nichtakzeptanz betrachtet wird, zumal Nichtäußerungen Kritik nicht ausschließt. „Patienten äußern sich kritisch, zeigen Skepsis" ist ein weiterer Indikator für Nichtakzeptanz. In diesem Zusammenhang wurden verschiedene, auch hier teilweise vereinzelte, Beobachtungen von den Befragten (n=13) gemacht. Dabei kam zum Ausdruck, dass oftmals grundsätzliche Skepsis besteht (n=4) „wenige waren ablehnend der Entspannung gegenüber", „Skepsis bei Entspannung, ob zu gesunder Lebensweise dazu gehört, wurde nicht so nachvollzogen". Ältere Patienten zeigten wegen der Schrift bzw. Größe der Pyramide Schwierigkeiten (n=5) und Inhalte wurden in Frage gestellt „Tennismotiv war bei Übergewichtigen angeeckt", „der Kalorienverbrauch bei der Hausarbeit war schwer nachvollziehbar" (n=2). Anlass für Diskussion ergaben auch die Wortbeiträge bezüglich der Umsetzung im Ernährungsteil „Vollkorn ist bei Getreideprodukten nicht deutlich erkennbar", „Diabetiker bemängelten, es müsse mehr Vielfalt bei Obst abgebildet werden". Zweifellos weisen die kritischen und skeptischen Reaktionen auf Potentiale von Nichtakzeptanz hin. Zugleich deutet die Art der wahrgenommenen Kritik eher auf marginale denn substantielle Punkte hin, die im Hinblick auf Konzept und Umsetzung wenig grundsätzliche Angriffspunkte für die Gesundheitspyramide bedeuten. Insgesamt betrachtet, deutet das beobachtete Mitnahmeverhalten auf ein gut ausgeprägtes Maß an Akzeptanz hin, welches gleichzeitig jedoch aufgrund einiger Angriffspunkte geschmälert zu sein scheint. Dieser Sachverhalt ist aufgrund der gemessenen Indikatoren nur unvollständig zu deuten.

Tab. 30   Wahrgenommene Wirkung Akzeptanz

Qualitätsdimension Akzeptanz	Häufigkeit
Indikatoren Mitnahme der Pyramide (Mehrfachnennungen)	(n=29)
Patienten nehmen Pyramide mit nach Hause	
- annähernd von allen	16
- von der überwiegenden Zahl	13
Patienten nehmen Pyramide kaum/nicht mit nach Hause	
- von einer geringen Anzahl	1
- von fast bzw. keinem	0
Patienten fragen nach Mitnahmemöglichkeit	5
Indikator Kritik an Werbebotschaft	(n=5)
Patienten äußern Kritik an Werbebotschaft	5
Indikator kritische, skeptische Reaktionen	(n=13)
Patienten äußern sich kritisch, zeigen Skepsis (davon Mehrfachnennungen)	13
- Grundsätzliche Skepsis, ob durchhaltbar	4
- Material/Kleine Schriftgröße	5
- Inhalte teilweise in Frage gestellt, angeeckt	2
- Diskussion bzgl. Umsetzung im Ernährungsteil	4

Tabelle 31 zeigt alle Indikatoren auf, die für die Messung der **Qualitätsdimension Motivation** im Sinne von Gefallen/Sympathie sowie Interesse/Aufmerksamkeit gebildet wurden. Zustimmende, interessierte Haltung, geäußertes Gefallen und aktive Haltung sowie Ausmaß an Anmerkungen und Interessensfragen werden als Hinweis für Motivation aufgefasst, während geäußertes Missfallen und ein geringes Ausmaß an Fragen oder ablehnende, desinteressierte Haltung darauf hindeutet, dass die Pyramide keine motivationsförderliche Wirkung hat.

Tab. 31   Indikatoren Qualitätsdimension Motivation

Qualitätsdimension	Indikatoren			
	+	Positive Merkmalsausprägung	-	Negative Merkmalsausprägung
Motivation, Gefallen/Sympathie, Interesse/ Aufmerksamkeit	+	Patienten äußern Gefallen, zustimmende, interessierte und aktive Haltung beobachtbar	-	Patienten äußern Missfallen
	+	Patienten machen Anmerkungen, stellen Interessensfragen		Keine Fragen oder Reaktionen jedweder Art, ablehnende, desinteressierte Haltung beobachtbar

„Patienten äußern Gefallen, zustimmende, interessierte und aktive Haltung beobachtbar" ist als Indikator von vielen befragten Ernährungsfachleuten (n=25) bei den Patienten wahrgenommen worden. Dahingehend konnten die Beratungskräfte sich an viele Zitate und Begebenheiten erinnern, wie etwa „fanden Pyramide insgesamt gut, hat zur Auseinandersetzung angeregt und Atmosphäre gelockert", „farblich schön gestaltet", „gut, alles in einem Blick, besser als Zettelkram", „prima, immer wieder daran erinnert zu werden", „gutes Hilfsmittel", übersichtlich, ansprechend" waren nur einige von zahlreichen Beispielen. Dabei zeigte sich, dass für Beratungskräfte (n=15) eine hohe Aufmerksamkeit durch das Bildliche bei ihren Patienten erkennbar wurde. Zudem stellten Befragte (n=11) einen vermehrten Austausch und eine bessere Mitwirkung der Patienten fest, der durch den Einsatz der Gesundheitspyramide angeregt wurde, gefolgt von allgemein beobachteten zustimmenden Reaktionen und Äußerungen (n=6). „Patienten machen Anmerkungen, stellen Interessensfragen" ist ein weiterer Indikator für Motivation, der von vielen Befragten (n=26) wahrgenommen wurde. Diese Wahrnehmung ist gekennzeichnet von Äußerungen wie „schön, die Entspannungsübungen für zu Hause", „Gott sei Dank, es ist eine Anregung da, wie ich das zu Hause machen kann", „Patienten stellten Fragen, insbesondere zu Bewegung und Kalorienverbrauch". Dabei überwiegten die allgemein registrierten Anmerkungen bzw. Fragen zu mehreren Bereichen (n=15), gefolgt von Anmerkungen/ Fragen den Bereich Bewegung betreffend (n=5), sowie Anmerkungen/Fragen zu Entspannung (n=2) sowie Ernährung (n=4). Die beiden Indikatoren „Patienten äußern Missfallen" und „keine Fragen oder Reaktionen jedweder Art", die auf eine nicht motivationsförderliche Wirkung hindeuten, sind kaum wahrgenommen worden. Zwei Befragte stellten Äußerungen des Missfallens fest. Die beiden Beratungskräfte kommentierten dazu „zur Entspannung äußerten wenige, `das brauche ich nicht'", „Entspannung war weniger gut aufgenommen". Ansonsten war von keiner Beratungskraft eine ablehnende, desinteressierte Haltung beobachtet worden. Gesamt betrachtet, spricht einiges dafür, die in der Tabelle 32 dargestellten Ergebnisse der erhobenen Indikatoren als Hinweis auf einen motivationsförderlichen Einfluss der Gesundheitspyramide zu interpretieren.

Tab. 32   Wahrgenommene Wirkung Motivation

Qualitätsdimension Motivation – Gefallen/Sympathie – Interesse/Aufmerksamkeit	Häufigkeit
Indikatoren zustimmende, interessierte Haltung (Mehrfachnennungen)	(n=27)
Patienten äußern Gefallen, zustimmende, interessierte und aktive Haltung beobachtbar	25
Patienten machen Anmerkungen, stellen Interessensfragen	26
Patienten äußern Gefallen, aktive Haltung (n=25)	
(davon Mehrfachnennungen)	
- allgemein zustimmende Reaktionen und Äußerungen	6
- aktivere Haltung, hat vermehrten Austausch angeregt	11
- Zustimmung für Pyramide als gutes Hilfsmittel, ansprechend, hohe Aufmerksamkeit durch Bildliches erkennbar	15
Patienten machen Anmerkungen, stellen Fragen (n=26)	
- Anmerkungen/Fragen allgemein/zu mehreren Bereichen	15
- Vorw. Anmerkungen/Fragen Bewegung	5
- Vorw. Anmerkungen/Fragen Entspannung	2
- Vorw. Anmerkungen/Fragen Ernährung	4
Indikatoren ablehnende, desinteressierte Haltung	(n=2)
Patienten äußern Missfallen	2
Keine Fragen oder Reaktionen jedweder Art, ablehnende, desinteressierte Haltung beobachtbar	0

Im Rückschluss auf die Prozesse der Informationsvermittlung zeigt der motivationsförderliche Einfluss der Pyramide offenbar Wirkung auf allen Ebenen: angefangen von der Präsentation, Fokussierung der Aufmerksamkeit, Veranschaulichung und Dialog, Austausch.

Die für die Messung der Qualitätsdimension **Verständlichkeit** gebildeten Indikatoren sind in Tabelle 33 dargestellt. Eine inhaltlich korrekte Rückkoppelung von Inhalten der Pyramide und erkennbare Anzeichen für die Nachvollziehbarkeit der Ganzheitlichkeit werden als Indiz für Verständlichkeit angesehen. Vermehrte Verständnisfragen und missverständliche Kommentare werden neben dem Nichterkennen von Anzeichen für die Nachvollziehbarkeit der Ganzheitlichkeit hingegen als Hinweis für Unverständlichkeit bewertet.

Tab. 33   Indikatoren Qualitätsdimension Verständlichkeit

Qualitätsdimension	Indikatoren			
	+	Positive Merkmalsausprägung	-	Negative Merkmalsausprägung
Verständlichkeit	+	Patienten geben Inhalte korrekt wieder, geben inhaltlich korrekte Rückmeldungen	-	Nicht eindeutig, missverständlich, Ausmaß an Verständnisfragen vermehrt/häufig
			-	Patienten äußern sich irritiert, wirken verunsichert
	+	Anzeichen erkennbar, das Patienten Ganzheitlichkeit nachvollziehen	-	Keine Anzeichen erkennbar, das Patienten Ganzheitlichkeit nachvollziehen

„Patienten geben Inhalte korrekt wieder" konnte als Indikator von vielen Beratungskräften (n=18) bei den Patienten beobachtet werden. Diese Einschätzung wurde in manchen Fällen mit Einschränkungen kommentiert, wie etwa „Patienten konnten zu 80 % Inhalte korrekt wiedergeben", „konnten Inhalte erst bei wiederholtem Einsatz korrekt wiedergeben" und repräsentiert allenfalls die mitwirkenden Patienten in der Beratung. Außen vor bleiben vor allem die eher passiven und nichtmitwirkenden Patienten, die sich nicht äußern und damit der Wahrnehmung durch die Befragten entgehen. Missverständliche Kommentare und vermehrte Verständnisfragen wurden als Indikator mit negativer Merkmalsausprägung von etwa einem Drittel der Stichprobe (n=9) registriert. Hier zeigte sich, dass der in der Ernährungspyramide aufgenommene Verbesserungsvorschlag aus der ersten Untersuchung in Form von textlichen Ergänzungen zu den Lebensmittelgruppen, offenbar missverständlich umgesetzt wurde. Kommentare, wie etwa „Portionsangaben wöchentlich – täglich unklar", „Portionsgröße ist erklärungsbedürftig", „Portionsmenge missverständlich", markieren diesen Eindruck. Sieben der neun Beobachtungen waren darauf zurück zu führen, die anderen beiden betreffen „irritiert bzgl. Vollkorn, weil in Grafik nicht bildlich erkennbar" sowie „Abbildungen der Ernährungsgrafik teilweise nicht eindeutig erkennbar, musste erklärt werden". Dieses Ergebnis wird als deutlicher Hinweis auf ein leicht zu lösendes Verständnisproblem aufgrund der Modifikation der Ernährungspyramide verstanden. Sonst wurde von den Beratungskräften ein geringes Ausmaß an Verständnisfragen beobachtet. Der Indikator „Patienten äußern sich irritiert, wirken verunsichert" wurde nicht registriert. Die Nachvollziehbarkeit der Ganzheitlichkeit konnten nahezu alle als Indikator bei ihren Patienten wahrnehmen, während für niemanden der Indikator „keine Anzeichen erkennbar" zu beobachten war. Eine Befragte der Stichprobe hatte keinen Eindruck gewonnen, ob die Logik der Pyramide nachvollzogen wurde. Diese Anzeichen realisierten die Ernährungsfachkräfte aus den Gesprächen und Äußerungen der Patienten, wie beispielsweise „jetzt wird erst klar, wie das zusammengehört", „bei Bewegung und Ernährung war bereits klar, jetzt klarer, dass Entspannung auch dazu gehört".

Festgehalten werden kann, dass es bei der Verständlichkeit der Gesundheitspyramide eine deutlich identifizierte Schwachstelle gibt. Sie betrifft ein leicht zu veränderndes Detail. Der Umstand, dass andere Aspekte bis auf eine Ausnahme nicht zur Sprache gekommen sind, scheint auf ein im großen und ganzen zufriedenstellendes Ausmaß an Verständlichkeit der Pyramide zu verweisen. Gleichzeitig ist jedoch in Betracht zu ziehen, dass auf den Inhalten der Ernährungspyramide ein besonderes Augenmerk liegt, so dass die Konfrontation und entsprechende Auseinandersetzung mit den Inhalten Bewegung und Entspannung deutlich zurück steht und daher weniger Verständlichkeitsprobleme zu erwarten sind. Wiederum als deutliches Signal für Verständlichkeit kann aufgefasst werden, dass fast ausnahmslos alle Befragten der Stichprobe Anzeichen für das Nachvollziehen der Ganzheitlichkeit bei ihren Patienten erkannt haben. Somit bestehen Anzeichen dafür, dass die Logik nachvollzogen und das zentrale Anliegen der Pyramide in beabsichtigter Weise rezipiert wird. Zusammenfassend zeigt die Tabelle 34 die Ergebnisse der gemessenen Indikatoren für die Qualitätsdimension Verständlichkeit.

Tab. 34   Wahrgenommene Wirkung Verständlichkeit

Qualitätsdimension Verständlichkeit	Häufigkeit
Indikatoren Wiedergabe Inhalt (Mehrfachnennungen)	(n=19)
Patienten geben Inhalte korrekt wieder, geben inhaltlich korrekte Rückmeldungen	18
Nicht eindeutig, missverständlich, Ausmaß an Verständnisfragen vermehrt/häufig	9
Patienten äußern sich irritiert/wirken verunsichert	0
Indikatoren Nachvollziehbarkeit Ganzheitlichkeit	(n=28)
Anzeichen erkennbar, das Patienten Ganzheitlichkeit nachvollziehen	28
Keine Anzeichen erkennbar, das Patienten Ganzheitlichkeit nachvollziehen	0
Nicht eindeutig, missverständlich, Ausmaß an Verständnisfragen vermehrt/häufig (n=9)	
- Angabe Portionen wöch./tägl. unklar und Portionsgröße	7
- Vollkorn bildlich undeutlich	2

Dass Patienten Zusammenhang zu Reha-Angeboten Entspannung und Bewegung herstellen können, ist als Indikator für die **Qualitätsdimension Anschaulichkeit** von 22 Befragten bei den Patienten beobachtet worden. „Patienten können Zusammenhang zu Reha-Angeboten Entspannung und Bewegung nicht herstellen" steht der Anschaulichkeit entgegen und wurde als Indikator mit negativer Merkmalsausprägung von 4 Beratungskräften wahrgenommen. Eine Übersicht der zu Grunde gelegten Indikatoren für die Qualitätsdimension Anschaulichkeit ist in der Tabelle 35 zusammengefasst.

Tab. 35   Indikatoren Qualitätsdimension Anschaulichkeit

Qualitätsdimension	Indikatoren			
	+	Positive Merkmalsausprägung	-	Negative Merkmalsausprägung
Anschaulichkeit, Erinnerbarkeit	+	Patienten erinnern sich an Ernährungspyramide		
	+	Patienten können Zusammenhang herstellen zu Reha-Angeboten Ent+Bew	-	Patienten können Zusammenhang zu Reha-Angeboten Ent+Bew nicht herstellen
	+	Patienten geben Inhalte (mit eigenen Worten) wieder		

Dass Patienten erinnert werden an die anderen Bereiche in der Rehabilitation bzw. diese durch die dargestellten Inhalte der Pyramide wieder erkennen und darauf reflektieren, wird als Hinweis auf die Anschaulichkeit des Mediums aufgefasst. Nach Anmerkung der Befragten trifft die jeweilige Beobachtung nicht für alle, sondern für den vorwiegenden Teil der Patienten zu. Vermutlich wird die Wahrnehmung am stärksten durch die auffälligsten Beobachtungen geprägt. Das heißt, selbst dort, wo bei der überwiegenden Anzahl der Patienten beobachtet wurde, dass ein Zusammenhang erkannt wurde, sagt nichts aus über die verbleibenden Patienten, bei denen eine solche Verbindung nicht erkennbar war. Für diese Patienten kann ebenso wenig konstatiert werden, dass ein Zusammenhang nicht gesehen wird. Im Umkehrschluss vermögen Patienten die anderen Bereiche der Reha durchaus erkennen können, wenngleich dies aus ihren Reaktionen nicht zu beobachten ist. Einige Ernährungsfachleute merkten an, dass die jüngeren Patienten sich grundlegend leichter damit tun und der Zusammenhang in Bezug auf Bewegung klarer erkannt wurde, was dadurch erklärbar ist, dass der Bewegungsbereich insgesamt einen höheren Stellenwert in der Rehabilitation einnimmt und nicht alle Patienten an den Angeboten zur Entspannung beteiligt sind. So wurden Zitate erinnert wie „Hinweise leichter umsetzbar als Sporttherapie", „die Pyramide wird uns dran erinnern alles erlernte zu berücksichtigen", „ja, das ist das, was wir hier machen".

Dass Patienten sich an die Ernährungspyramide aus einem anderem Zusammenhang erinnern, wurde als Indikator nur bei einem Patienten beobachtet. Deutlicher konnte die Erinnerbarkeit bei den Patienten (n=19) durch den Indikator „Patienten geben Inhalte (mit eigenen Worten) wieder" beobachtet werden. Dass Patienten sich an Inhalte der Pyramide erinnern können und in der Lage sind diese, bestenfalls mit eigenen Worten, wieder zu geben, wird als Indiz einer anschaulichen Darstellung verstanden. Nicht messbar ist allerdings die Erinnerbarkeit von Patienten, die sich nicht äußern und somit nicht zu erkennen geben, ob und inwieweit sie Inhalte wieder geben können. Dieses Ergebnis, dargestellt in der Tabelle 36, wird als vorsichtiger

Hinweis darauf verstanden, dass für einen großen Teil der Patienten die Gesundheitspyramide anschaulich erscheint. Im Rückschluss auf die Prozesse der Informationsvermittlung ist dies auf der Ebene der Veranschaulichung für das Verstehen des Inhalts bedeutsam.

Tab. 36 Wahrgenommene Wirkung Anschaulichkeit

Qualitätsdimension Anschaulichkeit	Häufigkeit
Indikatoren Anschaulichkeit	(n=26)
Patienten können Zusammenhang herstellen zu Reha-Angeboten Ent + Bew	22
Patienten können Zusammenhang **nicht** herstellen zu Reha-Angeboten Ent + Bew	4
Indikatoren Erinnerbarkeit	(n=20)
Patienten erinnern Ernährungspyramide aus anderem Zusammenhang	1
Patienten geben Inhalte (mit eigenen Worten) wieder	19

Für die Qualitätsdimension **Handlungsorientierung** wurden die in der Tabelle 37 aufgeführten Indikatoren gebildet, die sich auf Handlungsaktivierung, Relevanz und Nutzen stützen. Dass Patienten die Pyramide erkunden und aufbauen, wird als Indiz dafür gesehen, dass die Mechanik der Pyramide eine Aktivierung beim Adressaten in Gang setzt, was eine wichtige Voraussetzung zur Handlungsorientierung darstellt. Dieser Indikator lässt sich ebenso der Qualitätsdimension Motivation zurechnen. Sich zu Hinweisen, wie auch der eigenen Realisierbarkeit zu äußern und welche Überlegungen zum Nutzen der Pyramide im Alltag angestellt werden, lassen sich als weitere Indikatoren für die Handlungsorientierung interpretieren. Dabei steht die Frage im Vordergrund, inwieweit die Inhalte für die Patienten überhaupt relevant sind, denn Handlungsorientiertheit setzt Relevanz und Nutzen voraus. Lassen Patienten erkennen, dass Inhalte für sie nicht relevant sind, wird dagegen als Indikator mit negativer Merkmalsausprägung aufgefasst, der einer handlungsorientierenden Wirkweise der Gesundheitspyramide entgegen steht. Für die Handlungsorientierung ist dabei von besonderem Interesse, inwiefern die Pyramide Transferhilfe und eine konkrete, alltagsnahe Anleitung zum Handeln zu leisten vermag. Dies ist mit den gebildeten Indikatoren und in dem gegebenen Kontext nicht zufriedenstellend messbar. Insoweit stellen die gebildeten Indikatoren eine Annäherung auf Basis von geäußerten handlungsrelevanten Absichten dar, die wenig über das tatsächliche Handeln und der Wechselwirkung zur Handlungsorientierung durch die Pyramide besagen.

Tab. 37 Indikatoren Qualitätsdimension Handlungsorientierung

Qualitätsdimension		Indikatoren		
	+	Positive Merkmalsausprägung	-	Negative Merkmalsausprägung
Handlungsorientierung	+	Patienten bauen Pyramide auf	-	Patienten lassen erkennen, dass Inhalte für sie nicht relevant sind
	+	Patienten äußern sich zu Hinweisen und eigene Realisierbarkeit		
	+	Patienten äußern sich, was sie mit der Pyramide zu Hause vorhaben		

Von einem Großteil der Befragten (n=21) wurde bei den Patienten beobachtet, dass sie die Pyramide aufbauen und entsprechend erkunden. „Das dreidimensionale Format animierte zum Erkunden", merkte eine Beratungskraft dazu an. Diese Beobachtung stand vor allem in Abhängigkeit zu welchem Zeitpunkt die Pyramide während der Beratung weitergegeben wurde. Wurde die Pyramide erst am Ende überreicht, konnte eine Aktivierung während der Beratung nicht mehr in Gang kommen. Dass Patienten sich zu Hinweisen und der eigenen Realisierbarkeit äußern, wurde als Indikator von mehr als drei Viertel der befragten Ernährungsfachleute (n=24) wahrgenommen. Diese Hinweise markieren eine gewisse Relevanz der Inhalte für die Patienten. Kennzeichnend dafür waren Äußerungen wie „könnte ich mal probieren", „habe ich hier ja schon wieder angefangen", „da muss ich ja doch einiges mehr tun", „man kann ja mal zu Hause Entspannungsübungen machen". Und Patienten wirkten motiviert, zu Hause mehr auf Bewegung zu achten. Von zwei Befragten (n=2) wurde beobachtet, dass bestimmte Inhalte für ihre Patienten nicht relevant sind. Stellenweise konnten Patienten mit der Entspannung nicht viel anfangen. Der Indikator „Patienten äußern sich, was sie mit der Pyramide vorhaben" wurde von einem Großteil der Befragten (n=21) registriert. Durch diese Beobachtungen wird der von den Patienten erwartete Nutzen der Pyramide deutlich. Ein Teil davon äußert, dass die Pyramide eine gute Erinnerungshilfe (n=6) darstellt „gut für zu Hause hinzustellen als Gedächtnisstütze", „gehört an Platz, wo man immer dran erinnert wird". Ein weiterer Teil (n=6) äußert sich allgemein zum Gebrauch zu Hause, während von den meisten (n=9) konkrete Ideen angesprochen werden „großes Dreieck als Warnschild am Kühlschrank aufhängen", „stelle ich mir zu Hause hin als Erinnerungshilfe", in Küchennähe platzieren, dann wird man dran erinnert", „kann ich am Küchenschrank aufhängen". Aus vielen Gesprächen mit Ernährungsfachleuten und aus qualitativen Marktforschungsuntersuchungen ist bekannt, dass die Kellogg's Ernährungspyramide von den Konsumenten eine hohe Wertschätzung erfährt und den Angaben zufolge häufig im Küchenbereich platziert ist. *[Kellogg Deutschland GmbH, 2002]* Vor diesem Erfahrungshintergrund sind durchaus Parallelen zu erwarten, die nahe legen, das Ergebnis in der erwarteten Nutzenwirkung positiv zu interpretieren. Da das Ausmaß an Transferhilfe sich nicht zufriedenstellend messen lässt, bereitet die Bewertung der Qualitätsdimension Handlungsorientierung in dieser Hinsicht Schwierigkeiten. Die Ergebnisse der erhobenen Indikatoren geben wenig Aufschluss darüber, inwiefern die Pyramide Orientierungshilfe und Anleitung nach Rückkehr in den Alltag bietet und als Erinnerungshilfe wirksam ist. Die Beobachtungen der Beratungskräfte sind dahingehend eingeschränkt und geben lediglich die wahrgenommenen handlungsrelevanten Absichten wieder.

Tab. 38   Wahrgenommene Wirkung Handlungsorientierung

Qualitätsdimension Handlungsorientierung	Häufigkeit
Indikator Handlungsaktivierung	(n=21)
Patienten bauen Pyramide auf	21
Indikator Relevanz (Mehrfachnennungen)	(n=24)
Patienten äußern sich zu Hinweisen und eigene Realisierbarkeit	24
Patienten lassen erkennen, dass Inhalte für sie nicht relevant sind	2
Patienten äußern sich zu eigene Realisierbarkeit (n=24)	
Äußern sich allgemein zu Hinweisen	13
Äußern sich handlungsmotiviert	4
Geben Rückmeldung, aufgrund Reflexion	7
Indikator Nutzen	(n=21)
Patienten äußern sich, was sie mit der Pyramide zu Hause vorhaben	21
Patienten äußern sich zum Nutzen/Gebrauch (n=21)	
Gute Erinnerungshilfe	6
Äußern sich zum Gebrauch zu Hause	6
Äußern konkrete Ideen	9

Deutlicher sind die in Tabelle 38 zusammengefassten Ergebnisse als Hinweise auf Nutzen und Relevanz zu verstehen, die eine wichtige Voraussetzung für die Handlungsorientiertheit der Gesundheitspyramide darstellen. Die dahingehend erhobenen Indikatoren „Patienten äußern sich zu Hinweisen und eigene Realisierbarkeit", „Patienten äußern sich, was sie mit der Pyramide zu Hause vor haben" deuten auf ein sichtbares Maß an Relevanz und erwarteten Nutzen hin. Das Nachfrageverhalten hat zudem gezeigt, dass offensichtlich auch außerhalb der Beratung über das Medium gesprochen wurde, wodurch teilweise auch Nichtbeteiligte aktiv wegen der Pyramide nachgefragt haben. Diese Beobachtung wäre kaum zu erklären, wenn die Pyramide für die Patienten keine Relevanz hätte. Der Gesundheitspyramide als Erinnerungshilfe wird offenbar ein wichtiger Stellenwert eingeräumt, was im Rückschluss auf die Zielebenen der Verhaltensänderung für den Alltagstransfer bedeutsam sein dürfte. Ergebnisse aus der ersten Untersuchung stehen damit im Einklang, wonach Experten glaubten, dass die Pyramide beim Adressaten auf Interesse stößt und sie schätzten Nutzen und Relevanz dementsprechend hoch ein. Gesamt betrachtet, werden die Ergebnisse mit Vorsicht so verstanden, dass die hohe Bedeutsamkeit, die Patienten offenbar der Pyramide als Erinnerungshilfe beziehungsweise dem sichtbar machen der Pyramide beimessen, für ein positives Signal im Sinne der Handlungsorientierung spricht. Offen bleibt, welche Haltung die Patienten haben, die sich nicht aktiv beteiligen und sich damit der Wahrnehmung durch die Beratungskräfte entziehen.

6.3.3. Mediendidaktische Bewertung

Dieser Abschnitt knüpft an die Ergebnisauswertung zum Fragekomplex der wahrgenommenen Wirkung an und behandelt die mediendidaktische Bewertung der Gesundheitspyramide durch die Beratungskräfte.

In diesem Zusammenhang interessierte die Frage, inwieweit das Medium Gesundheitspyramide geeignet ist, die Beratungsarbeit der Ernährungsfachkräfte lernwirksamer zu gestalten und Lernprozesse bei den Patienten zu unterstützen. Unter anderem beinhaltet diese Fragestellung die konzeptionelle Kongruenz von Pyramide und Beratung sowie Eignung bei verschiedenen Beratungsanlässen. Sie zielt weitgehend auf die gleichen zuvor angesprochenen Aspekte der Qualität des Mediums ab und ermöglicht so eine Analyse der Medienbewertung aus der Perspektive der Didaktik wie auch aus der Sichtweise der beobachteten Reaktionen und Wirkungen beim Patienten. Die Projektion der Erwartungen versus Praxis liefert dafür weitere Anhaltspunkte und für die Frage, ob sich unerwartete Hemmnisse in der Praxis ergeben. Ein wichtiges Maß für die Akzeptanz wird unter anderem durch die Frage nach der Absicht, die Pyramide weiter einsetzen und empfehlen zu wollen, zum Ausdruck gebracht.

Unisono bescheinigten die Beratungsfachkräfte der Pyramide eine hohe **Kongruenz** zu den **Inhalten in ihrer Beratung und der Klinik**. Die Befragten der Stichprobe gaben an, dass ihr persönliches Konzept bzw. das Klinikkonzept mit den Inhalten der Pyramide sehr gut/gut, komplett/optimal (n=25), beziehungsweise recht gut/weitgehend (n=4) übereinstimmt. Auf die Frage nach den **genutzten Inhalten** zeigte sich, dass der größte Teil (n=21) alle Inhalte genutzt hatte, während ein Teil (n=5) zwar alle Inhalte genutzt hatte, aber nur kurz darauf eingegangen war. Zwei Ernährungsfachkräfte (n=2) nutzten lediglich ausgewählte Inhalte. Von einer Befragten lag keine Angabe vor. Das Nutzungsverhalten erscheint plausibel und lässt auf ein hohes Maß an inhaltlicher Akzeptanz der Pyramide bei den Beratungskräften schließen. Eine besondere **Eignung** (Mehrfachnennungen) wurde bei **bestimmten Beratungsanlässen** der Einzelberatung (n=7) und Gruppenberatung oder kleine Gruppen (n=4) sowie dem Vortrag (n=2) zugesprochen. Andere wiederum sahen hier bei **bestimmten Zielgruppen** eine besondere Eignung für den Einsatz der Pyramide, so etwa für Patienten mit Übergewicht (n=14), Diabetes (n=5), Cholesterin und sonstige (n=3) sowie für jüngere, wie auch ältere Patienten (n=3). So wurde beispielsweise angemerkt, dass die Pyramide für Ältere aufgrund anderer Lebensumstände sich als weniger gut geeignet erwiesen hat, als vergleichsweise Jüngere. „Durch den Aufbau der Pyramide besser erkennbar, dass Ernährung und Bewegung erforderlich sind, um abzunehmen" ist als Anmerkung kennzeichnend für eine besondere Eignung bei der Patientengruppe mit Übergewicht. Gut ein Drittel der Ernährungsfachleute (n=10) hält die Pyramide für generell gut einsetzbar. Die Vielfältigkeit der gewonnenen Eindrücke und Erfahrungen lässt sich als Anzeichen für eine entsprechend flexible Einsatzmöglichkeit in der Beratungspraxis erkennen. Demzufolge sind die für einen erfolgreichen Einsatz genannten **ausschlaggebenden Faktoren** (Mehrfachnennungen) geprägt von der jeweils bevorzugten Beratungssituation. Am häufigsten wurden der inhaltliche Bezug (n=10), gefolgt von der Art der Informationsvermittlung (n=6) als ausschlaggebende Faktoren für den erfolgreichen Einsatz der Gesundheitspyramide in der jeweiligen Beratungssituation angeführt. Eine Reihe von Beratungskräften sahen im besseren, vermehrten Austausch bei Gruppen (n=2) beziehungsweise individuellen, vertiefenden Dialog in der Einzelberatung (n=4) einen ausschlaggebenden Faktor. Zudem wurde in der Alltagsnähe, Relevanz für den Patienten (n=2) ein weiterer Faktor gesehen. Die vorgenannten Ausführungen unterstreichen den Eindruck, dass sich die beabsichtigte Flexibilität des Mediums in der Beratungspraxis offenbar gut bewährt. Dieser Eindruck resultiert neben der von vielen angeführten generell guten Einsetzbarkeit aus den vielfältig gewählten Beratungssituationen und den unterschiedlichen Erfahrungen im Hinblick auf eine besondere Eignung. Dies lässt auf eine entsprechende individuelle Anpassungsfähigkeit des Mediums in den jeweiligen Beratungsprozessen schließen. Die Ergebnisse sind in Tabelle 39 dargestellt.

Einsatzbezogene Bewertung in der medizinischen Rehabilitation

Tab. 39 Inhaltliche Kongruenz und besondere Eignung

Ergebnisbezogene Merkmale	Häufigkeit
Übereinstimmung mit Inhalten Pyramide	(n=29)
Stimmt überein sehr gut/gut, komplett/optimal	25
Stimmt überein recht gut/weitgehend	4
Genutzte Inhalte der Pyramide	(n=29)
Alle Inhalte genutzt	21
Alle Inhalte genutzt, aber nur kurz darauf eingegangen	5
Ausgewählte Inhalte genutzt	2
Keine Angabe	1
Besondere Eignung bei bestimmten Beratungsanlässen, Zielgruppen	Mehrfachnennungen
Einzelberatung	7
Gruppenberatung, kleine Gruppe	4
Vortrag	2
Jüngere, Ältere Patienten	3
Übergewicht	14
Cholesterin	3
Diabetes	5
Sonstige	3
Generell gut einsetzbar, unabhängig von Indikation	10
Ausschlaggebende Faktoren für erfolgreichen Einsatz	
Individueller, flexibler Dialog (Einzel)	4
besserer, vermehrter Austausch, Interaktivität (Gruppe)	2
Inhaltlicher Bezug	10
Alltagsnähe, Relevanz für den Patienten	2
Art der Informationsvermittlung	6
Keine Angabe/entfällt	7

Auf die Frage nach der **Beurteilung** der Qualität des Mediums sollten die Befragten jeweils mit Schulnoten einschätzen, wie gut die **Qualitätsdimensionen**, die eine Voraussetzung für die lernwirksame Verwendung der Pyramide darstellen, im Medium umgesetzt sind. Diese Angaben ermöglichen eine Analyse der Medienbewertung aus der Perspektive der Didaktik wie auch aus der Sichtweise der beobachteten Reaktionen und Wirkungen beim Patienten und geben Rückschlüsse auf die Plausibilität und Nachvollziehbarkeit von in diesem Zusammenhang stehenden erhobenen Daten. Für die folgenden Qualitätsdimensionen Anschaulichkeit, flexible Einsetzbarkeit, ganzheitlicher Ansatz, praktische Handhabbarkeit, Adressatengerechtheit, Attraktivität/Interessenförderung, Verständlichkeit und Handlungsorientierung haben sich Durchschnittsbewertungen im Bereich von 1,45 bis 2,14 in der genannten Reihenfolge ergeben, wie die Tabelle 40 zeigt. Dabei wurden auch Zwischennoten gegeben. Die besten Bewertungen entfielen auf Anschaulichkeit (1,45), gefolgt von flexible Einsetzbarkeit (1,55) und ganzheitlicher Ansatz (1,70), während Handlungsorientierung (2,14) am schlechtesten abschnitt. Die Qualitätsdimension Anschaulichkeit erhielt dabei die meisten „sehr gut" Bewertungen (n=20), gefolgt von flexible Einsetzbarkeit (n=16) und praktische Handhabbarkeit bzw. Adressatengerechtheit (n=13). Am häufigsten mit „gut" bewertet wurden ganzheitlicher Ansatz (n=19) bzw. Attraktivität/Interessenförderung (n=19), gefolgt von Handlungsorientierung (n=17) bei gleichzeitig häufigster Bewertung mit „befriedigend" (n=7).

Tab. 40 Beurteilung Qualitätsdimensionen

Ergebnisbezogene Merkmale	Häufigkeit
Beurteilung Ganzheitlicher Ansatz	(n=29)
1 und 1-2	9x
2	19x
nicht relevant	1
Beurteilung flexible Einsetzbarkeit	(n=29)
1 und 1-2	16
2 und 2-3	11
3	2
Beurteilung Anschaulichkeit	(n=29)
1 und 1-2	20
2 und 2-3	7
3	2
Beurteilung Verständlichkeit	(n=29)
1 und 1-2	10
2 und 2-3	16
3 und 3-4	3
Beurteilung Attraktivität – Interessenförderung	(n=29)
1 und 1-2	9
2 und 2-3	19
3	1
Beurteilung Handlungsorientierung	(n=29)
1 und 1-2	4
2 und 2-3	17
3	7
nicht relevant	1
Beurteilung Praktische Handhabbarkeit	(n=29)
1 und 1-2	13
2 und 2-3	13
3	3
Beurteilung Adressatengerechtheit	(n=29)
1 und 1-2	13
2	12
3 und 3-4	4

Insgesamt liegen die Bewertungen recht eng beieinander und variieren für alle acht Qualitätsdimensionen im Durchschnitt um weniger als eine Note. Diese Einschätzung bekräftigt die gut übereinstimmende und überwiegend positive Werthaltung, die sich bislang mit der Beurteilung des Medieneinsatzes verbindet. Die Bestbewertung von Anschaulichkeit erstaunt nicht angesichts der von vielen damit begründeten Motivation das Medium einzusetzen sowie der demgemäß formulierten Idealanforderung an Medien und des vielfach spontan geäußerten positiven Gesamteindrucks im Sinne „verdeutlicht, was alles zusammengehört". Darüber hinaus ließen auch die wahrgenommenen Reaktionen für die Befragten offenbar deutlich erkennen, dass für einen großen Teil der Patienten die Gesundheitspyramide anschaulich erscheint. Die Bedeutsamkeit, die der Anschaulichkeit im Prozessverlauf der Informationsvermittlung zukommt, geht damit gut einher. Ähnlich verhält es sich mit der aus mediendidaktischer Sicht bezeichneten Qualitätsdimension Attraktivität/Interessenförderung, die aus der Perspektive der wahrgenommenen Reaktionen äquivalent ist mit Motivation im Sinne von Gefallen/Sympathie, Interesse/Aufmerksamkeit.

Der gut bewertete ganzheitliche Ansatz findet seine Entsprechung in Äußerungen zum spontanen Gesamteindruck wie etwa „alles auf einen Punkt gebracht" und „enthält alles wesentliche". Die Motivation, die Pyramide einzusetzen, wurde unter anderem aufgrund des ganzheitlich dargestellten Zusammenhangs von Ernährung, Bewegung und Entspannung begründet. Von der Pyramide wird erwartet, dass sie Verständnis für den ganzheitlichen Zusammenhang fördert. Immerhin konnten fast ausnahmslos alle Befragten Anzeichen für das Nachvollziehen der Ganzheitlichkeit bei ihren Patienten erkennen. Obwohl dieser Ansatz in der bisherigen Beratungspraxis offenbar eine eher untergeordnete Rolle spielt, hat er möglicherweise für viele Beratungskräfte aufgrund des neuen Mediums eine neue Qualität gewonnen oder Perspektive eröffnet. Die damit verbundenen Veränderungen wurden weitgehend positiv aufgenommen und begründen die Bewertung mit hoher Plausibilität. Die Qualitätsdimension Handlungsorientierung rangiert in der durchschnittlichen Bewertung mit 2,14 am Ende der Rangfolge. Hier liegt die Einschätzung der Befragten weiter auseinander. 21 der 29 Befragten aus der Stichprobe votierten mit sehr gut bzw. gut, immerhin 7 mit befriedigend. Für eine Befragte war diese Qualitätsdimension unverständlicherweise nicht relevant. Dieses Ergebnis mag darauf beruhen, dass die Befragten die Qualitätsdimension Handlungsorientierung bei den Patienten in dem betrachteten Kontext nicht hinreichend erschließen konnten und es an entsprechender Rückkoppelung für eine Einschätzung fehlte. Insoweit könnte die fehlende Wahrnehmung zu einer sich stärker unterscheidenden Wertung geführt haben. Dennoch wäre eine bessere Bewertung in der Rangfolge zu erwarten gewesen, da der Pyramide als Erinnerungshilfe ein hoher Stellenwert eingeräumt wird. Dieser Sachverhalt ist schwer zu deuten, wenngleich die Annahme besteht, dass dieses Kriterium von den Beratungskräften weniger im Kontext zur Handlungsorientierung gesehen wird. Die Verständlichkeit rangiert in der durchschnittlichen Bewertung mit 1,83 vor der Handlungsorientierung am Schluss. Sie ist von den Befragten 10 mal mit „sehr gut" und 16 mal mit „gut" bewertet worden. Damit erfährt die Qualitätsdimension trotz der identifizierten Schwachstellen eine gute Bewertung. Dies bekräftigt, wie bereits zuvor angesprochen, dass die erkennbar gewordenen Verständnisprobleme eher marginaler Art sind und für das Ausmaß der Verständlichkeit insgesamt aus der mehrheitlichen Sicht der Ernährungsfachleute keine Einschränkung bedeuteten. Die Qualitätsdimension Verständlichkeit ist aus Sicht der Beratungskräfte in der Pyramide gut umgesetzt und erfüllt in dieser Weise neben der Anforderung für den Prozess der Informationsvermittlung auch die von den Befragten formulierte Idealanforderung an Medien. Die flexible Einsetzbarkeit wird außerordentlich gut bewertet und unterstreicht erneut, dass sich die beabsichtigte Flexibilität des Mediums in der Beratungspraxis offenbar gut bewährt. Festgehalten werden kann, entsprechend dem

Urteil der Befragten, dass die genannten Qualitätsdimensionen insgesamt mit einer gesamtdurchschnittlichen Bewertung von 1,74 im Medium Gesundheitspyramide gut umgesetzt sind. Die gesamtdurchschnittliche Bewertung der Nutzer von Kellogg's Materialien fiel mit 1,6 gegenüber Nichtnutzern 2,0 besser aus. Hier leisten die bisherigen positiven Erfahrungen einen Vertrauensvorschub, der offenbar eine optimistischere Bewertungshaltung hervorruft. Acht der Befragten haben die Pyramide mit der Durchschnittsnote „sehr gut" (1 bis 1,5) beurteilt, bei 20 ergab sich im Durchschnitt „gut" (1,6 bis 2,5) und in einem Fall „befriedigend" (2,6 bis 3,5). Die schlechteste Beurteilung mit 2,6 ergab sich dabei für „befriedigend".

Inwieweit das Medium vielleicht **hilfreicher oder weniger hilfreicher als angenommen** war, erwies sich für etwa ein Drittel der befragten Ernährungsfachleute (n=9) sogar hilfreicher als erwartet. Die Ergebnisse sind in Tabelle 41 dargestellt. Die anfänglichen Erwartungen konnten übertroffen werden, obwohl bereits die anfänglichen Erwartungen insgesamt auf recht hohem Niveau lagen. Offensichtlich wich anfängliche Skepsis in der praktischen Arbeit. Für den Großteil der befragten Beratungskräfte (n=20) bestätigte sich der Eindruck. In der Frage der persönlichen **Bewertung des Werbeanteils**, sehen die meisten Beratungskräfte (n=21) einen geringen Einfluss. Während der Werbeanteil der Pyramide von einem geringeren Teil (n=7) als störend und problematisch einflussnehmend eingestuft wurde. In einem Fall wurde keine eindeutige Wertung ersichtlich. Die meisten (n=19) sehen dadurch den didaktischen Wert des Mediums nicht beeinflusst. Diejenigen (n=7), die einen störenden Einfluss empfanden, sahen das erwartungsgemäß anders und konstatierten, dass der Werbeanteil eine Beeinträchtigung der Glaubwürdigkeit mit sich bringt. Drei Befragte wiederum sahen für den didaktischen Wert einen positiven Einfluss aufgrund des Werbeanteils. Sie begründeten dies damit, dass der Werbeabsender unterstützt, weil ein Bezug zu Vertrautem für die Patienten hergestellt ist „Patienten erkennen Absender, verbinden was damit, sehen das als Hilfe an". Aus den Gesprächen wurde deutlich, dass Patienten darauf je nach Einstellung zu dem Unternehmen recht unterschiedlich reagieren. Die Exponiertheit des Logos in der Abbildung wird im Dialog mit den Patienten dabei oftmals zum Thema. Für die meisten entsteht daraus keine Beeinträchtigung, dennoch ist das Unternehmen gut beraten, mögliche Befindlichkeiten zu vermeiden. Daher empfiehlt es sich, den werblichen Absender offen und klar, wie in der gegebenen Form, zu kommunizieren, aber jegliche werbliche Anmutung im inhaltlichen Kontext durch die Eliminierung des Logos in der Müslischale der Pyramidenabbildung zu unterlassen.

Tab. 41 Hilfreich – weniger hilfreich und Bewertung Werbeanteil

Ergebnisbezogene Merkmale	Häufigkeit
Hilfreich – weniger hilfreich als angenommen	(n=29)
Eindruck bestätigt sich	20
Besser als angenommen	9
Bewertung Werbeanteil der Pyramide	(n=29)
Geringer Einfluss, ok, akzeptabel	21
Einfluss, störend, problematisch	7
Keine eindeutige Wertung	1
Beeinflussung didaktischer Wert	(n=29)
Nein	19
Ja, beeinträchtigt Glaubwürdigkeit	7
Ja, motivierend, weil Bezug zu Vertrautem	3

Alles in allem wird die **Angemessenheit der Pyramide als didaktische Hilfe** von der großen Mehrheit der Befragten für ihre Arbeit als sehr gut (n=8) beziehungsweise gut (n=19) beurteilt. Wie aus der Tabelle 42 zu ersehen, steht dieses Ergebnis in gutem Einklang zu der mediendidaktischen Beurteilung anhand der Qualitätsdimensionen. Ein geringer Anteil (n=2) der Ernährungsfachleute hält diese für befriedigend und weniger zufriedenstellend. Kennzeichnend dafür sind Anmerkungen wie etwa „gute Hilfe, insbesondere für Vermittlung Lebensstiländerung", „gut, unterstützt tägliche Arbeit", „sehr gut, anschauliche Erklärung, besser als Broschüren, ansprechende Form". Für weniger gut wurde die Pyramide aufgrund ihrer Größe beurteilt „zu klein, nicht gut für Gruppe". Der Aspekt Größe wird offenbar im Hinblick auf den Einsatz bei Älteren und in der Gruppe teilweise als Einschränkung empfunden. Unverständlicherweise hat sich für diese beiden Beratungskräfte die Pyramide hilfreicher als angenommen erwiesen. Vor dem Hintergrund einer guten Gesamtbewertung erscheint es plausibel, dass die meisten Beratungskräfte (n=25) im Einsatz der Gesundheitspyramide eine **Verbesserung und Erweiterung ihrer didaktischen Möglichkeiten** sehen. Für drei Befragte ist dies unverändert. Eine Nennung war ohne Angabe. Die Art der Vermittlung (n=12) wurde dabei vornehmlich als Grund (Mehrfachnennungen) angeführt, gefolgt von Ganzheitlichkeit beziehungsweise durch die erweiterten Inhalte (n=8) sowie durch die geförderte Interaktivität (n=3). Von vier Befragten wurde kein Grund angegeben. Zitate, wie „ja Verbesserung, hilft Patienten zu öffnen", „ja minimal, man kann Ganzheitlichkeit damit besser deutlich machen", „ja Verbesserung, weil verständlicher, bleibt länger im Gedächtnis", veranschaulichen die angeführten Gründe. Festgehalten werden kann, dass die Pyramide durch die erweiterten Inhalte und die Art der Vermittlung für die meisten eine Verbesserung und Erweiterung der didaktischen Möglichkeiten bedeutet und daher alles in allem für die Beratungspraxis eine angemessene didaktische Hilfe darstellt.

Einsatzbezogene Bewertung in der medizinischen Rehabilitation 199

Tab. 42 Alles in allem Wertung und didaktische Möglichkeiten

Ergebnisbezogene Merkmale	Häufigkeit
Alles in allem Bewertung	(n=29)
Sehr gut	8
gut	19
Befriedigend, weniger zufriedenstellend	2
Verbesserung und Erweiterung der didaktischen Möglichkeiten	(n=29)
Verbesserung, Erweiterung	25
Unverändert	3
Keine Angabe	1
Grund der verbesserten/erweiterten Möglichkeiten	Mehrfachnennungen (n=25)
Durch erweiterte Inhalte, Ganzheitlichkeit	8
Durch Art der Vermittlung,	12
Durch geförderte Interaktivität	3
Kein Grund	4

6.3.4. Interdisziplinärer Austausch und abschließende Bewertung

Bei diesem Fragekomplex geht es um den Einfluss der Pyramide auf die Interdisziplinarität und ganzheitliche Ausrichtung. Inwieweit der Einsatz der Pyramide den ganzheitlichen Ansatz und interdisziplinären Austausch zwischen den Professionen fördert, wurde versucht auf der Grundlage von Reaktionen, Haltung und Abstimmungsverhalten mit Kollegen aus den anderen Bereichen zu ermitteln.

Knapp die Hälfte der Beratungskräfte (n=13) hatte keinen **Austausch mit anderen Professionen** über das Medium. Mit Ausnahme von zwei Befragten sahen diejenigen dafür keinen Hinderungsgrund, vielmehr bestand in dieser Zeit häufig aufgrund sommerbedingter Urlaubszeit keine Gelegenheit dazu. „Kontakt nicht gut", „es bestehen Hemmungen" markieren die Hinderungsgründe der davon ausgenommenen Befragten. Die bestehenden Hemmungen rühren der Erklärung zufolge aus den Bedenken, das Kompetenz- und Arbeitsfeld der Kollegen aus den anderen Bereichen zu berühren und aus der Angst, damit als Konkurrenz wahrgenommen zu werden. Bei dem anderen Teil der Ernährungsfachleute (n=16) gab es einen Austausch und zwar (Mehrfachnennungen) mit den Therapeuten aus dem Bereich Bewegung (n=15) und Entspannung (n=11), sowie mit Ärzten/Professoren (n=7) und sonstige (n=2).

Insgesamt zeigte sich aus den Gesprächen, dass ein grundlegend engerer Kontakt zu dem Bereich Bewegung besteht, während mit den Entspannungstherapeuten offenbar weniger Kontaktgelegenheiten in der Zusammenarbeit entstehen. Es wurde von durchweg positiven Reaktionen berichtet, die gezeigt haben, dass die Pyramide auch in den betreffenden anderen Fachbereichen auf Zustimmung stößt. Viele zeigten sich interessiert das Medium ebenfalls einzusetzen. In diesem Zusammenhang wurden viele Kommentare erinnert „soll Brücke schlagen, um Klinikkonzept zu unterstreichen", „fanden Pyramide sehr schön, waren aufgeschlossen", „gut, das ist genau das, was wir hier erreichen wollen", „waren erstaunt, das man Zusammenhang so kurz und knapp darstellen kann". Zum Zeitpunkt der Post-Test-Befragung lagen von denjenigen allerdings noch keine Erfahrungen zum Medieneinsatz der anderen Professionen vor. Diese hatten die Pyramide bislang entweder noch nicht eingesetzt (n=7) oder es war den Befragten nicht bekannt (n=6), weil dazu noch keine Rückmeldung vorlag. In drei Fällen wurde die Pyramide durch Aufstellung oder Aufhängung in den anderen Bereichen sichtbar gemacht. Offensichtlich war der abgesteckte Zeitraum zu kurz gefasst, um die Interaktion ausgehend von der Weitergabe der Pyramide hinreichend erfassen zu können. Die Ergebnisse der erhobenen Daten sind in Tabelle 43 ersichtlich.

Tab. 43   Austausch mit anderen Professionen

Ergebnisbezogene Merkmale	Häufigkeit
Austausch mit anderen Professionen	Mehrfachnennungen (n=16)
Kein Austausch, keine Gelegenheit /Urlaub	13
Austausch Therapeuten Bewegung	15
Austausch Therapeuten Entspannung	11
Austausch Ärzte/Professor	7
Austausch sonstige	2
Reaktionen	(n=16)
Positive Reaktionen „interessiert, aufgeschlossen, begeistert, inhaltlich akzeptiert, finden empfehlenswert"	16
Einsatz in den anderen Bereichen	(n=16)
(bislang) Kein Einsatz	7
Nicht bekannt, noch keine Rückmeldung	6
Aufstellung- Aufhängung- Sichtbarmachung in anderen Bereichen	3

Von denjenigen (n=16), die mit ihren Kollegen der anderen Professionen im Austausch standen, waren mehr als die Hälfte (n=9) der Meinung, dass es durch die Pyramide zu einem **verstärkten Abstimmungsprozess** gekommen war, während die anderen (n=7) dies verneinten. Für fünf Befragte hat das Medium ihrer Einschätzung nach darauf einen anregenden Einfluss gehabt „wurden angeregt Angebote besser aufeinander abzustimmen". Die anderen Beratungskräfte sahen keinen anregenden Einfluss (n=1) dadurch oder machten keine Angabe (n=3). Deutlicher fiel das Votum aus bei der Frage nach der **Unterstützung der ganzheitlichen Ausrichtung** durch die Pyramide in der Klinik. Danach war der Großteil der Befragten (n=23) der Auffassung, dass die Pyramide den interdisziplinären Austausch und die ganzheitliche Ausrichtung in der Klinik unterstützt „ja unterstützt, wenn man in alle Bereiche trägt". Für fünf Befragte spielte die Pyramide diesbezüglich eher keine Rolle „nein wenig unterstützend, weil Zusammenarbeit nicht ausgeprägt" und eine Nennung zeigte sich unentschlossen. Diejenigen, die in der Pyramide eine Unterstützung realisierten, erwarteten nur zu einem kleinen Teil (n=3) Änderungen, für den Großteil (n=13) sind Änderungen noch ungewiss im Sinne von möglich, denkbar oder angestrebt, andere (n=4) wiederum rechnen mit keinen Veränderungen. Drei Nennungen waren ohne Angabe. Anmerkungen, wie beispielsweise „Änderungen könnten sein, aber das ist ein weiter Weg", „erwartet keine Änderungen, weil Vernetzung bereits gut", „erwartet geringe Änderungen, das mehr Integration erzielt wird", charakterisieren die Ergebnisse. Wenn der vor dem Medieneinsatz erwartete Einfluss auf die Zusammenarbeit vergleichend betrachtet wird, so zeigt sich, dass die meisten derjenigen, die keinen Einfluss erwarteten auch keinen Austausch mit den Kollegen aus den anderen Bereichen hatten. Dennoch führt dies vornehmlich zu einem bejahenden Meinungsbild hinsichtlich der Unterstützung der ganzheitlichen Ausrichtung, wenngleich erwartungsgemäß mit weniger Änderungen gerechnet wird.

Gesamt betrachtet konnte die Erhebung dieser Daten, infolge der Vielzahl von Befragten, die sich zum Post-Test-Befragungszeitpunkt noch nicht ausgetauscht hatten, nur ein eingeschränktes Bild davon liefern, inwieweit der Einsatz der Pyramide den ganzheitlichen Ansatz und den interdisziplinären Austausch zwischen den Professionen fördert. Diesbezüglich wäre ein längerer Zeitraum erforderlich gewesen, um die Wahrscheinlichkeit von ausreichenden Kontaktgelegenheiten zu erhöhen. Das dafür notwendige Zeitfenster wurde unterschätzt. In dieser Hinsicht hat sich der an die Mindestzahl der Beratungsanlässe zeitnah angelehnte Termin für die Post-Test-Befragung als nachteilig erwiesen. Daraus resultiert, dass nur leicht mehr als die Hälfte der Befragten Aussagen zum Austausch mit den anderen Professionen machen konnten. Allerdings lassen die ausnahmslos positiven Reaktionen aus den anderen Bereichen eine breite Zustimmung in Konzept und Inhalt erkennen. Damit ist eine wichtige Voraussetzung für Interdisziplinarität und integrierende Arbeitsweise geschaffen. Und es bestehen Anzeichen dafür, dass die Pyramide die ganzheitliche Ausrichtung in der Klinik unterstützt, unklar bleibt allerdings die Frage, ob die Pyramide die Zusammenarbeit zwischen den Professionen fördert. Bis auf einen Fall haben sich keine Hinweise ergeben, die auf Störungen durch die Gefahr der Konkurrenzsituation zwischen den Professionen hinweisen. Dieses Ergebnis wird so verstanden, dass die in Erwägung gezogenen Wirkungen eher vernachlässigt werden können. Die Ergebnisse sind in Tabelle 44 dargestellt.

Tab. 44 Abstimmungsprozess und ganzheitliche Ausrichtung

Ergebnisbezogene Merkmale	Häufigkeit
Verstärkter Abstimmungsprozess untereinander	(n=16)
Ja	9
Nein	7
Anregender Einfluss durch Pyramide	(n=9)
Ja	5
Nein	1
Keine Angabe	3
Unterstützung der ganzheitlichen Ausrichtung	(n=29)
Ja unterstützt	23
Nein, spielt eher keine Rolle	5
Weiß nicht	1
Mögliche zu erwartende Änderungen von Maßnahmen	(n=23)
Erwartet Änderungen	3
Änderungen möglich, denkbar, angestrebt	13
Erwartet keine Änderungen	4
Keine Angabe	3

Mit der Frage nach der abschließenden Bewertung des Mediums wird versucht weitere Hinweise für das Ausmaß an Akzeptanz zu erhalten. Die Frage nach der Absicht, die Pyramide weiter einsetzen und empfehlen zu wollen, bringt dabei ein wichtiges Maß für die Akzeptanz zum Ausdruck.

Unisono erklärten die Befragten (n=29) die **Absicht, die Pyramide weiter einsetzen** zu wollen. Davon sehen fünf Befragte die künftige Verwendung in einem bestimmten Einsatzbereich. Zunächst eine Absichtserklärung, die aber vor dem Hintergrund der insgesamt positiven Einstellung und Akzeptanzhaltung durchaus ernst zu nehmen ist. Die Bereitschaft dafür bei bestimmten Abnahmemengen einen **Kostenbeitrag** zu leisten, war stark ausgeprägt (n=24) und lässt eine dementsprechende Wertschätzung des Mediums erkennen. Die Bereitschaft besteht, sofern die Institution zustimmt, beziehungsweise wenn die Kosten an die Patienten weiter gegeben werden. Ebenso einmündig erklärten die Befragten, dass sie die Pyramide anderen Kollegen in ihrem Bereich wie auch an die Professionen der Bereiche Bewegung und Entspannung weiterempfehlen werden. Dieses Votum der abschließenden Bewertung kann in guter Übereinstimmung mit vorherigen Hinweisen als klares Zeichen für eine hohe Akzeptanz der Pyramide bei den Beratungskräften aufgefasst werden. Die Ergebnisse sind der Tabelle 45 zu entnehmen.

Einsatzbezogene Bewertung in der medizinischen Rehabilitation 203

Tab. 45 Abschließende Bewertung

Ergebnisbezogene Merkmale	Häufigkeit
Künftiger Einsatz der Pyramide	(n=29)
Ja	24
Ja, bestimmter Einsatzbereich	5
Bereitschaft zu Kostenbeteiligung	(n=29)
Ja, sofern Institution zustimmt, bzw. Kosten an Patienten weitergegeben werden	24
Nein	5
Erwartungshaltung Institution	(n=12)
Zustimmung vorstellbar, zu erwarten	6
Zustimmung nicht zu erwarten	5
Zustimmung ungewiss	1
Weiterempfehlung an Kollegen	(n=29)
Ja	29
Weiterempfehlung an Professionen Bew – Ent	(n=29)
Ja	29
Bevorzugte Empfehlung	(n=15)
Keine Bevorzugung	8
Vorzugsweise Bew	3
Vorzugsweise Ent	3
Vorzugsweise medizinischer Bereich	1

6.4. Zusammenfassung und Bewertung der Ergebnisse

Im folgenden Abschnitt werden die Ergebnisse zusammengefasst und einer abschließenden Bewertung unter Berücksichtigung der Erfolgsfaktoren und dem Grad der Zielerreichung unterzogen.

Im Rahmen der **Pre-Test-Befragung** wurden in der untersuchten Stichprobe von 30 in Rehabilitationseinrichtungen tätigen Ernährungsfachkräften Daten zur **Ausgangssituation**, Beratungspraxis und Erwartungen an den Einsatz des Medium Gesundheitspyramide erhoben. Die erhobenen Daten zur strukturbezogenen Ausgangssituation unter anderem hinsichtlich Angebote, Behandlungsleitlinien, Kooperationsgrundlage der verschiedenen Berufsgruppen sowie Beraterqualifikation weisen stark ähnelnde Strukturverhältnisse auf, die auf vergleichbare Bedingungen hinweisen. Sie stehen in guter Übestimmung mit dem in der Literatur berichteten strukturellen Handlungskontext von Gesundheitsbildung in Einrichtungen der medizinischen Rehabilitation.

Die im zweiten Teil der Pre-Test-Befragung erhobenen Daten zur **Beratungspraxis und Mediendidaktik** konnten zeigen, dass die genannten Beratungsziele die primäre Zielorientierung am Aufbau erwünschter gesundheitlicher Einstellungen als wichtige Voraussetzung für Verhaltensänderungen deutlich reflektieren. Die Vermittlung einer gesunden Lebensführung wird den Reaktionen bei der Teilnehmerakquirierung nach zu urteilen als relevant aufgenommen. In der Zielformulierung wurde dies aber zunächst nicht explizit angesprochen. Ohnehin bereitete die Zielformulierung für die Befragten erkennbare Schwierigkeiten. Mehr als die Hälfte der Beratungskräfte sieht Weiterentwicklungsbedarf in der Methodik und Didaktik der Beratung und zwar vorwiegend im Bereich der praktischen Durchführung. Hier wurde die Verbesserung der praktischen Durchführung insbesondere bezüglich des Medien- und Materialieneinsatzes sehr häufig angesprochen. Verständlichkeit und Anschaulichkeit, Einfachheit, einprägsam, kurz und prägnant, gefolgt von Attraktivität, Darstellungsform, wenig Text – viel Bild, wenig Umfang waren die beiden wesentlichen Anforderungsdimensionen, die Befragte an ein ideales Medium knüpfen und die für die Entwicklung von Qualitätskriterien für die mediendidaktische Bewertung in der Post-Test-Phase herangezogen worden sind.

Im letzten Teil der Pre-Test-Befragung wurden Daten zur **Erwartungshaltung** im Hinblick auf den didaktischen Wert der Gesundheitspyramide erhoben. Danach war der spontane Eindruck beim Betrachten des Mediums vorwiegend positiv, was von vielen im Sinne „enthält alles Wesentliche" und „alles auf einen Punkt gebracht" begründet wurde. Eine differenzierende Bewertung mit einem skeptischen Gesamteindruck erfolgte lediglich bei drei Ernährungsfachleuten. Ablehnung oder ablehnende negative Eindrücke sind nicht geäußert worden. Die Motivation das Medium einzusetzen war unter den Studienteilnehmern deutlich erkennbar. Dafür sind im wesentlichen zwei Gründe genannt worden: einerseits aufgrund des ganzheitlich dargestellten Zusammenhangs von Ernährung, Bewegung und Entspannung und andererseits aufgrund der Anschaulichkeit und Attraktivität der Gesundheitspyramide. Augenscheinlich beginnt hier die ganzheitliche Sichtweise mehr in den Fokus der Beratungskräfte zu rücken. „Es wird jetzt vervollständigt, was immer schon angesprochen wird, jetzt so anschaulich" deutet an, dass die Befragten sich offensichtlich schwer damit tun die Bedeutung eines gesunden Lebensstils zu vermitteln. Von der überwiegenden Mehrheit der Befragten (n=26) wurde das Medium als sehr hilfreich beziehungsweise hilfreich eingeschätzt. Sie stützten ihre Einschätzung vorwiegend auf die Hilfe im Sinne eines einfacheren Transfers des Erlernten in den Alltag sowie die Erleichterung bei der Vermittlung und dem erleichterten Verständnis seitens des Beratenen. Die der Pyramide im wesentlichen zugeschriebenen Funktionen werden sehr deutlich wiedergespiegelt: methodisch-didaktisches Instrument für den Beratenden und Leitfaden zur Handlungsorientierung für den Adressaten. Von der Pyramide wurde erwartet, dass sie im wesentlichen zwei Aspekte leisten kann: zielt einerseits auf positive Behalteneffekte, leistet Gedächtnishilfe, gibt Orientierung und dient als Leitfaden und macht andererseits bewusst, was alles dazu gehört, regt an zur Auseinandersetzung und fördert Verständnis für den ganzheitlichen Zusammenhang. Wenig ausgesagt wurde über das, was das Medium nicht zu leisten vermag. Mehr als Dreiviertel der Befragten erwarteten aufgrund des Einsatzes der Gesundheitspyramide einen positiven Einfluss auf die angestrebten Lerneffekte bei den Patienten bzw. gehen von einem solchen aus. In den Äußerungen ist eine durchaus selbstkritische Haltung gegenüber der Wirksamkeit der eigenen Beratungsarbeit und das Bewusstsein um die vielfältigen Einflüsse im Phasenverlauf einer Verhaltensänderung zum Ausdruck gekommen. Festzuhalten bleibt, dass die Befragten größtenteils eine positive Erwatungshaltung gegenüber der Gesundheitspyramide einnehmen und von einer positiven Einflussnahme auf die angestrebten Lerneffekte bei den Patienten in den Bereichen Ernährung, Bewegung und Stressmanagement ausgehen.

Einen Einfluss auf die Zusammenarbeit mit anderen Berufsgruppen hielten zwei Drittel der Befragten für möglich, hingegen erwartete ein Drittel eher weniger oder keinen Einfluss. Dabei ist für möglich gehalten worden, dass der Einsatz der Gesundheitspyramide die Zusammenarbeit stärkt, ein gezielter Austausch angestoßen wird und andere Bereiche das Medium ebenfalls aufnehmen und damit die Ganzheitlichkeit vom Patienten besser wahrnehmbar wird. Deutlich wurde aber auch, dass zu den jeweiligen Bereichen eine recht unterschiedliche Kontaktqualität besteht, die damit auch kennzeichnend für die Einschätzung ist.

Von den 30 Befragten verblieben in der **Post-Test-Phase** 29 Studienteilnehmer in der Stichprobe. Die drop-out-Rate lag deutlich niedriger als erwartet. Der Großteil setzte die Pyramide 10-14mal bzw. 20-25mal vorwiegend in der Einzelberatung wie auch Gruppenberatung/Schulung ein. Patienten mit den entsprechenden Risikofaktoren für koronare Herzerkrankungen stellen erwartungsgemäß die größte Gruppe der dabei adressierten Patientengruppen. Das Medium wurde während der gesamten Beratung, zu Beginn zur Einführung, wie auch am Ende zur Zusammenfassung eingesetzt. Die damit verbundene Zielsetzung konzentrierte sich im wesentlichen auf zwei Ziele. Zum einen wurden genannt „um notwendige Lebensstiländerung zu verdeutlichen", wie auch „um Patienten für bewusste Lebensmittelauswahl bzw. Ernährungsumstellung zu sensibilisieren". Bei Betrachtung der zuvor von den Beratungskräften am meisten genannten Beratungsziele ist anzunehmen, dass die Pyramide voll als didaktische Hilfe in den Beratungsprozess einbezogen wurde. Dies kann ebenfalls als Hinweis verstanden werden, dass der Aspekt Lebensstiländerung aufgrund des neuen Mediums für die Zielsetzung möglicherweise eine neue Qualität oder Perspektive erhalten hat. Zudem waren die befragten Beratungskräfte mehrheitlich der Auffassung, dass Veränderungen in ihrer Beratungsarbeit resultierten, die ein Großteil der Fachkräfte an den erweiterten Inhalten festmachte. Die Anmerkungen zur Art der Veränderungen sind durchweg positiv ausgesprochen worden. Eine Weitergabe und das mehr oder weniger aktive Anbieten der Pyramide an Patienten erfolgte durch alle Befragten. Zum größten Teil wurden die Pyramiden aktiv angeboten, an die Patienten mitgegeben oder auch zur Mitnahme ausgelegt.

Die Ergebnisauswertung der **beobachteten Reaktionen** seitens der Patienten beim Einsatz der Gesundheitspyramide lieferte Anhaltspunkte, in welchem Maße die Pyramide als Unterstützung und Informationsquelle von den Patienten bei den angestrebten Änderungen ihres Lebensstils wahr genommen wird. Für die Erhebung der ergebnisbezogenen Merkmale unter Heranziehung von fünf Qualitätsdimensionen sind Indikatoren gebildet worden. Unter anderem wird das Mitnahmeverhalten als Hinweis auf Akzeptanz verstanden, während geäußerte Kritik und erkennbare Skepsis auf Nichtakzeptanz hindeuten. Insgesamt betrachtet, deutet das beobachtete Mitnahmeverhalten auf ein gut ausgeprägtes Maß an Akzeptanz hin, welches gleichzeitig jedoch aufgrund einiger Angriffspunkte geschmälert zu sein scheint. Dieser Sachverhalt ist aufgrund der gemessenen Indikatoren nur unvollständig zu deuten. Von dem Großteil der Fachkräfte ist bei den Patienten eine zustimmende, interessierte und aktive Haltung beobachtet worden, was als Hinweis für Motivation aufgefasst wird. Es zeigt sich, dass für Beratungskräfte eine hohe Aufmerksamkeit durch das Bildliche bei ihren Patienten erkennbar wurde. Zudem stellten Befragte einen vermehrten Austausch und eine bessere Mitwirkung der Patienten fest. Äußerungen des Missfallens sind in zwei Fällen beobachtet worden, ansonsten war keine ablehnende, desinteressierte Haltung beobachtet worden. Gesamt betrachtet, spricht einiges dafür, die Ergebnisse als Hinweis auf einen überwiegend motivationsförderlichen Einfluss der Gesundheitspyramide zu interpretieren.

Eine inhaltlich korrekte Rückkoppelung von Inhalten konnte mehr als die Hälfte bei ihren Patienten beobachten und bis auf eine Befragte konnten alle Anzeichen für die Nachvollziehbarkeit der Ganzheitlichkeit wahrnehmen. Etwa ein Drittel der Stichprobe registrierte vermehrte Verständnisfragen und missverständliche Kommentare. Festgehalten werden kann, dass es bei der Verständlichkeit der Gesundheitspyramide eine deutliche identifizierte Schwachstelle gibt, die sich als ein leicht zu lösendes Verständnisproblem darstellt. Der Umstand, dass andere Aspekte bis auf eine Ausnahme nicht zur Sprache gekommen sind, scheint auf ein im großen und ganzen zufriedenstellendes Ausmaß an Verständlichkeit der Pyramide zu verweisen. Deutlicher sind die Anzeichen dafür, dass die Logik nachvollzogen und das zentrale Anliegen der Pyramide in beabsichtigter Weise rezipiert wird. Dass Patienten einen Zusammenhang zu den anderen Bereichen in der Rehabilitation herstellen können und in der Lage sind Inhalte der Pyramide wiederzugeben, wird als Hinweis auf die Anschaulichkeit des Mediums aufgefasst, was von einem Großteil der Befragten bei ihren Patienten beobachtet wurde. Einige wenige machten die Beobachtung, dass dieser Zusammenhang nicht hergestellt wurde. Dieses Ergebnis wird als vorsichtiger Hinweis darauf verstanden, dass für einen großen Teil der Patienten die Gesundheitspyramide anschaulich erscheint. Die für die Qualitätsdimension Handlungsorientierung gebildeten Indikatoren stützen sich auf Handlungsaktivierung, Relevanz und Nutzen. Für die Handlungsorientierung ist dabei von besonderem Interesse, inwiefern die Pyramide Transferhilfe von der Rehabilitation in den Alltag zu leisten vermag, was in dem gegebenen Kontext nicht zufriedenstellend messbar ist. Die Beobachtungen der Beratungskräfte sind dahingehend eingeschränkt und geben lediglich die wahrgenommenen handlungsrelevanten Absichten wieder. Deutlicher sind die Ergebnisse als Hinweise auf Nutzen und Relevanz, als wichtige Voraussetzung für die Handlungsorientiertheit der Gesundheitspyramide, zu verstehen. Die dahingehend erhobenen Indikatoren deuten auf ein sichtbares Maß an Relevanz und erwarteten Nutzen hin. Gesamt betrachtet, werden die Ergebnisse mit Vorsicht so verstanden, dass die hohe Bedeutsamkeit, die Patienten offenbar der Pyramide als Erinnerungshilfe beziehungsweise dem sichtbar machen der Pyramide beimessen, für ein positives Signal im Sinne der Handlungsorientierung spricht. Das Modell motiviert in seiner Aufmachung offensichtlich in gewünschter Weise zur Aufbewahrung und Wiederverwendung.

Inwieweit das Medium Gesundheitspyramide geeignet ist, die Beratungsarbeit der Ernährungsfachkräfte lernwirksamer zu gestalten und Lernprozesse bei den Patienten zu unterstützen, war Gegenstand der **mediendidaktischen Bewertung**. Unisono bescheinigten die Beratungsfachkräfte der Pyramide eine hohe Kongruenz zu den Inhalten in ihrer Beratung und der Klinik. Der größte Teil nutzte alle Inhalte der Pyramide. Das Nutzungsverhalten erscheint plausibel und lässt auf ein hohes Maß an inhaltlicher Akzeptanz der Pyramide schließen. Die Vielfältigkeit der gewonnenen Erfahrungen unterstreicht den Eindruck, dass sich die beabsichtigte Flexibilität des Mediums in der Beratungspraxis offenbar gut bewährt. Auf der Grundlage von Schulnoten bewerteten die Befragten, wie gut die Qualitätsdimensionen im Medium umgesetzt sind. Für die folgenden Qualitätsdimensionen Anschaulichkeit, flexible Einsetzbarkeit, ganzheitlicher Ansatz, praktische Handhabbarkeit, Adressatengerechtheit, Attraktivität/Interessenförderung, Verständlichkeit und Handlungsorientierung haben sich Durchschnittsbewertungen im Bereich von 1,45 bis 2,14 in der genannten Reihenfolge ergeben. Die besten Bewertungen entfielen auf Anschaulichkeit (1,45), gefolgt von flexible Einsetzbarkeit (1,55) und ganzheitlicher Ansatz (1,70), während Handlungsorientierung (2,14) am schlechtesten abschnitt. Festgehalten werden kann, entsprechend dem Urteil der Befragten, dass die genannten Qualitätsdimensionen insgesamt mit einer gesamtdurchschnittlichen Bewertung von 1,74 im Medium Gesundheitspyramide gut umgesetzt sind. Für etwa ein Drittel der befragten Ernährungsfachleute erwies sich die Pyramide hilfreicher als erwartet. Für den Großteil der Fachkräfte bestätigte sich der Eindruck. Alles in allem wird die Angemessenheit der Pyramide als didaktische Hilfe von der großen Mehrheit der Befragten für ihre Arbeit als sehr gut beziehungsweise gut beurteilt. Vor dem Hintergrund einer guten Gesamtbewertung erscheint es plausibel, dass fast alle Beratungskräfte im Einsatz der Gesundheitspyramide eine Verbesserung und Erweiterung ihrer didaktischen Möglichkeiten sehen. Die Art der Vermittlung, durch die Ganzheitlichkeit und erweiterten Inhalte, waren vornehmlich als Gründe dafür angeführt.

Auf der Grundlage von Reaktionen, Haltung und Abstimmungsverhalten mit Kollegen aus den anderen Bereichen wurde versucht den **Einfluss der Pyramide auf die Interdisziplinarität und ganzheitliche Ausrichtung** zu ermitteln. Knapp die Hälfte der Beratungskräfte hatte keinen Austausch mit anderen Professionen über das Medium. Bei dem anderen Teil der Ernährungsfachleute wurde von einem Austausch mit den Therapeuten aus dem Bereich Bewegung, Entspannung und Ärzte/Professor und sonstige berichtet, der gezeigt hat, dass die Pyramide auch in den betreffenden anderen Fachbereichen auf Zustimmung stößt. Erfahrungen zum Medieneinsatz lagen zum Zeitpunkt der Post-Test-Befragung allerdings noch nicht vor, weil offenbar der abgesteckte Zeitraum zu kurz gefasst war. Zu einem verstärkten Abstimmungsprozess war es dabei bei mehr als der Hälfte gekommen. Dass die Pyramide die ganzheitliche Ausrichtung in der Klinik unterstützt, davon war ein Großteil der Befragten überzeugt – unklar bleibt allerdings die Frage, ob die Pyramide die Zusammenarbeit zwischen den Professionen fördert. Unisono erklärten die Befragten die Absicht, die

Pyramide weiter einsetzen zu wollen. Ebenso einmündig erklärten die Befragten, dass sie das Medium in ihrem Bereich wie auch an die Professionen der Bereiche Bewegung und Entspannung weiterempfehlen. Sicherlich zunächst nur ein Bekenntnis, das aber vor dem Hintergrund der insgesamt positiven Einstellung zum Gegenstand und dessen Bewertung durchaus ernst zu nehmen ist.

Die **abschließende Ergebniswertung** orientiert sich an den zuvor explizit formulierten Erfolgskriterien und daran, in welchem Ausmaß die Erfolgsfaktoren als Zielgröße erreicht wurden. Wie bereits zuvor im Zusammenhang mit der Operationalisierung angesprochen, waren für die Auswahl der Erfolgsfaktoren dabei die für die ergebnisbezogene Bewertung entscheidenden Erhebungsmerkmale ausschlaggebend. Sie sind in ihren Ergebnissen am aussagefähigsten, um Antworten zu geben auf die leitende Fragestellung, inwieweit das Medium bei den Multiplikatoren in der Gesundheitsbildung der medizinischen Rehabilitation Akzeptanz findet und geeignet ist, die Beratungsprozesse lernwirksamer zu gestalten und Lernprozesse bei den Patienten in den Bereichen Ernährung, Bewegung und Stressbewältigung zu unterstützen. Für die Festlegung der Erfolgsfaktoren sind gut übereinstimmende, verwertbare Erfahrungen und Erkenntnisse von Fachleuten aus den Bereichen Evaluation, Kommunikation und Marktforschung im Sinne eines Benchmarking herangezogen worden. Für die hier getroffene Entscheidungskonvention bildeten sie eine zunächst eher konservative Grundlage, über die hinaus gegangen wurde, indem die Benchmarks grundlegend höher angesetzt worden sind. Zudem wurde der Grad der **Zielerreichung** weiter ausdifferenziert. Die bereits höher angesetzten **Benchmarks** sind im Sinne von „Prozentsatz ab dem Zielerreichung in hinreichendem Maße gesehen wird" festgelegt worden. Darüber hinaus dokumentiert „Prozentsatz ab dem Zielerreichung für außerordentlich hoch gesehen wird" ein höheres Ausmaß an Zielerreichung. Dies folgt der Überlegung, dass hohe Anforderungen an Medien für eine Empfehlung zum Medieneinsatz und dem Vorschlag als Beratungsstandard in der Gesundheitsbildung im Rahmen der medizinischen Rehabilitation zu stellen sind. Als Ergebnis daraus resultiert, dass alle Faktoren die Benchmarks hinreichend erfüllen, 4 davon außerordentlich hoch. Danach sind, wie aus Tabelle 46 und 47 ersichtlich, bei 96 % (n=28) der Befragten in 4 von 5 Qualitätsdimensionen Indikatoren mit positiver Ausprägung und in maximal 2 (und besser) Qualitätsdimensionen Indikatoren mit negativer Ausprägung gemessen worden. In maximal 1 Qualitätsdimension mit negativer Ausprägung trifft dies allerdings nur für 62 % zu. Das Ergebnis beruht auf beobachteten Reaktionen und Kommentaren der Patienten und vermag lediglich erste vorsichtige Anhaltspunkte zu liefern, ob bzw. in welchem Maße Lerneffekte unterstützt werden und die Pyramide als Unterstützung und Informationsquelle von den Patienten bei den angestrebten Änderungen ihres Lebensstils wahr genommen wird. Mit besonderer Vorsicht sind die ermittelten Ergebnisse im Hinblick auf die Handlungsorientierung und Akzeptanz zu betrachten. Die für die Datenerhebung gebildeten Indikatoren erlauben eine allenfalls sich annähernde Messung der Wirkweise durch den Medieneinsatz. Mit aller Vorsicht wird von einer hinreichenden Zielerreichung gesprochen, die einen ersten Hinweis darauf gibt, dass die Gesundheitspyramide Lernprozesse unterstützt und eine Unterstützung von Lerneffekten erwartet werden kann.

Die mediendidaktische Bewertung kann als direkt messbare Größe auf ein deutliches Ergebnis verweisen. 96 % (n=28) der Befragten bewerten die Pyramide in der Durchschnittsbewertung mit „gut" und besser. Damit ist die Zielerreichung als außerordentlich hoch zu sehen. In der durchschnittlichen Gesamtbewertung ergibt sich ein Wert von 1,74. Im Rahmen einer Medienbewertung der Bundeszentrale für Gesundheit wurde bei einem Gesamturteil von 2,1 ein eindeutig positives Urteil konstatiert. *[Bundeszentrale für gesundheitliche Aufklärung, 2003]* 86 % der Befragten sind der Ansicht, dass ihre didaktischen Möglichkeiten durch die Pyramide erweitert und verbessert worden sind. Damit erreicht dieser Erfolgsfaktor die Zielerreichung in hinreichendem Maße. Und 100 % (n=29) der Befragten haben die Absicht, die Pyramide weiter einzusetzen und sie weiter zu empfehlen. Zunächst eine Absichtserklärung, die aber vor dem Hintergrund der insgesamt positiven Einstellung und Akzeptanzhaltung durchaus ernst zu nehmen ist. Mit 100 % erreicht dieser Erfolgsfaktor eine außerordentlich hohe Zielerreichung. Die der mediendidaktischen Bewertung zugehörigen Erfolgsfaktoren bilden den Bewertungsschwerpunkt der gestellten Untersuchungsaufgabe, aufgrund dessen sich die Pyramide als lernwirksame methodisch-didaktische Hilfe im Beratungsprozess geeignet erweist.

100 % (n=16) derjenigen, mit denen es zu einem Austausch gekommen ist, haben eine positive Haltung zu dem Medium. Damit erreicht dieser Erfolgsfaktor eine außerordentlich hohe Zielerreichung. Und 80 % (n=23) der Befragten sind der Ansicht, dass ein interdisziplinärer Austausch und die ganzheitliche Ausrichtung in ihrer Klinik unterstützt werden. Dieses Ergebnis weist in der Zielerreichung ein ebenfalls außerordentlich hohes Maß auf. Die Zielereichung der letztgenannten beiden Erfolgsfaktoren verweist auf einen Einfluss der Pyramide auf die Interdisziplinarität und ganzheitliche Ausrichtung. Aufgrund der geringeren Anzahl von Befragten, die sich mit anderen Bereichen ausgetauscht haben, kann als vorsichtiges Ergebnis festgehalten werden, dass die Pyramide auf die ganzheitliche Ausrichtung in den Kliniken und den interdisziplinären Austausch einen unterstützenden Einfluss hat. Unklar bleibt allerdings die Frage, ob die Pyramide die Zusammenarbeit zwischen den Professionen fördert.

Einschränkend ist festzuhalten, dass die Ergebnisse keine hinreichende Aussagekraft haben für die Professionen im Bereich Bewegung und Entspannung. Die positiven Anzeichen resultieren ausschließlich aus der Perspektive der Ernährungsfachkräfte. Im Hinblick auf die Bewertungen der Befragten sind **Einschränkungen** einzuräumen, weil Vorerfahrungen in Beziehung zu dem Absender der Gesundheitspyramide möglicherweise verzerrend einflussnehmend sind. Grundsätzlich deutet jedoch nichts auf ein abweichendes Gesamtbild hin. Für das Gesamtergebnis wird der Einfluss als weniger bedeutsam eingeschätzt, zumal die Fachkräfte der anderen Professionen, die alle als Nichtnutzer anzusehen sind, eine ebenfalls durchweg positive Haltung dem Medium gegenüber einnehmen. Es kann zudem nicht ausgeschlossen werden, dass soziale Erwünschtheit einen Einfluss auf das Antwortverhalten hat. Alle Interviews zeichneten sich durch eine offene Gesprächsatmosphäre aus, in dessen Verlauf sich die Befragten erkennbar konstruktiv verhalten haben. Dieser mögliche Einflussfaktor wird darauf beruhend für gering erachtet. Darüber hinaus ist grundsätzlich nicht sicher, dass die beobachteten Reaktionen ausschließlich durch den Einsatz der Gesundheitspyramide zustande gekommen sind.

Die festgestellte Eignung der Gesundheitspyramide als Kommunikations-Modell hat für die untersuchte Stichprobe Gültigkeit. Sie wird als solide Basis angesehen für eine Übertragbarkeit der Ergebnisse auf die gesamte Gesundheitsbildung in der medizinischen Rehabilitation, was einer entsprechenden Überprüfung bedarf.

Zusammen genommen werden **alle Benchmarks für die jeweiligen Faktoren hinreichend erfüllt**, 4 davon außerordentlich hoch. Selbst bei Ausschluss der unsicheren Ergebniswertung hinsichtlich der wahrgenommenen Wirkungen seitens der Patienten erreichen 5 von 6 Erfolgsfaktoren die Benchmarks. Damit wird die Pyramide den Anforderungen für eine Empfehlung zum Medieneinsatz in der Praxis der Gesundheitsbildung gerecht und könnte als Beratungsstandard in der medizinischen Rehabilitation vorgeschlagen werden. Die Eignung der Pyramide als lernwirksame methodisch-didaktische Hilfe im Beratungsprozesse ist erkennbar, die Unterstützung von Lerneffekten zu erwarten. Sie kann damit einen Beitrag zum Aufbau erwünschter gesundheitlicher Einstellungen und Verhaltensänderungen leisten.

Einsatzbezogene Bewertung in der medizinischen Rehabilitation 211

Tab. 46 Erfolgsfaktoren und Grad der Zielerreichung

Ziele	Ergebnisbezogene Merkmale	Erfolgsfaktoren Hinreichend – außerordentlich hoch	Grad der Zielerreichung
Unterstützung von Lerneffekten als Beitrag zum Aufbau erwünschter gesundheitlicher Einstellungen und Verhaltensänderungen durch Informationsvermittlung, Anleitung, Begleitung/Transfer	Wahrgenommene Wirkung auf Patienten hinsichtlich der Qualitätsdimensionen ❖ Akzeptanz ❖ Motivation, Gefallen/Sympathie, Interesse/Aufmerksamkeit ❖ Verständlichkeit ❖ Anschaulichkeit, Erinnerbarkeit ❖ Handlungsorientierung	Bei **70 %** der Befragten sollen in mindestens 4 von 5 Qualitätsdimensionen Indikatoren mit positiver Ausprägung und in maximal 2 Qualitätsdimensionen mit negativer Ausprägung gemessen werden. Bei **80 %** der Befragten sollen in mindestens 4 von 5 Qualitätsdimensionen Indikatoren mit positiver Ausprägung und in maximal 1 Qualitätsdimension mit negativer Ausprägung gemessen werden.	Bei **96 %** (n=28) sind in 4 von 5 (und besser) Qualitätsdimensionen Indikatoren mit positiver Ausprägung und in maximal 2 (und besser) Qualitätsdimensionen Indikatoren mit negativer Ausprägung gemessen worden. Bei **62 %** (n=18) sind in 4 von 5 (und besser) Qualitätsdimensionen Indikatoren mit positiver Ausprägung und in maximal 1 Qualitätsdimension Indikatoren mit negativer Ausprägung gemessen worden.
Akzeptanz der Pyramide bei Ernährungsfachkräften bei Ernährungsfachkräfte als lernwirksame methodisch-didaktische Hilfe	Mediendidaktische Bewertung	**80 % 90 %** der Befragten müssen die Pyramide in der Durchschnittsbewertung mit Note „gut" bewerten (Gut = 1,5 bis 2,5 mathematisch gerundet). **80 % 90 %** der Befragten müssen der Ansicht sein, dass ihre didaktischen Möglichkeiten durch die Pyramide erweitert und verbessert sind.	**96 %** (n=28) bewerten die Pyramide in der Durchschnittsbewertung mit „gut" und besser. **86 %** (n=25) sind der Ansicht, dass ihre didaktischen Möglichkeiten durch die Pyramide erweitert und verbessert worden sind.
	Ausblick in die Zukunft	**80 % 90 %** der Befragten müsse die Pyramide auch künftig in ihrer Beratungsarbeit einsetzen wollen und sie weiterempfehlen.	**100 %** (n=29) haben die Absicht die Pyramide weiter einzusetzen und sie weiter zu empfehlen.
Förderung ganzheitlicher Ansatz und interdisziplinärer Austausch zwischen Professionen	Interdisziplinärer Austausch	Dort, wo es zu einem Austausch gekommen ist, müssen **60% 70 %** der Betreffenden eine positive Haltung einnehmen. **60 % 70 %** der Befragten müssen der Ansicht sein, dass durch die Pyramide Austausch und ganzheitliche Ausrichtung unterstützt werden.	**100 %** (n=16) derjenigen, mit denen es zu einem Austausch gekommen ist, haben eine positive Haltung zu dem Medium. **80 %** (n=23) der Befragten sind der Ansicht, dass ein interdisziplinärer Austausch und die ganzheitliche Ausrichtung in ihrer Klinik unterstützt werden.
		Alle Faktoren erfüllen Benchmark hinreichend, 4 davon außerordentlich hoch.	

Wenn **5 von 6** bzw. **6 von 6** Erfolgsfaktoren die Benchmarks erreichen, erfüllt die Pyramide die Anforderungen für eine Empfehlung zum Medieneinsatz in der Praxis der Gesundheitsbildung und könnte somit als Beratungsstandard in der medizinischen Rehabilitation vorgeschlagen werden.

Kapitel 6

Tabelle 47 Übersicht der Indikatoren mit positiver (+) und negativer (-) Merkmalsausprägung

Nr.	Akzeptanz (+)	Akzeptanz (-)	Motivation (+)	Motivation (-)	Verständlichkeit (+)	Verständlichkeit (-)	Anschaulichkeit (+)	Anschaulichkeit (-)	Handlungsorientierung (+)	Handlungsorientierung (-)	Qualitätsdimensionen (+)	Qualitätsdimensionen (-)
1	(+)		(+)(+)		(+)		(+)(+)	(-)	(+)(+)(+)	(-)	4 (+)	2 (-)
2	(+)(+)		(+)(+)		(+)(+)(+)		(+)(+)		(+)		5 (+)	
3	(+)(+)		(+)(+)		(+)(+)(+)		(+)(+)		(+)(+)(+)		5 (+)	
4	(+)	(-)	(+)(+)		(+)(+)(+)		(+)(+)(+)	(-)	(+)(+)(+)		5 (+)	2 (-)
5	(+)		(+)(+)		(+)				(+)		3 (+)	
6	(+)		(+)(+)		(+)(+)(+)	(-)	(+)(+)		(+)(+)(+)		5 (+)	2 (-)
7	(+)	(-)	(+)(+)		(+)(+)(+)		(+)(+)		(+)(+)(+)		5 (+)	1 (-)
8	(+)	(-)(-)	(+)(+)		(+)(+)(+)		(+)(+)(+)		(+)(+)(+)		5 (+)	1 (-)
9	(+)	(-)	(+)(+)		(+)		(+)		(+)(+)(+)		4 (+)	1 (-)
10	(+)(+)		(+)(+)		(+)		(+)(+)(+)		(+)(+)(+)		4 (+)	
11	(+)	(-)(-)	(+)(+)		(+)(+)(+)		(+)(+)(+)		(+)(+)(+)		5 (+)	2 (-)
12	(+)	(-)(-)	(+)(+)		(+)(+)(+)		(+)(+)		(+)(+)		5 (+)	1 (-)
13	(+)		(+)(+)	(-)	(+)(+)(+)		(+)		(+)		5 (+)	2 (-)
14	(+)	(-)	(+)(+)		(+)(+)(+)		(+)(+)		(+)(+)(+)		4 (+)	2 (-)
15	(+)	(-)	(+)(+)		(+)		(+)		(+)(+)		5 (+)	1 (-)
16	(+)(+)		(+)		(+)(+)(+)	(-)	(+)(+)		(+)(+)		5 (+)	
17	(+)	(-)	(+)(+)		(+)(+)		(+)		(+)		5 (+)	1 (-)
18	(+)(+)		(+)(+)		(+)(+)(+)		(+)		(+)		5 (+)	2 (-)
19	(+)		(+)(+)		(+)		(+)(+)		(+)(+)(+)		5 (+)	
20	(+)		(+)(+)		(+)(+)		(+)		(+)(+)(+)		5 (+)	
21	(+)	(-)	(+)(+)		(+)(+)		(+)(+)	(-)	(+)(+)(+)	(-)	4 (+)	2 (-)
22	(+)	(-)(-)	(+)(+)		(+)(+)(+)		(+)(+)(+)		(+)(+)(+)		5 (+)	1 (-)
23	(+)		(+)(+)		(+)		(+)		(+)		5 (+)	
24	(+)	(-)	(+)(+)		(+)(+)(+)	(-)	(+)(+)(+)		(+)(+)		5 (+)	1 (-)
25	(+)	(-)	(+)(+)		(+)(+)		(+)(+)(+)		(+)(+)		5 (+)	1 (-)
26	(+)	(-)	(+)(+)		(+)(+)		(+)(+)	(-)	(+)(+)(+)		5 (+)	1 (-)
27	(+)		(+)(+)		(+)		(+)		(+)(+)(+)		5 (+)	2 (-)
28											-	
29	(+)		(+)		(+)		(+)		(+)(+)(+)		5 (+)	
30	(+)	(-)	(+)(+)(+)		(+)		(+)		(+)(+)(+)		5 (+)	2 (-)

Erläuterung: 3 von 5 Qualitätsdimensionen (+) N=1; 4 von 5 Qualitätsdimensionen (+) N=5; 5 von 5 Qualitätsdimensionen N=23 nach rein qualitativer Gewichtung und max. 2 Qualitätsdimensionen (-) N=10; max. 1 und keine Qualitätsdimension (-) N=19

7. Perspektiven eines Kommunikations-Modells in der Gesundheitsbildung

Gesunde Lebensführung und ihre Bedeutung von Ernährung, Bewegung und Stressmanagement für die Gesundheitsbildung bilden den Ausgangspunkt für diese Arbeit. Auf der Grundlage der gewonnenen Erkenntnisse und daraus gezogenen Schlussfolgerungen werden Möglichkeiten und Grenzen, sowie Perspektiven für den Einsatz eines Kommunikations-Modells zur Handlungsorientierung für eine gesunde Lebensführung diskutiert. Mit einem Ausblick auf weiterführende Fragestellungen und Forschungsaktivitäten schließt das Kapitel diese Arbeit.

Es wurde dargelegt, dass chronische Erkrankungen in den entwickelten Ländern eine dominierende Stellung einnehmen – allen voran Herz-Kreislauferkrankungen verbunden mit einem hohen Ausmaß der Mortalität und Morbidität. Deutlich wurde, dass Herz-Kreislauferkrankungen neben individueller Disposition in engem Zusammenhang mit den Lebensbedingungen und dem Lebensstil der Menschen stehen. Ernährung, Bewegung sowie Stressmanagement charakterisieren zentrale Lebensstilfaktoren, die als veränderbare Risikofaktoren eine hohe Bedeutung hinsichtlich der Ätiologie sowie in der Prävention von Herz-Kreislauferkrankungen haben. Lebensstil als Ursache von Krankheit und Gesundheit ist somit von zentraler Bedeutung für die Gesundheitswissenschaften. Seit 2001 stellt die gesetzliche Krankenversicherung nicht isoliert einzelne Krankheiten oder Risikofaktoren ins Zentrum ihrer primärpräventiv-orientierten Bemühungen, sondern die Verbesserung des allgemeinen Gesundheitszustandes. *[Arbeitsgemeinschaft der Spitzenverbände der gesetzlichen Krankenkassen, 2001]* Die thematischen Handlungsfelder zielen deshalb auf die Lebensstilfaktoren Ernährung, Bewegung und Stressmanagement sowie Genuss- und Suchtmittelkonsum ab, die sich im Bereich der medizinischen Rehabilitation im Rahmen von indikationsübergreifenden Gesundheitsbildungsprogrammen bereits seit vielen Jahren fest etabliert haben.

7.1. Gesunde Lebensführung – Bedeutung von Ernährung, Bewegung und Stressmanagement für die Gesundheitsbildung

Die Berücksichtigung des Lebensstils und Gesundheitsverhalten als Variable, die das Krankheitsrisiko beeinflusst, ist wahrscheinlich die bedeutsamste Entwicklung der letzten 50 Jahre. Das Konzept des gesunden Lebensstils geht insbesondere auf die Alameda County Study zurück. *[Steptoe & Wardle, 1998]* Die Autoren schlussfolgerten, dass eine ausgewogene Lebensweise einem guten Gesundheitszustand förderlich ist, aber aufgrund der Komplexität der Wechselbeziehungen nicht alles erklärend ist. *[Schoenborn, 1993]* Dass der persönliche Lebensstil einen großen Einfluss auf die Gesundheit hat, ist keineswegs eine neue Einsicht. Bereits Hippokrates und Gallen betonten die Diätetik, in der Antike verstanden als die Behandlung durch die Regelung der Lebensweise. Es ist heute eine Rückbesinnung auf Vorstellungen zu beobachten, die bereits fester Bestandteil der Heilkunde der Antike waren. Dazu gehört die Erkenntnis, dass der persönliche Lebensstil eines Menschen genauso dazu beiträgt, Gesundheit zu erhalten oder wiederherzustellen, wie die Errungenschaften der Medizin. Hinter dem Lebensstilkonzept verbirgt sich ein tief greifender

Paradigmenwechsel, der heute die Theorie und Praxis der Gesundheitsförderung bestimmt. *[Mittag, 1996]* Eine Rückbesinnung auf **ganzheitliche Denkmodelle** führt vermehrt zu der Frage, welche Faktoren Gesundheit erhalten bzw. helfen sie wieder herzustellen und beschränkt sich nicht nur auf die Ursache von Erkrankungen. Um gesund zu leben, reicht das Vermeiden beziehungsweise Abbauen bekannter Risikofaktoren allein nicht aus. Diese Sichtweise greift zu kurz und rückt das Salutogenese-Modell in den Vordergrund, nach dem die gesundheitsförderlichen Faktoren im Sinne von Schutzfaktoren hervorgehoben sind. Wie dargelegt wurde, gelten als solche ein angemessenes Ernährungs- und Bewegungsverhalten wie auch adäquates Stressbewältigungsverhalten. In dieser Hinsicht lässt sich ein gesunder Lebensstil als Schutzfaktor begreifen und in der Gesundheitsbildung mit der Zielrichtung notwendiger Lebensstilveränderungen berücksichtigen. Das Verhalten des Patienten im Alltag, wie er Risiken meidet und Schutzfaktoren aufbaut, hat also ebenso viel Bedeutung wie medizinisch verordnete Maßnahmen. Menschen zu vermitteln, dass sie selbst über Möglichkeiten und Kompetenzen verfügen, ihre gesundheitliche Situation zu verbessern, ist gerade deshalb so wichtig.

Die Zusammenhänge der jeweiligen Lebensstilfaktoren Ernährung, Bewegung und Stressmanagement im Hinblick auf Krankheitsrisiko und Gesundheit wurden ausführlich erörtert. Die Notwendigkeit, die Bevölkerung für einen **gesunden Lebensstil** zu sensibilisieren, ist ein **wissenschaftlich gut begründetes Anliegen** der Gesundheitsbildung und steht aufgrund der Relevanz für das Gesundheitssystem, außer Frage. Gesundheitsbildung im Kontext der medizinischen Rehabilitation begründet sich auf die vorherrschenden Theoriemodelle und beinhaltet alle Maßnahmen, die geeignet sind, über den Weg der Information, Motivation und Schulung auf positive Veränderungen gesundheits- und krankheitsbezogener Verhaltensweisen Einfluss zu nehmen. Der Stellenwert von Ernährung, Bewegung und Stressmanagement wird in der kardiologischen Rehabilitation aufgrund der multifaktoriellen Krankheitsursache der koronaren Herzerkrankung und dessen Bedeutung von umfassenden Lebensstiländerungen besonders stark betont. *[Arbeitsgruppe Gesundheitstraining aus dem Arbeitskreis der Leitenden Ärzte der Klinikgruppe BfA, 2003] [Liebing & Vogel, 1995] [Schäfer & Döll, 2000] [Franz, 1996]* Die Erkenntnisfülle ist fast erdrückend, die Gesundheitsbildung mit fortwährend komplexeren Sachverhalten konfrontiert. Der Blick für die ganzheitliche Perspektive wird dadurch zunehmend erschwert und kann leicht verloren gehen. Dabei wird eine ganzheitliche Denk- und Herangehensweise - ganz im Verständnis der multiperspektivischen Anliegen von Public Health – nachdrücklich angemahnt. Akteure im Gesundheitswesen stehen daher vor der großen Aufgabe und Herausforderung, Menschen an eine gesundheitsorientierte Lebensführung heran zu führen. Dies verlangt nach geeigneten Modellen und Strategien in der Gesundheitsbildung und stellt enorme **Anforderungen an die Vermittlung von gesundheitlichen Informationen** – egal ob durch Massenmedien oder eingebunden in Maßnahmen der Prävention und Gesundheitsförderung. Kommt es doch schließlich darauf an, Menschen für eine gesunde Lebensführung zu interessieren und zu motivieren.

Das sich wandelnde Selbstverständnis von Gesundheit in der Bevölkerung und das große Interesse an gesundheitlichen Informationen spricht für eine hohe Aufnahmebereitschaft, zeitgleich fühlen sich die Menschen häufig von der Vielzahl gesundheitsbezogener Informationen überfordert. *[Gesundheitsberichterstattung des Bundes, 1998]* Zunehmende Informationsmenge, Widersprüchlichkeit sowie begrenzte Aufnahme- und Verarbeitungskapazität wirken sich nachteilig im Sinne von Informationsüberlastung aus. *[Schwarz, 1996]* Erforderlich sind wissenschaftlich fundierte Orientierungshilfen, die niedrigschwellig, alltagstauglich und handlungsrelevant gestaltet sind, ohne zu überfordern. Angesichts stark konkurrierender medialer Angebote und zunehmender Informationsüberlastung haben visuelle Darstellungsformen größere Chancen wahrgenommen zu werden. Wegweisende Erfahrungen zeigen uns die Ernährungsaufklärung, in der seit Jahrzehnten visuell gestaltete Modelle eingesetzt werden, mit dem Anspruch komplexe Empfehlungen leicht verständlich, übersichtlich, handlungsorientiert und mit hohem Erinnerungswert abzubilden. Dabei hat sich in weiten Fachkreisen die Ernährungspyramide als ideales Modell für eine wirksame methodisch-didaktische Vermittlung von Ernährungsinformationen fest etabliert. Der Gesundheitsbildung fehlt ein dementsprechend methodisch-didaktisches Instrument, dass geeignet ist, die Komplexität der Empfehlungen für eine gesunde Lebensführung alltagsnah, zielgruppenrelevant und einprägsam zu vermitteln. Hier klafft eine **eklatante Lücke** zwischen den gestellten Anforderungen an eine zielgruppennahe Vermittlung der lebensstilbezogenen Sichtweise und den praktischen Möglichkeiten. Wie bereits in der Literatur beschrieben und auch in dieser Arbeit gezeigt, macht sie das Fehlen geeigneter Medien deutlich.

Mit dieser Arbeit wurde versucht die komplexe Diskussion um die Zusammenhänge von Ernährung, Bewegung und Stressverhalten und den daraus ableitbaren Empfehlungen in Bezug auf Gesundheit zu kondensieren, um sie in ein Kommunikations-Modell für die Gesundheitsbildung umzusetzen - mit dem Anspruch die Komplexität der Empfehlungen leicht verständlich, anschaulich und handlungsorientiert abzubilden. Gegenstand dieser Arbeit war es daher, **ein Kommunikations-Modell als wissenschaftlich basierte visuelle Darstellungsform** und handlungsrelevante Orientierungshilfe für die prioritären Handlungsfelder Ernährung, Bewegung und Stressmanagement zu entwickeln. Die Entwicklung des Modells stellt sich damit dem Anliegen der Gesundheitsbildung in Prävention und Gesundheitsförderung, Menschen zu einer gesundheitsorientierten Lebensführung zu bewegen und dem Problem fehlender Medien, die dazu geeignet sind dies zu vermitteln. Das übergeordnete Ziel des Kommunikations-Modells ist die Vermittlung von didaktisch geeigneten und evidenz-basierten Inhalten zur Handlungsorientierung für eine gesundheitsorientierte Lebensführung, die sich an Erwachsene wendet. Dessen primärer Einsatz und Anwendung in der Gesundheitsbildung soll zum Aufbau und Festigung erwünschter gesundheitlicher Einstellungen und angestrebter Verhaltensänderungen beitragen. Das Modell ist darauf gerichtet, die Adressaten auf die Lebensstilfaktoren Ernährung, Bewegung und Stressmanagement als gesundheitsbezogenes Handeln aufmerksam zu machen und sie zu motivieren sich damit auseinander zu setzen. Dabei hat das Medium im wesentlichen zwei Funktionen zu erfüllen: so soll das Modell ein methodisch-didaktisches Instrument für den Beratenden sein und gleichzeitig als Leitfaden zur Handlungsorientierung für den Adressaten dienen.

Dazu wurde die wissenschaftliche Diskussion und Erkenntnislage in Bezug auf Lebensstil als Ursache von Krankheit und Gesundheit sowie Konzepten zu geeignetem Stress- und Bewegungsverhalten umfassend ausgewertet. Das Modul Ernährung wurde als wissenschaftlich hinreichend belegtes Konzept übernommen und daher auf die Herleitung bewusst verzichtet. Für die Entwicklung und Gestaltung des Modells wurden Anforderungskriterien formuliert, die als Maßstab für die Bewertung der zahlreichen Konzepte zu Grunde gelegt worden sind. Neben sachlich-inhaltlichen sind dabei methodisch-didaktische und formal-umsetzungsrelevante Anforderungskriterien berücksichtigt worden. Die aus der Bewertung gezogenen Schlussfolgerungen für das Modell dienten als Ausgangspunkt, um daraus Empfehlungen in Form von handlungsrelevanten Orientierungshilfen zur visuellen Umsetzung abzuleiten. In einem Pflichtenheft sind dann die inhaltlichen und formalen Vorgaben für die grafische Umsetzung des Modells beschrieben worden. Dabei sollte die Dreidimensionalität einer Pyramidenform als Gestaltungsflächen für die zusammenhängende Darstellung einer gesunden Lebensführung genutzt werden. Die so entstandene Gesundheitspyramide wurde als Layoutversion angelegt und einer ersten praxisnahen Beurteilung und Prüfung der Praxistauglichkeit in Form einer konzeptionellen Bewertung aus Expertensicht unterzogen. Dazu wurden im Rahmen einer qualitativen Untersuchung mit 14 Multiplikatoren aus der Ernährungsberatung Erkenntnisse hinsichtlich Verständnis, Akzeptanz und Relevanz der gesundheitsbezogenen Inhalte der Pyramide gewonnen. Auf dieser Grundlage sind Verbesserungspotentiale identifiziert und für eine Weiterentwicklung des Modells umgesetzt worden. Als Ergebnis der Optimierungsphase ist das modifizierte Modell mit einer Erstauflage von 10 000 Stück in Druck gegeben worden. Als Bezugspunkt für die einsatzbezogene Bewertung der Gesundheitspyramide wurde die Beratungspraxis der Gesundheitsbildung im Rahmen der medizinischen Rehabilitation gewählt. Dazu wurden in einer neu untersuchten Stichprobe von 30 in Rehabilitationseinrichtungen tätigen Ernährungsfachkräften im Rahmen einer Pre- und Post-Test-Befragung qualitative Daten erhoben im Hinblick auf die zentrale Frage, inwieweit das Medium Akzeptanz findet und eine lernwirksame methodisch-didaktische Hilfe bei der Vermittlung einer gesunden Lebensführung leistet.

7.2. Möglichkeiten und Grenzen für den Einsatz eines Kommunikations-Modells in der Gesundheitsbildung

Als **Gesamtergebnis** hat die Untersuchung zum praktischen Medieneinsatz gezeigt, dass die Gesundheitspyramide als Kommunikations-Modell für eine gesunde Lebensführung ihre erste Bewährungsprobe in der Gesundheitsbildung im Rahmen der medizinischen Rehabilitation bestanden hat. In der untersuchten Stichprobe lässt sich dem Medium eine erkennbare Akzeptanz und eine lernwirksame methodisch-didaktische Hilfe bei der Vermittlung einer gesunden Lebensführung bescheinigen. Die vorwiegenden Erkenntnisse und die Zielerreichung der explizit formulierten Erfolgskriterien, die das belegen, lassen sich wie folgt zusammenfassen:

❖ Die Vermittlung einer ganzheitlichen Perspektive in Bezug auf eine gesunde Lebensführung wurde von den Ernährungsfachkräften als relevant angesehen, aber bislang wenig zielführend umgesetzt.

Perspektiven eines Kommunikations-Modells in der Gesundheitsbildung 217

* Anschaulichkeit, Verständlichkeit gefolgt von Attraktivität, Darstellungsform waren die beiden wesentlichen Anforderungsdimensionen, die Befragte an ein ideales Medium knüpfen.
* Bereits vor dem Medieneinsatz bestand eine überwiegend positive Erwartungshaltung gegenüber der Gesundheitspyramide und es ist von einer positiven Einflussnahme auf die angestrebten Lerneffekte bei den Patienten in den Bereich Ernährung, Bewegung und Stressmanagement ausgegangen worden.
* Die Befragten waren gut motiviert die Pyramide einzusetzen und sie an die Patienten weiter zu geben. Das Medium wurde voll in den Beratungsprozess einbezogen. Die damit verbundenen Veränderungen sind vorwiegend an den erweiterten Inhalten festgemacht worden mit durchweg positiver Bewertung.
* Das beobachtete Mitnahmeverhalten seitens der Patienten und die von einem Großteil der Fachkräfte bei den Patienten beobachtete zustimmende, interessierte und aktive Haltung deuteten als Indikatoren auf ein gut ausgeprägtes Maß an **Akzeptanz** und auf einen überwiegend **motivations**förderlichen Einfluss der Pyramide hin. Für Beratungskräfte wurde eine hohe Aufmerksamkeit durch das Bildliche bei ihren Patienten erkennbar. Sie stellten einen vermehrten Austausch und eine bessere Mitwirkung bei ihren Patienten fest. Im Hinblick auf die Qualitätsdimension **Verständlichkeit** wurde aufgrund von vermehrten Verständnisfragen eine Schwachstelle identifiziert, die sich als ein leicht zu lösendes Problem herauskristalisierte. Deutlich sind die Anzeichen dafür, dass die Logik nachvollzogen und das zentrale Anliegen der Pyramide in beabsichtigter Weise rezipiert wurde. Die Ergebnisse konnten auf ein im großen und ganzen zufriedenstellendes Ausmaß an Verständlichkeit der Pyramide verweisen. Dass Patienten den Zusammenhang zu den anderen Bereichen in der Reha herstellen können und in der Lage sind Inhalte der Pyramide wieder zu geben, wurde von einem Großteil der Befragten bei ihren Patienten beobachtet, wonach die Gesundheitspyramide für die Patienten größtenteils **anschaulich** erscheint. Die Beobachtungen der Beratungskräfte hinsichtlich der **Handlungsorientierung** waren eingeschränkt und konnten lediglich die wahrgenommenen handlungsrelevanten Absichten wiedergeben. Als Ergebnis konnten aber deutliche Hinweise auf ein sichtbares Maß an Relevanz und erwarteten Nutzen, als wichtige Voraussetzung für die Handlungsorientiertheit, verweisen. Die hohe Bedeutsamkeit, die Patienten offenbar der Pyramide als Erinnerungshilfe beimessen, spricht für ein positives Signal im Sinne der Handlungsorientierung. Bei 96 % (n=28) der Befragten sind in 4 von 5 Qualitätsdimensionen Indikatoren mit positiver Ausprägung und in maximal 2 Qualitätsdimensionen (und besser) Indikatoren mit negativer Ausprägung gemessen worden.
* Unisono bescheinigten die Beratungskräfte der Pyramide eine hohe Kongruenz zu den Inhalten in ihrer Beratung und der Klinik. Die beabsichtigte Flexibilität des Mediums hat sich in der Beratungspraxis offenbar gut bewährt. Nach dem Urteil der Befragten sind die Qualitätsdimensionen Anschaulichkeit, flexible Einsetzbarkeit, ganzheitlicher Ansatz, praktische Handhabbarkeit, Adressatengerechtheit, Attraktivität/Interessenförderung, Verständlichkeit und Handlungsorientierung auf der Grundlage von Schulnoten mit einer gesamtdurchschnittlichen Bewertung von 1,74 in dem Modell gut umgesetzt. 96 % (n=28) der Befragten bewerteten die Pyramide in der Durchschnittsbewertung mit „gut" und besser.

❖ Für etwa ein Drittel der befragten Ernährungsfachkräfte erwies sich die Pyramide hilfreicher als erwartet. Für den Großteil der Fachkräfte bestätigte sich der Eindruck. Alles in allem wird die Angemessenheit der Pyramide als didaktische Hilfe mehrheitlich als sehr gut beziehungsweise gut beurteilt. 86 % (n=25) der Befragten sind der Ansicht, dass ihre didaktischen Möglichkeiten durch die Pyramide erweitert und verbessert worden sind. Die Art der Vermittlung, durch die Ganzheitlichkeit und erweiterten Inhalte, waren vornehmlich als Gründe dafür angeführt worden.

❖ Etwas mehr als die Hälfte der Fachkräfte berichtete von einem Austausch mit den Therapeuten aus dem Bereich Bewegung, Entspannung und mit Ärzten. 100 % (n=16) derjenigen, mit denen es zu einem Austausch gekommen ist, zeigten eine positive Haltung zu dem Medium. Vielfach ist es dabei zu einem verstärkten Abstimmungsprozess gekommen. 80 % (n=23) der Befragten waren der Ansicht, dass ein interdisziplinärer Austausch und die ganzheitliche Ausrichtung in ihrer Klinik unterstützt werden. Dies verweist auf einen Einfluss der Pyramide auf die Interdisziplinarität und ganzheitliche Ausrichtung. Einschränkend lag allerdings der Anteil der Befragten, die sich mit anderen Bereichen ausgetauscht haben, bei lediglich knapp mehr als der Hälfte.

❖ 100 % der Befragten (n=29) haben die Absicht die Pyramide weiter einzusetzen und sie weiter zu empfehlen.

Die **abschließende Ergebniswertung** orientierte sich an explizit formulierten Erfolgskriterien. Für die getroffene Entscheidungskonvention „5 von 6 Erfolgsfaktoren müssen die Benchmarks erfüllen" ist dabei ein hohes Zielerreichungsmaß festgelegt worden. Als Ergebnis daraus resultiert, dass alle Benchmarks für die jeweiligen Faktoren hinreichend erfüllt sind, 4 davon außerordentlich hoch. Damit wird die Pyramide den Anforderungen für eine Empfehlung zum Medieneinsatz in der Praxis der Gesundheitsbildung gerecht und könnte als Beratungsstandard in der medizinischen Rehabilitation vorgeschlagen werden. Die Akzeptanz und Eignung der Pyramide als lernwirksame methodisch-didaktische Hilfe im Beratungsprozess ist erkennbar, die Unterstützung von Lerneffekten zu erwarten. Sie kann damit einen Beitrag zum Aufbau erwünschter gesundheitlicher Einstellungen und Verhaltensänderungen leisten.

Auf der Basis der zu Grunde liegenden unterschiedlichen Zugangswege, Zielgruppen und Zielsysteme wurden für die Entwicklung des Kommunikations-Modells drei **Einsatzbereiche** formuliert:

❖ Einsatz als didaktisches Medium im Rahmen von Maßnahmen und Programmen der Gesundheitsförderung, Prävention, sowie Rehabilitation und Weitergabe an Teilnehmer. Die Adressaten sind Teilnehmer an Maßnahmen von Angeboten z.B. VHS, Krankenkasse o.ä. und Patienten in der medizinischen Rehabilitation. (Zielgruppe B und D)

❖ Einsatz als didaktisches Medium im Rahmen der hausärztlichen Gesundheitsberatung und Ausgabe an Patienten. Die Adressaten sind Patienten in der hausärztlichen Praxis. (Zielgruppe C)

❖ Nutzung im Rahmen von Aufklärungsinitiativen durch Akteure im Gesundheitswesen und durch Publikums- sowie Fachmedien. Die Adressaten entsprechen der erwachsenen Bevölkerung. (Zielgruppe A)

Im Hinblick auf den **Einsatz der Gesundheitspyramide** als **methodischdidaktisches Instrument in der Gesundheitsbildung im Rahmen der** medizinischen Rehabilitation gibt die vorliegende Untersuchung und der ihr voraus gegangenen konzeptionellen Bewertung durch Ernährungsfachkräfte in der Gesundheitsberatung Aufschluss. Sie zeigt, dass ein grundlegendes Verständnis des ganzheitlichen Ansatzes besteht und das Konzept positiv aufgenommen wird. Die Vermittlung einer gesunden Lebensführung wird als relevant angesehen, aber bislang kaum oder wenig zielführend umgesetzt. Die vermittelte Sichtweise bleibt weitgehend auf das Verständnis für den Zusammenhang Gesundheit und Ernährung beschränkt. Den Beratungskräften kommt das Kommunikations-Modell in ihrem persönlichen Beratungsansatz aber offenbar hilfreich entgegen. Offensichtlich sehen die Befragten für sich persönlich darin eine schwierige Aufgabe verbunden mit dem Anliegen dies verbessern zu wollen. Angesichts dessen verwundert es nicht, dass Praktiker nutzerorientierte, praxisnahe und wissenschaftlich fundierte Hilfen dieser Art begrüßen und wertschätzen. Anmerkungen, wie beispielsweise „weil das hat ja auch immer gefehlt", „es wird jetzt vervollständigt, was immer schon angesprochen wird, jetzt so anschaulich", „erstmalig Instrument vorhanden, um ganzheitlichen Ansatz plakativ, reduziert auf wenige Botschaften zu vermitteln", bekräftigen das in dieser Arbeit aufgeworfene Defizit an geeigneten didaktischen Instrumenten. Die große Offenheit und positive Haltung dem Medium gegenüber lassen erkennen, dass der Aspekt Lebensstiländerung in seiner Gesamtheit von Ernährung, Bewegung und Stressmanagement aufgrund des neuen Mediums bei den Beratungskräften in der Ernährungsberatung eine neue Qualität beziehungsweise einen Bedeutungszuwachs erfährt. Insgesamt vermitteln die Angaben der Beratungskräfte den Eindruck, dass die lebensstilbezogene Perspektive als Bezugspunkt in der Gesundheitsbildungspraxis nur unzureichend vermittelt wird. Wie es in der Literatur heißt, sind isoliert voneinander durchgeführte einzelne Programmteile häufig geübte Praxis, die ein fragliches Verständnis von Interdisziplinarität aufweist. *[Liebing & Vogel, 1995]* Ein umfassender Ansatz kann nur glaubhaft realisiert werden, wenn die vermittelten Inhalte und Konzepte entsprechend vernetzt und für die Rehabilitanden in der gesamten Klinik erfahrbar werden. *[Mittag, Brusis & Held, 2001]*

Im Einsatz der dreidimensionalen Pyramide mit visualisierten Informationen sehen die befragten Praktiker klare Vorteile und erweiterte beziehungsweise verbesserte didaktische Möglichkeiten. So kann man die Pyramide als Anschauungsobjekt vor sich hinstellen und in die Hand nehmen, sie ist optisch attraktiv und alles Wesentliche ist „auf einen Blick" ersichtlich. Sie leistet Verstehenshilfe und bietet Wiedererkennungswert, da Bilder eher wahrgenommen werden und sich besser einprägen als Text- und Sprachelemente. Den Beratungskräften gelingt es damit leichter die Aufmerksamkeit der Patienten zu fokussieren. Sie berichten von einer besseren Aktivierung und Mitwirkung der Patienten. Den Medieneinsatz empfinden die Beratungskräfte damit als hilfreiche Unterstützung, um das komplexe Thema „gesunder Lebensstil" besser veranschaulichen zu können und um zur Handlungsaktivierung zu Hause anzuregen. Letzteres dürfte insbesondere den Alltagstransfer des in der Reha Erlernten unterstützen und für die Ausgestaltung der praktischen Umsetzung des Lernziels „Selbstwirksamkeit" förderlich sein. Dass Patienten der Pyramide als Erinnerungshilfe offenbar eine hohe Bedeutung beimessen, kann in diesem Zusammenhang daher nicht hoch genug geschätzt werden. Und die Veranschaulichung, als wichtigstes methodisch-didaktische Leitprinzip des Lehrens und Lernens, sehen die Ernährungsfachkräfte in dem Medium von allen relevanten Qualitätsdimensionen am besten umgesetzt.

Die beabsichtigte Flexibilität hat sich in den unterschiedlichsten Beratungssituationen gut bewährt, eine flexible Nutzung der Pyramide ist im gesamten Beratungsprozess möglich. Es hat sich gezeigt, dass das Kommunikations-Modell auch bei den anderen Professionen auf Zustimmung stößt und einen unterstützenden Einfluss auf die Interdisziplinarität und ganzheitliche Ausrichtung hat. Man war erstaunt, dass man den Zusammenhang so kurz und knapp darstellen kann. Anmerkungen, wie beispielsweise „soll Brücke schlagen, um Klinikkonzept zu unterstreichen", „das ist genau das, was wir hier erreichen wollen", Platzierung der Pyramide „als Symbol der Einheit des Miteinander", zeigen, welche Möglichkeiten darin gesehen werden, die Ganzheitlichkeit für die Patienten in der ganzen Klinik erfahrbar zu machen. Den Professionen ist dabei durchaus bewusst, dass eine intensivere Zusammenarbeit angezeigt ist. Wie festzustellen war, verstärkt der Medieneinsatz die Notwendigkeit sich abzustimmen und fördert ein intensiveres Kooperationshandeln. Für erstrebenswert halten die befragten Ernährungsfachkräfte, die Gesundheitspyramide in allen Bereichen sichtbar zu machen und die Inhalte konsistent aufeinander abzustimmen. Die ganzheitliche Ausrichtung kann somit glaubwürdiger und widerspruchsfreier vermittelt werden. Und die in den jeweiligen Bereichen vermittelten Kompetenzen können als notwendige Lebensstiländerungen stärker in einem Gesamtkontext wahrgenommen werden. Selbst wenn der Medieneinsatz auf die Ernährungsberatung beschränkt bleibt, so ist dennoch damit zu rechnen, dass Patienten bei den anderen Professionen darauf Bezug nehmen und darüber eine Rückkoppelung erfolgt, wodurch wiederum neues Abstimmungsverhalten stimuliert wird. Auf diese Weise kann der Einsatz eines Kommunikations-Modells helfen den häufig beklagten, isoliert voneinander durchgeführten Gesundheitsbildungsmaßnahmen entgegen zu wirken. Einschränkend ist festzuhalten, dass die hier getroffenen Einschätzungen ausschließlich aus der Wahrnehmung der Ernährungsfachkräfte getroffen sind.

Die Pyramide scheint auf regen Zuspruch bei den Patienten zu stoßen. Es deutet sich an, dass sie als Unterstützung und Informationsquelle bei den angestrebten Lebensstiländerungen wahr wahrgenommen wird. Sie wird gerne mitgenommen und selbst Nichtbeteiligte fragen danach. Durch das Bildliche wird eine hohe Aufmerksamkeit erkennbar. Der Dialog gestaltet sich lebhafter und offener, wie vielfach berichtet wird. Insgesamt ist aus dem beobachteten Verhalten der Patienten ein sichtbares Maß an Akzeptanz und ein motivationsförderlicher Einfluss der Pyramide spürbar. Und es wird angenommen, dass sie im großen und ganzen für die Patienten verständlich und anschaulich ist. Die hohe Bedeutsamkeit, die Patienten offenbar der Pyramide als Erinnerungshilfe beziehungsweise dem sichtbar machen zu Hause beimessen, spricht für ein positives Signal im Sinne der Handlungsorientierung. Bei allem erkennbaren Interesse bleibt allerdings unklar, welche Handlungsauswirkung damit tatsächlich einher geht. Einschränkend ist festzuhalten, dass die hier gewonnenen patientenbezogenen Informationen ausschließlich aus den Augen der Ernährungsfachkräfte stammen, die nach Kommentaren und Reaktionen ihrer Patienten zu und ihrem Umgang mit der Gesundheitspyramide gefragt worden sind. Es darf zwar angenommen werden, dass diese Beobachtungen stichhaltige Anhaltspunkte darüber geben, dennoch erfordert dies eine entsprechende Überprüfung durch eine direkte Befragung der Patienten.

Die Stärke des Instruments liegt vermutlich in der Fähigkeit der Anschaulichkeit und der motivationsförderlichen Wirkung auf die Partizipation der Patienten, so dass eine aktive Auseinandersetzung mit den Anliegen der angestrebten Lebensstiländerungen erfolgt. Dass die Gesundheitspyramide eine Wertschätzung als Erinnerungshilfe erfährt und damit den Alltagstransfer begünstigt, erweist sich neben dem unterstützenden Einfluss auf Interdisziplinarität und ganzheitliche Ausrichtung als eine weitere Stärke. Diese Vorzüge kann das Medium vor allem dann entfalten, wenn ergänzende und erklärende Erläuterungen gegeben werden. Von daher ist zu erwarten, dass sich das Kommunikations-Modell vor allem im personalisierten und interaktiven Beratungskontext gut bewährt, aber ohne weiterführende Erklärungen wahrscheinlich nicht auskommt – eine Funktion, die dem Modell ohnehin nicht primär zugesprochen wird. Es ist dabei völlig offen, welchen Beitrag die Nutzung eines solchen Modells dazu leisten kann gesundheitsbezogenes Verhalten in gewünschter Weise zu beeinflussen. Hier werden die Grenzen des Instruments ersichtlich. Aufgrund der vorliegenden Erkenntnisse ist eine Unterstützung von Lerneffekten zu erwarten. Die Wahrnehmung auf den Zusammenhang von Ernährung, Bewegung und Entspannung zu lenken, Menschen zu sensibilisieren, was zu einem gesunden Lebensstil gehört und zur Handlungsaktivierung anzuregen, kann bereits dazu beitragen. Insbesondere können Teilziele zur Bildung und Festigung erwünschter Einstellungen sowie die Stärkung der Selbstwirksamkeit erreicht werden. Nicht grundlegend ist dabei von einer Offenheit für Veränderungen auszugehen. Flexibel eingebunden in die Methodik von gesundheitsbildenden Maßnahmen kann damit ein solider Beitrag im Beratungsprozess zum Aufbau erwünschter gesundheitlicher Einstellungen und Verhaltensänderungen geleistet werden, wenngleich der Einfluss klar limitiert ist. Schließlich wäre es vermessen, einem solchen Instrument einen unabhängigen Einfluss zubilligen zu wollen. Ohnehin sind die Gesamtauswirkungen der Gesundheitsbildung in der medizinischen Rehabilitation auf langfristige Effekte des Gesundheitsverhaltens wenig bekannt. Nicht unwesentlich ist dabei die Limitiertheit der zeitlich eng begrenzten Interventionsphase in der Rehabilitation. Umso nachhaltiger wird deshalb die unterstützende Hilfe für den Transfer des Erlernten in den Alltag und die nachsorgende Betreuung angemahnt. Insofern kommt der Pyramide als Erinnerungs- und Orientierungshilfe im Alltag eine wichtige Rolle zu. Erwartungsgemäß bereitet es den Patienten große Schwierigkeiten die neu erworbenen Kompetenzen im Alltag aufrecht zu erhalten, kann doch der Einfluss des jeweiligen umweltbezogenen Bezugssystems sich entsprechend destabilisierend auswirken. Gesundheitsbezogenes Handeln als Ausdruck einer Lebensführung, die Gesundheit belastet, gefährdet oder fördert, betrachtet schließlich die individuelle Handlungsebene in der Wechselbeziehung zum Umweltsystem und verdeutlicht damit die Schwierigkeit im Phasenverlauf wirksam auf Verhaltensänderungen einzuwirken.

Bei Maßnamen von Angeboten wie zum Beispiel **Gesundheitszentrum, Krankenkasse oder Volkshochschule** dürfte der **Einsatz** eines Kommunikations-

Modells wie die Gesundheitspyramide in vieler Hinsicht vergleichbare Möglichkeiten und Grenzen aufweisen. Wesentliche Unterschiede ergeben sich jedoch aus der Ausgangssituation der Adressaten im Hinblick auf das Zielgruppenmerkmal, die erwartete Selbstwirksamkeit, Interventionsorientierung, Strategie, Methodik und Handlungsumfeld. Die Teilnehmer derartiger Angebote dürften sich insbesondere dadurch auszeichnen, dass sie offen und motiviert sind für Veränderungen. Wobei unterstellt werden darf, dass viele Klienten aufgrund ärztlicher Interventionen angestoßen werden sich mit gesundheitsbezogenem Handeln auseinander zu setzen. Die vorherrschende Interventionsorientierung ist primär Gesundheitsbildung im Bereich der Gesundheitsförderung und primäre Prävention. Gesundheitsberatung und -schulung sind dabei die überwiegenden Strategien, um durch eingehendes Gespräch, Motivation, Anleitung und Begleitung das Gesundheitswissen und Gesundheitsverhalten insgesamt oder in Teilbereichen zu beeinflussen. Hier könnte sich das Kommunikations-Modell ebenso hilfreich erweisen. Vorstellbar ist, dass die Klienten das Medium stärker wie in der Reha als Unterstützung und Anleitung im Alltag wahrnehmen – zudem sie änderungsbereit sind, in ihrem gewohnten Bezugssystem verbleiben und von einer günstigen Selbstwirksamkeitserwartung auszugehen ist. Andererseits kann die Alltagsumgebung auch in diesem Kontext gegenüber einem störungsfreien und lernförderlichen Umfeld der Reha durchaus von Nachteil sein. Zudem entfällt die interdisziplinäre Arbeitsebene, wie sie in einer Klinik üblich ist. Es ist eher davon auszugehen, dass die Vermittlung von gesunder Lebensführung vornehmlich aus der Perspektive einer Profession erfolgt. Davon unbenommen, verfügt die Beratungskraft im Bereich der öffentlich geförderten Gesundheitsbildung über ein flexibel einsetzbares Medium, dessen Stärken sicher auch in diesem Beratungskontext zur Geltung kommen dürften.

Auch im Hinblick auf den **Einsatz in der hausärztlichen Gesundheitsberatung** könnte sich der Einsatz eines solchen Modells als hilfreiche Ergänzung im Arzt-Patienten-Gespräch empfehlen. Der Sachverständigenrat hat in seinem Sondergutachten 2001 die Ausgabe von didaktisch geeigneten und evidenz-basierten Informationsmaterialien im Rahmen hausärztlicher Konsultationen nachdrücklich postuliert. *[Sachverständigenrat für die konzertierte Aktion im Gesundheitswesen, 2002]* Aufgrund der hohen zugewiesenen Gesundheitskompetenz von Ärzten, erhält der Informationsgehalt der Pyramide möglicherweise einen Bedeutungszuwachs und könnte damit einen starken Impuls zum Anstoß geben, sich damit auseinander zu setzen. Ansonsten dürften sich wie zuvor erörtert aufgrund der persönlichen Beratungssituation vergleichbare Vorteile und Grenzen ergeben. Die Rahmenbedingungen in der hausärztlichen Praxis werden jedoch eine methodisch fundierte Gesundheitsberatung kaum ermöglichen. Insofern wird sich der Medieneinsatz im Arzt-Patienten-Gespräch eher darauf beschränken, deutlich zu machen, was gehört zu einer gesunden Lebensführung und auf anleitende Orientierungshilfen wie etwa die Gesundheitspyramide sowie weiterführende Angebote der Gesundheitsbildung verweisen. Der Einsatz und die Weitergabe eines solchen Modells dürften damit vorwiegend auf die Konfrontation und den Impuls als Anstoß zur Auseinandersetzung gerichtet sein. So etwa könnte eine zunächst reaktive Haltung der Patienten günstig beeinflusst werden. In diesem Kontext sind sicher nur kleine, aber im Phasenverlauf von Verhaltensänderungen zugleich wichtige Teilziele erreichbar, um auf angestrebte Lebensstiländerungen Einfluss zu nehmen. Nicht unproblematisch dürfte jedoch die Auslage der Pyramide in Wartezimmer oder auch bei Krankenkassen sein: das Modell steht für sich alleine ohne weiterführende Erläuterungen, erhält nicht die angestrebte zielgerichtete Aufmerksamkeit und verringert auf diese Weise ihr Wirkungspotential im Phasenverlauf der Informationsverarbeitung. Dennoch könnte damit das weiter zunehmende Interesse an Gesundheitsthemen die Aufnahmebereitschaft vieler Menschen für die durch die Pyramide vermittelte ganzheitliche Sichtweise erhöhen beziehungsweise stimulieren. Aus einer von Kellogg´s in Auftrag gegebenen qualitativen Studie ist bekannt, dass die Ernährungspyramide sehr willkommen ist, weil sie die Grundsätze einer gesunden Ernährung in Erinnerung ruft und dazu ermahnt, sich ausgewogen zu ernähren. Dabei betonten die Befragten, dass die gegebenen Informationen nicht zu wissenschaftlich sein dürfen, von allgemeinem Interesse und optisch freundlich gestaltet sein sollten. Sie dürfen vor allem keinen belehrenden oder ermahnenden Charakter haben. *[Kellogg Deutschland GmbH, 1996]* Bei ähnlich hohem Bekanntheits- und Wiedererkennungswert könnte die Gesundheitspyramide hier vergleichbar wirken und Menschen in Erinnerung rufen sich ausgewogen zu ernähren, sich ausreichend zu bewegen und für Entspannungsausgleich zu sorgen – und damit auf beständige Weise nachvollziehbar sowie alltagsnah zur Handlungsorientierung anregen. Insofern könnte der mögliche Wirkungsgrad der Pyramide auch stark von dem Wiedererkennungswert abhängen.

Die **Nutzung** der Pyramide **im Rahmen von Aufklärungsinitiativen** insbesondere in Publikums- sowie Fachmedien dürfte mit den größten Hemmnissen beschwert sein. Hier entfallen vor allen Dingen die Vorzüge der Dreidimensionalität des Modells. Die Ganzheitlichkeit des Lebensstilkonzepts ist dadurch nicht mehr mit einem Blick erfassbar. Zusätzlich fällt die persönliche Beratungssituation weg, in der Erläuterungen und Anstöße gegeben werden können. Für Massenmedien wie Hörfunk und Plakate ist das Modell völlig ungeeignet. Auch im TV-Bereich dürfte die Eignung stark eingeschränkt sein. Zwar sind Erläuterungen möglich, doch der Zuschauer bleibt passiv und das Motiv ist wenig telegen und damit wenig ansprechend. Bei der Flüchtigkeit des TV-Mediums ist es kaum möglich dem handlungsorientierten Hinweisen zu folgen. Vorstellbar ist, die Module zur Veranschaulichung des Themas „gesunder Lebensstil", „gesunde Lebensführung" in Zeitschriftenartikeln, Broschüren und Büchern zu verwenden. Die bereits angesprochenen Nachteile der Eindimensionalität bleiben allerdings unverändert. Printmedien können sich jedoch die optische Attraktivität der Darstellungen zu nutze machen, um die Themenfelder Ernährung, Bewegung und Stressmanagement besser zu veranschaulichen. Das verschafft den Themen mehr Aufmerksamkeit, wenngleich die Wahrnehmung des Ganzheitlichen eingeschränkt sein dürfte. Textliche Ergänzungen zur Pyramide können helfen das Verständnis zu erhöhen und eine ideale Ergänzung darstellen zum Einsatz der Pyramide im Rahmen von Maßnahmen der Prävention und Gesundheitsförderung. Die US-Behörden haben vor diesem Hintergrund ergänzend zur Ernährungspyramide eine Broschüre konzipiert.

Fachmedien, in Form von Publikationen zur Ausbildung in der Gesundheitsbildung, könnten sich die Einbindung der Pyramide - idealerweise als Bestandteil der Publikation - zur Ausgestaltung von entsprechenden Lehr- und Lerneinheiten zu Nutze machen. Das erkennbare Interesse der befragten Beratungskräfte an geeigneten Medien und der Gesundheitspyramide im Besonderen lässt auf einen entsprechenden Bedarf schließen und das Angebot einer methodisch-didaktisch konzipierten Materialiensammlung sinnvoll erscheinen. Die Möglichkeit auf empirisch basierte Leitlinien und Beratungsstandards zurückgreifen zu können, dürfte für alle Multiplikatoren eine große Erleichterung und Verbesserung in der Gesundheitsbildungspraxis darstellen. So könnte der angemahnten weiteren Ausgestaltung der erst in Ansätzen erkennbaren Didaktik der Gesundheitsbildung Rechnung getragen werden. Im Bemühen um notwendige Verbesserungen dürfte davon insbesondere die Gesundheitsbildung in der medizinischen Rehabilitation profitieren. Ein derartiges Angebot ist aufgrund der gleichgerichteten Zielsysteme in der Rehabilitation sehr gut möglich und im Sinne einer stärkeren Vernetzung der einzelnen Arbeitsbereiche dringend geboten. Aus der eigenen Erfahrung mit Multiplikatoren im Ernährungsbereich haben sich gut strukturierte Lehreinheiten, die neben einer fundierten inhaltlichen Aufbereitung entsprechende methodisch-didaktische Anleitungen und dazu gehörige attraktive Medien enthalten, gut bewährt.

Massenmediale Vermittlungsformen, wie sie hier im Hinblick auf den Einsatz des Modells angesprochen sind, könnten Teil einer Aufklärungskampagne und als ergänzende Information in einer Kampagnenarbeit hilfreich sein. Hierbei können große Reichweiten erzielt werden, doch erst eine nachhaltige Penetration der Pyramide schafft den erwünschten Wiedererkennungswert und fördert die Bereitschaft in der Bevölkerung sich damit aktiv auseinander zu setzen. Nicht zu unterschätzen sind die Möglichkeiten von Unternehmen, die Güter des täglichen Bedarfs herstellen. Ähnlich wie bei der überwältigenden Verbreitung der Ernährungspyramide auf den Verpackungen, können sie zur Erhöhung der Bekanntheit beitragen. Im Lebensmittelbereich gelang es dadurch das Thema alltagsnah an die Menschen zu bringen. Ohne Zweifel erfährt ein Kommunikations-Modell wie die Gesundheitspyramide im Printbereich seine Grenzen am stärksten. Das erreichbare Wirkpotential bei der Einbindung der Pyramidendarstellung wie zum Beispiel in Broschüre oder Zeitschrift ist sicher begrenzt, dabei vorwiegend auf die Umsetzung kognitiver, aber auch affektiver/motivationaler Lernziele gerichtet und oft mehr noch vom Rezipienten abhängig als von Art oder Inhalt des Mediums. Andererseits gewinnen massenmediale Vermittlungsformen einen zunehmend größeren Anteil an der Versorgung mit Gesundheitsinformationen. Gesundheitsbezogene Informationen, in persönlichen wie auch unpersönlichen Formen der Informationsvermittlung, werden daher in der Regel kombiniert und medienverbunden eingesetzt, um durch die Verbindung von Information, Motivierung, Übung und Korrektur sowie Transfererleichterung Gesundheit zu fördern. Die Vorzüge der jeweiligen Vermittlungsformen können damit kumulativ und synergetisch in den entsprechenden Interventionsphasen genutzt werden. Dies sollte in der Gesundheitsbildung wesentlich stärker Berücksichtigung finden.

7.3. Perspektiven für die Gesundheitspyramide

Der in dieser Arbeit adressierte Mangel an geeigneten didaktischen Mitteln hat sich in den Untersuchungen bestätigt und zeigt um so deutlicher die Notwendigkeit von praxisgerechten Lösungen. Vor allen Dingen sind wichtige Erkenntnisse für die Gesundheitsbildungspraxis in der medizinischen Rehabilitation erarbeitet worden. Ihre erste Bewährungsprobe hat die Gesundheitspyramide in der Beratungspraxis dabei gut bestanden.

Vordringlich sollte der bei der Datenauswertung identifizierten Schwachstelle im Hinblick auf die Verständlichkeit entsprechende Aufmerksamkeit geschenkt werden. Sie betrifft ein leicht zu lösendes Problem. Hier zeigte sich, dass der in der Ernährungspyramide aufgenommene Verbesserungsvorschlag aus der konzeptbezogenen Untersuchung in Form von textlichen Ergänzungen zu den Lebensmittelgruppen offenbar missverständlich umgesetzt wurde und dementsprechend vermehrt Erklärungsbedarf auslöste. Ein eindeutiger Bezug der textlichen Hinweise zu den Portionsangaben auf den wöchentlichen beziehungsweise täglichen Verzehr sollte schnell Abhilfe schaffen können. Für die **nächste Druckauflage** ist daher zu **berücksichtigen**, dass für alle Lebensmittelgruppen eindeutig zu erkennen ist, welche Portionsmengen auf welchen Zeitraum bezogen verzehrt werden sollten. Darüber hinaus empfiehlt es sich bei dem Modul Bewegung, die Basisaktivitäten in der unteren Abbildung jeweils mit einem Pluszeichen zu verbinden, so dass eindeutig erkennbar ist, dass der Energieumsatz von 200 kcal kumulativ zu sehen ist. Außerdem ist das Unternehmen Kellogg als Herausgeber der Gesundheitspyramide gut beraten die Erkenntnisse der Bewertung des Werbeanteils aufzugreifen. Zwar sehen die meisten Beratungskräfte im Werbeanteil einen eher geringen Einfluss und den didaktischen Wert des Mediums dadurch nicht beeinflusst, jedoch konstatiert immerhin ein Viertel der Befragten, dass der Werbeanteil eine Beeinträchtigung der Glaubwürdigkeit mit sich bringt. Die Exponiertheit des Firmenlogos in der Abbildung des Moduls Ernährung wird im Dialog mit den Patienten dabei oftmals zum Thema. Für das Unternehmen empfiehlt es sich deshalb, mögliche Befindlichkeiten zu vermeiden. Selbst wenn seitens der Beratungskräfte zunächst keine Vorbehalte auftreten, so könnte die Beratungsarbeit dennoch aufgrund möglicher Befindlichkeiten bei den Patienten beeinträchtigt werden. Demgemäß empfiehlt sich für das Unternehmen den Werbeanteil auf den Absender zu begrenzen, wobei nicht zwangsläufig mit einer Schmälerung der Werbewirkung zu rechnen ist. So könnte eine auf die Absenderrolle reduzierte zurückhaltende Werbeform dem Ansehen des Unternehmens durchaus förderlicher sein, wenn es damit gelingt Seriosität, Neutralität und Glaubwürdigkeit der vermittelten Inhalte überzeugender zur Geltung zu bringen. Der Absender an und für sich wird ebenfalls Einfluss nehmen auf die Art der Wahrnehmung. So kann dem im Umfeld der gesunden Ernährung positionierten Unternehmen aufgrund seiner hohen Bekanntheit und seines Imageprofils durchaus zugesprochen werden, Sympathie und Vertrauen auszustrahlen und damit die Wahrnehmung positiv zu verstärken. Daher empfiehlt es sich, den werblichen Absender offen und klar, wie in der gegebenen Form zu kommunizieren, aber jegliche werbliche Anmutung im inhaltlichen Kontext durch die Eliminierung des Logos in der Müslischale der Pyramidenabbildung zu unterlassen.

Um die **Motivierung zur Aufbewahrung und Wiederverwendung** zu erhöhen, ist die zusätzliche Ausstattung der Gesundheitspyramide mit einer Befestigungs- und Aufhängvorrichtung zu überlegen. Dabei könnte eine recht einfache Mechanik gewählt werden. So lässt sich die Pyramide in der aufgestellten dreidimensionalen Form an der offenen Stelle mit durchsichtigem Klebeband fixieren. Es wird lediglich eine kleine Holzkugel, aus dem Bastelbedarf etwa, mit Durchlass für einen Aufhängfaden benötigt, die mit einem Knoten an einem Ende eines Fadens gehalten wird. Die Aufhängung am offenen Seitenschenkel eingeführt, hält dann die Pyramide an der Spitze fest. So kann sie nach Belieben aufgehängt werden. Als nützlich dürften sich auch doppelseitige Klebepunkte beispielsweise zur Fixierung der aufgeklappten Innenseite an Wand- oder Möbelflächen erweisen. Die damit gezeigte Ansicht vermittelt „gesundheitsbewusste Lebensweise" in ihrer Ganzheitlichkeit und ihrer wechselseitigen Zusammengehörigkeit der Lebensstilfaktoren. Die Anbringung empfiehlt sich in der Küche. Die Aufmachung der Pyramide ist in beiden Fällen dekorativ und damit auch als farbfreundliches Gestaltungsmittel geeignet. Idealerweise enthält die Gesundheitspyramide bereits die erwähnten Aufbewahrungshilfen, so dass die Adressaten optimal darin unterstützt werden das Medium zu Hause sichtbar zu machen. Sofern dies aus logistischen oder kostentechnischen Erwägungen nicht in Betracht kommt, sollte zumindest gewährleistet sein, dass bei der Weitergabe entsprechende Hinweise dazu gegeben werden. Eine dadurch begründete gute Compliance, bestärkt durch sympathisch wahrgenommene Botschaften/Symbole, hilft so die angestoßenen Verhaltensänderungen in den Alltag noch besser zu transferieren.

Um die **Motivation zur Handlungsaktivierung** im Bereich Bewegung zu **unterstützen**, könnte die Gesundheitspyramide um ein hilfreiches Instrument ergänzt werden. Mit Hilfe eines Schrittezählers, in der englischen Literatur auch als Pedometer bezeichnet, lässt sich leicht feststellen, ob der empfohlene Bewegungsumfang erreicht wird. So entsprechen etwa 3100 – 4000 Schritte etwa 30 Minuten Gehen bei moderater Intensität. *[President´s Council on Physical Fitness and Sports, 2002] [Trost, 2001]* Davon kann insbesondere der Reha-Patient profitieren. So bekommt der Patient zunächst einmal ein Maß für die erforderliche Bewegungsdosis und kann die Zielerreichung selbstständig überwachen. Es ist anzunehmen, dass die Empfehlung für den Patienten damit leichter nachzuvollziehen ist und die Anwendung des Pedometers sich günstig auf die Motivation auswirkt an dem Bewegungsmuster festzuhalten.

Zum **Aufbau der Bekanntheit der Gesundheitspyramide** in Fach- wie auch Publikumskreisen sollten alle bestehenden Kommunikationskanäle eines Unternehmens eingesetzt werden. So ist insbesondere die Produktpackung als Kommunikationsmittel von besonderem Interesse. Die Erfahrungen im Zusammenhang mit der Verbreitung der Ernährungspyramide haben gezeigt, dass die Pyramide als wichtiges Symbol für gesunde Ernährung wahrgenommen wird und durch ihre große Verbreitung einen hohen Wiedererkennungswert erlangt hat. Diese Erfahrung erklärt sich aus dem Umstand, dass Cerealien gerne als Frühstücksprodukt verzehrt werden und die Produktpackungen in vielen Haushalten regelmäßig im Blickfeld auf dem Frühstückstisch stehen – so also eine entsprechende Penetration leisten. Für viele Verbraucher wird die Packung zum Gegenstand des Dialogs zwischen den Familienmitgliedern und die Pyramide häufig als edukative Erklärungshilfe bei der Ernährungserziehung herangezogen. Die Darstellungsform hat damit eine hohe Alltagsrelevanz. Von der Beliebtheit und Bekanntheit profitieren insbesondere auch die Fachkräfte. Sie berichten von guter Compliance bei Verwendung der Pyramide, da vielen Klienten das Medium bereits bekannt ist und Alltagsnähe hergestellt ist. Diese Erfahrungen und Rahmenbedingungen sollten auch für die Verbreitung der Gesundheitspyramide genutzt werden. Um eine hohe Verbreitung in Fachkräftekreisen zu erreichen, empfiehlt sich eine Ankündigung in der Fachpresse. Den Lesern der am stärksten verbreiteten Fachzeitschriften im Bereich Ernährungsberatung, Prävention/Gesundheitsförderung und Gesundheitsbildung in der medizinischen Rehabilitation kann die Gesundheitspyramide im Rahmen einer Pressemitteilung vorgestellt werden. Ferner ist anzustreben, die Ergebnisse der empirischen Arbeit im Rahmen einer wissenschaftlichen Abhandlung zu publizieren und gegebenenfalls auf relevanten Kongressveranstaltungen vorzustellen. Mit Hinweis darauf sollten führende Institutionen in den betreffenden Bereichen einschließlich Fortbildungsinstitutionen durch ein Anschreiben entsprechend informiert werden. Insbesondere sind die Träger von Reha-Einrichtungen einzubeziehen, um ihnen das Modell vorzustellen und für eine breite Unterstützung zu werben, um große Reichweiten zu generieren. Möglicherweise kommt ihnen auch die Funktion zu, über Empfehlungen zu Beratungsstandards zu entscheiden. Von Vorteil ist, wenn eine bestehende Plattform der Online Kommunikation für Fachkräfte den Bezugsrahmen für die Anfordermöglichkeit der Pyramide darstellen kann. Dort könnte das Modell als animierte Grafik demonstriert und kurz vorgestellt werden. Es empfiehlt sich in kurzer Form über die Bewertung des Medieneinsatzes zu berichten und ein Dokument mit Empfehlungen zum Einsatz und Erläuterungen zur Evidenzbasierung der inhaltlichen Aussagen zur Verfügung zu stellen. Eine ideale Ergänzung stellt die Möglichkeit zum Download der Pyramide dar, zum Beispiel als Ausdruck für Folienpräsentationen. Um weitere Erfahrungen zu sammeln und systematisch zu bewerten, könnte ein leitfadengestützter Rückmeldebogen Hilfe leisten. Für die Verbreitung der Gesundheitspyramide auf Bevölkerungsebene bietet sich an die Ankündigung in der Publikumspresse zu forcieren. Besondere Aufmerksamkeit gilt der Nutzung der Produktverpackung für eine auszugsweise grafische Darstellung und adressatengerechte Kommunikation der zentralen Botschaft der Gesundheitspyramide mit einem Hinweis auf weiterführende Informationen und Anforderungsmöglichkeiten via Internet oder Verbraucherberatungsservice. Zu erwägen ist außerdem, eine ergänzende Broschüre zu entwickeln. Sie kann helfen, das Verständnis der Pyramide zu erhöhen und auch Gehörtes im Beratungskontext zu festigen. Zu den Handlungshinweisen können zudem nähere Hintergründe vermittelt werden. Vielleicht kann die Gesundheitspyramide damit auch wirksame Handlungsorientierung leisten ohne Einbindung in einen personalisierten Beratungsprozess. Für die Online Kommunikation könnte das Modell, wie bereits erwähnt, als animierte Grafik demonstriert und um zielgruppengerechte Informationen sowie Bestellmöglichkeit entsprechend ergänzt werden. Diese duale, auf beide Zielgruppen gerichtete Vorgehensweise dürfte erheblich zum Aufbau der Bekanntheit beitragen. So kann die Bereitschaft in der Bevölkerung gefördert werden sich mit dem Anliegen einer gesunden Lebensführung auseinander zu setzen und für die Beratungskräfte in der Gesundheitsbildung einen günstigen Nährboden bilden bei der Vermittlung und Anleitung zu angestrebten Lebensstiländerungen.

Zu fordern ist auf alle Fälle die Entwicklung eines **didaktischen Leitfadens** als Arbeitsgrundlage für Multiplikatoren in der Prävention und Gesundheitsförderung zur ganzheitlichen Vermittlung der Themenfelder Ernährung, Bewegung und Entspannung im Sinne einer gesunden Lebensführung. Es sollte ein didaktischer Leitfaden entstehen, der sich an den Bedingungen in der Prävention und Gesundheitsförderung orientiert und aus gut strukturierten Einheiten besteht, der neben einer fundierten inhaltlichen Aufbereitung entsprechende methodisch-didaktische Anleitungen und dazu gehörige attraktive Medien enthält.

Besondere Aufmerksamkeit sollte man den **neuen Medien** widmen. Hier stellt sich die Frage, inwieweit das Pyramiden-Modell in der Form eines interaktiven Online-Konzeptes adaptiert werden kann. Durch Interaktiv-Module lassen sich Online Medien hervorragend dazu nutzen individuelle Aspekte einzubeziehen und damit die Relevanz für den Einzelnen zu erhöhen. Denkbar ist beispielsweise, dass der Online-Nutzer seine individuellen Daten zu Alter, Geschlecht und Gewicht eingibt und damit den Kalorienverbrauch einer gewünschten Aktivität für eine angenommene Zeiteinheit individuell ermitteln kann. So können animierte Elemente helfen, die Entspannungsübungen praktisch zu demonstrieren und mit Hilfe von Sprachmodulen zu erläutern. Dies ist ebenso gut als Multi-Media-Anwendung vorstellbar in Form einer entsprechenden Software und könnte auch im Rahmen von betrieblicher Gesundheitsförderung am Arbeitsplatz zur Anwendung kommen. Ein Online-Menü lässt sich ansprechend animieren und anwendergerecht steuern. Es können Vertiefungen zu den jeweiligen Modulen wie auch Instrumente zur Selbstreflexion angeboten werden. Auf diese Weise kann die interaktive Dialogform gut dazu anregen, sich der eigenen Verhaltensweisen bewusst zu werden und für das Anliegen einer gesunden Lebensführung zu sensibilisieren.

Zu überlegen ist, wie die Situation von wartenden Patienten in einer Arztpraxis dazu genutzt werden kann, die Aufmerksamkeit auf die zentralen Botschaften der Pyramide zu fokussieren. Vorstellbar ist ein **Touchsreen** gesteuertes dreidimensionales Gestaltungsmittel zu entwickeln, dass auf Patienten **im Wartebereich in der Arztpraxis** gerichtet ist. Der Patient wird mit Fragen konfrontiert, die nur durch die Auseinandersetzung mit den menügeführten Inhalten zu lösen sind. Oder er wird mit zur Selbstreflexion anregenden Fragen konfrontiert, auf die der Arzt Bezug nehmen kann. So könnte der Einsatz der Pyramide im Arzt-Patienten-Dialog zusätzlich unterstützt werden. Allein die technische und kostenmäßige Realisierbarkeit ist dabei jedoch stark zu bezweifeln.

7.4. Ausblick auf weiterführende Fragen

Ziel dieser Arbeit war es, ein visualisiertes Kommunikations-Modell zu entwickeln, das auf der Grundlage von evidenzbasierten Inhalten und auf wenige Botschaften reduziert, zwei Funktionen erfüllen soll: das Modell soll ein methodisch-didaktisches Instrument für den Beratenden sein und gleichzeitig als Leitfaden zur Handlungsorientierung für den Adressaten dienen. Als übergeordnetes Ziel soll dessen Einsatz und Anwendung in der Gesundheitsbildung zum Aufbau und Festigung

Perspektiven eines Kommunikations-Modells in der Gesundheitsbildung 229

erwünschter gesundheitlicher Einstellungen und angestrebter Verhaltensänderungen für die Lebensstilfaktoren Ernährung, Bewegung und Stressmanagement beitragen.

Gesamt betrachtet liefert diese Arbeit überzeugende Ergebnisse und Hinweise darauf, dass die entwickelte Gesundheitspyramide diese Zielstellung erfüllt: die Vermittlung des komplexen Zusammenhangs von Gesundheit und Lebensstil in der Gesundheitsbildung wird lernwirksam unterstützt und das Medium aus der Beobachtung der Beratungskräfte von den Adressaten als Unterstützung und Informationsquelle wahrgenommen. Damit sind gute Voraussetzungen entstanden einen Beitrag zum Aufbau und Festigung von erwünschtem Gesundheitsverhalten zu leisten. Diese Erkenntnisse können allenfalls eine Basis bilden. Eine Reihe von Fragen sind offen geblieben oder neben verschiedenen Detailaspekten in dieser Arbeit nicht berücksichtigt worden, die eine weitere Bearbeitung erfordern. An vielen Stellen sind deshalb Vertiefungen und weiterführende Ausarbeitungen möglich und nötig. Mit einem Ausblick auf weiterführende Forschungsfragen beschäftigt sich der abschließende Teil der Arbeit.

Da die Wahrnehmung der Pyramide seitens der Patienten ausschließlich aus der Perspektive der Beratungskräfte gewonnen wurde, ist in einer weiteren **direkt an die Patienten gerichteten Untersuchung** zu klären, ob sich die gewonnenen Eindrücke bestätigen. Sinnvoll wäre es dazu, die in dieser Arbeit zu Grunde gelegten Qualitätsdimensionen wie Akzeptanz, Motivation, Verständlichkeit, Anschaulichkeit und Handlungsorientierung für eine explorative Studie heranzuziehen. Bedeutsam aber schwierig bleibt unverändert die Fragestellung, welche Handlungswirkung durch den Einsatz der Gesundheitspyramide resultiert. Diesem Aspekt gilt im Hinblick auf die Zielstellung besonders hohe Aufmerksamkeit. In dieser Hinsicht spricht viel dafür Patienten nach der Rückkehr in ihren Alltag zu befragen.

Unklar geblieben ist die Frage, ob die Pyramide die Zusammenarbeit zwischen den Professionen fördert. Aufgrund des offenbar zu kurz gefassten Zeitraums kam es lediglich bei etwas mehr als der Hälfte der Fachkräfte zu einem Austausch, aufgrund dessen die Erkenntnisse auf nur wenigen Erfahrungen beruhen. Zu klären wäre in einer **Nachuntersuchung**, inwieweit die über einen längeren Einsatzzeitraum gewonnenen Erfahrungen im Umgang mit der Gesundheitspyramide zu einer vergleichbaren Bewertung führen. Ein besonderer Schwerpunkt sollte dabei dem Aspekt der Interdisziplinarität und dem Kooperationshandeln zwischen den Professionen gewidmet sein. Nach einem Jahr hat erwartungsgemäß genügend Austausch mit den anderen Professionen statt gefunden und es liegen entsprechende Erfahrungen durch den Medieneinsatz in den Bereichen Bewegung und Entspannung vor. In dieser Hinsicht ist die **direkte Einbeziehung der Kollegen aus den anderen Fachbereichen** in der Befragung angezeigt. So gilt es aus dem Blickwinkel aller an den gesundheitsbildenden Maßnahmen in der Rehabilitation beteiligten Fachdisziplinen festzustellen, ob sich das Medium dauerhaft und interdisziplinär in der Gesundheitsbildung der medizinischen Rehabilitation bewährt.

Die Möglichkeiten und Grenzen eines Kommunikations-Modells wie die Gesundheitspyramide in Bezug auf die Einsatzbereiche in der öffentlichen Gesundheitsbildung, Arztpraxis wie auch Medien zu erforschen, stellt ein weiteres großes Arbeitsgebiet dar. Vor diesem Hintergrund könnte die Arztpraxis von Interesse sein, bei der das Kommunikations-Modell einerseits in das Arzt-Patienten-Gespräch eingebunden ist und andererseits lediglich im Wartezimmer ausliegt.

Der Einsatz von visualisierten Darstellungen als Kommunikations-Modell in Medien, zum Beispiel eingebunden in eine Aufklärungskampagne, beinhaltet zahlreiche Fragen zur **Medienwirksamkeit** und deren Einfluss auf die Handlungswirkung. Generell dürfte eine Wirksamkeitsstudie hinsichtlich des Einsatzes visualisierter Darstellungen aufschlussreich sein, bei der Kriterien entwickelt werden für eine effektive und effiziente Aufbereitung von gesundheitsbezogenen Informationen für Laien. Hier ist vor allem die Medienwissenschaft gefragt sich an Problemstellungen dieser Art zu beteiligen.

Die formulierten Anschlussstellen halten vielfältige Herausforderungen bereit, die weitere Forschungstätigkeiten zum Ziel haben müssen.

LITERATURVERZEICHNIS

Abele, A., Brehm, W. & Pahmeier, I. (1996). Sportliche Aktivität als gesundheitsbezogenes Handeln. In: R. Schwarzer (Hrsg.). Gesundheitspsychologie. Ein Lehrbuch. Göttingen: Hogrefe.

Achterberg, C., McDonnell, E. & Bagby, R. (1994). How to put the Food Guide Pyramid into practice. Journal of the American Dietetic Association 94 (9), 1030-1035.

Aid - Auswertungs- und Informationsdienst für Ernährung, Landwirtschaft und Forsten (Hrsg.). (1999). Vollwertig essen und trinken nach den 10 Regeln der DGE. Bonn: aid.

Ainsworth, BE., Haskell, WL. & Leon, AS. et al. (1993). Compendium of physical activities: classification of energy costs of human physical activities. Medicine & Science in Sports & Excercise. 25 (1), 71-80.

Ainsworth, BE., Haskell, Wl. & Whitt, MC. et al. (2000). Compendium of physical activities: an update of activity codes and MET intensities. Medicine & Science in Sports & Exercise. 32 (9), S498-S516.

Arbeitsgemeinschaft der Spitzenverbände der gesetzlichen Krankenkassen. Gemeinsame und einheitliche Handlungsfelder und Kriterien der Spitzenverbände der Krankenkassen zur Umsetzung von § 20 Abs. 1 und 2 SGB V in der Fassung vom 27. Juni 2001.
http://www.g-k-v.com

Arbeitsgruppe Gesundheitstraining aus dem Arbeitskreis der Leitenden Ärzte der Klinikgruppe BfA. (2003). Gesundheitstraining in der medizinischen Rehabilitation.
http://www.bfa.de

Arbeitskreis Gesundheit (Hrsg.) (2003). Rehabilitations-Kliniken stellen sich vor. Bonn: Arbeitskreis Gesundheit e.V.

Atteslander, P. (2000). Methoden der empirischen Sozialforschung. Berlin: De-Gruyter.

Austin, MA. (1989). Plasma triglycerides as a risk factor for coronary heart disease. The epidemiologic evidence and beyond. American Journal of Epidemiology 129 (2), 249-259.

Baric', L. (1994). Health Promotion and health education in practice. Module 2. The organisational Model. Cheshire: Barns.

Barmer Ersatzkasse (Hrsg.). (2003). Barmer bewegt Berlin. Barmer – das aktuelle Gesundheitsmagazin 3, 11.

Barmer Ersatzkasse (Hrsg.). (2003a). Prävention – Aktive Lebensart in 2003. Wuppertal.

Beaglehole, R. & Magnus. P. (2002). The search for new risk factors for coronary heart disease: occupational therapy for epidemiologists? International Journal of Epidemiology 31, 1117-1122.

Becker, P. (1997). Prävention und Gesundheitsförderung. In: R. Schwarzer. Gesundheitspsychologie. Göttingen: Hogrefe.

Beckers, E., Holz, O., Jansen, U. & Mayer, M. (1992). Gesundheitsorientierte Angebote in Sportvereinen. Schriftenreihe des Kultusministeriums NRW, Heft 34. Düsseldorf: Ritterbach.

Bengel, J. (1993). Gesundheit, Risikowahrnehmung und Vorsorgeverhalten. Göttingen: Hogrefe.

Bengel, J., Strittmatter, R. & Willmann, H. (2001). Was erhält Menschen gesund? Antonovskys Modell der Salutogenese – Diskussionsstand und Stellenwert. Forschung und Praxis der Gesundheitsförderung, Bd. 6. Köln: Bundeszentrale für gesundheitliche Aufklärung (BzgA).

Bergmann, G. (1995). Lebensalter und koronare Herzerkrankung: die Bedeutung psychologischer Faktoren für die klinische Erstmanifestation. Frankfurt: VAS.

Bernstein, DA. & Borkovec, TD. (2000). Entspannungstraining. Handbuch der progressiven Muskelentspannung. München: Pfeiffer.

Beywl, W. (1988). Zur Weiterentwicklung der Evaluationsmethodologie. Grundlegung, Konzeption, Anwendung eines Modells der responsiven Evaluation. Frankfurt: Lang.

Beywl, W. (1991). Entwicklung und Perspektiven praxiszentrierter Evaluation. Sozialwissenschaften und Berufspraxis 14 (3), 265-279.

Beywl, W. (1998). Standards für die Evaluation von Programmen. Sozialwissenschaften und Berufspraxis 21 (4), 365-369.

Beywl, W., Henze, B., Mäder, S. & Speer, S. (2002). Evaluation in der Stiftungspraxis. Handreichung und Beispiele. Beilage von Stiftung & Sponsoring 2.

Beywl, W., Schepp-Winter, E. (2000). Zielgeführte Evaluation von Programmen – ein Leitfaden. Berlin: Bundesministerium für Familien, Senioren, Frauen und Jugend.

Bijnen, FCH., Caspersen, CJ. & Mosterd, WL. (1994). Physical inactivity as a risk factor for coronary heart disease: a WHO and International Society and Federation of Cardiology position statement. Bulletin of the World Health Organization 72 (1), 1-4.

Blair, SN. (1994). Physical Activity, Fitness and Coronary Heart Disease. In: C. Bouchard, RJ. Stephard, T. Stephens (Eds.). Physical activity, fitness and health. International proceedings and consensus statement. Champaign, IL: Human Kinetics Publishers.

Blair, SN. (1994a). Körperliche Aktivität, körperliche Fitness und Gesundheit. In: The Club of Cologne (Hrsg.). Gesundheitsförderung und körperliche Aktivität. Köln: Sport und Buch Strauß.

Blair, SN., Cheng, Y. & Holder JS. (2001). Is physical activity or physical fitness more important in defining health benefits? Medicine & Science in Sports & Excercise 33 (6), S379-S399.

Blair, SN. & Connelly JC. (1996). How much physical activity should we do? The case for moderate amounts and intensities of physical activity. Research Quarterly for Excercise and Sport 67 (2), 193-205.

Blair, SN. & Hardman, A. (1995). Special issue: Physical activity, health and well-being - an international scientific consensus conference. Research Quarterly for Exercise and Sport, 66 (4).

Blättner, B. (1995). Anforderungen an die Gesundheitsbildung – Herausforderungen für die Erwachsenenbildung. Berichte & Informationen der Erwachsenenbildung in Niedersachsen 58 (2), 2-5.

Blaxter, M. (1992). Health and Lifestyles. London: Routledge.

Bortz, J. & Döring, N. (2002). Forschungsmethoden und Evaluation für Sozialwissenschaftler. Berlin: Springer.

Bös, K. & Brehm, W. (1998). Gesundheitssport. Ein Handbuch. Schorndorf: Hofmann.

Bös, K., Brehm, W., Opper, E. & Saam, J. (1998). Gesundheitsorientierte Sportprogramme im Verein. Analysen und Hilfen zum Qualitätsmanagement. Frankfurt/M: Deutscher Sportbund.

Bouchard, C. (1994). Körperliche Aktivität, Fitness und Gesundheit. In: The Club of Cologne (Hrsg.). Gesundheitsförderung und körperliche Aktivität. Köln: Sport und Buch Strauß.

Bouchard, C., Stephard, RJ. & Stephens, T. (1994). Physical activity, fitness and health. International proceedings and consensus statement. Champaign, IL: Human Kinetics Publishers.

Brehm, W., Bös, K., Opper, E. & Saam, J. (2002). Gesundheitssportprogramme in Deutschland. Schorndorf: Hofmann.

Breitkopf, H. & Sendler, H. (1997). Perspektiven der Gesundheitsbildung aus fachpolitischer Sicht. In: JH. Knoll (Hrsg.). Internationales Jahrbuch der Erwachsenenbildung 25. Köln: Boehlau.

Briese-Neumann, G. (1997). Herausforderung Stress. Gesund durch Körper- und Innermanagement. Hamburg: Rowohlt.

Bunde-Birouste, A. (2000). The evidence of health promotion effectiveness: shaping public health in a new Europe. A report for the European Commission by the International Union for Health Promotion and Education. Brussels: ECSC-EC-EAEC.

Bundesministerium für Gesundheit und Soziales. (2003). Ulla Schmidt begrüßt Konsens bei nationalen Zielen zur Prävention und Gesundheitsförderung. Pressemitteilung vom 14.02.2003. Berlin: BMGS.
http://www.bmgs.bund.de

Bundesvereinigung für Gesundheit. (1996). Qualitätskriterien für Maßnahmen der Gesundheitsförderung am Beispiel Entspannung/Stressregulation. Studienprojekt im Auftrag der Spitzenverbände der gesetzlichen Krankenkassen, Bonn: Bundesvereinigung für Gesundheit e.V.

Bundeszentrale für gesundheitliche Aufklärung (2003). „gesund und munter" – Nutzung und Bewertung einer Unterrichtshilfe. Untersuchungsbericht. Köln: BzgA.

Bunker, SJ., Colquhoun, DM. & Esler, MD. et al. (2003). „Stress" and coronary heart disease: psychosocial risk factors. Medical Journal of Australia 178 (6), 272-276.

Chandrashekhar, Y. & Anand, IS. (1991). Exercise as a coronary protective factor. American Heart Journal 122, 1723-1739.

Christiansen, G. (2000). Evaluation – ein Instrument zur Qualitätssicherung in der Gesundheitsförderung: eine Expertise. Forschung und Praxis der Gesundheitsförderung, Bd. 8. Köln: Bundeszentrale für gesundheitliche Aufklärung (BzgA).

Cronin, FJ., Shaw, AM., Krebs-Smith, SM., Marsland, PM. & Light, L. (1987). Developing a Food Guidance System to Implement the Dietary Guidelines. Journal of Nutrition Education 19, 281-302.

DAK (Hrsg.). (2001). DAK Gesundheitsbarometer: Stressfaktoren und Stressabbau. Forsa Studie im Auftrag der DAK, Hamburg.

Destatis. (2003). Todesursachenstatistik.
http://www.destatis.de

Destatis. (2003a). Jeder Zweite starb 2001 an KHK. Ernährungsumschau 50 (2), 69.

Deutsche Gesellschaft für Ernährung (DGE). (2000). Ernährungsbericht 2000. Frankfurt/M: Henrich.

Deutsche Gesellschaft für Sportmedizin und Prävention (DGSP). (2002). Korrespondenz mit DGSP, Freiburg.

Deutsche Gesellschaft für Sportmedizin und Prävention (DGSP), Sektion Breiten-, Freizeit- und Alterssport. (2002). 11 : 0 für die Gesundheit. Sportärztliche Empfehlungen zur Beeinflussung von Risikofaktoren – Förderung von Schutzfaktoren durch körperliche Aktivität und Sport. Deutsche Zeitschrift für Sportmedizin 53 (7/8), VI-VII DGSP aktuell.

DGE, ÖGE, SGE, SVE. (2000). Referenzwerte für die Nährstoffzufuhr. Frankfurt/M: Umschau/Braus.

Drewniak, U. (1992). Lernen mit Bildern in Texten: Untersuchung zur Optimierung des Lernerfolgs bei Benutzung computerpräsentierter Texte und Bilder. Münster: Waxmann.

Eissing, G. & Lach, J. (2003). Evaluation von Ernährungskreis und –pyramide im Schulunterricht. Ernährungs-Umschau 50 (2), 50-53.

Emrich, G., Krause, R., Schwind Gick, G. & Wedekind, S. (2002). Sport pro Gesundheit. Qualität für präventive Bewegungsprogramme. Frankfurt/M: Deutscher Sportbund.

Erbersdobler, H. (2003). Editorial: Über Kreise und Pyramiden aller Arten. Ernährungs-Umschau 50 (4), 125.

Erikssen, G., Liestøl, K., Bjørnholt, J., Thaulow, E., Sandvik, L. & Erikssen, J. (1998). Changes in physical fitness and changes in mortality. Lancet 352, 759-762.

Everson, SA., Kauhanen, J., Kaplan, GA., Goldberg, DE., Julkunen, J., Tuomilehto, J. & Salonen, JT. (1997). Hostility and increased risk of mortality and acute myocardial infarction: The mediating role of behavioural risk factors. American Journal of Epidemiology 146 (2), 142-152.

Faltermaier, T. (1994). Gesundheitsbewusstsein und Gesundheitshandeln. Über den Umgang mit Gesundheit im Alltag. Weinheim: Beltz.

Flay, BR. (1982). Verhaltensänderungen durch Gesundheitsprogramme in den Massenmedien: Theoriemodelle und Möglichkeiten ihrer Anwendung. In: M. Meyer (Hrsg.) Gesundheitserziehung in Fernsehen und Hörfunk. München: K.G. Saur.

Flick, U. (1997). Gesundheitsvorstellungen im Alltag: Forschungsansätze und ihre Bedeutung für Psychologie und Gesundheitswissenschaften. In: R. Weitkunat, J. Haisch, M. Kessler (Hrsg.). Public Health und Gesundheitspsychologie. Bern: Huber.

Forum Gesundheitsziele. (2003). Gesundheitsziele.de. Bericht des Forum zur Entwicklung und Umsetzung von Gesundheitszielen in Deutschland. http://www.gesundheitsziele.de

Frank, U. & Bengel, J. (1998). Gesundheitsbildung in der medizinischen Rehabilitation. Zeitschrift für Gesundheitspsychologie 6 (3), 109-119.

Franz, IW. (1996). Rehabilitation bei Herz-Kreislauf-Erkrankungen. In H. Delbrück, E. Haupt (Hrsg.). Rehabilitationsmedizin. Therapie- und Betreuungskonzepte bei chronischen Krankheiten. München: Urban & Schwarzenberg.

Gesundheitsberichterstattung des Bundes/Statistisches Bundesamt (Hrsg.). (1998). Gesundheitsbericht für Deutschland. Stuttgart: Metzler-Poeschel.

Göpfert, W. (2001). Möglichkeiten und Grenzen der Gesundheitsaufklärung über Massenmedien. In: K. Hurrelmann, A. Leppin (Hrsg.). Moderne Gesundheitskommunikation. Bern: Huber.

Grawe, K., Donati, R. & Bernauer, F. (1994). Psychotherapie im Wandel. Göttingen: Hogrefe.

Grünewald, S. (1998). Psychologische Repräsentativität als Qualitätskriterium in der Marktforschung. Planung und Analyse 2, 22-25.

Haskell, WL. (1994). Health consequences of physical activity: understanding and challenges regarding dose-response. Medicine & Science in Sports & Exercise 26 (6) 649-660.

Hauner, H. & Berg, A. (2000). Körperliche Bewegung zur Prävention und Behandlung der Adipositas. Dt. Ärzteblatt 97 (12), 768-774.

Heindl, I. (1999). Essen, Trinken und Ernähren zwischen Naturwissenschaften und Kulturphänomen. In: Bundesvereinigung Gesundheit e.V. (Hrsg.). Handbuch Gesundheit. Strukturen und Handlungsfelder. Loseblattwerk. Neuwied: Luchterhand.

Herrmann, M. (1997). Chronische Krankheit als Thema der öffentlichen Gesundheit. In: R. Weitkunat, J. Haisch, M. Kessler (Hrsg.). Public Health und Gesundheitspsychologie. Bern: Huber.

Hofmann, E. (1999). Progressive Muskelentspannung: ein Trainingsprogramm. Göttingen: Hogrefe.

Hollmann, W. (1997) Gesundheit und Bewegung aus sportmedizinischer Sicht. In: K. Bös, N. Schott (Hrsg.). Sport und Gesundheit. Mainz: Sport und Medien.

Hollmann, W. & Gyárfás, I. (1994). Gesundheit und körperliche Aktivität (Kongressbericht WHO und FIMS). Dt. Ärzteblatt 91 (50), 2218.

Holst, von D. (1993). Zoologische Stress-Forschung – ein Bindeglied zwischen Psychologie und Medizin. Spektrum der Wissenschaft 5, 92-96.

Hornung, R. (1997). Determinanten des Gesundheitsverhaltens. In: R. Weitkunat, J. Haisch, M. Kessler (Hrsg.). Public Health und Gesundheitspsychologie. Bern: Huber.

Horx, M. (1999). Die Wellness-Gesellschaft und der Wertewandel. Dokumentation der Zeitschrift VITAL. Hamburg: Jahreszeiten Verlag.

Howley, E. (2001). Type of activity: resistance, aerobic and leisure versus occupational physical activity. Medicine & Science in Sports & Exercise 33 (6), S364-S369.

Hurrelmann, K. & Laaser, U. (1998). Entwicklung und Perspektiven der Gesundheitswissenschaften. In: K. Hurrelmann, U. Laaser (Hrsg.). Handbuch Gesundheitswissenschaften. Weinheim: Juventa.

Hurrelmann, K. & Leppin, A. (2001). Moderne Gesundheitskommunikation – eine Einführung. In: K. Hurrelmann, A. Leppin (Hrsg.). Moderne Gesundheitskommunikation. Bern: Huber.

Institut für Prävention und Nachsorge. (2001). Balance Finder. Köln: Deutsche Krankenversicherung AG (DKV).

Jacobson, E. (1999). Entspannung als Therapie. Progressive Relaxation in Theorie und Praxis. München: Pfeiffer.

Jeske, H., Bredenpohl, M., Heuermann, S. & Sassen, G. (1988). Die Verständlichkeit gesundheitserzieherischer Texte. Prävention 11 (3), 71-75.

Joint Committee on Standards for Educational Evaluation. (1999). JR. Sanders (Hrsg.). Handbuch der Evaluationsstandards. Opladen: Leske und Budrich.

Jork, K. (1996). Gesundheitsbildungsfunktion der Allgemeinärzte. Zeitschrift für Allgemeinmedizin 72, 999-1002.

Josenhans, J. (1995). Was wollen Rehabilitationspatienten in der Gesundheitsbildung wissen und lernen? Didaktische Konsequenzen einer Patientenbefragung. Deutsche Rentenversicherung 7-8, 459-467.

Jousilathi, P., Tuomilehto, J., Vartiainen, E., Pekkanen, J. & Puska, P. (1996). Body weight, cardiovascular risk factors, and coronary mortality. 15-year-follow-up of middle-aged men and women in eastern Finland. Circulation 93, 1372-1379.

Kaluza, G. (1996). Gelassen und sicher im Stress. Psychologisches Programm zur Gesundheitsförderung. Berlin: Springer.

Kaluza, G. (1997). Evaluation von Stressbewältigungstrainings in der primären Prävention – eine Meta-Analyse (quasi-)experimenteller Feldstudien. Zeitschrift für Gesundheitspsychologie 5 (3), 149-169.

Kaluza, G., Basler, HD. & Henrich, S. (1988). Entwicklung und Evaluation eines Programms zur Streßbewältigung. Verhaltensmodifikation und Verhaltensmedizin 9 (1), 22-41.

Kannel, WB. (1996). Blood pressure as a cardiovascular risk factor. Prevention and treatment. JAMA 275 (20), 1571-1576.

Kellogg Deutschland GmbH. (1996). Kellogg's Ernährungspyramide. Bremen.

Kellogg Deutschland GmbH. (2002). Packungstest „Produktbeschreibungen". Unveröffentlichte IPSOS Studie im Auftrag von Kellogg, Bremen.

Kepper, G. (1996). Qualitative Marktforschung. Wiesbaden: Dt. Univ. Verlag.

Kesaniemi, YA., Danforth, Jr. E., Jensen, MD., Kopelman, PG., Lefebvre, P. & Reeder, BA. (2001). Dose-response issues concerning physical activity and health: an evidence-based symposium. Medicine & Science in Sports & Exercise 33 (6), S351-S358.

Kessler, A. & Gallen, M. (1985). Der erfolgreiche Umgang mit täglichen Belastungen – ein Programm zur Stressbewältigung. Kurs-Manual. München: Röttger.

Klaes, L., Cosler, D. & Zens, YCK. (2002). Zweiter Bericht zum Bewegungsstatus in Deutschland. Ergebnisse des Bewegungs-Check-up im Rahmen der Gemeinschaftsaktion von AOK, DSB und WIAD „Fit sein mach Schule". Bonn: WIAD.

Knoll, M. (1995). Auswirkungen sportlicher Aktivität auf die Gesundheit. In: J. Winfried, J. Wiemeyer (Hrsg.). Bewegung und Gesundheit. Sportspektrum Bd. 1. Münster: Lit.

Knörzer, W., Olschewski, A. & Schley, M. (1994). Entspannung – Grundlagen und Methodik. In: W. Knörzer (Hrsg.). Ganzheitliche Gesundheitsbildung in Theorie und Praxis. Heidelberg: Haug.

Kohlmeier, L. (1993). Ernährungsabhängige Krankheiten und ihre Kosten. Schriftenreihe des BMG, Bd. 27. Baden-Baden: Nomos.

Krampen, G. & Ohm, D. (1994). Prävention und Rehabilitation. In: F. Petermann, D. Vaitl (Hrsg.). Handbuch der Entspannungsverfahren. Bd. 2 Anwendungen. Weinheim: Beltz.

Kromrey, H. (1988). Akzeptanz- und Begleitforschung. Methodische Ansätze, Möglichkeiten und Grenzen. Massacommunicatie 16 (3), 221-242.

Kromrey, H. (2001). Evaluation – ein vielschichtiges Konzept. Begriff und Methodik von Evaluierung und Evaluationsforschung. Empfehlungen für die Praxis. Sozialwissenschaften und Berufspraxis 24 (2), 105-131.

Krone, HW. (1996). Stress und Stressbewältigung. In R. Schwarzer (Hrsg.). Gesundheitspsychologie. Ein Lehrbuch. Göttingen: Hogrefe.

Krumwiede, K-H. (2002). Die Ernährungspyramide: Modifikation bisheriger Darstellungen. Ernährungs-Umschau 49 (2), 49-50.

Lamonte, MJ. & Ainsworth, BE. (2001). Quantifying energy expenditure and physical activity in the context of dose response. Medicine & Science in Sports & Exercise 33 (6), S370-S378.

Lapinski, MK. & Witte, K. (1998). Health Communication Campaigns. In LD. Jackson, BK. Duffy (Eds.). Health Communication Research. A guide to Developments and Directions. Westport: Greenwood.

Lee, IM. & Paffenbarger Jr. RS. (1996). How much physical activity is optimal for health? Methodological considerations. Research Quarterly for Exercise and Sport 67 (2), 206-208.

Lee, IM. & Paffenbarger, Jr. RS. (2000). Associations of light, moderate and vigorous intensity physical activity with longevity. American Journal of Epidemiology 151 (3), 293-299.

Levin, JR., Anglin, GJ. & Carney, RN. (1987). On empirically validating functions of pictures in prose. In: DM. Willows & HA. Houghton (Eds.). The Psychology of illustration. Vol. I. Basic Research. New York: Springer.

Liebing, D. & Vogel, H. (1995). Zur Weiterentwicklung der Gesundheitsbildung im Rahmen medizinischer Rehabilitation der Rentenversicherung. Praxis der klinischen Verhaltensmedizin und Rehabilitation 8 (29), 18-25.

Lindsy, GM. & Gaw, A. (1997). Coronary heart disease prevention. New York: Churchill Livingstone.

Löllgen, H. et al. (1998). 10 Goldene Regeln für gesundes Sporttreiben. Deutsche Gesellschaft für Sportmedizin und Prävention.
http://www.dgsp.de

Löllgen, H., Dickhuth, HH. & Dirschedl, P. (1998). Vorbeugung durch körperliche Bewegung. Deutsches Ärzteblatt 95 (24), 1531-1538.

Lyons, R. & Langille, L. (2000). Healthy Lifestyle: Strengthening the Effectiveness of lifestyle approaches to improve health. Documentation of the „Lifestyle Working Group" from the Canadian Consortium of Health Promotion Research Centres and Population and Public Health Branch of Health Canada.
http://www.hc-sc.gc.ca

Macleod, J. & Smith GD. (2002). Commentary: Stress and the heart, 50 years of progress? International Journal of Epidemiology 31, 1111-1113.

Martin, BW. & Marti, B. (1998). Bewegung und Sport: eine unterschätzte Gesundheitsressource. Therapeutische Umschau 55 (4), 221-228.

Mayer, K-M. (2000). E-mail vom Doktor. FOCUS Magazin 24, 124-128.

McGuire, WJ. (1989). The theoretical foundations of campaigns. In: RE. Rice, CK. Atkin (Eds.). Public communication campaigns. Newbury Park, CA: Sage.

McPherson, K., Britton A. & Causer, L. (2002). Coronary Heart Disease. Estimating the Impact of Changes in Risk Factors. Norwich: National Heart Forum.
http://www.heartforum.org.uk

MediMedia. (2003). Handbuch Reha- und Vorsorge-Einrichtungen 2003.
http://www.rehakliniken.de

Meichenbaum, D. (1991). Intervention bei Stress – Anwendung und Wirkung des Stressimpfungstrainings. Bern: Huber.

Melvin, HW. (1997). Ernährung, Fitness und Sport. Berlin: Ullstein-Mosby.

Mensink, GBM. (1999). Körperliche Aktivität. Gesundheitswesen 61, Sonderheft 2, S126-S131.

Mensink, GBM. (2001). Wie ist der Gesundheits- und Ernährungszustand? In: U. Oltersdorf, K. Gedrich (Hrsg.). Ernährungsziele unserer Gesellschaft: die Beiträge der Ernährungsverhaltenswissenschaft. Bericht der Bundesforschungsanstalt für Ernährung.
http://bfa-ernaehrung.de

Mensink, GBM. (2002). Ernährung und Gesundheit. In: Was essen wir heute? Ernährungsverhalten in Deutschland. Beiträge zur Gesundheitsberichterstattung des Bundes. Berlin: Robert Koch-Institut.

Mensink, GBM. (2002a). Was hat sich geändert? In: Was essen wir heute? Ernährungsverhalten in Deutschland. Beiträge zur Gesundheitsberichterstattung des Bundes. Berlin: Robert Koch-Institut.

Mensink, GBM., Burger, M. & Beitz, R. (2002) Eine Momentaufnahme der Ernährung in Deutschland. In: Was essen wir heute? Ernährungsverhalten in Deutschland. Beiträge zur Gesundheitsberichterstattung des Bundes. Berlin: Robert Koch-Institut.

Mensink, GBM., Thamm, M. & Haas, K. (1999). Die Ernährung in Deutschland 1998. Gesundheitswesen 61, Sonderheft 2, S200-S206.

Meuser, M. & Nagel, U. (1991). ExpertInneninterviews – vielfach erprobt, wenig bedacht. In: D. Garz. K. Kraimer. Qualitativ-empirische Sozialforschung. Konzepte, Methoden, Analysen. Opladen: Westdeutscher Verlag.

Mittag, O. (1996). Mach' ich mich krank? Lebensstil und Gesundheit. Bern: Huber.

Mittag, O., Brusis, OA. & Held, K. (2001). Patientenschulung in der kardiologischen Rehabilitation. Praxis klinische Verhaltensmedizin und Rehabilitation 54, 137-144.

Myrtek, M. (1985). Streß und Typ-A-Verhalten, Risikofaktoren der koronaren Herzkrankheit? Eine kritische Bestandsaufnahme. Psychotherapie und medizinische Psychologie 35, 54-61.

Nationale Herz-Kreislauf-Konferenz. (1998-2002). Jahresempfehlungen der nationalen Herz-Kreislauf-Konferenz 1998/2000/2002.
http://www.nhkk.de

Nestlé Deutschland AG (Hrsg). (1999). Gut essen – gesund leben. Nestlé Studie zur Anuga 1999, Frankfurt/M.

NN. (1992). Physical activity and psychological benefits. International Society of Sport Psychology Position Statement. The Physician and Sportsmedicine 20 (10), 179-184.

NN. (1995). Physical activity, health, and well-being – an international scientific consensus conference. Consensus Statement. Research Quarterly for Exercise and Sport 66 (4), v-viii.

NN. (1999). Der Gesundheits-Brockhaus. Mannheim: Brockhaus.

NN. (2000). Lexikon der Psychologie. Heidelberg: Spektrum.

Novak, P. (1998). Salutogenese und Pathogenese: Komplementarität und Abgrenzung. In: J. Margraf, Siegrist, S. Neumer (Hrsg.). Gesundheits- oder Krankheitstheorie? Saluto- versus pathogenetische Ansätze im Gesundheitswesen. Berlin: Springer.

Ohm, D. (1992). Progressive Relaxation: Überblick über Anwendungsbereiche, Praxiserfahrungen und neuere Forschungsergebnisse. Report Psychologie 17 (1), 27-43.

Ohm, D. (1992a). Entspannungsverfahren in der kardiologischen Rehabilitation. Praxis der klinischen Verhaltensmedizin und Rehabilitation 5 (20), 286-293.

Ohm, D. (1994). Entspannungstraining – Forschungsergebnisse und praktische Erfahrungen des Autogenen Training, Progressiver Relaxation und Anwendungskombinationen. In: M. Zielke, J. Sturm (Hrsg.). Handbuch der stationären Verhaltenstherapie. Weinheim: Psychologie Verlags Union.

Ohm, D. (1995). Entspannungstraining in der Gesundheitsversorgung: Anwendungsbereiche und Aspekte der differentiellen Indikation. Praxis der Klinischen Verhaltensmedizin und Rehabilitation 8 (29), 60-65.

Olschewski, A. (1997). Entspannungsverfahren – zeitgemäß und effizient. Erfahrungsheilkunde 46 (3), 158-168.

Ornish, D., Brown, SE., Scherwitz, LW., Billings, JH., Armstrong, WT., Ports, TA., McLanahan, SM., Kirkeeide, RL., Brand, RJ. & Gould, KL. (1990). Can lifestyle changes reverse coronary heart disease? The Lifestyle Heart Trial. Lancet 336, 129-133.

Pahmeier, I. (1998). Barrieren vor und Bindung an gesundheitssportliche Aktivität. In: K. Bös, W. Brehm. Gesundheitssport. Ein Handbuch. Schorndorf: Hofmann.

Paffenbarger, RS., Hyde, RT., Wing, AL., Lee, IM., Jung, DL. & Kampert, JB. (1993). The association of changes in physical activity level and other liefstyle characteristics with mortality among men. New England Journal of Medicine 328 (8), 538-545.

Paffenbarger, Jr. RS., Kampert, JB., Lee, IM., Hyde, RT., Leung RW. & Wing, AL. (1994). Changes in physical activity and other lifeway patterns influencing longevity. Medicine & Science in Sports & Excercise 26 (7), 857-865.

Papenkort, U. (1999). Gesundheitsbildung. In: Bundesvereinigung Gesundheit e.V. (Hrsg.). Handbuch Gesundheit. Strukturen und Handlungsfelder. Loseblattwerk. Neuwied: Luchterhand.

Pate, RR., Pratt, M. & Blair SN. et al. (1995). Physical activity and public health: A recommendation from the centers for disease control and prevention and the Amercican College of Sports Medicine. JAMA 273 (5), 402-407.

Patton, MQ. (1997). Utilization – focused evaluation. London, CA: Thousand Oaks.

Peeck, J. (1994). Wissenserwerb mit darstellenden Bildern. In: B. Weidemann (Hrsg.). Wissenserwerb mit Bildern. Bern: Huber.

Platen, P. (2001). Beurteilung der körperlichen Leistungsfähigkeit. In: R. Rost (Hrsg.). Lehrbuch der Sportmedizin. Köln: Dt. Ärzte-Verlag.

Pocock, SJ., Shaper, AG. & Phillips, AN. (1989) Concentrations of high density lipoprotein cholesterol, triglycerides, and total cholesterol in ischaemic heart disease. British Medical Journal 298, 998-1002.

Pölert, W., Hermey, B. & Löhlein, I. (1999). Praktische Umsetzung von Ernährungsempfehlungen. In: HK. Biesalski, P. Fürst, H. Kasper, R. Kluthe, W. Pölert, C. Puchstein, HB. Stähelin (Hrsg.). Ernährungsmedizin. Stuttgart: Thieme.

Possemeyer, I. (2002). Stress. Geo Magazin 3, 142-169.

President´s Council on Physical Fitness and Sports (Hrsg.). (2002). Taking steps toward increased physical activity: using pedometers to measure and motivate. Research Digest 3 (17), 1-6.

Pudel, V. & Müller, D. (2000). Essen und Trinken. In: Verband Deutscher Rentenversicherungsträger VDR (Hrsg.). Aktiv Gesundheit fördern. Gesundheitsbildungsprogramm der Rentenversicherung für die medizinische Rehabilitation. Stuttgart: Schattauer.

Quinney, HA. (2001). Chair summary and comments. Medicine & Science in Sports & Exercise 33 (6), S419-S420.

Reschke, K. (1991). Gestaltung gesundheitsrelevanter Informationen. In: R. Schwarzer. Gesundheitspsychologie. Ein Lehrbuch. Göttingen: Hogrefe.

Reschke, K. (1995). Überlegungen zu einem Kompetenzprofil für die Gesundheitsbildung. Praxis der klinischen Verhaltensmedizin und Rehabilitation 8 (29), 26-31.

Rittner, V. & Breuer, C. (1999). Bewegung. In: Bundesvereinigung Gesundheit e.V. (Hrsg.). Handbuch Gesundheit. Strukturen und Handlungsfelder. Loseblattwerk. Neuwied: Luchterhand.

Rossi, PH. & Freeman, HE. (1989). Evaluation – A Systematic Approach. London: Sage.

Rütten, A. (1995). The implementation of health promotion: a new structural perspective. Social Science and Medicine 41 (12), 1627-1637.

Rütten, A. (1998). Sportliche Aktivität und öffentliche Gesundheit (Public Health). In: K. Bös, W. Brehm. Gesundheitssport. Ein Handbuch. Schorndorf: Hofmann.

Rütten, A. (Hrsg.). (1998a). Public Health und Sport. Sozialwissenschaften des Sports, Bd. 6. Stuttgart: Naglschmid.

Sachverständigenrat für die konzertierte Aktion im Gesundheitswesen. (1996). Sondergutachten 1996. Gesundheitswesen in Deutschland, Bd 1. Demographie, Morbidität, Wirtschaftlichkeitsreserven und Beschäftigung. Baden-Baden: Nomos.
http://www.svr-gesundheit.de

Sachverständigenrat für die konzertierte Aktion im Gesundheitswesen. (2002). Gutachten 2000/2001. Bedarfsgerechtigkeit und Wirtschaftlichkeit, Bd. 1. Zielbildung, Prävention, Nutzerorientierung und Partizipation. Baden-Baden: Nomos.
http://www.svr-gesundheit.de

Saner, H., Hoffmann, A. & Oelz, O. (1997). Stress als kardiovaskulärer Risikofaktor. Schweizerische medizinische Wochenschrift 127 (34), 1391-1399.

Schäfer, H. & Döll, S. (2000). Grundlagen der Gesundheitsbildung in der medizinischen Rehabilitation. In: Verband Deutscher Rentenversicherungsträger VDR (Hrsg.). Aktiv Gesundheit fördern. Gesundheitsbildungsprogramm der Rentenversicherung für die medizinische Rehabilitation. Stuttgart: Schattauer.

Schäfer, H., Döll, S., Höffler, KW. & Mittag, O. (2000). Schutzfaktoren: Was hält uns gesund?. In: Verband Deutscher Rentenversicherungsträger VDR (Hrsg.). Aktiv Gesundheit fördern. Gesundheitsbildungsprogramm der Rentenversicherung für die medizinische Rehabilitation. Stuttgart: Schattauer.

Schäfer, H., Döll, S. & Müller, D. (2000). Bewegung und körperliches Training. In: Verband Deutscher Rentenversicherungsträger VDR (Hrsg.). Aktiv Gesundheit fördern. Gesundheitsbildungsprogramm der Rentenversicherung für die medizinische Rehabilitation. Stuttgart: Schattauer.

Schoenborn, CA. (1993). The Alameda Study – 25 years later. International Review of health psychology 2, 81-116.

Schütte, S. (2001). Stress, lass nach. Zeitschrift VITAL 11, 58-64.

Schwarzer, R. (1993). Stress, Angst und Handlungsregulation. Stuttgart: Kohlhammer.

Schwarzer, R. (1996). Psychologie des Gesundheitsverhaltens. Göttingen: Hogrefe.

Schwarzer, R. (1997). Gesundheitspsychologie. Ein Lehrbuch. Göttingen. Hogrefe.

Siebert, H. (1990). Didaktik der Gesundheitsbildung. In: H. Sperling (Hrsg.). Gesundheit, Bd. 2. Oldenburg.

Skinner, JS. (2001). Körperliche Aktivität und Gesundheit: Welche Bedeutung hat die Trainingsintensität? Deutsche Zeitschrift für Sportmedizin 52 (6), 211-214.

Städtler, T. (1998). Lexikon der Psychologie. Wörterbuch – Handbuch – Studienbuch. Stuttgart: Kröner.

Stansfeld, SA. (2002). Commentary. The problem with stress: minds, hearts and disease. International Journal of Epidemiology 31, 1113-1116.

Stary, J. (1997). Visualisieren. Ein Studien – und Praxisbuch. Berlin: Cornelsen Scriptor.

Statistisches Bundesamt (Hrsg.). (1999). Datenreport 1999. Zahlen und Fakten über die Bundesrepublik Deutschland.
http://destatis.de

Steptoe, A. & Wardle, J. (1998). Der European Health and Behaviour Survey: Die Entwicklung einer internationalen Studie in der Gesundheitspsychologie. In: G. Amann, R. Wipplinger (Hrsg.). Gesundheitsförderung. Tübingen: Dgvt-Verl.

Stock, C. & Badura, B. (1995). Fördern positive Gefühle die Gesundheit? Eine Forschungsnotiz. Zeitschrift für Gesundheitswissenschaften 3, 74-89.

Stock, C. & Sachser, N. (1998). Humanbiologische Grundlagen der Gesundheitswissenschaften. In: K. Hurrelmann, U. Laaser (Hrsg.). Handbuch Gesundheitswissenschaften. Weinheim: Juventa.

Thefeld, W. (2000). Verbreitung der Herz-Kreislauf-Risikofaktoren Hypercholesterinämie, Übergewicht, Hypertonie und Rauchen in der Bevölkerung. Bundesgesundheitsblatt – Gesundheitsforschung – Gesundheitsschutz 43 (6), 415-423.

Troschke, Frhr. v. J. (1998). Gesundheits- und Krankheitsverhalten. In: K. Hurrelmann, U. Laaser (Hrsg.). Handbuch Gesundheitswissenschaften. Weinheim: Juventa.

Trost, SG. (2001). Objective measurement of physical activity in youth: current issues, future directions. Exercise and Sport Sciences Reviews 29 (1), 32-36.

US-Department of Agriculture. (1992). USDA adopts new pyramid graphic for nutrition guide. Press release April 28, 1992. Washington D.C.: USDA.

Venth, A. (1996). Gesundheit versteht sich nicht von selbst. Förderungsmöglichkeiten durch Erwachsenenbildung. In: B. Blättner, A. Borkel, A. Venth (Hrsg.). Anders leben lernen. Beiträge der Erwachsenenbildung zur Gesundheitsförderung. Kongressdokumentation. Frankfurt: Deutsches Institut für Erwachsenenbildung.

Verband Deutscher Rentenversicherungsträger VDR (Hrsg.). (2000). Aktiv Gesundheit fördern. Gesundheitsbildungsprogramm der Rentenversicherung für die medizinische Rehabilitation. Stuttgart: Schattauer.

Vogel, H., Worringen, U., Wagner RF. & Schäfer, H. (2000). Stress und Stressbewältigung. In: Verband Deutscher Rentenversicherungsträger VDR (Hrsg.). Aktiv Gesundheit fördern. Gesundheitsbildungsprogramm der Rentenversicherung für die medizinische Rehabilitation. Stuttgart: Schattauer.

Vögele, C. (1993). Psychosozialer Stress und Herz-Kreislauf-Erkrankungen. Spektrum der Wissenschaft 5, 100-106.

Vogelsang, R. (1996). Einführung in das Thema „Evaluation" unter Verwendung von Beispielen aus der Ernährungsaufklärung. Teil 1: Begriffsbestimmung, Funktion, Einordnung und Ablaufschema einer Evaluation. Ernährungs-Umschau 43 (3), 94-98.

Vogelsang, R. (1996a). Einführung in das Thema „Evaluation" unter Verwendung von Beispielen aus der Ernährungsaufklärung. Teil 2: Evaluierungsansätze. Ernährungs-Umschau 43 (4), 129-135.

Vogelsang, R. (1996b). Einführung in das Thema „Evaluation" unter Verwendung von Beispielen aus der Ernährungsaufklärung. Teil 3: Vergleich von Evaluierungsansätzen im Hinblick auf ihre Anwendung. Ernährungs-Umschau 43 (5), 178-181.

Vogt, M. (2002). Ernährungskreis versus Ernährungspyramide – Ergebnisse einer monadischen Tachioskopie-Untersuchung. Proceedings German Nutrition Society Vol. 4, 12.

Vuori, I. (1998). Does physical activity enhance health? Patient Education and Counseling 33, S95-S103.

Wächter-Busse, I. (1995). Gesundheitsbildung in der Rehabilitation. Ein ganzheitlicher und interdisziplinärer Handlungsansatz. Prävention 18 (3), 85-87.

Wagner, K. (2001). Neue Ernährungslehre – das Pyramidenkonzept. VitaMinSpur S1, 123-124.

Wagner, U. (2001). Megatrend Wellness. Zeitschrift der Diplom-Oecotrophologen 2, 4-7.

Weidenmann, B. (1990). Wissenserwerb in Bildern – Forschung für eine visuelle Lernkultur. Unterrichtswissenschaft 1, 62-66.

Weidenmann, B. (1994). Wissenserwerb mit Bildern. Bern: Huber.

Wiesner, G., Grimm, J. & Bittner, E. (2002). Vorausberechnungen des Herzinfarktgeschehens in Deutschland. Bundesgesundheitsblatt – Gesundheitsforschung – Gesundheitsschutz 45 (5), 438-445.

Willcox, BJ., Willcox, DC. & Suzuki, M. (2001). The Okinawa Program. New York: Clarkson Potter.

Willett, WC. & Stampfer, MJ. (2003). Macht gesunde Ernährung krank? Spektrum der Wissenschaft 3, 58-67.

Winkler, J., Klaes, L., Florijn-Zens, Y. & Wild-Mittmann, B. (1998). WIAD-Studie: Sport und Gesundheit. Bewegung als zentrale Größe von Zufriedenheit, Leistungsfähigkeit und Gesundheitsstabilität. Frankfurt/M: Dt. Sportbund.

Winkler, J., Klaes, L., Florijn-Zens, Y. & Wild-Mittmann, B. (1998a). Dimensionen der Gesundheit und der Einfluss sportlicher Aktivitäten. In: A. Rütten (Hrsg.). Public Health und Sport. Sozialwissenschaften des Sports, Bd. 6. Stuttgart: Naglschmid.

W.K. Kellogg Foundation. (1998). Evaluation Handbook. Battle Creek.
http://www.wkkf.org.

W.K. Kellogg Foundation. (2001). Logic Model Development Guide. Battle Creek.
http://www.wkkf.org.

Woll, A., Bös, K., Gerhard, M. & Schulze, A. (1998). Konzeptualisierung und Erfassung von körperlich-sportlicher Aktivität. In: K. Bös, W. Brehm. Gesundheitssport. Ein Handbuch. Schorndorf: Hofmann.

Wood, D., De Backer, G., Faergeman, O., Graham, I., Mancia, G. & Pyörälä, K. (1998) Prevention of coronary heart disease in clinical practice: recommendations of the Second Joint Task Force of European and other Societies on coronary prevention. European Heart Journal 19, 1434-1503.

World Health Organization. (1991). Targets for health for all. (Summary). Copenhagen: WHO Regional office for Europe.

World Health Organization. (1998). Health Promotion Glossary. Geneva, Switzerland.

World Health Organization. (2003). Diet, Nutrition and the prevention of chronic diseases. Geneva, Switzerland.

Zerssen, D., Türk, D. & Hecht, H. (1998). Saluto- und pathogenetische Ansätze – zwei Seiten derselben Medaille. In: J. Margraf, J. Siegrist, S. Neumer (Hrsg.). Gesundheits- oder Krankheitstheorie? Saluto- versus pathogenetische Ansätze im Gesundheitswesen. Berlin: Springer.

ABBILDUNGEN

Abb. 1	Altersspezifische Sterblichkeit an ischämischen Herzkrankheiten und akutem Myokardinfarkt	13
Abb. 2	Modifizierbare und nicht modifizierbare Risikofaktoren	14
Abb. 3	Hierarchie der Risikofaktoren	15
Abb. 4	Die prioritären Handlungsfelder in der GKV	18
Abb. 5	Nährstoffaufnahme unter der Referenz	26
Abb. 6	Auswirkungen eines regelmäßigen körperlichen Trainings	30
Abb. 7	Stressreaktionen	40
Abb. 8	Mechanismen und Faktoren bei der Entstehung von KHK	41
Abb. 9	Integriertes Modell für Einstellungs- und Verhaltensänderungen	50
Abb. 10	Strategien der Gesundheitsbildung zur Verhaltensänderung	53
Abb. 11	Der Ernährungskreis	59
Abb. 12	Die Ernährungspyramide	59
Abb. 13	Zielbaum Kommunikations-Modell	68, 147
Abb. 14	Überblicksmodell Entspannungsverfahren	80
Abb. 15	Grundverfahren der Progressiven Relaxation	89
Abb. 16	Progressive Relaxation für sieben Muskelgruppen	90
Abb. 17	Progressive Relaxation für vier Muskelgruppen	91
Abb. 18	Modell der Qualitäten im Gesundheitssport	93
Abb. 19	Dosis-Wirkungsbeziehung von körperlicher Aktivität	98
Abb. 20	Qualitätssiegel-Angebote des DSB	104
Abb. 21	Die Ernährungspyramide als Aufsteller	109
Abb. 22	Layoutansicht Bewegung	110
Abb. 23	Layoutansicht Entspannung	110
Abb. 24	Layoutansicht Ernährung	111
Abb. 25	Layoutansicht der Pyramidenunterseite	111
Abb. 26	Layoutansicht der aufgeklappten Pyramideninnenseite	126
Abb. 27	Pyramidenansicht Bewegung	136
Abb. 28	Pyramidenansicht Ernährung	136
Abb. 29	Pyramidenansicht Entspannung	137
Abb. 30	Ansicht der Pyramidenunterseite	137
Abb. 31	Ansicht der aufgeklappten Pyramidenunterseite	138
Abb. 32	Schematische Darstellung des Pretest-Posttest-Design	144
Abb. 33	Wirkmodell	150
Abb. 34	Ablaufschema der Untersuchung	159

TABELLEN

Tab. 1	Kennziffern zur todesursachenspezifischen Sterblichkeit 1995	11
Tab. 2	Ernährungsabhängige Krankheiten	20
Tab. 3	Zusammenhang regelmäßige Bewegung und Erkrankungsrisiko	31
Tab. 4	Sportliche Betätigung 1991 in der Bundesrepublik Deutschland nach Bundesländern (neue/alte) und Geschlecht (in %)	34
Tab. 5	Die 10 Goldenen Regeln für gesundes Sporttreiben	35
Tab. 6	11 : 0 für die Gesundheit	35
Tab. 7	Zugangswege, Zielgruppen und Zielsysteme	65
Tab. 8	Übersicht Wirksamkeitsstudien zur Progressiven Relaxation	84
Tab. 9	Verschiedene körperliche Aktivitäten bei unterschiedlicher Intensität	100
Tab. 10	Energieverbrauch von Alltagsaktivitäten	108
Tab. 11	Energieverbrauch von Sportaktivitäten	108
Tab. 12	Berufsbezogene Merkmale	117
Tab. 13	Verwendung Ernährungskreis und Ernährungspyramide	119
Tab. 14	Exploration Verständnis	123
Tab. 15	Exploration Akzeptanz	126
Tab. 16	Exploration Relevanz und Nutzen	129
Tab. 17	Verbesserungsvorschläge zum Modell	132
Tab. 18	Merkmale qualitativer Evaluierungsansätze	144
Tab. 19	Operationalisierung der strukturbezogenen Bewertung	151
Tab. 20	Operationalisierung der prozessbezogenen Bewertung	152
Tab. 21	Operationalisierung der ergebnisbezogenen Bewertung	153
Tab. 22	Detailübersicht der Indikatoren zur wahrgenommenen Wirkung	155
Tab. 23	Behandlungsleitlinien und Kooperationsgrundlage	163
Tab. 24	Idealanforderungen an Medien	167
Tab. 25	Spontaner Eindruck und Motivationshaltung	170
Tab. 26	Eindruck, Motivation, Erwartung	171
Tab. 27	Erwartete Leistung und Hilfe	175
Tab. 28	Erwarteter Einfluss Lerneffekte und Zusammenarbeit	177
Tab. 29	Indikatoren Qualitätsdimension Akzeptanz	181
Tab. 30	Wahrgenommene Wirkung Akzeptanz	182
Tab. 31	Indikatoren Qualitätsdimension Motivation	183
Tab. 32	Wahrgenommene Wirkung Motivation	184
Tab. 33	Indikatoren Qualitätsdimension Verständlichkeit	185

Tabellenverzeichnis

Tab. 34	Wahrgenommene Wirkung Verständlichkeit	186
Tab. 35	Indikatoren Qualitätsdimension Anschaulichkeit	187
Tab. 36	Wahrgenommene Wirkung Anschaulichkeit	188
Tab. 37	Indikatoren Qualitätsdimension Handlungsorientierung	189
Tab. 38	Wahrgenommene Wirkung Handlungsorientierung	190
Tab. 39	Inhaltliche Kongruenz und besondere Eignung	193
Tab. 40	Beurteilung Qualitätsdimensionen	195
Tab. 41	Hilfreich – weniger hilfreich und Bewertung Werbeanteil	198
Tab. 42	Alles in allem Wertung und didaktische Möglichkeiten	199
Tab. 43	Austausch mit anderen Professionen	200
Tab. 44	Abstimmungsprozess und ganzheitliche Ausrichtung	202
Tab. 45	Abschließende Bewertung	203
Tab. 46	Erfolgsfaktoren und Grad der Zielerreichung	211
Tab. 47	Übersicht der Indikatoren mit positiver (+) und negativer (-) Merkmalsausprägung	212

ABKÜRZUNGEN

Bew	Bewegung
BfA	Bundesversicherungsanstalt für Angestellte
DSB	Deutscher Sportbund
Ent	Entspannung
Ern	Ernährung
GKV	Gesetzliche Krankenversicherung
KHK	koronare Herzkrankheit
VDR	Verband deutscher Rentenversicherungsträger
WHO	World Health Organization

ANHANG

Anlage 1: Leitfaden - konzeptionelle Bewertung

Anlage 2: Leitfaden - einsatzbezogene Bewertung Pre-Test-Befragung

Anlage 3: Leitfaden - einsatzbezogene Bewertung Post-Test-Befragung

Anlage 1 - Exploration zum 3D-Pyramiden-Modell -

- **Ziel der Untersuchung:**

Bewertung des Modells bezüglich Verständnis, Akzeptanz und Relevanz der gesundheitsbezogenen Inhalte und Darstellungsform aus Expertensicht

- **Untersuchungsformat:**

telefonisches Interview (30-45 Minuten) anhand Gesprächsleitfaden

- **Stimulusmaterial:**

Vorlage eines Pyramiden-Layout und Gesprächsleitfaden

- **Stichprobe:**

Ernährungsfachleute aus der Beratung; die Ernährungspyramide bzw. der Ernährungskreis müssen bekannt sein.

N = 14, davon

50 % freiberufliche Ernährungsfachleute

50 % Ernährungsfachleute in Institutionen

- **Zeitpunkt:**

April/Mai 2002

- **Aufbau des Interviews:**
  - Einleitung
  - Teil 1: Fragen zum Verständnis
  - Teil 2: Fragen zur Akzeptanz nach Gefallen/Sympathie und Inhalt/Plausibilität
  - Teil 3: Fragen zu Relevanz/Nutzen

Anhang 255

Einleitung

Vorstellung, Aufklärung über Untersuchungsziele und Gesprächsthema. Erklärung der „Spielregeln", Datenschutz, Aufbau und Dauer des Gesprächs. Klärung berufliche Tätigkeit und Berufserfahrung. Vorab wurde das Stimulusmaterial zugesendet.

- Verwenden Sie in Ihrer Berufspraxis die Ernährungspyramide bzw. den Ernährungskreis? Welches Symbol bevorzugen Sie? Warum? In welchen Situationen und wie setzen Sie das Symbol ein? Wenn nein, warum nicht?

Ich möchte Ihnen ein neu entwickeltes Pyramidenmodell vorstellen, das Ihnen bereits vorliegt und Ihnen ein paar Fragen dazu stellen. Dabei interessiert mich vor allem Ihre Sicht als Ernährungsfachkraft vor dem Hintergrund Ihrer beruflichen Erfahrungen im Umgang mit Laien.

Teil 1: Fragen zum Verständnis

- Was ist Ihrer Meinung nach die Hauptbotschaft bzw. das Anliegen dieser Pyramide? Welche Funktion hat sie?
- Wie finden Sie dieses Konzept? Was ist Ihr erster spontaner Gedanke? Was ist Ihnen als erstes beim Betrachten der Vorlage aufgefallen? Positiv? Negativ?
- Welche Informationen entnehmen Sie neben den ernährungsbezogenen Inhalten sonst noch? Siehe Entspannungspyramide, siehe Bewegungspyramide?
- Wie verständlich finden Sie persönlich die gegebenen Informationen? Wie verständlich finden Sie die gegebenen Informationen für Laien? Denken Sie dabei z.B. an Bilder und Informationsgehalt. Gibt es Elemente, die unverständlich sind? Wenn ja, welche sind das? Woran liegt das? Könnten Sie sich eine Lösung vorstellen, wie man das besser lösen könnte?

Teil 2: Fragen zur Akzeptanz nach Gefallen/Sympathie und Inhalt/Plausibilität

- Wie beurteilen Sie inhaltlich die gegebenen Informationen insgesamt? Hinsichtlich Art und Umfang, Plausibilität und Vertrauens- sowie Glaubwürdigkeit? Und im einzelnen im Hinblick auf die Handlungsfelder Ernährung, Entspannung und Bewegung? Fehlen Informationen? Welche?
- Wie gefällt Ihnen die Darstellung? Was gefällt? Was gefällt weniger gut? Gibt es Element, die unklar aufbereitet sind? Welche? Könnten Sie sich eine Lösung vorstellen, wie man das besser lösen könnte?
- Wie schätzen Sie die Akzeptanzwirkung der Pyramide bei Laien ein? Hinsichtlich Verständlichkeit, Interesse, Sympathie?

Teil 3: Fragen zu Relevanz/Nutzen

- Wie hilfreich finden Sie die dargestellten Informationen mittels der neuen Pyramide für Laien?
- Welche Informationen davon sind Ihrer Einschätzung nach für Laien nützlich? In welcher Hinsicht? Welche weniger nützlich? Warum?
- Wie wichtig schätzen Sie die jeweiligen Informationen zu Entspannung, Bewegung und Ernährung für Laien ein?
- Würden Sie diese Pyramide in Ihrer beruflichen Praxis einsetzen? Warum? Warum nicht? Wenn ja, wie und in welchen Situationen würden Sie sich vorstellen sie einzusetzen? Würden Sie die Pyramide den Adressaten in der Beratung mitgeben wollen?

Welchen Rat würden Sie abschließend dem Autor der Pyramide geben? Was sollte unbedingt beachtet werden?

Vielen Dank für Ihre freundliche Mithilfe bei dieser Untersuchung!

Anhang

Anlage 2 - Leitfaden – einsatzbezogene Bewertung Pre-Test -

Teil 1: Fragen zur Organisation -

1. Wie ist die Regelverweildauer der Patienten mit der Indikation Herz-Kreislauf-Erkrankungen?
2. In welchem Rhythmus erfolgt die Neuaufnahme von Patienten?
3. Wie viele Patienten werden in Ihrer Klinik pro Monat/pro Jahr aufgenommen?
4. Gibt es Pflichtangebote, die jeder Patient indikationsübergreifend im Rahmen der Ernährungsberatung wahrnehmen muss und welche sind das? (Wie oft, Gruppen- oder Einzelberatung, Vorträge, etc.?) Gibt es darüber hinaus auch freiwillige oder Zusatzangebote? Bitte beschreiben Sie die!
5. Wie oft haben Sie insgesamt im Rahmen der Ernährungsberatung Kontakt mit einem Patienten innerhalb seiner Regelverweildauer?
6. Erhält jeder Patient in Ihrer Klinik abgesehen von der Ernährungsberatung weitere indikationsübergreifende Angebote (z.B. in den Bereichen Bewegung und Entspannung)? Welche Angebote sind das vorwiegend?
7. Welche Berufsgruppen sind für die unterschiedlichen Themenbereiche/Angebote jeweils zuständig?
8. Wird nach einem gemeinsam erarbeiteten, klinikinternen Konzept gearbeitet? Wie sind die Elemente Ernährung, Bewegung und Entspannung in diesem Konzept gewichtet?
9. Basiert dieses klinikinterne Konzept auf Empfehlungen oder einem Rahmenprogramm zur Gesundheitsbildung bspw. „aktiv Gesundheit fördern" des VDR oder „Gesundheitstraining in der medizinischer Rehabilitation" der BfA? Wenn ja, nach welchem?
10. Werden die Angebote an die Patienten durch verschiedene Berufsgruppen untereinander abgestimmt? Wie erfolgt diese Abstimmung (z.B. regelmäßige Treffen und kontinuierlichen Austausch zwischen den verschiedenen Berufsgruppen)?
11. Wie zufrieden sind Sie mit den Mitgestaltungsmöglichkeiten der Ernährungsfachkräfte und der Gewichtung von Ernährungsfragen in der Zusammenarbeit mit den anderen Berufsgruppen?

Teil 2: Fragen zur Qualifikation der Beratenden

12. Welches ist die berufliche Ausbildung, mit der Sie auf Ihrer jetzigen Stelle tätig sind (Basis- und ggf. zusätzliche Ausbildungen)?
13. Wie viele Jahre Berufserfahrung in der Beratung haben Sie?
14. Haben Sie neben der Beratung der Patienten noch andere Aufgaben in der Klinik? Welche?

Teil 3: Fragen zur Beratungspraxis

15. Welche sind die (drei) wichtigsten Beratungsziele, die Sie bei Ihrer Arbeit verfolgen? Was soll bei Ihren Patienten/Innen verändert sein.

a) zum Zeitpunkt unmittelbar vor der Entlassung aus der Reha?

b) wenn sie in ihren familiären/beruflichen Alltag zurückgekehrt sind?

16. Arbeiten Sie in/bei der Ernährungsberatung nach einem bestimmten methodisch-didaktischen Konzept? Können Sie mir das kurz in Stichworten beschreiben? Sehen Sie, bzw. wo sehen Sie ggf. Weiterentwicklungsbedarf?

17. Setzen Sie üblicherweise in Ihrer Tätigkeit Medien ein? Wenn ja, welche und wie werden diese von Ihnen eingesetzt? Wenn nein, warum nicht bzw. warum setzten sie bestimmte Medien nicht ein?

18. Geben Sie den Patienten auch bestimmte Medien mit nach Hause?

19. Fällt Ihnen im Hinblick auf Medien etwas ein, was Ihnen helfen könnte Ihre Beratungsarbeit lernwirksamer zu gestalten? Welche Anforderungen sollte für Sie z.b. ein ideales Medium erfüllen, das Sie gerne einsetzen würden?

20. Setzen Sie aktuell oder haben Sie Medien von Kellogg´s eingesetzt, insbesondere die Ernährungspyramide? Welche Erfahrungen haben Sie damit gemacht? Wenn nein, warum nicht?

21. Die bisherige Ernährungspyramide ist nun um weitere Aspekte einer gesunden Lebensführung erweitert worden. Bitte schauen Sie sich die neue Pyramide an! Was war Ihr erster spontaner Gedanke oder Eindruck beim Betrachten? Inwieweit fühlen Sie sich motiviert oder weniger motiviert dieses Medium einzusetzen? Bitte begründen Sie Ihre Einschätzung!

22. Was denken Sie, kann die Gesundheitspyramide bei der Vermittlung einer gesunden Lebensführung leisten bzw. was kann sie nicht leisten? Wie hilfreich oder weniger hilfreich, wird es für Ihre Beratungsarbeit sein, wenn Sie die neue Pyramide einsetzen?

23. Was erwarten Sie? In wie weit beeinflusst die Gesundheitspyramide die angestrebten Lerneffekte bei den Patienten in den Bereichen Ernährung Bewegung Stressmanagement?

24. Können Sie sich vorstellen, dass der Einsatz der Gesundheitspyramide auf die Zusammenarbeit mit anderen Berufsgruppen in Ihrem Hause einen Einfluss haben könnte? Wenn ja, welchen?

Anhang 259

Anlage 3 - Leitfaden – einsatzbezogene Bewertung Post-Test –

A Fragen zum Medieneinsatz

1. Wie oft und bei welchen Beratungsanlässen haben Sie die Pyramide bisher eingesetzt?

2. In welchen Situationen, bei welchen Patientengruppen und mit welcher Zielsetzung haben Sie die Pyramide jeweils eingesetzt?

3. Haben sich Veränderungen ergeben bzw. welche Veränderungen haben sich inhaltlich in ihrer Beratungsarbeit durch den Einsatz der Pyramide ergeben? Wie beurteilen Sie das?

4. Wurde die Pyramide an Patienten zur Mitnahme zur Verfügung gestellt? Grundsätzlich? Aktives Anbieten? Auf Nachfrage?

5. Bitte schätzen Sie anhand der Aussagen ein, von wie vielen der Patienten, denen die Pyramide angeboten wurde, diese mitgenommen wurde: die Pyramide wurde...

annähernd von allen Patienten mitgenommen, die die Möglichkeit dazu hatten	☐
von der überwiegenden Anzahl der Patienten mitgenommen	☐
von einer geringen Anzahl der Patienten mitgenommen	☐
von fast keinem oder keinem der Patienten mitgenommen	☐

6. Ist darüber gesprochen worden oder sind Anregungen dazu gegeben worden, wie die Pyramide zu Hause sichtbar gemacht werden kann?

Text zur Überleitung / Verdeutlichung für die Befragten:

In den nächsten Fragenkomplexen geht es zuerst darum, welche Reaktionen auf Seiten der Patientinnen und Patienten Sie beobachtet haben, als Sie die Gesundheitspyramide in Ihrer Beratungsarbeit eingesetzt haben. Auf diese Weise möchten wir Anhaltspunkte gewinnen, wie das Medium von den Patientinnen und Patienten wahrgenommen wird.

In einem zweiten Schritt frage ich Sie nach Ihrer eigenen Einschätzung dazu, wie geeignet die Gesundheitspyramide für Sie als didaktisches Hilfsmittel ist. Mit diesen Fragen schließe ich an Ihren spontanen Eindruck an, den Sie mir im ersten Interview geschildert haben und bin gespannt, in wie weit sich jetzt, nachdem Sie die Pyramide eingesetzt haben, Ihre Annahmen und Erwartungen bestätigt oder verändert haben.

B Fragen zur wahrgenommenen Wirkung auf Patienten

7. Wurde die Pyramide im Detail erklärt? Gab es zu der Pyramide einen Austausch mit den Patienten? Grundsätzlich? In welcher Form? Welche Reaktionen konnten Sie vorwiegend bei den Patienten auf den Einsatz der Pyramide beobachten? Wie reagierten und äußerten sie sich?

8. Sehen Sie bzw. welche Anzeichen sehen Sie bei Ihren Patienten dafür, dass diese den Zusammenhang der dargestellten Inhalte der Pyramide in ihrer Ganzheitlichkeit nachvollziehen?

C Fragen zur mediendidaktischen Bewertung

9. Vor dem Hintergrund der Erfahrungen, die Sie mit dem Medieneinsatz gemacht haben: Wie beurteilen Sie die Gesundheitspyramide im Hinblick auf ihre inhaltliche Eignung? Das bedeutet: Wie gut stimmen Ihr persönliches, bzw. das Klinikkonzept mit den Inhalten der Pyramide überein? Haben Sie nur bestimmte Inhalte genutzt? Wenn ja, was war der Grund dafür?

10. Wie beurteilen Sie die Pyramide im Hinblick auf die folgenden Qualitätsdimensionen, die eine Voraussetzung für die lernwirksame Verwendbarkeit der Pyramide darstellen?
Bitte schätzen Sie jeweils mit Schulnoten[1] ein, wie gut die folgenden Qualitätsdimensionen im Medium umgesetzt sind oder antworten Sie mit „nicht relevant" wenn diese für Sie keine Qualitätsdimension ist!

Qualitätsdimension	Note	nicht relevant
Ganzheitlicher Ansatz in der Darstellungsweise		☐
flexible Einsetzbarkeit in der Beratungsarbeit		☐
Anschaulichkeit – Einprägsamkeit („Eignung als Erinnerungshilfe")		☐
Verständlichkeit		☐
Attraktivität/Motivations- und Interessenförderung		☐
Handlungsorientierung (konkrete, alltagsnahe Anleitung zum Handeln, Transfer Reha/Alltag)		☐
Praktische Handhabbarkeit		☐
Adressatengerechtheit		☐

11. Haben Sie festgestellt, dass die Pyramide sich besonders gut bei bestimmten Beratungsanlässen, bei bestimmten Zielgruppen und zu einem bestimmten Zweck einsetzen lässt? Welche besonderen Erfahrungen waren das? Welche Faktoren und Bedingungen spielen eine besondere Rolle für einen erfolgreichen Einsatz der Pyramide?

12. War das Medium vielleicht hilfreicher oder weniger hilfreich als Sie es in unserem ersten Interview vermutet haben? Oder bestätigte sich Ihr erster Eindruck auch im Einsatz des Mediums?

13. Wie bewerten Sie persönlich den Werbeanteil der Pyramide? Beeinflusst bzw. in welcher Weise beeinflusst er aus Ihrer Sicht den didaktischen Wert des Mediums?

---

[1] 1 = sehr gut, 2 = gut, 3 = befriedigend, 4 = ausreichend, 5 = mangelhaft, 6 = ungenügend

14. Alles in Allem: Wie bewerten Sie die Angemessenheit der Pyramide als didaktische Hilfe für Ihre Arbeit? Und glauben Sie, dass durch die Pyramide Ihre didaktischen Möglichkeiten erweitert und verbessert worden sind? In wie fern?

D   Fragen zum interdisziplinären Austausch

15. Gab es einen Austausch oder Abstimmung mit anderen Professionen über die Pyramide oder nicht? Wie reagierten die Kollegen und wie ist ihre Haltung dazu? Wenn nein? Gab es für Sie einen Hinderungsgrund die Pyramide nicht an die anderen Bereiche weiterzugeben?

16. Ist die Gesundheitspyramide ihres Wissens nach zwischenzeitlich auch in anderen Bereichen zum Einsatz gekommen? Wissen Sie, welche Erfahrungen dort gemacht wurden? (Können Sie sich vorstellen, dass wir diese Person auch zu ihren Erfahrungen befragen können? – Name, Telefonkontakt)

17. Gab es seit unserem letzten Gespräch einen verstärkten Abstimmungsprozess zwischen den Fachbereichen z.B. mit dem Ziel einer engeren Vernetzung bzw. Weiterentwicklung der Inhalte in den zentralen Bereichen Ernährung, Bewegung und Entspannung? Hat die Gesundheitspyramide Ihrer Einschätzung nach darauf einen anregenden Einfluss gehabt oder nicht?

18. Würden Sie insgesamt sagen, dass durch die Gesundheitspyramide ein interdisziplinärer Austausch und die ganzheitliche Ausrichtung in Ihrer Klinik unterstützt werden oder nicht? Ergeben sich aus dieser Erfahrung irgendwelche Überlegungen zu Änderungen der gesundheitsbildenden Maßnahmen in Ihrer Klinik?

E   Abschlussfragen

19. Haben Sie vor, die Gesundheitspyramide auch künftig in Ihrer Beratungsarbeit einzusetzen oder nicht?

20. Die Gesundheitspyramide wird derzeit kostenlos an health professionals abgegeben und es ist auch nicht geplant, dies zu verändern. Jedoch habe ich in den Interviews gehört, dass Sie gerne große Stückzahlen der Pyramide zur Verfügung haben würden, damit das Medium regelmäßig eingesetzt und auch an die Patienten weitergegeben werden kann. Es wird nicht möglich sein, die Gesundheitspyramide in so großen Stückzahlen kostenlos abzugeben. Es gibt zwei Möglichkeiten damit umzugehen: die Bestellmengen zu begrenzen oder ab einer gewissen Stückzahl einen Beitrag zu erheben.
Vor diesem Hintergrund: Wären Sie dazu bereit, einen Kostenbeitrag zu leisten, wenn Sie große Mengen der Gesundheitspyramide bestellen möchten?

21. Werden Sie die Pyramide anderen Kollegen, auch in anderen Fachbereichen, weiterempfehlen? In welchen mehr, in welchen weniger oder nicht, aus welchen Gründen?

www.ingramcontent.com/pod-product-compliance
Lightning Source LLC
Chambersburg PA
CBHW030437300426
44112CB00009B/1044